荆楚文脉

张 通 主编

JINGCHU WENMAI

长江出版传媒

湖北人民出版社

鄂新登字 01 号

图书在版编目(CIP)数据

荆楚文脉/张通主编. — 2 版.
武汉:湖北人民出版社,2013.6

ISBN 978 − 7 −216 −07448 −3

Ⅰ. 荆…
Ⅱ. 张…
Ⅲ. 文化史—湖北省
Ⅳ. K296.3

中国版本图书馆 CIP 数据核字(2013)第 121965 号

荆楚文脉   张　通　主编

出版发行: 长江出版传媒   地址:武汉市雄楚大道 268 号
　　　　　湖北人民出版社   邮编:430070

印刷:武汉中远印务有限公司   经销:湖北省新华书店
开本:710 毫米 ×1010 毫米 1/16   印张:22.5
字数:341 千字   插页:5
版次:2013 年 6 月第 2 版   印次:2013 年 6 月第 2 次印刷
书号:ISBN 978 − 7 −216 −07448 −3   定价:98.00 元

本社网址:http://www. hbpp. com. cn

荆楚文脉编委会

Jing Chu Wen Mai Bian Wei Hui

主　　编　张　通

副 主 编　张良成　孙永平　刘永泽

执行主编　罗丹青

编　　委　熊召政　刘玉堂(统稿)

　　　　　陈　锋　郭齐勇　方　城

　　　　　孟修祥

前言

Qian Yan

　　荆楚是湖北的地域称谓。荆楚文化因楚国和楚人而闻名于世并震古烁今,荆楚文化诞生于江汉流域,她是中华民族文化的重要组成部分,具有鲜明的地域特色和巨大的经济文化开发价值。

　　荆楚文化源远流长,博大精深,其重要地位和巨大历史贡献以及重大现实影响举世瞩目。先后出版的《文化湖北》《印象湖北》《湖北名人》《湖北读本》等书各有侧重对其进行了展示。我由此得到启发,应该有一部更通俗、更生动、更好读的版本来向读者讲述荆楚的文脉;湖北的历史掌故那么丰富,文化底蕴那么深厚,文化名人更是灿若繁星,高山仰止,我们有责任把这些精神宝藏挖掘出来,对荆楚文化的起源、勃兴、鼎盛、转变、创新的发展历程进行梳理和再现,阐述其在中华文明大家庭中不可或缺、不容忽视的重要作用,让读者从中了解荆楚文化于南北文化中既互相交融又鲜明独立的特点,从而更全面地认知湖北,感受湖北,思考湖北,热爱湖北,建设湖北。这就是我主编《荆楚文脉》这部历史文化读本的初衷。

　　各位专家经过一年多的共同努力,《荆楚文脉》这本书终于与读者见面了。本书最突出的特点,就是在充分尊重历史的基础上,做到思辨性与文学性的统一,画面感与故事性的统一,高屋建瓴,大气磅礴,深入浅出,通俗活泼,以历史随笔的方式来演绎荆楚文脉,用大历史观、大文化观来阐述荆楚的物质文明和精神文明,让读者在愉快的阅读中,了解荆楚文化的流变,并从中得到教益。

　　我赞成有关专家对荆楚文化总结的五个方面的精神特质:一是"筚路蓝

缕"的创业精神,二是"抚夷属夏"的开放精神,三是"一鸣惊人"的创新精神,四是"深固难徙"的爱国精神,五是"和众安民"的和谐精神。荆楚文化的这些精神特质,既是与时俱进的社会发展的产物,也是优秀民族文化和民族精神的具体体现,是华夏优秀传统文化的重要组成部分。

这些精神特质,在民族文化的发展史上显示了强大的生命力和竞争力,它不仅是楚国于蛮荒之地中立足、壮大和发展的精神支柱,也是我们整个中华民族精神的重要构成元素。源远而流长,根深才叶茂。荆楚文化中的优秀的传统文化,应与现代文明相结合,让优秀的传统文化成为现代经济、政治文化建设的有益的和有效的资源。无论社会怎样发展,世界格局如何变化,只要我们秉承我们的先贤艰苦创业、发奋兴邦的精神并将它发扬光大,我们就会在任何竞争中立于不败之地!

2013 年 2 月 28 日

目 录
Mu Lu

三、横看成岭侧成峰 / 117

六、我以我血荐轩辕 /285

一、楚天空阔楚山长

Chu Tian Kong Kuo Chu Shan Chang

江 汉 之 光

　　如果摊开一幅世界地图，凝神细看，我们就会发现：人类文明的足迹总是与大江大河如影相随，如西亚的两河流域，非洲的尼罗河流域，印度的恒河与印度河流域，中国的黄河与长江流域，在古代相应地形成了西亚文明、南亚文明、东亚文明。其他如伏尔加河、莱茵河、多瑙河、泰晤士河、密西西比河、亚马孙河等，都在各自文明的发生和发展中扮演着极其重要的角色，见证了人类历史的沉浮与各大文明的兴衰。

　　有学者将这种文明模式称之为"大河文明"。大河文明的根基是大江大河，沃野千里，灌溉便利，有独特的农耕环境，为人类的生存创造了良好的条件。古代居民逐水而居，生息繁衍。有水的地方就有生机，有河流的地方就具备了文明发生的客观条件。所以，大河流域成为人类文明的发源地便是顺理成章了。

　　我们不妨继续将目光投向世界地图，还会有一个更加惊人的发现：在地球的北纬30度线的附近区域，地质地貌纷繁多样，自然生态奇特多姿，物种矿藏丰富多彩，神秘现象集中多现，是地球远古自然奇观和人类史前文明遗迹最为集中，也最为神秘的地区。如地球上海拔最高的珠穆朗玛峰和最深的西太平洋马里亚纳海沟，位于北纬30度地带；世界上著名的大江大河如美国密西西比河、埃及尼罗河、伊拉克幼发拉底河、中国长江等都在北纬30度区域入海。此外，像古埃及金字塔狮身人面像、玛雅文化遗址、撒哈拉大沙漠壁画、"复活岛"巨石人像、百慕大三角区、雅鲁藏布江大峡谷等，都在北纬30度线上；世界著名奇观绝景如黄山、庐山、天柱山、武陵源、神农架以及佛教四大名山中的峨眉山、九华山、普陀山，也都处在北纬30度区域；北纬30度线上，还散布着许多世界文化遗产。世界上几大宗教如佛教、基督教、伊斯兰教、犹太教和印度教等，发祥地都在北纬30

度线附近。人类的起源地,如"巫山人"、"长阳人"、"郧阳人"都位于北纬30度线上。中国许多著名的考古发现如三星堆遗址、河姆渡遗址等也在这里揭开面纱。甚至有人说,在北纬30度上生长的姑娘也是世界上最美的姑娘。

这真是一条神秘而又奇特的纬度线,它给世界留下太多的奇观,也给人们留下了太多的谜团。对于神秘的北纬30度线,众说纷纭,莫衷一是,其中一种解释是:北纬30度恰好处在亚热带与温带的过渡地带,降水丰沛,植物茂盛,适宜人类生存,早期文明和社会就很容易在此勃兴并发展。

现在,我们收回目光,将视野投向中国:荆楚大地位于长江中游,洞庭湖以北,世界第三大河长江从鄂西横切大巴山进入湖北境内,天然形成举世无双的奇观——长江三峡,然后缓缓地穿越江汉平原,一路东去,奔向大海。长江流经湖北境内26个县市,流程1000多公里。令人称奇的是,湖北不仅有著名大河长江横贯其中,而且又处于北纬29度与33度之间,即北纬30度区域。那么,就让我们一起追寻荆楚先民穿越鸿蒙的文明之光吧:

现有的考古发现和研究成果表明,早在200多万年前,远古先民就在湖北这块沃土上劳作、生息和繁衍,创造了光辉灿烂的远古人类文化。远古湖北地区是人类演化和中华文明的重要发祥地之一。

据统计,截至目前,湖北省境内旧石器时代遗址达200处以上,几乎遍布全省各地。在这些文化遗址中,出土了许多珍贵的人类化石,对于研究人类的起源及演化具有重要的学术意义。湖北现已发现的有关人类起源文明的重要发现主要有建始人、郧县人和长阳人等。饶有趣味的是,这些惊天大发现,都是在不经意中来到我们眼前的——

1968年,中国科学院古脊椎动物与古人类研究所的一个野外考察队,在湖北巴东药材收购站收购的"龙骨"中意外地采集到280多枚巨猿牙齿化石。"龙骨"是中医用作治疗创伤的一味中药材。实际上,它是与古人类共生的动物化石,往往混杂有远古人类的骨骼化石。

考察队得知这些巨猿牙齿可能来自与巴东相邻的建始县某个地方,于是按图索骥,一路追寻到了其产地——湖北建始高坪镇麻扎坪村巨猿洞,当地人称"龙骨洞"。考古学家随即对龙骨洞进行科学发掘。通过研究,确认在建始县发现的牙齿化石为人属的早期成员牙齿化石,距今有215万年至195万年,早于元谋人、蓝田人、北京人。因此,龙骨洞发现的古人类被命名为"建始直立人"。直立人是人属的一个种,是现代人的祖先,是旧石器时代早期的人类。

建始人的发现,为我国寻找人类起源提供了十分宝贵的资料,它填补了中国人类发展史从猿到人进化史中"直立人"这一关键环节的空白,足以证明中国人的发展具有本土连续性,对于当今中国乃至东亚旧石器时代考古研究、对于探讨人类的起源均具有十分重要的意义。

郧县人的发现也颇具戏剧性:郧县位于湖北西北部,气候温和,物产丰富,非常适宜人类生息、繁衍。1989年,湖北省组织了全省文物大普查。郧县博物馆馆长王正华和郧西文化馆的屈胜民编为一个普查小组,展开工作。5月18日,王正华、屈胜民二人来到距县城三十里外的郧县青曲镇弥陀寺村的曲远河口。为了寻找新的线索,王正华还把随身携带的动物牙齿化石拿出来让村民观看。

"啊,土龙骨!"村民们顿时发出一片惊叹。原来,他们把哺乳动物骨骼化石称为"土龙骨"。

就这样,在村民的指引下,被称为"土龙骨"的两件头盖骨化石出土了。它们就是举世闻名的郧县人化石。这是湖北首次发现的最完整的古人类头盖骨化石。经研究,这两具人类头骨化石与此前亚洲发现的直立人化石如北京人、蓝田人、爪哇人等的形态基本一致,应该属于直立人类型,定名为"郧县人"。经测算,郧县人的脑量值为1065毫升,接近北京人的平均值1075毫升,这为郧县人处于比较原始的直立人阶段的推测提供了进一步的佐证。

郧县人距今大约100万年,是我国继北京周口店之后发现的又一处材料最丰富的重要发现。郧县人遗址出土的两具头骨化石标本,是在中国大陆至今所发现,显示人类祖先直立人进化为较进步人种的最完整标本,为古人类研究提供了极其珍贵的资料,引起了海内外学术界的高度关注。郧县人的发现,还修正了关于人类仅仅起源于非洲和非洲迁徙的传统观点,为进一步探讨人类起源与发展,以及直立人与早期智人提供了重要线索。美国《发现》将郧县人化石的发现列入当年世界50项重大科学发现成果之一。

长阳人的发现同样与所谓"龙骨"分不开。1956年,湖北省长阳县农民在山洞中挖"龙骨",挖出了一块完整的人形头骨化石。山洞挖出人形头骨化石的消息传到了长阳县一中,生物教师陈明智带着学生到供销社察看,他们从龙骨堆中找到了一块古人类上腭骨,上面还附有两枚牙齿。这批化石标本被送往中国科学院古脊椎动物研究所后,鉴定为古人类化石,而且其中的上颌骨化石是在长江以南地区从来没有发现过的。鉴于这批化石材料的重要性,1957 年,中国科学院古脊椎动物与古人类研究所特派曾参与北京人考古发掘的著名人类学教授贾兰坡先生前往长阳,对该地点进行科学调查和试掘。当时长阳山区路况条件非常差,于是,贾兰坡先生骑着马来到了化石出土地。就这样,长阳人也在不经意中被发现了。

长阳人是我国长江以南最早发现的远古人类之一,距今 20 万年左右,说明长江流域以南的广阔地带同黄河流域一样,也是我国远古人类文化发祥地,是中华民族诞生的摇篮。

因为湖北境内建始人、郧县人和长阳人等一批重要考古发现,我们可以这么说,正是两百多万年的旧石器时期湖北大地上的远古人类用简陋的火把和粗糙的石器,为我们拉开了湖北历史文化史诗剧的第一道大幕。

大约从距今七八千年前开始,湖北地区进入新石器时代。在湖北境内,已调查发现的新石器时代的遗址有 2000 多处,几乎遍布省内全境。经过考古工作者的科学发掘和潜心研究,目前已经初步建立起一个比较完整的新石器时代文化的发展谱系,其发展轨迹是:湖北境内已发现的年代最早的新石器时代文化是城背溪文化,距今 8500—7000 年;继城背溪文化之后,大溪文化兴起,距今 6500—5100 年;大溪文化之后,屈家岭文化兴起。它是我国长江中游地区发现最早、最具代表性的大型石器时代聚落遗址,也是长江中游地区第一个被命名的新石器时代文化,距今 5100—4500 年;石家河文化是湖北地区继屈家岭文化之后发展起来的一种史前文化,距今 4500—4200 年。石家河文化代表了长江中游地区史前文化发展的最高水平,它的发现为探索文明的起源找到了一个突破口,具有重要的学术价值。

目前,学术界关于文明起源要素的讨论热烈,说法多多,但基本认定,至少需要具备城市、文字、冶金、农业和礼仪等要素。结合考古材料,我们可以认定,湖北新石器文化中，文明曙光初现。

城市方面，湖北境内已经发现近 10 座新石器时期的城池，分别位处长江以北、汉水两岸的荆州、石首、公安、沙洋、天门、京山、应城、孝感等地，时代跨度在屈家岭文化晚期至石家河文化时期。

农业方面，考古发现证明，新石器时期，湖北地区稻作农业已发展到相当高的水平，已经成为史前原始农业的主体，进入真正意义上的稻作农耕时代。同时，荆楚先民还以捕鱼、打猎等作为重要的补充。湖北新石器时代已经初具"鱼米之乡"的风采。

礼仪方面，1998 年在秭归东门头城背溪文化遗址发现出土 1 件"太阳人"石刻，精巧美观。在远古先民心目中，太阳是神圣而伟大的，崇拜太阳并用图形记录下来，是远古人对太阳崇拜之情的体现。"太阳人"石刻是目前在我国境内发现最早的一件新石器时代的太阳图腾崇拜文物，为研究原始宗教、艺术、文化和社会性质提供了极为宝贵的资料。

因此，我们可以说，勃兴于江汉大地的湖北新石器时代文化，为荆楚文明乃至华夏文明的诞生与发展，奠定了坚实的基础。

纵观湖北地区史前文明的发展轨迹，从建始人、郧县人到长阳人，从城背溪文化、大溪文化、屈家岭文化和石家河文化，从旧石器时代到新石器时代，从混沌蒙昧到开化文明，江汉地区自古就是古人类繁衍生息的一块热土。远古"湖北人"（姑且这样称呼）一直在这块土地上开辟草莱，生生不息，创造了辉煌灿烂的原始文明，为璀璨夺目的荆楚文化开启了先声。

（刘玉堂　张　硕）

五千里江山

在中国古代历史上，有这样一个国家：

立国之时，它尚是一个地处偏僻的蕞尔小邦，"土不过同"。所谓同，即方圆面积五十里，其版图之逼仄，可见一斑。然而，在以后的几百年间，它的疆域开拓至半个南中国，成为"地方五千里，带甲百万，车千乘，骑万匹，粟支十年"的声势煊赫的东方第一大国。

立国之初，它的国君，因为爵位卑微，在周天子举行的诸侯盟会仪式上，无缘正式盟会大典，而在一旁默默看守祭天的火堆。但是，数百年之后，这个国家的国君居然陈兵周郊，问鼎周室，雄霸天下。

是谁主演了一曲如此跌宕起伏、荡气回肠的历史大戏呢？

它，就是在春秋战国时期鼎盛一时的楚国。

按照文献记载，楚人先祖缘于祝融。1987 年，荆沙铁路考古队发掘湖北省荆门市包山楚墓，墓主人陪葬品楚简中明确记载墓主人祭祀的祖先的名字，祝融赫然位列其中。这是证明祝融是楚人祖先最有力的实物证据之一。

祝融的后裔，在历史的交替、社会的发展过程中或被消灭，或被同化，至夏、商之际，唯有芈姓季连部落顽强生存，成为楚人血脉仅存的一支。商朝建立后，芈姓季连部落迫于商的威慑，从中原地区逐步南迁到淮水以南、汉水流域和荆山地区，与当地土著民族相结合，从而形成一个新的民族，即文献所称"荆楚"、"荆蛮"、"楚蛮"、"蛮荆"民族。所以，楚族从其主源看，是源自以黄帝为代表的华夏集团；而从其群体看，则是华夏族与南蛮相融合而成的民族群体。

商代末年，楚族出了一个著名领袖鬻熊。因此，后来楚的国君，便以熊为氏，如熊丽、熊狂、熊绎、熊艾等。与楚族逐渐成长壮大相反，商王一代不如一代，殷商江山风雨飘摇。鬻熊敏锐地看到了商王朝的腐朽与没落,审时度势,及时地投靠了"西伯"(周文王),并与其他各地方国部落,共同参加灭商的斗争。鬻熊因此得到周王室颁给的"子"的名分。所以,鬻熊既是楚族的杰出首领,也是楚国最早的缔造者。楚人后来感念其功,把他与祝融一样,奉为祖先祭祀。

在鬻熊第四代孙熊绎的时候,周王朝正式给楚以"子男"封号,还分封了相应的地盘,据说就在荆山脚下。《史记·孔子世家》记载:"楚之祖封于周,号为子男五十里。"说明当时楚版图促狭,不过方圆五十里。熊绎被封以子爵,颁给封地,标志着周王室正式承认楚。楚人鲤鱼跃龙门般从部落进入到诸侯国的行列,意味着楚人建国的开始。但是,当时楚国国土面积不过区区五十里,小得可怜。而且熊绎受封,只是一个挂名的诸侯,根本没入中原诸侯的法眼,根本不能与中原诸侯同起同坐。有一次,周成王在岐山之阳召集诸侯举行盟会,熊绎首次以诸侯的身份出席这次盟会,但因身份卑微,在如此隆重的场合,只能担当守"燎"一职,就是看守祭天的火堆,却无缘参与正式盟会仪式。

尽管地处偏僻,地位卑微,但是立国之初的楚人,并没有自暴自弃,他们在熊绎的带领下,在荆山深处的丛林中,刀耕火种,艰苦创业。对于这段极度艰辛的历程,楚人的后裔总是难以忘却,他们无限尊崇地回忆:"昔我先王熊绎,辟在荆山,筚路(简陋的柴车)蓝缕(破旧的衣裳),以处草莽。跋涉山林,以事天子。""筚路蓝缕"因此成为后来常用的成语,借以形容创业的艰辛。正是从莽莽荆山出发,楚人创造了八百余年的精彩与辉煌。

熊绎五传后嗣的时候,楚人有幸又迎来一位杰出的君主:熊渠。

熊渠颇有胆气和勇力,尤其擅长射箭。司马迁在《史记》中对熊渠的射箭技术赞誉有加,认为就连射落过九个太阳的后羿也无法与熊渠媲美。一天夜晚,熊渠正急着赶路,突然听到草丛中发出一阵奇异的响声,他急忙停下脚步,机警地朝四周望去,猛然发现一只大老虎就趴着前面不远处,他赶紧弯弓搭箭,只听见"倏"的一声,那老虎就一动不动了。待他上前一看,惊讶地发现,哪有什么老虎呀,不过是一块巨石横卧在那里罢了。再去拔那箭头,竟然深钻入石头怎么也拔不出来了。这就是熊渠"射石饮羽"的典故。这个故事和后世广为流传的李广射石如出一辙,但时间却早了700余年。

　　熊渠不仅力气过人,而且胆略超群。他利用周王朝内外矛盾重重、统治不稳的时机,采取远攻近交的策略,首先团结江汉流域的群蛮百濮和大小方国部落,史称"熊渠甚得江汉间民和"。当在江汉间立足后,即开始开疆拓土。熊渠向西攻下了大国庸,向东一直攻打到鄂(今湖北鄂州市境)。在鄂境内,有一处著名的铜矿——大冶铜绿山。在当时,铜可是非常重要的战略物资。熊渠兵锋直指鄂,占领了包括铜绿山铜矿在内的广大土地。掘取长江中游的铜矿,是熊渠一生所作出的最重大的决策,也是他所建立的最辉煌的功业。仰赖丰富的铜矿,楚国制造了锋利的武器,组建了精师锐勇,为楚国的振兴崛起奠定了坚实的基础。熊渠不失为楚国历史上杰出的政治家、军事家,对楚国的崛起与楚文化的孕育发展,起到了重要的作用。

　　就这样,从熊绎至熊渠(约前 1042—前 877 年)的 100 多年间,楚国由弱变强,逐步摆脱了周王朝的束缚,走上独立发展的道路。此后,楚国历经若敖、蚡冒、武王、文王、成王、穆王时期,楚国国力逐渐增强,崛起之势,隐约可见。

　　公元前 613 年,年轻的楚庄王即位,其时尚不满 20 岁。当时,楚国国内政治腐化,奸臣争权夺利,政权极不稳定。在这种情形之下,楚庄王主持朝政,如履薄冰,举步维艰。他经常叹息:满朝文武大臣虽多,却不知到底谁是真心辅佐自己的贤臣良相,谁是祸国殃民的贼子奸臣。

　　为了辨识忠奸,楚庄王决定"以静观动",上演一出宫廷"选秀大剧"。楚庄王通过暗中仔细观察,终于看清了群臣中孰忠孰奸。于是,当机立断,罢免奸佞小人,选用忠良贤臣。成语"不鸣则已,一鸣惊人"就出自这场宫廷"选秀"。同时,庄王还大刀阔斧地进行政治、经济和军事改革,广揽人才,兴修水利,重农务商,整饬军事,为楚国争夺霸业打下了坚实基础。

　　公元前 606 年,楚庄王率领大军北上争霸,饮马黄河,问鼎中原。楚庄王观兵周疆、问鼎轻重,是中国历史上一件大事。它标志着南国之楚,已深入中原,深刻地影响着中国历史与文化的发展,后人称之为"天下大事尽在楚"。楚庄王一生戎马倥偬,南征北战,"并国二十六,开地三千里",称霸中原,威播四方,楚国霸业进入到鼎盛时期,他也成为赫赫有名的"春秋五霸"之一。

　　进入战国,楚国渡过短暂的一段沉寂与低迷后,再次强势崛起。至楚宣、威王时期和怀王前期，楚国一跃成为一个雄踞南方的泱泱大国。《淮南子·兵略训》说："昔者楚人地，南卷沅、湘，北绕颍、泗，西包巴、蜀，东裹郯、淮、颍、汝以为洫，江、汉以为池，垣之以邓林，绵之以方城，山高寻云，溪肆无景。"见于古文献与考古发掘资料，在此广袤的地域中，设有郡、县、州、邑及封邑名的多达一二百个。其时，楚国疆域包括今湖北、湖南、江西、安徽、江苏、浙江全部，以及陕西、河南、山东、广东、广西、四川、贵州、云南等省区的部分地区，几乎囊括半个中国，成为当时地域最广、人口最多、实力最强的国家。后人谓楚国"江山五千里"，应该是实至名归的。在这一辽阔的地域中，居住着众多的民族，按《礼记·王制》的说法，所谓"中国"和"四夷"无所不包，故楚国是我国古代一个多民族的国家。楚国对境内各族，始终实行"抚有蛮夷，奄征南海，以属诸夏"的开明政策，成为我国古代南方的一个民族融合中心，对我国民族融合与中国统一，作出了重大贡献。

楚怀王即位后，重用屈原等贤良大臣，针对时弊进行一系列的革新。屈原主张修明法度，以法治国，大力培养人才，选贤授能。但是，屈原的改革措施遭到楚国贵族的坚决反对。楚怀王忠奸不分，态度转变，终使改革无疾而终，国力大大削弱，国土大片沦丧，楚国再度由盛转衰。公元前278年，秦国大将白起带兵南下，长驱直进，攻入楚都郢。同年五月初五，屈原悲愤交加，投汨罗江自尽。

公元前223年，秦国大将王翦率部攻入楚都寿春，俘虏楚王负刍。至此，富有传奇色彩的楚国宣告灭亡，正式退出历史舞台。

南宋诗人陆游在《哀郢二首》中，深有感触地写道："远接商周祚最长，北盟齐晋势争强。章华歌舞终萧瑟，云梦风烟旧莽苍。草合故宫惟雁起，盗穿荒冢有狐藏。《离骚》未尽灵均恨，志士千秋泪满裳。"楚国是我国周代历史最长的古国之一，若从周初立国算起，至公元前223年秦灭楚为止，历时800余年。在长期的发展过程中，楚国既融汇中原诸夏传统文化，又吸收本土民族的文化，创造了高度发达且风格独特、"亦夏亦夷"的荆楚地域文化。漫长的积聚，终于迎来新的崛起。春秋战国时期，荆楚地区的文化发展走上了一条个性化发展的道路，青铜冶铸技术高度发展，丝织刺绣技术后来居上，木竹漆器流光溢彩，老庄哲学独树一帜，屈骚文学"别创新体"，美术乐舞动人心魄。楚文化博大精深，精彩绝伦，不仅与中原文化比肩而立，竞趋争先，而且在很多方面已达到能与古希腊文化相媲美的高度。特别是在楚国发展壮大和楚文化的形成过程中，楚文化的优秀内涵与卓异精髓日益凸显，我们将其归纳为五种精神：即筚路蓝缕的艰苦创业精神、追新逐奇的开拓创新精神、兼收并蓄的开放融汇精神、崇武卫疆的强军爱国精神和重诺贵和的诚信和谐精神。由楚人创造的楚文化精神沾溉百代，流泽万世，成为中华民族的一笔宝贵财富。

（刘玉堂　张　硕）

"折戟沉沙铁未销"

"秦王扫六合，虎视何雄哉。"公元前 221 年，秦始皇统一中国。宣布废除分封制，实行郡县制，分全国为 46 郡，郡下设县。楚作为地名，犯了秦始皇父亲的名讳，遂改以荆山之"荆"称之。后世湖北或荆、楚并称，或合称荆楚。

秦攻破楚国国都后，在原楚国北部地区设置南郡，江陵为郡治。由于秦实行专制中央集权，用严刑酷法加强统治，南郡人民噤若寒蝉，曾经辉煌耀世的楚文化受到秦文化的压抑，陷入相对沉寂的状态，由此，湖北地区社会经济文化的发展也陷入滞缓期。

为了加强和巩固统治，秦始皇决定"亲巡天下，周览四方"，到全国各地去炫耀不可一世的赫赫皇威；同时借机寻仙访道，觅求长生不老的仙药，企望千秋万代做天下的主人。从公元前 220 年到前 210 年，在短短的十年间，秦始皇先后巡游五次。

前 219 年，秦始皇开始了第二次巡游。这一次出巡的方向就是故楚地所在的东方和南方。"楚虽三户，亡秦必楚。"秦灭楚后，楚地一直潜藏着强大的反秦势力，因此，宣示威力，震慑服楚地，成为了秦始皇此次出巡的首要目的。

前 210 年，秦始皇开始第五次出巡。从咸阳出发，经武关（在今陕西丹凤东南），沿丹水、汉水至云梦，再沿长江东下，经钱塘，登会稽山（在浙江中部），祭大禹，刻石留念。

在中国古代，皇帝的出巡，是一件重大的政治事件，皇帝的一言一行，均会对当地的政治、经济等方面产生重大而深远的影响。在秦始皇的五次巡游中，有两次途经荆楚地区，这给荆楚地区沉寂的政治生活增添了些许亮光，成为荆楚地区政治生活中的一件大事，也从另一个侧面反映出荆楚地区在秦国政治版图上的重要地位。

西汉时,汉武帝将全国分为 13 州。湖北主要部分属荆州。

新莽时期,赤眉、绿林起义爆发,天下一片混乱。公元 22 年,刘秀与其兄为恢复刘姓统治,起兵于春陵(今湖北枣阳南)。建武元年(25 年),刘秀称帝,定都洛阳,史称东汉,终于实现了重建汉王朝的宏图大志。

刘秀执政期间,国势强盛,百姓安居乐业,成为我国历史上"风化最美、儒学最盛"的时代,史称"光武中兴"。明末清初大思想家王夫之说:"允冠百王,三代而下取天下者,唯光武独焉。"刘秀被称为匡扶汉室的中兴英主,是中国历史上最贤能的君主之一。一代伟人毛泽东也曾称赞他是古代"最会用人、最有学问、最会打仗"的皇帝。

三国是湖北历史上一个风云际会的时期:三顾茅庐、赵子龙大战长坂坡、赤壁之战、刘备借荆州、夷陵之战……这些人们耳熟能详的史事,都发生在湖北。而古隆中、襄阳城墙、关陵、吴王城、麦城等大量文物古迹,是湖北三国历史与文化的重要见证。滚滚长江东逝水,浪花淘尽英雄。无论荆州,还是襄阳,荆楚大地是运筹帷幄、沙场点兵的三国英雄的见证者,更是金戈铁马、刀光剑影的三国历史的亲历者。

魏晋南北朝时期,湖北与全国局势基本无异,割据与动荡、战火与硝烟是这个时代显著的特色。此时的荆楚地区,人才辈出,最具代表性的是史学家习凿齿、宗懔和文学家庾信。习凿齿、宗懔的史学专著《襄阳耆旧记》、《荆楚岁时记》开地方史志和风俗史志之先河。庾信的《哀江南赋》也为当时和后人所推崇,"诗圣"杜甫在《论诗绝句》中写道:"庾信文章老更成,凌云健笔意纵横。"对其称赞有加。

(刘玉堂 张 硕)

"江山代有人才出"

隋唐是我国文化发展史上的重要时期,国家统一,经济繁荣,政治开明,文化发达,疆域辽阔,国防巩固,民族和睦,对外交流频繁,社会充满自信,此间也是湖北历史上一个相对平稳的发展时期。同时,政治中心的东移与经济重心的南移相互交织,共同演绎着波澜壮阔的历史华章。混同南北的隋唐文化,具有朝气蓬勃、兼容并蓄的宏伟气象,其辉煌灿烂令后世追慕不已。凭借着独特的区位优势,荆楚大地成为隋唐时期四方文化碰撞、交流和融合的大舞台。

北周大定元年(581年),丞相杨坚称帝,建立隋朝,史称隋文帝。杨坚之所以将新立王朝名为"隋",与湖北随州不无关系。周武帝保定二年(561年),时年19岁的杨坚外放为随州(今湖北随州)刺史,进位大将军。公元581年,杨坚称帝,他以自己曾受封于随,因以"随"为国号,但又忌讳"随"(繁体字为隨)字带"辶"偏旁不吉利,便命去"走之"旁为"隋",并将随州改为"隋州",直到宋初才恢复为"随州"。

唐代,作为唐朝重要地区的湖北,社会经济文化诸多方面同样得到长足发展。唐朝堪称盛世,甚至在文坛上也出现了所谓"盛唐气象"。在湖北,文艺、思想、科学等方面也风气新开,成就斐然。

首先是陆羽撰写《茶经》,中国茶文化至此名扬四海。陆羽(733—804年),竟陵(今湖北天门市)人,一生嗜茶,精于茶道,笃行不倦,访遍神州,写下世界第一部茶叶专著——《茶经》,被誉为"茶圣",祀为"茶神"。《茶经》的面世,标志着中国茶文化的正式形成,是中国茶文化发展的一个里程碑。宋人梅尧臣说:"自从陆羽生人间,人间相学事新茶。"一本《茶经》,奠定了中国在世界茶叶文化史上的重要地位。

其次，湖北诗坛竞风华。有唐一代，湖北籍诗人在唐代诗坛风骚独领，为湖北乃至中国文坛写下浓墨重彩的一笔。

孟浩然（689—740年），襄州襄阳（今湖北襄阳）人，开盛唐山水田园诗派之先河。他留下不少脍炙人口的名句，如"春眠不觉晓，处处闻啼鸟。夜来风雨声，花落知多少"等。

岑参（715？—770年），荆州江陵（今湖北江陵）人，是盛唐最负盛名的边塞诗人之一，与高适齐名，并称"高岑"，开一代诗风。

张继，也出自襄阳，以一首《枫桥夜泊》而名垂诗坛，诗韵钟声，千古传诵。

皮日休，襄阳人，是唐朝诗人群体中的一个"异类"。他以一介书生的文弱之躯，参加唐末农民大起义，冲锋陷阵。鲁迅评价皮日休"是一塌糊涂的泥塘里的光辉的锋芒"。

诗人李白、杜甫、元稹、白居易等也都曾游历、流连荆楚，写下大量诗篇。据不完全统计，唐代诗人出自荆楚地区的诗篇达2000多首，就一个地区产生诗作的数量来说，仅次于当时的首都长安。尤其是李白，在安陆娶妻生子，一住就是十年。这就是他自谓的"酒隐安陆，蹉跎十年"。其后他虽移居别处，但又多次到过湖北。在他长达三十七年的书剑飘零生涯中，在湖北前后度过了十二三年之久。在他流传下来的九百多首诗中，描写楚地风情或写于湖北的就有近两百首。湖北有幸成为"诗仙"李白的第二故乡。

再次，蕲黄禅宗甲天下。禅宗又称宗门，产生于唐代，是中国佛教的主流宗派，它使佛教中国化和世俗化，深刻地影响了中国佛教以及中国文化。唐宋以后，"禅"成为中国佛教的别称。

据史料记载，佛教禅宗随初祖达摩自印度来到中国后，一直沿袭游化乞食的修行方式。唐代，四祖道信、五祖弘忍先后在黄梅境内的西山和东山开辟道场，开创了定居传法、农禅并修的修行方式，创立"东山法门"，完成了禅宗中国化的进程。

湖北黄梅在中国佛教史上具有极其重要的地位，故有"三代禅祖聚蕲黄"、"蕲黄禅宗甲天下"的佳话。著名佛学家赵朴初先生也指出："中国无寺不禅，禅宗信徒基本源于黄梅。"人们常用"十里三座庙，无处不逢僧"来形容湖北黄梅佛教发展的盛况。

唐朝灭亡后,中国历史进入多政权并存的分裂割据时期,即五代十国时期。在这个时期,今天湖北的范围分别为几个政权所统治,其中东部为南唐所统治,西部为前、后蜀所统治,北部大体上为北方五代政权所辖,唯有荆南政权的统治区域全在今湖北荆州和宜昌的范围内。今湖北的其他地区,则为同时并存的其他政权所据。

北宋初年,以洞庭湖为界,分设荆湖南路和荆湖北路,其中荆湖北路简称湖北路,湖北之名即由此始。湖北路范围自洞庭湖以北至于荆山,西包沅澧二水流域之地。元设江南湖北道;明属湖广省,后改省为湖广布政使司;清康熙三年(1664年),湖广布政司分为左右二布政使司。康熙六年(1667年),湖广左右布政使司分别改名为"湖北布政使司"、"湖南布政使司"。雍正初年,分别改"湖广巡抚"、"偏沅巡抚"为"湖北巡抚"、"湖南巡抚"。湖北作为省名从此确立,并沿用至今。

入宋以后,湖北社会经济呈现全面复苏、发展的势头,农业、手工业提供的丰富产品,大量流入市场,促使商品交换日益活跃,商业贸易的广度与深度大大超过以往。湖北人民凭借聪明才智和艰苦卓绝的努力,在经历一次又一次战乱破坏与恢复的循环后,终于将湖北经济水平推向了历史的新高度。

宋代,湖北农业生产的发展,尤为令人瞩目。兴修水利,是传统农业突破水旱灾害制约的保障。宋代湖北地区的水利工程,以宜城市境的长渠和木渠最为知名。沿渠百姓深得灌溉之利,粮食富足,盈余部分则销往外地。

江陵地区开始出现新兴水利田——垸田,这是江河湖泊低洼地区为防水患,筑堤解决水高于地、不利耕种的矛盾而创造的土地利用新形式。垸田在江汉地区的出现,也是湖北农业开发水平在宋元时期显著提高的重要标志。

宋元时期,武汉即以商业繁荣著称,江夏(今武汉市武昌)与建康(今南京)、临安(今杭州)并列为南宋三大都会。社会经济的全面发展,使湖北一跃成为全国经济中心之一。

宋元时期,湖北地区社会经济在曲折中发展,开拓与进取的脚步未曾停息。与此相应,思想学术、文学艺术、教育科技则在灵动中升华,学术包容、文学开新、教育复兴、科技精进,无不浸染时代气息。

承接盛唐气派,宋代文化空前进步,理学、文学、史学、艺术以及科学技术领域硕果累累,程颐、程颢、朱熹、欧阳修、苏轼、司马光及沈括等优秀人物,享誉千古;而活字印刷、指南针及火药的发明和应用,更是对人类作出了杰出的贡献。

在文学方面,原籍、客籍湖北的文人墨客,或字斟句酌,或写意泼墨,江陵公安(今湖北公安)人张景、安州安陆(今湖北安陆)人宋庠和宋祁兄弟二人、黄州(今湖北黄冈)人潘大临、蕲州(今湖北蕲春)人林敏功和夏倪、襄阳人魏玩、兴国军(今湖北阳新)人王质、江陵(今湖北荆州)人杨冠卿,以及客居湖北的济州巨野(今山东巨野)人王禹偁、眉州(今四川眉山)人苏轼等众多的文才俊秀宛若璀璨群星,共同扮靓了宋代湖北文坛的天空。

在艺术领域,米芾父子的书画艺术堪称一绝,世称“二米”。

米芾(1051—1107年),北宋著名书法家、画家、书画理论家。祖籍太原,后迁襄阳,故有“米襄阳”的别称。

米芾一生于书法用功最深,篆、隶、楷、行、草诸体,样样精通,尤其以行书成就最高。其书法体势展拓,用笔浑厚爽劲,常常自嘲为“刷字”;在绘画方面,米芾独创“米氏云山”之法,即善以“模糊”的笔墨表现自然山川的烟云风雨变化,用大小错落的浓墨、焦墨、横点、点簇来再现层层山头,世称“米点”。米芾的画作是当时文人画的代表,为后世许多画家所倾慕,争相仿效。

米芾还是著名的书画收藏鉴定家,他收藏宏富,涉猎甚广,宦游外出,往往随其所往,在坐船上大书一旗“米家书画船”,每每成为一道美丽的风景。

米芾的儿子米有仁子承父业,在山水画上继承米芾事业而有大成就,自成一家。米氏父子是对中国传统艺术作出过杰出贡献的重要书画家,享有“米氏云山”美誉。

教育方面,官学、书院比翼齐飞。宋代湖北文化教育的发展,具体表现为州县的普遍立学和书院的勃兴。宋元统治者重视教育,地方各路、府、州、县相继分别设立路学、府学、州学、县学,官学教育迅猛发展。宋代湖北书院尚处于起步阶段,书院数量不是太多,入元以后,湖北书院的发展明显加快。著名书院有黄州韩魏公书院(阳明书院)和雪堂书院(东坡书院)、江陵六一书院、嘉鱼义学书院、蒲圻竹溪书院、崇阳山谷书院以及公安竹林书院(公安书院)和鄂州南阳书院等。

科技方面,以庞安时的《伤寒总病论》和毕昇的活字印刷术最为突出。

庞安时(1042—1099年),字安常,蕲州蕲水(今湖北浠水)人。自幼聪颖过人,除了向父亲学习医术外,还广泛涉猎《黄帝内经》、《灵枢》、《太素》等医学书籍,兼收并蓄,颇有心得,而尤精于《伤寒论》,以善治伤寒名闻当世,时人有"庞安时能与伤寒说话"之称。

毕昇(约970—1051年),出生于今湖北英山。毕昇曾在家乡和杭州等地从事印刷工作。作为一个从事雕版印刷的工人,毕昇总结了历代印刷技术的成功经验,经过反复琢磨,反复试验,在宋仁宗庆历年间,制成胶泥活字,实行排版印刷,即活字印刷。

活字印刷术的发明,是对我国劳动人民长期实践经验的科学总结,是印刷史上的一次伟大革命。从13世纪到19世纪,毕昇发明的活字印刷术传遍全世界。

苏东坡的到来,给宋代湖北的天空增添了一抹绚丽的亮色。

苏轼(1037—1101年),字子瞻,号"东坡居士",眉州(今四川眉山)人,北宋著名文学家、书画家,唐宋八大家之一。1080年,因受"乌台诗案"牵连,苏轼被贬黄州任团练副使。在黄州期间,他曾于城东之东坡开荒种田,自号"东坡居士",这就是"苏东坡"名号的由来。

他亦曾多次到黄州城外的赤鼻矶游览,写下了《赤壁赋》、《后赤壁赋》和《念奴娇·赤壁怀古》等千古名作,以此来寄托他谪居时的思想感情。

寓居黄州的4年时间,是苏轼文学艺术创作上的巅峰期。中国文学史上的千古绝唱"一词二赋"(《赤壁赋》、《后赤壁赋》和《念奴娇·赤壁怀古》),以及中国书法史上的名山之作《寒食帖》,都是苏轼寓居黄州期间所作。他在黄州共写了753篇作品,平均每两天一篇。创作的诗约占现存苏轼诗的八分之一。苏东坡《自题金山画像》概括自己:"心似已灰之木,身如不系之舟。问汝平生功业,黄州惠州儋州。"说明黄州的生活在他一生中扮演着很重要的角色。

可以说毫不夸张地说,黄州成就了苏东坡,苏东坡同时也成就了黄州。

　　元朝末年,农民起义的风潮席卷荆楚大地,当时活跃在湖北的农民起义军有徐寿辉、陈友谅和明玉珍率领的几支队伍,他们攻城拔寨,所向披靡,是当时势力最大、反元斗争最强的力量,加速了元朝统治的土崩瓦解,为朱元璋建立大明王朝起到了非常重要的作用。

(刘玉堂　张　硕)

"九州生气恃风雷"

明代，无论是社会经济，还是科技文化，湖北地区的发展都足堪称道。明中后期，武汉成为长江、汉江沿岸和两湖地区农副产品的大集散地，汉口发展成为中国四大商业名镇之一。

在明代政坛上，有一位富有传奇色彩的皇帝和一位杰出的宰相，二人都出自湖北，他们就是嘉靖皇帝朱厚熜和宰相张居正。

明正德二年（1507年），明兴献王朱祐杬的次子在钟祥出生，这就是后来的嘉靖皇帝朱厚熜。

正德十六年（1521年）三月，年仅31岁且膝下无子的正德皇帝武宗朱厚照驾崩。朱厚照是朱厚熜的堂兄，按祖训"兄终弟及"，于是时在湖广安陆州、年仅15岁的朱厚熜匆忙赴京继位，次年改元嘉靖，成为继明成祖之后第二位以"藩王"身份"傍支入主"的帝王。

嘉靖三年（1524年），朱厚熜的父亲朱祐杬被追尊为"恭睿献皇帝"，朱厚熜对父母在家乡钟祥的王墓进行了大规模的扩建，将王墓升格为帝陵，这就是"显陵"。

嘉靖十年（1531年），朱厚熜以"钟聚祥瑞"之意赐名家乡"钟祥"，升安陆州为承天府，成为与顺天府（今北京）、应天府（今南京）齐名的明代三大中央名府。

嘉靖帝在位前期，政治上还是颇有作为的，通过推行一系列改革宿弊、振兴纲纪的措施，开创了20多年的"新政"时期，得到了朝野上下的一致拥戴，史称"中兴时期"。

嘉靖帝其人，有振兴之志、中兴之举，又有偏执之性、荒政之嫌，所以后人对他的评价亦是毁誉参半，褒贬不一。

也就是在嘉靖朝,湖北江陵人张居正正式步入政坛,并最终成为一位名垂青史的杰出政治家。

1525 年,张居正出生于江陵。他 5 岁入学,7 岁能通六经大意,12 岁中秀才,16 岁中举人,被称为"神童"。

嘉靖二十六年(1547 年),23 岁的张居正考中进士,登上政治舞台,开始了他波澜壮阔的政治生涯。

明神宗时,48 岁的张居正为内阁首辅,前后主政 10 年。他厉行改革,在政治上,整顿吏治,裁减冗员,加强专制主义中央集权。在经济上,清丈全国土地,推行"一条鞭法"。在军事上,重用戚继光、李成梁等名将,平定外患。正是这一系列的改革措施,改变了明中期以来政治混乱、财政匮乏的窘境,国势出现中兴景象。

在张居正执政的 10 年期间,"边境乂安"、"太仓粟可支十年"、"太仆寺积金四百余","一时政绩炳然",朝政为之一新。

张居正改革,不仅缓和了社会矛盾,巩固了明王朝的封建统治,同时也顺应了资本主义经济的某些特点。因而,他也成为西方政治和经济理论家关注的"中国经济第一人"。与张居正同时代的著名清官海瑞评价他"工于谋国,拙于谋生"。明代思想家李贽称誉张居正为"宰相之杰"。台湾史学家黎东方先生在《细说明朝》一书中如此评价张居正:"他是有明以来唯一的一位大政治家,在中国历史上,恐怕只有诸葛亮和王安石才能勉强与之相提并论。"

明万历十年(1582 年),张居正病卒,遵其遗嘱,千里迢迢,发丧回乡,归葬荆州故土。

自宋元以后,一直有"苏湖熟,天下足"或"苏常熟,天下足"的说法,及至明代,这一谚语逐渐转化为"湖广熟,天下足"了,说明以湖北为中心的湖广地区已逐渐成为全国粮食生产的主产区。

明代成化年间,汉水入江口改道,使汉水从不稳定的分汊入江到稳定归一地汇入长江,从此结束了汉江下游河道游移不定的历史。

汉水改道,其入江北岸故道积淤,湖水并归,芦洲靠岸,陆地得以成片,人民相继盖屋定居。明正德初年,知县蔡钦在此筑堤捍水,拓荒造田。至嘉靖年间

（1522—1566年）设汉口镇巡检司，属汉阳县，汉口镇之名自此始。汉水成为汉阳、汉口的界河，于是武汉由隔江相望的双城蜕变为相依长江、汉水的三镇。可以说，汉水改道最终确立了三镇鼎立的地理格局。

新兴的汉口具有独特的地理位置，两岸地盘开阔，港湾水域条件良好，是一处"占水道之便，擅舟楫之利"的天然良港，成为江汉咽喉，是云、贵、川、湘、桂、豫、赣等地区的货物转输地。于是，汉水两岸房屋连片，商船进出繁忙，逐渐形成了商贾辐辏的汉正街，汉口镇的名声不胫而走。到明朝后期，汉口已经一跃成为九省通衢的"九州名镇"了。

"五百年前一荒洲，五百年后楼外楼。"汉口镇的崛起，使武汉地区在全国的经济地位迅速上升。由汉口镇领衔，武汉逐渐成为中国经济中心和交通枢纽之一。

明末战乱，汉口一度陷入萧条。清朝前期，汉口开始复苏，并迅速繁盛起来，发展为一个地当要津、交通便利、舟车辐辏、五方杂处、市场繁荣的商业巨镇。清人吴淇有"十里帆樯依市立，万家灯火彻夜明"的赞语。清人刘献廷赞誉汉口为"天下四聚"之一。

在汉口迅速崛起的同时，誉为"三楚名镇"的沙市也极为繁盛。沙市形成市镇始于唐代，至宋代发展为盛极一时的经济都会，明代号称"十里长街"。明清之交，沙市也陷入一片萧条之中。随着清初政局渐趋稳定，沙市也很快得以复苏，并迅速发展。

宜昌"扼荆襄之门户，川楚之咽喉"，位置非常重要。但在明以前，这里的经济比较落后，发展相对缓慢。明代，宜昌除粮食运输与贸易外，鲜有其他商业贸易。有清一代，宜昌位处贯穿四川、两湖、江浙等经济发达之区的水运线上，转口贸易发达，有"过载码头"之称，其中以米市贸易和淮盐运输为最。

明代，湖北文风鼎盛，众多的鄂籍文学巨子脱颖而出，其中最耀眼的是"公安派"和"竟陵派"。他们独创流派，登高一呼，应者云集，使湖北成为明清时期中国文学创作的一个重镇。

"公安三袁"即长兄袁宗道、二弟袁宏道、三弟袁中道，因三人都是湖北公安人而得名。公安派反对前后七子的拟古之风，主张"独抒性灵，不拘格套"。他们的散文以清新活泼之笔，直抒胸臆，不事雕琢，开拓了中国小品文的新领域。在中国文学史上,公安"三袁"一母所生,文学志趣相投,文学主张相同,文学成就并驾齐驱,文学作品流芳后世,创造了中国文学史上的一份奇缘与佳话。

"竟陵派"是明后期又一个以湖北地域命名的文学流派,其领袖是竟陵(今湖北天门市)人钟惺和谭元春。竟陵派基本继承公安派的文学主张,提倡文学创作应抒写"性灵",但又认为"公安派"末流俚俗、浮浅,因而倡导一种"幽深孤峭"的风格加以匡救。钟惺、谭元春独树一帜,自成一派,是明代文坛上闪耀的双子星座,世称"钟谭"。

在明代画坛,吴伟是一位开风气之先的艺坛领袖。

吴伟,江夏(今武汉)人,明代著名画家,善画水墨写意、人物、山水。取法南宋画院风格,笔墨恣肆,神韵俱足,为明代中叶创新画家。早年画法比较工细,中年后变为苍劲豪放、泼墨淋漓一格,形成兴盛一时的"江夏派"。"江夏派"对当时画坛影响很大,一时间,学吴伟者蜂拥而起。吴伟逝世后,由他开创的"江夏派"余脉不绝,后继者有张路、汪肇、李著等,领一时风气,在中国古代绘画艺术发展史上占有重要一席。

明代,湖北在科学技术方面作出了杰出贡献,尤其是传统医学首屈一指,名医辈出。其中最著名的有万全、李时珍等。

万全,号密斋,出生于罗田一个行医世家,对儿科、妇科、内科杂病有精深的研究。在儿科方面,他提出不滥吃药,以预防为主的方针,颇有创见。他发明的"万氏牛黄清心丸",至今仍是治疗小儿惊风的良药。万全晚年,将其毕生所精研的医学理论进行了总结,写成《万密斋医学全书》,为我国医学的发展作出了重要贡献。

明代,湖北更出现了一位具有世界影响的医药学家,他就是被誉为"药圣"的李时珍。李时珍出生于湖北蕲春县一个世医家庭,自24岁起,李时珍在家乡行医,很快成为一方名医。在长期的医疗实践中,他发现以往的本草书中存在着不少错误、重复或遗漏,于是决心重新编著一部新的本草专书。至明万历六年(1578年),三易其稿,《本草纲目》始成,前后历时27年。《本草纲目》系统地总结了我国16世纪以前的药物学、医疗学之经验,是我国药物学的空前巨著。《本草纲目》还纠正了前人很多药物学方面的错误,在动植物分类学等许多方面也有突出成就,所以,达尔文称赞《本草纲目》是"中国古代的百科全书"。

《本草纲目》是我国药学史上的重要里程碑。它一出版,就引起强烈反响,很短时间内,就被翻刻30多次,医家几乎是人手一部。明万历年间,《本草纲目》流传到日本,并被翻印多次,再传朝鲜和越南;十七八世纪传到欧洲,先后译成德文、英文等许多种文字,被誉为"东方医药巨典",在世界医药界中占有重要的地位。

清代,湖北在文学、艺术、医学诸领域仍有长足进步。

清朝后期,湖北出了一位文坛大家,即清代湖北三状元之一、古赋七大家之一的陈沆,他"以诗文雄海内",被魏源称为"一代文宗"。此外,活跃在清朝文坛上的湖北籍作家还有杜濬、顾景星、金德嘉、王戬等人。

清朝,湖北地区以汉剧为代表的戏曲艺术成就突出,尤其是对京剧的形成有开山之功。汉剧,原名"楚调"(或称"楚腔"),又名"黄腔",后称"汉调",辛亥革命以后才定名为汉剧,它是一种以"西皮"、"二黄"两大声腔系统为主体进行演唱的地方戏曲。

汉剧在发展过程中,兼收并蓄,博采众长,在"西皮"和"二黄"合流的过程中,并收了"昆山腔"和"弋阳腔"。明末,汉剧已趋完善,演技娴熟,规模可观。清代,汉剧进一步发展。嘉庆年间,湖北崇阳籍的著名汉调生角米应先(喜子)到北京加入春台班(徽剧四大徽班之一),名驰京师,成为这个戏班的台柱,历20年之久。

特别值得提出的是,汉调艺人入京后,与徽班彼此影响,同时吸收昆腔、秦腔等剧种的曲调、表演方法等,逐渐形成了一种全新的剧种,这就是京剧的雏形。

在京剧的形成与发展过程中,来自湖北的地方戏剧与戏剧艺人功不可没。湖北罗田人余三胜更是京剧的主要奠基人之一。同样从湖北走出的谭鑫培、余叔岩是开宗立派的一代名伶,对京剧的发展起到了重要作用。

在清代书坛,湖北人张裕钊和杨守敬绝对是两个响当当的名字。

张裕钊,武昌(今鄂州)人,晚清著名书法家、学者、诗人。张裕钊是晚清名噪文坛的著名学者,在古文研究上具有很深的造诣。但是,终其一生,最有影响、最具成就的还是他的书法艺术。

张裕钊书法源于魏晋,突越唐人,高古浑穆,笔画峭峻,融北碑南帖于一炉,济刚柔俊逸于毫端，创造了影响晚清书坛百年之久的"张体"，成为一代书法宗师，享誉海内外，与康有为、华世奎、郑孝胥齐名，被称为近代四大书法家。

杨守敬，宜都人，在历史地理学、金石学、目录版本学以及书法等方面卓有建树，被称为"晚清民初学者第一人"。杨守敬书法、书论兼长，于楷、行、隶、篆、草诸书俱长。

杨守敬除了书法成就之外，同样著名的成就当属历史地理学，他穷毕生精力研究《水经注》，集我国几百年《水经》研究之大成，完成《水经注疏》。清朝著名学者罗振玉曾将杨守敬的"地理学"、段玉裁的"小学"、李善兰的"算学"推尊为清代三"绝学"。

清代，湖北王葆心的方志学精进独到，堪称大家。

王葆心，出生于罗田一个耕读之家。民国后，王葆心历任湖北革命实录馆总纂、湖南书报局总纂、北京图书馆总纂、湖北国学馆馆长、武昌高等师范学校及武汉大学教授、湖北省通志馆馆长等。他撰写的《方志学发微》一书，是我国方志学领域一本里程碑式的著作。王葆心病逝后，董必武题写"楚国以为宝，今人失所师"的挽联以示哀悼。

在医学方面，"戒毒神医"杨际泰闻名遐迩，声名远播。

杨际泰，广济（今武穴）人，出自行医世家，擅长内、外、妇、儿诸科，妙手回春，救人无数，成为远近闻名的名医圣手。他的《医学述要》，内容丰富，新见迭出，是近代中医的百科全书。

杨际泰成名之时，正是清政府衰败之际。外国侵略者将鸦片大量输入中国，致使很多同胞身心健康受到严重摧残。出于医家道德和民族责任，杨际泰呕心沥血，终于发明了一种解毒消瘾药，并免费发给吸食鸦片者服用，效果奇好，治愈者无数，开创了中国治毒戒毒的先河。当时，流传有"南有林则徐断绝毒源，北有杨际泰解除病根"的口碑，杨际泰被人称为"鸦片战争的一位后方英雄"。

从乾隆后期开始，清朝的统治日趋衰落。清政府仍以"天朝上国"自居，骄傲自大，闭关锁国。与此同时，鸦片的泛滥，不仅使中国白银外流，国库入不敷出，而且极大地摧残了民众的身心健康。1837年2月，林则徐被任命为湖广总督。他力主严厉禁烟。一时间，武汉三镇的禁烟运动轰轰烈烈，如火如荼。林则徐在湖北禁烟,是中国历史上第一次彻底的群众禁烟运动,是更大规模的虎门销烟的先声,拉开了中国人民近代禁毒斗争的序幕。

鸦片战争后,外国侵略势力逐步深入长江中下游地区。号称"九省通衢"的湖北,首当其冲,成为列强争夺的重点。列强势力叩开湖北门户,始于汉口开埠。伴随着外国舰船的汽笛,湖北开始了近代充满屈辱的对外开放历程。

西方列强在湖北沿江口岸开辟商埠的同时,还在汉口设立领事馆,开辟租界,实施政治侵略。美、意等七个国家相继在汉设立领事馆,将汉口沿江一带大片土地建成"国中之国"。"欧风美雨"的冲击和刺激,虽然使武汉社会矛盾激化,人民苦不堪言,但也使这里成为较早得风气之先并开始近代化进程的地区之一。

晚清的湖北,为中国的变局准备着条件。古老中国的上空,熹微初现。

1889年12月,张之洞出任湖广总督。张之洞在湖北兴实业、办教育、练新军、应商战、劝农桑、新城市,大力推行"湖北新政",使湖北经历了一次近代化的崛起;湖北因为有了张之洞,武汉从昔日的封建商业重镇一跃而为国内屈指可数的国际贸易商埠,大有"驾乎津门,直追沪上"之势;湖北因为有了张之洞,逐步从一个地处中国腹地,经济、文化均不很发达的省份一跃而成为晚清最重要的机器工业中心之一。无怪乎毛泽东说,讲重工业,不能忘记张之洞;从这一天起,湖北在新式学堂的创办、洋学生的派遣、新军的组训等方面都领先于全国。

张之洞的"湖北新政",客观上为后来的辛亥革命作了物质、人才和思想上的准备。

与此同时,国内民众反清反帝的情绪空前高涨,各地纷纷涌现出许多进步革命团体,最终形成了统一的革命政党,为武装推翻清王朝奠定了组织基础。

1911年8月,湖北两大革命组织文学社和共进会实现联合,并组成领导起义的总指挥部,在武昌小朝街85号的原文学社总部设立军事筹备处,在汉口俄租界宝善里14号的原共进会机关设立政治筹备处,分别负责制定起义计划、文告、旗帜、印章等,积极做好起义的准备工作。

1911年10月10日晚,在武昌工程营驻地,革命党人以敢为人先的英雄气概打响了武昌首义第一枪。经过一夜浴血鏖战,起义军终于占领了湖广总督署。10月11日上午,武昌全城光复,革命军的九角十八星旗帜在武昌城头高高飘扬,古老的武昌有幸成为这场伟大变革的首义之城。

一场席卷中国大地的变革由此开始，一个民族的伟大复兴由此开端。

首义胜利后，革命党人迅速组建湖北军政府。湖北军政府是辛亥革命中建立的第一个革命性地方政权，它曾一度代行中央政府的职能。

武昌首义胜利的消息，一时间传遍中华大地，革命浪潮迅即席卷全国。首义爆发一个半月之内，全国有14个省及上海市宣布脱离清王朝的统治。至此，清王朝的崩溃、专制帝制的覆亡，已经成为不可逆转的大势。

武昌起义后，各地起义之势犹如星火燎原，湖南、陕西率先响应，江西、山西、云南、上海和贵州也纷纷起义。

1912年1月1日，孙中山在南京宣誓就职临时大总统，中华民国正式成立。

1913年12月10日，袁世凯宣布以段祺瑞取代黎元洪湖北都督一职，从此正式开始了北洋军阀统治湖北的历史。

1920年8月，中国第一个共产主义小组在上海成立。同年秋，董必武、陈潭秋、包惠僧等在武昌召开秘密会议，正式成立武汉共产主义小组，推选包惠僧为书记。湖北是全国最早创建共产主义小组的6个省市之一。武汉共产主义小组的成立和发展，为中国共产党的诞生作出了不可磨灭的贡献，也标志着湖北人民的革命斗争进入到一个崭新的历史阶段。

（刘玉堂　张　硕）

"我自横刀向天笑"

1921 年 7 月 23 日晚 8 时，中国共产党第一次全国代表大会在上海法租界望志路 106 号(今兴业路 76 号)正式开幕。来自全国 6 个共产主义小组的 13 名代表出席了这次历史性的会议。

让湖北人民倍感自豪的是，出席中共一大的 13 名代表中竟有 5 位湖北人，是代表人数最多的省份。他们是 35 岁的董必武、25 岁的陈潭秋、31 岁的李汉俊、27 岁的包惠僧和 19 岁的刘仁静，分别代表武汉、上海、广州、北京共产主义小组出席大会。

更鲜为人知的是，具有开天辟地重大意义的中共"一大"的会址也是湖北人李汉俊和其胞兄李书城的公馆。

此后，在国共合作的革命统一战线的旗帜下，湖北人民冲破北洋军阀的高压，革命斗争如火如荼。

1923 年，"二七"京汉铁路工人大罢工爆发。这次罢工斗争，大大提高了中国共产党的政治威望，在中国工人运动史上谱写了光辉灿烂的一页。

1926 年 7 月 9 日，广州国民政府举行了北伐誓师典礼，北伐战争在"打倒列强，除军阀"的口号声中正式开始，势如破竹，连克汀泗桥和贺胜桥，兵临武昌城下。10 月 10 日，北伐军攻克武昌城。至此，历时 40 余天的武昌城之战终于宣告结束，武汉光复。

北伐军攻占湖北，北洋军阀在湖北的黑暗统治宣告结束，极大地鼓舞了全国人民的革命斗志。武汉各界人民欢呼雀跃，以各种方式庆祝北伐军取得的伟大胜利。

北伐军攻克武汉，直接促成了广州国民政府的北迁，武汉再次成为中国革命的中心,从而掀开了武汉近代史上最光辉的一页,第一次大革命由此走向高潮。

1926 年 11 月 26 日,国民党中央政治会议临时会议正式作出决定,中央党部和国民政府北迁武汉。

1927 年元旦,武汉临时联席会议正式宣布在汉口办公,并发布命令,划武昌、汉口、汉阳为京兆区,定名武汉,作为国都。

1927 年 3 月,国民党二届三中全会在汉口南洋大楼举行。全会坚持国共合作原则,坚持孙中山联俄、联共、扶助农工的三大政策,部分限制蒋介石的军政权力。3 月 20 日,新当选的国民政府委员在武昌红楼宣誓就职,武汉国民政府正式成立。

1927 年 4 月,汪精卫从上海到武汉,出任武汉国民政府主席。汉口南洋大楼成为武汉国民政府的府址。

武汉国民政府鼎盛时期,辖区包括广东、广西、湖北、湖南、江西、江苏、浙江、安徽、四川、贵州、甘肃、陕西、河南以及武汉市、上海特别市。国民政府时期,湖北武汉成为中国大革命洪流的中心。正如美国著名记者路易斯·斯特朗所说:"全世界都知道,1927 年的汉口是'红色的汉口'。"

1927 年,以蒋介石、汪精卫为代表的国民党右派先后在上海和武汉发动政变,国共合作的统一战线破裂。

1927 年 8 月 7 日,中共中央在汉口召开了著名的"八七会议"。八七会议是中国共产党历史上的一次重要会议,对党在第一次国内革命时期的斗争进行了基本总结,纠正和结束了党内的右倾机会主义错误,提出了"枪杆子里出政权"的著名论断,为挽救党和革命作出了巨大贡献。如果说,"以农村包围城市,武装夺取政权"这一毛泽东创立的有中国特色的革命理论诞生在江西井冈山,它的胚胎便孕育在湖北武汉。

大革命失败后,湖北地区处于一片白色恐怖之中。湖北的共产党人和人民并没有被吓倒,在荆楚大地上相继举行革命起义和暴动,枪声四起,红旗漫卷,湖北以在同一时期创建根据地和红军最多的实绩,成为中国土地革命战争时期的一块热血沃土。

1927 年 11 月 13 日,黄麻起义爆发。14 日凌晨,突击队一举攻入城内,黄麻起义取得成功,鲜艳的红旗第一次插上了黄安城头。黄麻起义是土地革命时期继"八一"南昌起义、湘赣边界秋收起义之后的一次著名武装起义。黄麻起义的成功,在大别山区率先树起了武装斗争的旗帜,把湖北地区的革命斗争推向了新阶段。

黄麻起义创建的红军和苏区,为后来创建鄂豫皖苏区和红四方面军起了先导作用,并成为中国工农红军第四方面军及鄂豫皖苏区的重要来源和组成部分。1930年春,中共鄂豫皖边特委和鄂豫皖边区苏维埃政府成立,标志着以大别山为中心的鄂豫皖革命根据地形成。

1931年12月,为了纪念黄安战役胜利,中共中央鄂豫分局改黄安为红安。1952年,中央政务院批准黄安县正式更名为红安县,成为共和国以"红"褒奖的唯一的县。

"八七"会议后,湖北省委决定以鄂东南为中心,实现全省暴动。1929年12月14日晚,大冶兵暴一举成功,被誉为"模范的大冶兵暴"。大冶兵暴的起义部队,也成为后来扩编的红八军的重要组成部分。

1929年至1930年,李灿、何长工、彭德怀等率红五军先后进驻阳新龙港,开辟了以龙港为中心的鄂东南革命根据地。龙港成为鄂东南革命根据地的政治、军事、文化中心,被誉为"小莫斯科"。

1930年6月,红五军、红八军组成红三军团。红三军团是第二次国内革命战争时期中国工农红军主力部队之一。

1928年,贺龙、周逸群等开创了湘鄂边革命根据地,成立了中国工农红军第四军。此后于1930年开创了洪湖革命根据地,成立中国工农红军第六军。

1930年7月,红四军、红六军合编组成中国工农红军第二军团,下辖两个军,兵力近万人。从此,湘鄂边、洪湖两个根据地连成一片,形成了以洪湖为中心的湘鄂西革命根据地。

湘鄂西苏区是第二次国内革命战争时期,中国共产党领导中国人民开辟的十多个苏区中,形成较早、规模较大、坚持时间较长的一个。湘鄂西苏区人民为中国人民的解放事业作出了重大贡献,在中国革命斗争史上写下了光辉的篇章。电影《洪湖赤卫队》便是以湘鄂西苏区革命根据地斗争为背景创作的。

　　抗战初期,武汉是全国抗日运动的中心,武汉会战更是谱写了中国抗战史上一曲惊天地、泣鬼神的壮歌。

　　1938 年 6 月,武汉会战大幕拉开。战场遍及安徽、河南、江西、湖北 4 省广大地区,大小战斗数百次,成为抗战以来战线最长、规模最大、持续时间最长、牺牲最多的一次会战。这是国共合作一致抗日后中国军民谱写的反法西斯战争的一首壮歌,它不仅载入中国抗日战争的史册,也载入世界反法西斯战争的史册。

　　刚刚赶走日本侵略者,国民党又挑起了内战,湖北又成为解放战争的主要战区之一。

　　1946 年,中原军区部队的成功突围,牵制了国民党军队 30 个旅的兵力,打破国民党军苦心经营的封锁和包围,胜利完成了战略转移的任务,有力地配合了其他解放区的作战。同时,中原突围保存了中原部队的主力,有力地配合了其他战场的作战,为此后的战略反攻和夺取解放战争的全国胜利奠定了基础。

　　中原突围和定陶战役、苏中七战七捷是解放战争初期的三大战役。中原突围,成功地打响了解放战争的第一枪,拉开了全国解放战争胜利的序幕!

　　1947 年,是解放战争关键的一年。6 月 30 日,晋冀鲁豫野战军 12 万大军,在刘伯承、邓小平的率领下,强渡黄河,千里跃进大别山。与此同时,陈(毅)粟(裕)大军挺进豫皖苏,陈(赓)谢(富治)大军挺进豫西,三支大军于中原大地互为犄角,驰骋于江河淮汉之间,同东北、华北、西北、华东等战略区的反攻和进攻相配合,创建了横跨长江、淮河、汉水的新的中原解放区。由此形成对敌人的全国规模的巨大攻势,从根本上撼动了国民党的反动统治,创造了中外战争史上的奇迹,吹响了夺取全国胜利的嘹亮号角,成为中国革命战争史上的伟大转折点。

　　发生在湖北大地上的中原突围和刘邓大军千里挺进大别山,分别是解放战争的起点与转折点,在气吞山河的鼓角争鸣声中,湖北即将迎来一片明朗的天空。

　　1949 年 5 月 20 日,是湖北历史上具有划时代意义的日子。中共湖北省委、湖北省人民政府和湖北省军区在孝感县花园镇(今孝昌县花园镇)宣告成立。

　　从这一天开始,湖北的历史掀开了崭新的篇章。

(刘玉堂　张　硕)

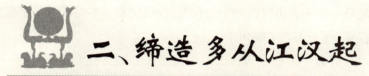

二、缔造多从江汉起

Di Zao Duo Cong Jiang Han Qi

华夏仰始祖 天下共烈山

　　1987年，一个名叫周共·王德樵的美籍华人，出现在湖北随县厉山镇街头。他是一位不会讲汉语的华裔青年，仅仅凭着一本英汉对照字典和一张地图，几经辗转，终于来到了随州市。

　　周共·王德樵为什么不远万里来到随县呢？这里面有一个感人至深的故事。原来，我国清代画家吴承砚绘有一幅炎帝神农画像，原存放于北京故宫，1900年被八国联军从故宫盗走，几经转手，最后存于美国华岗博物馆。美籍华人周共·王德樵的祖辈发现该画像后，感慨万千，立即花重金将画像复制下来，临终时嘱咐周共·王德樵一定要想方设法把画像送归炎帝神农故里。为完成祖辈的嘱托，1987年，他带着炎帝神农画像，以顽强的毅力，克服不会汉语、不识汉字的困难，跋山涉水，绕道台湾，历经千辛万苦，一路寻到随县厉山，将炎帝神农画像交给炎帝故里。

　　在中国古代传说中，炎帝神农是一个纬地经天、功德无量的原始君主；在中国古代典籍中，炎帝神农又是一个记载抵牾、众说纷纭的神秘人物。

　　神农氏的名号，最早见于《周易》一书中。《周易·系辞下》说："包牺氏（伏羲氏）没，神农氏作……神农氏没，黄帝、尧、舜氏作。"这里记载了由伏羲氏—神农氏—黄帝—尧—舜的历史演进顺序，反映出神农氏生活在伏羲氏之后、黄帝轩辕氏之前的一个历史时代。而且，在东汉以后的典籍中，多见"炎帝号神农"、"神农号炎帝"、"炎帝神农氏"的记载，可见炎帝与神农是同一个人。

　　《庄子·盗跖》说："神农之世，卧则居居，起则于于，民知其母，不知其父，与麋鹿共处，耕而食，织而衣，无有相害之心，此致德之隆也。"从这段记载看，炎帝神农氏时代应该处于"民知其母，不知其父"的母系氏族社会阶段。而《商君书·

画策》记载："神农之世,男耕而食,妇织而衣,刑政不用而治,甲兵不起而王。"《吕氏春秋·爱类》记载："神农之教曰:士有当年而不耕者,则天下或受其饥矣;女有当年不绩者,则天下或受其寒矣。故身亲耕,妻亲织,所以见致民利也。"这两段史料分明又在说,炎帝神农氏时代已经迈入男耕女织的父系氏族社会阶段了。

相互抵牾的两种记载似乎向我们透露这样一个史实:炎帝神农处于原始社会由母系氏族社会向父系氏族社会过渡的时代,由渔猎采集经济向农耕经济转型时期,其时,有的地方尚处于母系氏族社会,有的则已跨入父系氏族社会的门槛,是人类社会文明初创阶段。

炎帝神农的生地,最主要有三说,即"泰山说"、"华阳说"和"厉山说"。

"泰山说"的唯一证据,便是司马迁在《史记·封禅书》中说过"炎帝封泰山"这么一句话。遗憾的是,这句话根本不能作为凭证。因为司马迁是说炎帝曾在泰山会盟诸部落首脑,并无炎帝族发祥于泰山一带的意思。

"华阳说"首见于张守节《史记·五帝本纪》正义引皇甫谧《帝王世纪》:"神农氏,姜姓也。母曰任姒,有蟜氏女,登为少典妃,游华阳,有神龙首,感生炎帝。人身牛首,长于姜水。有圣德,以火德王,故号炎帝。"据考证,华阳系指秦岭以南的汉水上游地区。

相比而言,"厉山说"的证据比其他二说更为充分,也更具说服力。最早明确指出神农生地的是西汉史学家褚少孙,他在《史记·补三皇本纪》中说:"神农,……本起烈山,故称烈山氏,亦曰厉山氏。"相传为汉代学者纂集的《礼记·祭法》也说:"是故厉山氏之有天下也,其子曰农,能植百谷"郑玄注云:"厉山氏,炎帝也,起于厉山,或曰有烈山氏。"关于厉山的地望,南朝梁宗懔认为在随郡境内,即今湖北随州市。他在《荆楚岁时记》中说:"随郡北界有厉山村,村南有厉山,山下有一穴,父老相传神农所生。"《括地志·随州》的相关记载指向更为明确:"厉山在义阳随县北百里,山东有石穴。曰神农生于厉乡,所谓烈山氏也。春秋时为厉国。"清同治《随州志·古迹》也说:"神农洞在州北百廿里。"综合考察上述诸家之言,今湖北随州市为炎帝神农故里更为接近历史本原。

至于汉代刘安在《淮南子·主术训》中说,炎帝神农氏"其地南至交趾(今岭南一带),北至幽都(今河北北部),东至旸谷(今山东东部),西至三危(今甘肃敦煌一带），莫不听从"，范围达大半个中国。对于这个记载，应该理解为炎帝神农氏部落及其部落联盟的活动地域。

在湖北境内，除炎帝神农故里随州外，神农架、谷城等地至今仍保存有与炎帝神农有关的遗址遗迹，流传着有关炎帝神农的传说故事。据记载，神农架曾是神农氏尝草采药的地方，他先教民"架木为屋，以避凶险"，继教民"架木为梯，以助攀缘"，采得良药400余种，著就《神农本草经》，为向天帝复命，才"架木为坛，跨鹤飞天"而去。又《中华九域志》载："谷城，因神农氏在此尝植五谷而得名。"在谷城有许多关于神农氏的传说故事，还有神农山、神农寨和神农洞。

炎帝神农氏的丰功伟绩，史籍中鲜有全面而系统的记载。但仔细检索，有关炎帝神农时代的传说资料，在先秦两汉古籍中十分丰富。概括起来，炎帝神农对于中华文明的贡献主要体现在以下几个方面：

始作耒耜，以利民耕。《周易·系辞下》载："包牺氏没，神农氏作，斫木为耜，揉木为耒，耒耨之利，以教天下……"耒、耜都是木制启土工具，是当时从事农业生产最主要的用具。在生产水平十分低下的原始社会，生产工具的改进，势必对生产力产生巨大的推动作用。耒耜也因而成为农具的总称。

始种五谷，以为民食。《管子·形势解》载："神农教耕生谷，以致民利。"同书《轻重戊》载："神农作，树五谷淇山之阳，九州之民乃知谷食，而下化之。"《淮南子·修务训》载："于是神农始教民播种五谷，相土地……"在发明先进生产工具的同时，炎帝神农指导先民开展农作物种植，我国原始农业也因之逐步发展起来。这一点，从随枣走廊新石器时代遗址聚落规模的扩大、稻谷遗迹和生产工具大量出土等，都得到了有力的印证。在炎帝神农对人类文明的诸多贡献中，以农业文明的开创贡献最大，影响最深。在恶劣的自然环境面前，炎帝神农不断积累经验，发明总结农耕生产经验，改变了茹毛饮血的原始生活状态，成为中国农耕文明的开拓者和奠基者，奠定了中国农业文明的第一座里程碑。

遍尝百草，发明医药。《淮南子·修务训》载："古者民茹草饮水，采树木之实，食蠃蚌之肉，时多疾病毒伤之害，于是神农乃始教民播种五谷，相土地宜燥湿肥垅高下，尝百草之滋味，水泉之甘苦，令民知所避就。当此之时，一日而遇七十毒。"远古时期，疾病和毒蛇猛兽的伤害是人类生存最严重的威胁之一。炎帝神农为解除疾病和创伤给人们带来的痛苦,深入山野,辨尝各种草木的性味,从而发明用草药医治疾病和创伤的方法。正因为神农是我国医药学的奠基者,秦汉之际成书的我国第一部药物学典籍就冠名为《神农本草经》。

日中为市,首倡交易。《周易·系辞下》载:神农氏"日中为市,致天下之民,聚天下之货,交易而退,各得其所……"。随着社会生产力的提高和社会分工的进一步细化,人们对物品交换的需求日益强烈,于是炎帝神农氏设立集市,聚集四方货物,以物易物,互通有无,这是顺应时代要求的必然产物。

治麻为布,遮体避寒。《商君书·画策》载:"神农之世,男耕而食,妇织而衣。"《庄子·盗跖》:"神农之世,……耕而食,织而衣。"《皇王大纪》载:炎帝神农氏"治其丝麻为之布帛。"一系列文献记载以及随枣走廊新石器时期遗址大量出土的陶质纺轮,从两方面都印证了炎帝神农氏首创原始纺织业的伟绩。

制弧剡矢,以抵侵凌。《吴越春秋》载:"古者人民朴质,饥食鸟兽,渴饮雾露,殁则裹以白茅投于中野。孝子不忍见父母为禽兽所食,故作弹以守之。歌曰'继竹、续竹,飞土、逐突'之谓也。于是神农弦木为弧,剡木为矢,弧矢之利,以威四方。"炎帝神农氏发明弓箭,有效地抵御来自其他部落和猛兽的侵扰。

作陶为器,以储民用。《逸周书》载:"神农之时,天雨粟,神农耕而种之。作陶冶斤斧,破木为耜、锄、耨以垦草莽,然后五谷兴,以助果蓏之实。"《太平御览》引《逸周书》则说:"神农耕而作陶。"制陶术的发明是先民在新石器时代最主要的创造之一,也是人类由茹毛饮血的野蛮时代向文明时代迈进的一个重要标志。

首作琴瑟,娱乐民众。《世本·作》载:"神农作琴,神农作瑟。"桓谭《新论》说神农氏"始削桐为琴,绳丝为弦,以通神明之德,合天地之和焉。"又云:"神农氏为琴七弦,足以通万物而考理乱也。"湖北新石器时期遗址曾出土不少陶球和陶铃,陶球或空心或实心,形状各异,有的还有手柄,外部装饰各种纹饰和色彩。空心陶球内还装有石子,轻轻摇动,即发出响声。陶铃器身为椭圆形,顶面有并列两穿孔,可作穿绳吊挂之用。对于陶球和陶铃的用途,有研究者认为,它们应该是乐器之类的娱乐工具。如此说成立,至少印证了炎帝神农时期,先民已经开始音乐方面的精神追求。

台榭而居,安家立业。《皇王大纪》载:炎帝神农"相土田燥湿肥垆,兴农桑之业,春耕夏耘,秋获冬藏,为台榭而居。"从渔猎采集转向农耕,人们随之开始定居生活,于是修建简陋房屋,聚族而居,形成原始村落。从大溪文化开始,人们的居所从半地穴式到完全地面式,从单间到多间,建筑技术不断进步,充分说明了炎帝神农时代在房屋建筑技术方面的突破与进步。

首创煮盐,强健体魄。《世本·作》说:"宿沙作煮盐。"《淮南子·道应训》说:"昔宿沙之民,皆自攻其君而归神农。"由此可知,首创煮盐的是炎帝神农的部属宿沙之民。盐的发明对于改善人类营养结构,增强人类体质具有十分重要的作用。

创立天文,设立历法。炎帝神农在首创农业的同时,对于原始天文和历法的创立,也是卓有成就。炎帝神农及其部落先民在长期生产实践中,注意了"火"(即大火星和鹑火星)与季节的关系,并运用所掌握的天文历法知识指导农业生产。在随州冷皮垭遗址出土的陶豆柄上,雕刻有北斗七星图案,这或许是生息于此地的原始先民天文历法知识的艺术表现。

炎帝神农对中华文明有不可磨灭的巨大贡献,从史实与神话两者的结合来看,炎帝神农是中华民族人文之祖、农业之祖、医药之祖、商贸之祖等,他的发明创造只有黄帝才能和他相媲美。所以,炎、黄二帝同时被尊崇为中华文明的开创者和中华民族的人文始祖。

后人仰慕炎帝神农的功德,将其归纳为八大或十大功德,也有学者用三个字作了概括:"炎帝神农,无非生、死、乐三字尔。求生、不死、弦乐!分五谷而养生民,尝百草而医不死,削桐琴以乐天下,人的一生竟如此的简单,如此的直接,如此的纯粹,如此的智慧!"

如今,在湖北随州炎帝神农广场上矗立着8根巨大的石柱子,每一根石柱上都雕刻着一段炎帝神农的故事。历史就是这样,最真诚的祭奠经常是表现为无声的方式;最打动人的故事经常被刻在石柱上,传之后世。

炎帝神农氏是我国原始社会时期一位勤劳、勇敢、睿智的部落首领,他率领部落在艰难生存与艰苦发展的历程中,创造了特色鲜明的文化——炎帝神农文化。炎帝神农文化背后所蕴涵的炎帝神农精神主要包括首创肇造精神、刚健有为精神和贵民利民精神。

首创肇造精神是炎帝神农文化的精髓。炎帝神农氏是中华文明史上最早勇于探索、开拓创新的典范之一。炎帝神农氏脚踏实地,孜孜不倦,事必身先,勇于探索,善于模仿、善于观察,勤于动手,勤于总结,不断积累生产经验和常识,从而发明许多生产生活工具和文化娱乐用具,成为农业、制陶、医学、音乐、天文、历法、商业等等众多领域的创造者、奠基者和集大成者。

刚健有为精神在炎帝神农文化中尤为突出。上古时期先民们由于生存条件恶劣,茹毛饮血,多患疾病,生命与健康得不到保障。炎帝神农作为部族首领,看到人民的疾苦,决心寻求治病之药,解除人们的痛苦。于是,他遍尝百草,采药的足迹遍布大江南北,历经艰险,九死一生。刚健有为的精神在炎帝部落成员如精卫、夸父、刑天等人的身上同样得到淋漓尽致的体现。精卫是炎帝的女儿,因失足于海而失去生命,于是化而为鸟,衔石填海,百折不挠;夸父属炎帝部落首领之一,他不畏艰难,敢和太阳一争高下,以至"道渴而死",充分体现出炎帝神农部落为了认识大自然、征服大自然而自强不息的顽强精神;炎帝近臣刑天在部落战争中,冲锋陷阵,被俘斩头后,仍不甘心失败,再次站起,把胸前的两个乳头当做眼睛,把肚脐当做嘴巴,左手握盾,右手持斧,战斗不止。"刑天舞干戚,猛志固常在",这是一幅多么壮烈的画面!

作为部落首领,炎帝神农氏不顾个人安危,一心为公,全心为民,不求任何回报。《淮南子·齐俗训》说炎帝"身自耕,妻亲织,以为天下先"。《淮南子·修务训》说"神农憔悴","圣人之忧劳百姓甚矣"。又说他为了祛除百姓疾病之苦,不惜牺牲生命,亲"尝百草之滋味,水泉之甘苦"。炎帝神农这种贵民利民的精神,是中华民族"先天下之忧而忧,后天下之乐而乐"价值观念的源头之一。

以农耕文明为突出特征的炎帝神农文化对中华文化的发轫、孕育及其发展具有深刻的影响,数千年来,炎帝神农精神和黄帝文化所孕育的民族精神一道,生生不息,薪火相传,为中华民族和中华文明的绵延壮大作出了杰出的贡献。

炎帝神农氏、黄帝轩辕氏是中华民族始祖,赫赫功德,四海景仰。无论是大陆还是台湾,炎帝庙所在多有,仅台湾地区就有121座炎帝神农庙。台湾雾峰乡有一座炎帝神农庙,始建于明末郑成功恢复台湾时期,庙中供奉有元朝至元八年(1271年)刻制的"五谷神农皇帝位"之牌位,1984年再次扩建炎帝神农庙时,专门从大陆请去两尊炎帝神农像。由此可见,海峡两岸同宗同祖,血浓于水,情重于山。

　　每年农历四月二十六日是炎帝神农的生辰,这一天,数以万计的海内外华人聚集炎帝神农故里随州,缅怀始祖伟业,共庆始祖生辰。如今,湖北随州已成为海内外中华儿女寻根谒祖的圣地。世界华人炎帝故里寻根节活动已成为政府主导、社会参与的大型文化节庆活动。2011年6月,"炎帝神农祭典"习俗经国务院批准列入国家级非物质文化遗产名录。从2009年开始,连续4年举办的世界华人炎帝故里寻根节,进一步增强了海峡两岸"同根同源,爱我中华"、"华夏同根,和合天下"的民族认同感和归属感,在全球华人华侨中产生了巨大反响。

　　"不要问我到哪里去,我的心依着你;不要问我到哪里去,我的情牵着你……"歌星毛阿敏曾以一曲《绿叶对根的情意》,奉献在炎帝神农大殿前,放歌在拜祖大典直播现场,表达了游子与故乡割不断的血肉亲情。海内外华人聚烈山圣地,追忆始祖启迪鸿蒙、文明肇张的丰功伟绩;抒发华夏儿女缅怀始祖、爱我中华的炽热情怀;向全世界表达中华儿女维护祖国统一、民族团结的坚强信心和决心! 这是亿万华人寻根颂祖的拜谒盛典,这是中华民族融合团结的和谐盛典,这是盛世中国兴旺繁荣的兴邦盛典。同根同源,振兴中华。我们相信,只要炎黄子孙不忘始祖,弘扬炎帝精神,凝聚爱国兴邦的坚强信念,精诚团结、众志成城,就一定能创造出无愧于祖先、无愧于时代的灿烂与辉煌。

(刘玉堂　张　硕)

"抱璞岩前桂叶稠"：卞和

卞和献璞的故事是荆楚文化史上最为经典的历史人物故事之一，卞和三次献宝、两次刖足的悲剧形象感动了千百年来无数读者。在其两千多年的传播过程中，因各种接受对象之不同，又呈现出"横看成岭侧成峰，远近高低各不同"的各种解读。然而，如果从荆楚文化精神源流的角度，结合楚民族的发展历程与楚人的民族性格来考察其流传千古、深入人心的事实，就不难发现卞和献璞的故事典型而独特的文化内涵，从而也不难发现其具有民族精神原型的意义，我们认为，也只有从这种意义上，方可深切感受并领悟到：卞和乃楚之精魂！

我们不妨先追溯卞和故事的出处，故事出自《韩非子·和氏》：

> 楚人和氏得玉璞楚山中，奉而献之厉王。厉王使玉人相之。玉人曰："石也。"王以和为诳，而刖其左足。及厉王薨，武王即位，和又抱其璞而献之武王。武王使玉人相之，又曰："石也。"王又以和为诳，而刖其右足。武王薨，文王即位，和乃抱其璞，哭于楚山之下，三日三夜，泪尽而继之以血。王闻之，使人问其故，曰："天下之刖者多矣，子奚哭之悲也？"和曰："吾非悲刖也，悲夫宝玉而题之以石，贞士而名之以诳，此吾所以悲也。"王乃使玉人理其璞，而得宝焉。遂命曰"和氏之璧"。

这则故事不仅记载于《韩非子》，也见于刘向的《新序》卷五、淮南王刘安的《淮南子·修务训》高诱注、蔡邕《琴操》、洪兴祖《楚辞补注》等著作中，其基本情节大致相同，但其中人物颇有出入，如蔡邕《琴操》曰：

卞和者，楚野民。得玉献怀王，怀王使乐正子占之。言玉（乃石也），王以为欺谩，斩其一足。怀王死，子平王立，和复献之。平王又以为欺，斩其一足。平王死，子立为荆王。和复欲献之，恐复见害，乃抱其玉而哭。昼夜不止，涕尽继之以血。荆王遣问之，于是和随使献王。王使刻之，中果有玉，乃封和为陵阳侯。卞和辞不就而去。（见欧阳询《艺文类聚》卷八十三《宝玉部》上）

韩非明言卞和献璞的对象为厉王、武王、文王，蔡邕《琴操》则认为是怀王、平王、荆王。平王在位时间是公元前 528 年至公元前 515 年，而怀王在位则在公元前 328 年至公元前 298 年，显然此记载有误，蔡邕乃东汉大学者，不至于错至如此，当为抄写者之误。

从韩非在讲述此故事之后的议论以及以吴起、商鞅变法的史事举例来看，意在说明法术之士遇明主并得以实施变法之难。由于故事本身所具有的情感张力以及它所蕴涵的丰富的文化内涵与审美意蕴，对后世产生了深远的影响，其"能指"已远远超出其"所指"。

卞和献璞的故事给人最直接的感受首先是它的悲剧性。三献其宝而被砍掉双足，三日三夜，泪尽而继之以血，这是卞和生命所遭遇的巨大悲痛；当权者把宝玉误认为顽石，把贞士诬蔑为诳人，这是颠倒黑白、混淆是非的社会悲剧；虽然最终还是将"顽石"变成了稀世珍宝"和氏璧"，并由"和氏璧"引发出如秦昭襄王与赵惠文王渑池之会并最终"完璧归赵"等后来诸多动人历史故事，虽然主题的转换对"和氏璧"的故事起到了增饰其生动性的作用，但"涕尽继之以血"的哭诉，饱和着卞和持有稀世珍宝不遇明主的辛酸和愤慨。从这种意义上看，它强烈的悲剧性无疑具有强烈的社会批判性，对读者的心灵产生出一种强烈的情感震撼效果。后世的许多文人学士也正是因此由社会现实的黑暗，自身的怀才不遇，而对卞和的悲剧遭遇自然而然地产生由衷的共鸣。如东方朔《楚辞·七谏·沉江》："悲楚人之和氏兮，献宝玉以为石。遇厉、武之不察兮，羌两足以毕斩。"就是从卞和的悲剧而感发对当权者的谏诤的，所以，王逸在《楚辞章句》中明确指出："谏者，正也，谓陈法度以谏正君也。……所以昭忠信、矫曲朝也。"

唐代李白因人生的悲剧性遭遇,在其诗中反复借用卞和的悲剧故事,如《古风》其三十六说:"抱玉入楚国,见疑古所闻。良宝终见弃,徒劳三献君。"《答王十二寒夜独酌有怀》亦云:"巴人谁肯和阳春,楚地由来贱奇璞。"《鞠歌行》又云:"玉不自言如桃李,鱼目笑之卞和耻。楚国青蝇何太多?连城白璧遭谗毁。荆山长号泣血人,忠臣死为刖足鬼。"这里既是感发对最高统治者不识忠奸的不满,对鱼目混珠、"青蝇"太多的社会现实的批判,对历史悲剧事件的同情与感伤,更是在抒发自己怀才不遇的牢骚与悲愤。

还有如唐代诗人胡曾的《荆山诗碑》:"抱璞岩前桂叶稠,碧溪寒水至今流。空山日落猿声啼,疑是荆人哭未休。"宋代诗人梅尧臣的《荆山》:"和楚人,兹楚地;泣玉山,无所记。但见楚人夸产玉,古庙幽幽无鬼哭;倘有鬼,定无足。"可以说,在中国文学史上,诸如此类的作品数不胜数,卞和成了具有悲剧意义的典型形象,无数文人学士借助于这一典型形象,再借水寒、猿啼、鬼哭之类的意象,渲染出浓厚的悲伤、忧怨的氛围,凸显的是它将"有价值的东西""毁灭给人看"的悲剧意义。

卞和献璞作为历史上的一个典型的悲剧事件,后世读者并非全然从悲剧意义上来解读,还有一些"聪明"人认为卞和太过"庸昧"、"愚忠",也有人认为他"固执"、"迂腐"、"狭隘"等等,如宋代集贤院学士刘敞著《责璧文》云:

> 世独谓和为不幸,谬矣。夫谓和之不幸,因失其理。而和之自谓贞,又非其名。和不哀其身,而哀其玉,忘所重而徇此轻,是竖刁之自宫……

刘敞认为卞和忘记了身体的价值理应重于璞玉,因此说他不明事理。既不明事理,又自名为"贞士",浪得虚名,因此骂他如同齐桓公的弄臣竖刁,是自行阉割,自讨苦吃,认为他愚不可及。

清代戏曲家尤侗著《卞和论》亦云:

> (卞)和古之愚也……何以献为楚王之昏,虽忠如屈原尚且被放,

况献玉人乎！和之刖，宜哉！

尤侗也认为卞和作为一个献玉的山野之人，不能与屈原相提并论，能与楚王图议国事的屈原尚且"信而见疑，忠而被谤"（《史记·屈贾列传》），遭到流放，何况卞和乃山野之人呢！因此尤侗与刘敞有相同之见，认为卞和的行为十分愚昧，他受刖刑也正适宜，并非是什么无辜之事。如此等等，皆为谩骂指责之辞。

好在历史上如此视卞和为愚昧之人者甚少，更多的人看到的是卞和优秀的品质与崇高的形象，古代有许多人称其为"贞烈之士"、"忠义之士"、"贤达之士"，现代也有许多人称其为"坚持真理与主持正义"，"坚忍不拔、百折不回，为追求真理而不惜勇于牺牲自己"的英雄，如华元林在《好一个"理"字了得》一文中说："故事篇幅不长，却给我们充分地展现了和氏三个方面的优秀品质：第一，他能在人迹罕至的深山老林发现玉璞，并认定其宝璧的价值，说明他眼力非凡。第二，得到玉璞，不是据为己有，首先想到的是把它献给朝廷，说明他思想境界出众。第三，和氏尽管历尽磨难，但他坚持真理的初衷不改，说明他意志超群。正是这非凡的眼力、出众的境界、超群的意志，共同构成了和氏这个贞士的崇高形象。"以上诸说，当然不无道理。但这些说法仅囿于个人品质的评说，而没有从文化精神上进一步揭示出卞和个人品质所具有的本质特性。事实上，荆楚文化史上具有贞烈、忠义、贤达形象的历史人物人何止万千，何以和氏之精神同屈原之精神流传两千余载而最为后人所尊崇和称道，这不得不归之于他的精诚与执著所具有的精神原型意义。

何谓精诚？精诚者，真诚也。

《庄子·渔父》云："真者，精诚之至也，不精不诚，不能动人。"《后汉书·广陵思王荆传》曰："精诚所加，金石为开。"唐代诗人杨炯《和刘长史答十九兄》亦云："精诚动天地，忠义感明神。"

卞和的精诚所至，确实感天动地，两次被刖足，但非为刖足而悲，"悲夫宝玉而题之以石，贞士而名之以诳"，在卞和身上体现出一种强大的情感张力与精神力量，故后人大多以此立意而表现对卞和的景仰与尊崇，如明代《天顺襄阳郡志》卷四"卞和庙碑"云：

(下)和之得玉三献而两刖其足,徒抱之而泣,不少抑其志,终为时之所尝,得非自见之明、自信之笃。而刑祸不可以屈之耶,精诚之志虽庸昧者亦可动之耶!

1944年4月,抗日爱国将领许长林为玉印岩(抱璞岩)题记曰:

和氏两被刖而志不夺,卒以坚苦通其诚,盖凡慷慨贞烈之士,不惜其躯而建不朽之业,乃精诚磅礴之气有足多者。

抗日英雄张自忠将军在殉国前夕,曾经对部下说:"古之卞和忠昭日月,虽数次伤身而仍未穷其爱国之志,其精诚磅礴之气,可谓至矣。""中华民族的优秀儿女务必学习卞和不怕死之爱国精神,痛杀日寇,保卫我神圣领土。"

诸如此类之言,均从精诚与执著立意,彰显卞和精神。

然而,要真正体味卞和精诚与执著的伟大精神,就必须了解他一生献璞的时间过程。虽然在古代典籍之中,除《韩非子》外,无先秦历史资料称"楚厉王"(武王之兄蚡冒,或蚡冒之子),其他史料均言楚国称王始于武王。武王熊通于公元前741杀蚡冒子而登楚君之位,于公元前689年去世,楚文王熊赀即位。如果卞和二十岁左右第一次献璞在蚡冒末年,到楚文王时卞和献璞,已历五十二年,卞和至少已是七十岁的老人了。他饱尝五十余年的身残之苦,而坚信璞中有宝玉,并坚定不移地要让它彰显于世,其精诚与执著精神确实感天动地。

卞和是荆楚文化史上具有典型意义的历史人物,透过其精诚与执著的行为,我们不难发现其具有楚民族精神原型的意义。

楚国初创之时,还是一个"土不过同"的蕞尔小国,方圆不过百十里的地盘,可后来发展成为"地方五千里,带甲百万,车千乘,骑万匹,粟支十年"(《战国策·楚策一》),令各诸侯国望而生畏的泱泱大国,凭借的就是楚人精诚执著的精神。

从楚国的历史起点熊绎被封于楚地之时开始,历代君王普遍存在一种忧患意识,一种强烈的责任感。从熊绎"辟在荆山,筚路蓝缕",到武王改革政治、军事,扩大楚疆,再到文王"始都郢",奠定楚国根基,至庄王一鸣惊人,问鼎中原,成就霸业，无不体现出楚国君王的执著奋进的坚韧意志。

有其君，必有其臣。令尹子文一生清正廉洁，律己惜民，一生之中三为令尹而无喜色，三次去职亦无愠色；孙叔敖辅佐楚庄王，内平隐患，外抗强敌，使庄王功绩著乎竹帛，传乎后世。去世后，家无锱铢之蓄，一生清廉而功名卓著，从而名列《史记》"循吏"第一。以子文、孙叔敖为代表的大臣群体都具有一种生命不息，奋斗不止的精神，从而成为留名青史、令人景仰的历史功臣。

群雄纷争，诸侯各国难免有危难之时。当楚国出现危难之时，大臣中许多人临危不惧，以坚忍不拔的意志为复国驱敌尽职尽力。当楚都被吴兵占领，申包胥求救于秦，"立于秦廷，昼夜哭，七日七夜不绝其声"（《史记·伍子胥列传》），终于感动秦哀公而发兵救楚。申包胥以百折不挠的意志支撑起为国尽责的使命，使楚国得以恢复，并且不接受楚昭王的奖赏，申包胥明确表示："吾为君也，非为身也。君既定矣，又何求？"（《左传·定公五年》）。

吴师入郢时，与申包胥同样具有功劳的蒙谷保护了楚国极其重要的法令典章《鸡次之典》，屠羊说也一直跟随、保护楚昭王，历经困苦，甚有功劳。但当楚昭王行赏之时，蒙谷宁可"自弃于磨山之中"（《战国策·楚策一》），屠羊说返回其屠羊之市，继续杀羊，卖羊肉，都拒绝奖赏。这些人与卞和同样具有热爱家国，不计荣名的宝贵精神品格与执著精神。

纵观楚人创业与奋斗的历史，从小到大，从弱到强，无论中间走过多少曲折的道路，无论这曲折的道路或由内部或由外部原因造成，楚人都能从屈辱中奋进，即使是在公元前278年白起拔郢之后，历史也印证着楚南公"楚虽三户，亡秦必楚"的预言，也确证了楚人不屈不挠、执著坚韧的文化根性。用屈原《离骚》中的名言来说："余固知謇謇之为患兮，忍而不能舍也"，"亦余心之所善兮，虽九死其犹未悔"，"路漫漫其修远兮，吾将上下而求索"。屈原以诗的形式，表白着以其为代表的楚民族坚忍不拔的进取精神，而卞和代表着广大社会民众，以行动证实着楚民族精诚执著的民族精神。清人沈岐铨正是基于此而认识到卞和所表现出民族精神原型的特殊意义，因此，他很不满意宋人刘敞的《责璧文》，著《广卞和责璧文》，从高处立意，为卞和辩护道：

天之生神物也，有不待其人而传者哉！人不奇不传，事不奇不传，非其人足传，志之不可夺也。非其事足传，诚自不可揜也。乾坤不毁，有赖志者持之，而志百折而不回者，每在人事奇穷之处。……楚之兴也，辟在荆山，是天心之所眷也，故能蚕食诸姬，主盟中夏。……考献璞往事，一刖不已而再，再刖不已而泣，人虽至愚，谅不至是。论者谓其责璧，亦已过矣！彼其人刑戮不以为辱，封爵不以为荣，其志诚也。有迥出寻常万万者。卒之当时贵之，后世宝之，玉传而人亦因以传。以视身都卿相，草木同腐，其贤不肖何如也？呜呼，卞和名不朽矣！（《湖北文征》第七卷）

沈岐铨《广卞和责璧文》视野高明之处，就在于他将楚人从辟在荆山到"蚕食诸姬，主盟中夏"的奋斗史与卞和献璞的故事联系起来，从而颂赞卞和"一刖不已而再，再刖不已而泣"，"刑戮不以为辱，封爵不以为荣"的精诚与执著精神，真可谓一语中的。

卞和的故事凝聚着楚人的一种强烈的集体无意识，一种顽强而执著的生命力，一种独特的文化根性。这种文化根性早已在司马迁《史记·货殖列传》中就有明示，楚人"清刻，矜已诺"，具有执著而重信念的品格，《隋书·地理志》亦云：楚地"其人率多劲悍决烈，盖天性然"，"风气果决，视死如归，其旧风也。"楚人不仅有劲悍果决的刚烈性格，更有视死如归的决心和意志。直至当今，这种文化根性仍然遗存在以湖北湖南为核心的荆楚文化圈中，熊十力先生所著《心书》云："楚士又好为一意孤行，不近标榜，蕲黄尤甚。"因为熊十力先生的父亲熊其相先生虽为一介乡儒，留下的遗言却是："穷于财，可以死吾之身，不能挫吾之精神与意志。"钱基博先生著《近百年湖南学风》指出：湖南"人杰地灵，大儒迭起，前不见古人，后不见来者，宏识孤怀，涵今茹古，罔不有独立自由之思想，有坚强不磨之志节。"说的是湖南的儒者，代表的是湖南人的性格与精神。陈独秀在《欢迎湖南人底精神》一文也曾指出："湖南人底精神是什么？'若道中华国果亡，除非湖南人尽死'。……湖南人这种奋斗精神，却不是杨度说大话，确实可以拿历史作证明的。"

从古代楚人艰苦曲折而又彪炳史册的奋斗史，到近现代以两湖为核心的荆楚人民为中华民族的自立于世界民族之林所作出的巨大贡献，都彰显着卞和精诚执著的伟大精神！

唐人胡曾赞卞和诗云："抱璞岩前桂叶稠,碧溪寒水至今流。"桂树色新香远,笑傲霜雪,堪称以卞和为表率的楚人精诚执著精神的象征。

（孟修祥）

"千古艰难唯一死"：桃花夫人

晚唐的著名诗人杜牧，写过一首《题桃花夫人庙》：

细腰宫里露桃新，脉脉无言几度春。

毕竟息亡缘底事，可怜金谷坠楼人。

如果不了解春秋时代楚国称霸于南方的史实，读此诗便会如坠五里雾中。

诗中的主人桃花夫人，不但历史中确有其人，而且因为她还改写了部分侯国相争的历史。毛泽东主席 1958 年路过信阳时，就对桃花夫人表示了赞誉。

若要全面了解桃花夫人在历史中的是非功过，首先要了解她的人生经历。

桃花夫人名叫妫桃。妫是姓，桃是名。她本是春秋时代陈国（今淮阳）宣公杵臼的次女。生卒年代大概在公元前 700 年至公元前 650 年左右。

妫桃生得十分美艳。中国公认的四大美人是西施、王昭君、貂蝉与杨玉环。古代没有照相术，我们无从知道这四大美女确切的长相与身姿。从白居易的《长恨歌》中，我们知道杨玉环"芙蓉如面柳如眉"，这也只是一种形象的描述而非实证。形容四大美人的特点，也曾有一句话概括，叫"闭月羞花之貌，沉鱼落雁之容"。桃花夫人早于这四大美女，从简单的历史记载与传说来看，她的美艳不在四大美女之下，甚至还有超过。就因为她叫妫桃，所以当世就称她为桃花夫人。从此以后，桃花便成了中国美女的关键词，如"桃花颜色"，"艳若桃花"等等。除此之外，还有，形容男的有了红颜知己，叫"桃花运"，形容女的红杏出墙，叫"命犯桃花"。后面两种似乎是贬义词，但这个贬义，也来自桃花夫人本身。

公元前 684 年，妫桃与姐姐同时出嫁，可见姐妹俩年龄相差不大。姐姐嫁给了蔡哀侯,妫桃嫁给了息侯。蔡国和息国,都是今河南境内的小国,但蔡国比息国要强大一些。那时候,周朝的中央政权已失去了控制力,各地诸侯国拥兵自保。侯国之间以结亲的方式形成同盟,亦是当时的惯例。前期的蔡国,后期的秦国,都是楚国结亲联姻的对象。

妫桃嫁到息国之后,便称为息妫。她的丈夫息侯是周文王第 37 个儿子羽达的后代。周天子姓姬,但他的儿子们分封到各地,都以封地为姓,羽达封到息地,便称息侯。封号世袭,到妫桃的丈夫手上,也过了几十代人了。

息国与陈、蔡、楚毗邻,但最小,属夹缝中生存。但息侯万万没有想到,娶了妫桃之后,不过四年,就导致了万劫不复的灭国悲剧。

却说新婚后的妫桃,依风俗须得省亲,回陈国看望父母。她回国必须经过蔡国。蔡侯接待她,见她如此美貌,便禁不住挑逗调戏。妫桃回到息国,便向丈夫诉说了蔡侯的无礼。息侯深爱娇妻,听罢不免怒火中烧,于是设计报复。他暗中联络强邻楚国的国君楚文王,密告蔡侯对楚有侮谩之心。于是,两国密谋灭蔡,按约定楚出兵伪为袭息,而息与蔡有互保协议。蔡侯闻讯,派兵赶来相救。在息国都城之外,楚息两国军队夹击打败蔡军,并活捉了蔡侯。此为历史上的莘野之战。

押回楚国都城的蔡侯,若不是大臣鬻拳冒死相救,早被楚文王杀掉了以祭祖庙。从蔡侯口中,楚文王得知息蔡反目的真相,乃是为了息侯的夫人妫桃。经过再三考虑,楚文王释放了蔡侯,但却把妫桃记在了心上。

楚文王熊赀,是楚武王的儿子。楚武王在位 51 年中,南征北战,开疆拓土。在他的统治下楚国开始强大,楚文王虽不及楚武王的雄才大略,但也是一位勤政的守成之君。他借巡方之名,再次来到息国,其目的就是想看看息妫的真容。在隆重的接待宴会上,息侯应楚文王的要求,让夫人息妫出来给楚文王敬酒。

却说楚文王见到息妫的"桃花颜色"后,真可用"魂不守舍"四字来形容。楚国历来是出美人之地,不然,深山老林中不会走出艳惊天下的王昭君,所以楚国的君王对于美女的鉴赏力也是一流的,否则,就没有"楚王好细腰,宫中多饿死"这样的诗句流传。在这样一种育美鉴美的大背景下选出的美艳,的确非同一般。

古今中外的强人,都希望将天下最好的资源攫为己有,美色从来都是君王最为倾心的上乘资源。楚文王下决心夺取息妫,息侯的悲剧可想而知。

据说楚文王在行帐中举行的答谢宴会上,将赴宴的息侯当场擒拿,然后派兵冲进息侯宫中抢出息妫。可怜的息侯,因为夫人惨遭灭国,自己被流放到汝水之南,采食十家之邑,不久,就郁郁而死。息妫初被掳时,本想一死了之。但为了保全息侯性命,只得忍辱偷生。楚文王与她成亲,封为楚夫人。因为她叫妫桃,故楚国百姓称她为"桃花夫人"。

楚文王虽然抢到了桃花夫人,并对她百般呵护,恩宠有加,但桃花夫人却始终对他冷淡。三年中,她在楚王宫中生下了两个儿子,长子熊囏,次子熊恽。可是,她却从未说过一句话。文王占据了她的身体,却没有赢得她的爱情,这一点让他非常不愉快,但他极有耐心,数年如一日疼爱着桃花夫人。息妫虽然仍不说话,但也对楚文王的始终不渝的真情有所触动。一天,趁着稚子绕膝,桃花夫人心情略好时,文王问她为何不说话,她终于开口说道:"身为一介妇人,前后竟事二夫。不能以死守节,又有何面目与人言语。"言毕怆然泪下。

楚文王于公元前689年登基,公元前677年死于进伐中原的潢川之战,在位十三年。他死后,长子熊囏继位,在位五年,被弟弟熊恽发动政变杀死。熊恽自立,号称成王。

关于这段史实,历史也有不同说法。比较通常的说法是,熊囏是息侯的遗腹子。这一点,文王在世时就有怀疑,但因他深爱着桃花夫人,故从不追究,视熊囏为己出。文王逝世,遗嘱将王位传给了熊囏。此时的桃花夫人,既出于对楚文王的怀念和感激,也出于对楚国的责任,于是协助熊恽从熊囏手中夺回了王位。

楚成王登基后,大有作为,执政风格很像他的祖父楚武王。而他的儿子,即桃花夫人的孙子,是楚国历史最有作为的君主楚庄王。正因为这些关系,桃花夫人成为楚国最杰出的女性,也是最有争议的女性。

了解了这段历史后,再读杜牧的《题桃花夫人庙》,但不难看出,诗人对桃花夫人的人生多有贬斥。他认为,息国的灭亡是由桃花夫人引起,但桃花夫人并没有为息侯殉节。诗中所言的"金谷坠楼人",指的是西晋石崇的宠妾绿珠。大将军孙秀因慕绿珠之美艳,构祸于石崇。当孙秀的兵马冲进石府金谷园时,绿珠毫不犹豫地从楼头飞身一跃,坠地而死。杜牧以绿珠之壮烈殉命,反衬桃花夫人的

"苟且偷生"。诗虽婉转,但批判的锋芒何其锐利。

因为桃花夫人命运的传奇性与独特性,历代诗人多有吟咏,并产生了不少好诗,如宋之问、王维、刘长卿、胡曾、罗隐、徐照、袁枚等人的诗,莫不千秋怀怅,胸臆独抒。值得一提的是清初诗人邓汉仪,虽无盛名,但他路过桃花夫人庙时,步杜牧原韵写下的《题息夫人庙》,可谓同类题材中的上乘之作:

> 楚宫慵扫黛眉新,只自无言对暮春。
> 千古艰难惟一死,伤心岂独息夫人?

这首诗一改杜牧的批判态度,而是对桃花夫人充满了理解和同情。他认为在生不如死的历史转折关头,选择活下来更需要勇气。桃花夫人因为自己的美艳导致息国灭亡,在音讯全无的情况下,她选择活下来以期有朝一日能与息侯重逢,以致三年不说一句话。后来,她因有两个儿子牵挂,母性的责任让她继续留在世上。从人类学的角度看,桃花夫人并没有可指责之处。但后代诗人一再拿她说事儿,乃是因为多灾多难的中国历史中,给国人创造的坎坷太多太多。故而人们在经过桃花夫人庙时,都难免借题发挥,感慨唏嘘一番。

(熊召政)

"一鸣惊人"楚庄王

如今，当我们一提起"一鸣惊人"、"问鼎中原"这些耳熟能详的成语时，总不免联想到 2600 多年前楚国的一位著名国君，他就是楚庄王（？—前 591 年）。

公元前 614 年，楚穆王病逝，楚庄王即位。这一年，他大约 20 岁。

庄王即位之时，楚国内有权臣，外有强敌，可谓内忧外患。特别是大臣们互相倾轧，勾心斗角，政治极端腐化，政权极不稳定。一些奸臣争权夺利，明争暗斗；另外一些大臣或明哲保身，或有心无力，总之是忠奸莫辨。

在这种情形之下，楚庄王主持朝政，如履薄冰，举步维艰。他经常叹息道：满朝文武大臣虽多，却不知到底谁是真心辅佐自己的贤相良臣？谁是祸国殃民的乱臣贼子？

为了辨识忠奸，楚庄王决定"以静观动"，上演一出宫廷"选秀大剧"。于是，楚庄王开始不出号令，不理朝政，整天沉溺于声色犬马之中，朝政一片混乱。

有的大臣眼看不对，就去劝谏，却被他骂得狗血淋头，并下命："有敢谏者，死无赦！"一个叫伍举的大夫听说庄王终日坐在钟鼓之间，"左抱郑姬，右抱越女"，心想这也太不像话了，决心冒死进谏。

楚庄王正在寻欢作乐，听到伍举要见他，一脸不悦地问："你来干什么？"

伍举说："有人让我猜个谜语，我猜不着。大王是个聪明人，请您猜猜吧。"

楚庄王听说要他猜谜语，便漫不经心地说："你说出来听听。"

伍举说："有一只大鸟，身披五彩，样子挺神气。可是它一停就是三年，不飞也不叫，这究竟是一只什么鸟？"

楚庄王心里明白伍举语义所指，仍不动声色地说："这只鸟三年不飞，一飞冲天；三年不鸣，一鸣惊人！你们就等着瞧吧！"伍举见庄王明白了自己的良苦用心,高兴而退。

但是,接下来几个月发生的事情,让伍举彻底绝望了,庄王不但不飞不鸣,反而变本加厉,更加淫乐放纵。

在中国历史上,是从来不缺少忠介耿直的死谏之士的。这时,楚国大夫苏从又勇敢地站了出来,他不顾宫廷侍卫的阻拦,冲进宫里,冒死进谏。楚庄王问他:"你难道不知道我下的禁令吗?"

苏从说:"我知道。只要大王能够听我的劝谏,即便触犯了禁令,被判了死罪,我也死而无憾!"

楚庄王说:"你和伍举都是真心为了国家好,我哪会不明白呢?"这样,伍举和苏从终于明白了楚庄王的良苦用心,原来他是假装淫乐以考察群臣忠奸。

庄王当即撤掉宴席,赶走歌女,杀掉和罢免了一批奸佞小人,选拔任用了一批忠良贤臣,并委任忠心耿耿的伍举和苏从担任要职,辅助自己处理国家大事。

年轻的楚庄王意气风发,开始大刀阔斧地进行政治、经济和军事改革。为了顺利推进改革,楚庄王特别注意广揽人才,知人善任。关于楚庄王爱惜人才,还有一个有趣的故事:

楚国宫廷有一个名叫优孟的艺人,为人正直,善辩多才。因其擅长模仿和表演,并以乐舞戏谑谋生,故名优孟。优孟经常在谈笑之间对看不惯的现象进行讽谏。有一次,楚庄王最喜爱的一匹马病死了,庄王十分伤心,决定厚葬这匹爱马。众大臣都觉得不妥,但又不敢劝谏。正在这时,只听见宫外传来一阵大哭声,原来是优孟在失声痛哭。楚庄王不解地问:"你哭什么呀?"

"我哭马呀!"优孟边哭边说,"臣请求大王高规格厚葬这匹马,用雕刻花纹的玉石做内棺,用名贵文梓木做外椁,墓前摆放丰厚的祭品,还要邀请各国的使者前来吊唁。这样一来,诸侯们就都知道大王爱马甚过爱人呀!"

楚庄王一听,恍然大悟,从此不再贵马而贱人。他挑选孙叔敖作令尹,辅佐自己,就是最为成功的一个例子。

《尸子》记载了楚庄王爱护体恤老百姓的一个故事:在一个大雪纷飞的夜晚,庄王身着皮裘,推窗外眺,顿觉寒气袭人,便长叹一声道:"寡人穿着厚实暖和的貂皮大衣都觉得冷,那老百姓岂不更冷?"于是他派人巡察各地,为受饥寒之困的老百姓提供救济，国人被楚庄王爱民如子的情怀所感动。

楚庄王还深知人才难得，对部下臣属非常宽容，用人不计小过，"绝缨之宴"就是最好的一例——

一天，楚庄王宴请文武百官，宫内的妃嫔们也都出席，大家一起饮酒作乐，听歌赏舞。天色渐黑，楚庄王命令在大厅里点上蜡烛，继续喝酒狂欢。楚庄王还让自己最宠爱的妃子许姬给各位大臣轮流敬酒。

忽然，一阵大风吹过，烛火被吹灭了，顿时一片黑暗。这时，许姬感到有人拉住她的手抚摸了一把。许姬很恼怒，顺手拉下那人帽子上的一束缨饰，然后悄悄地对楚庄王说："刚才有人调戏我，我已经扯断了他帽子上的缨饰，您马上让人点燃烛火，看看谁的帽子上没有缨饰，就治他的罪。"楚庄王听罢许姬的话，不动声色，高声说："大家难得这么痛快，不妨都拽断帽缨，尽兴而欢。"大臣们一听，纷纷扯断帽子上的缨饰。这时，楚庄王才吩咐把蜡烛点燃。

宴罢，许姬非常生气，埋怨楚庄王故意包庇调戏她的人。楚庄王微笑着说："酒后失态，是人之常情。我怎么能为此去惩治一位刚从战场上拼杀归来的勇士呢？"

后来，楚庄王攻打郑国，有一位将军特别勇敢，冲锋陷阵，冒死护卫庄王。他就是在宴会上被许姬扯断帽缨的人，名叫唐狡。他奋勇杀敌，正是为了报答楚庄王的宽容大度。这就是中国历史上著名的"绝缨之宴"。

楚庄王还整饬军事，改革兵制，增强军队的战斗力，为楚国争夺霸业打下基础。

在楚庄王的精心治理下，楚国百废俱兴，国势日盛，成就霸业的时机渐趋成熟。

然而，正当庄王雄心勃勃，正欲大展身手之际，一场危机又不期而至。

这一年，楚国发生了严重的饥荒，戎人（山夷）乘机攻击其西南境，兵锋直抵楚国腹地。同时，庸国又趁楚国内忧外患，联合群蛮作乱，麋国也率领百濮觊觎楚国。一时间，楚国危机四伏。

楚庄王召集群臣商议对策，大臣蒍贾力排众议，认为只要主动出击，攻打庸国，群蛮百濮自然慑服而退。蒍贾的战略和庄王不谋而合。不出所料，楚国大军刚刚开拔,百濮就纷纷作鸟兽散。

楚军兵分两路,直指庸国,同时,庄王又力劝秦、巴两国同楚军一起攻打庸国,群蛮见风使舵,也加入楚军阵营。在楚、秦、巴、群蛮的联合攻势下,庸国被一举灭掉。

灭庸一役,第一次向世人展示了楚庄王杰出的军事才能,使楚国转危为安,声威大振。梁启超曾说:"楚庄王即位三年,联秦巴之师灭庸,春秋一大事也。巴庸世为楚病,巴服而庸灭,楚无内忧,得以全力争中原。"年轻的庄王临危不惧,将一场危机消灭于无形之中。人们仿佛已经看到,一个威震天下的霸主就要横空出世了。

公元前606年前后,原本居住在伊水流域的陆浑之戎,趁着天下大乱之际,寻衅滋事,成为周天子的心腹之患。

楚庄王感到北上争霸的时机降临了。他打出讨伐陆浑之戎的旗号,亲率大军,浩浩荡荡地北出方城,直奔中原而去。楚庄王名义上是讨伐陆浑之戎,暗地里想的却是如何向中原各国和周天子展示自己强大的军事实力。因此,当陆浑之戎兵败四散之后,楚庄王并没有停下北上的步伐,一路北进,陈兵于洛河之滨。

周定王惶恐不安,立即派出周大夫王孙满到楚营慰劳庄王。双方施礼后,寒暄不到几句话,楚庄王就话锋一转,直奔主题了:"寡人有一事想请教于您,我想知道周天子的九鼎究竟有多大、多重?"

鼎,在中国被视为立国重器,是国家政权的象征。九鼎相传为夏禹所铸,象征九州,夏商周各朝均奉为传国之宝,是天子权力的标志。如今楚庄王问九鼎之大小轻重,言外之意是要与周天子比权量力,挑战周王室的权威,企图取而代之,完成先祖"窥中国之政"的夙愿,其勃勃雄心,昭然若揭。

王孙满见楚军阵容强大,只得委婉地答道:"在德不在鼎。……周德虽衰,天命未改,鼎之轻重,未可问也。"楚庄王一方面以"楚国折钩之喙,足以为九鼎"表示蔑视,另一方面也意识到取代周天子的条件尚不成熟,便相机退兵了。楚庄王的狂放与理智,体现得淋漓尽致。

楚庄王陈兵周郊,问鼎轻重,不仅是楚国历史上的一件大事,同时也是我国历史上的一件大事,它标志着楚国已进入强盛时期,实际上控制着中原局势。"问鼎中原"这个成语就来自于此。

南天大鸟啼声初试,振翅欲飞了。

公元前 599 年,楚庄王攻灭陈国。

公元前 597 年春,楚庄王指挥军队,在邲(今河南郑州西北)地向晋国军队发动突然袭击。晋军措手不及,死亡近半,争渡黄河又淹毙无数。邲之战以楚军大胜、晋军惨败而告终。楚庄王没有乘胜追击,带领楚国将士饮马黄河。邲之战是楚晋争霸具有战略意义的一次大战,楚国一举击败楚国以外最强的诸侯晋国,从此声威大振,晋国一时不敢南向与楚抗衡,为楚国称霸中原铺平了道路。

大捷之后,楚军上下一片欢腾。大夫潘党建议楚庄王把晋国军人的尸体堆积起来,筑成一座大"骨骸台",即所谓"京观",作为战争胜利的纪念物,借以炫耀楚国的武力,威慑诸侯。

不料,楚庄王却不同意这种做法,他说:"战争不是为了宣扬武功,而是为了禁止强暴,给百姓带来安定的生活。从文字组成上讲,这个'武'字是由'止'和'戈'两个字组成的,'止戈'才是'武'!停息干戈才是真正的武功。武功应该具备七种德行:禁止强暴、消除战争、保持强大、巩固基业、安定百姓、团结民众、增加财富。……这七种德行,我一种也没有,用什么留与子孙后人? 晋国的士兵是为了执行国君命令而战死的,他们也没有什么错。怎么可以用他们的尸体堆砌'骨骸台'呢?"于是,楚国军队按照楚庄王的命令,到黄河边祭祀了河神,班师回国。

回首楚国争霸的历程,庄王数次发动战争,吞并了很多国家,但对于被灭之国,庄王都是迁其公室,存其宗庙,县其疆土,抚其臣民,用其贤能。楚庄王止戈为武,镕剑铸犁,不仅成就了楚国的霸业,而且也极大地丰富了中国传统文化中和谐思想的内涵。

公元前 597 年冬天,楚庄王乘胜攻灭萧国。

公元前 596、前 595 年楚伐宋。宋向晋求救,晋国不敢出援,宋遂臣服于楚,出现了楚晋南北并霸的局面。

公元前 594 年冬,楚、鲁、蔡、许、秦、宋、陈、卫、郑等十四国在蜀(今山东泰安西)开会结盟,正式推举楚国主盟,楚庄王遂成为称雄中原的霸主。

在"春秋五霸"当中，以楚国的地域最大、人口最多、物产最丰、文化最盛。楚庄王称霸中原，不仅使楚国威名远扬，也为华夏的统一发挥了巨大的作用。

公元前591年，楚庄王因病逝世。他在临死前嘱托群臣："无德以及远方，莫如惠恤其民，而善用之。"爱民之心，殷殷可鉴。

楚庄王一生戎马倥偬，南征北战，"并国二十六，开地三千里"，称霸中原，威播四方，使楚国霸业进入鼎盛时期，"天下大事尽在楚"。楚庄王在争霸的同时，举贤任能，整顿吏治，以法治国，改善民生。楚庄王傲立春秋五霸，可谓实至名归。

伴着高入云天的飞翔和声干长空的鸣叫，一代明君楚庄王被永远镌刻在楚国崛起的历史天空之上。

（刘玉堂　张　硕）

"天下第一循吏"孙叔敖

太史公司马迁在《史记》中为二十五史首开"循吏列传"先河,而列为循吏第一人的就是孙叔敖,后人因此称孙叔敖为"天下第一循吏"。

孙叔敖(约公元前630—前593年),出身于楚国公族,因为受父亲官司连累,外迁期思(今河南固始),过着隐士般的生活。相传孙叔敖秃头矮小,手臂残疾。然而,就是这样一位貌不惊人的人,却在楚国历史上占有重要一席,有人将其与屈原、刘邦、项羽一起,合称"熊楚四杰"。

隐居期思的时候,孙叔敖了解到危害期思地区最大的是水患。于是,他决心带领民众修建排水引水灌溉工程,解除水患。他身体力行,主持修建了我国亘古以来第一个社会性的农田水利工程"期思陂",不仅免除了水患,而且灌溉了数千顷良田,造福一方,老百姓形象地称期思陂一带为"百里不求天"。至今,古老的期思陂仍然发挥着巨大的抗旱排涝作用。一代伟人毛泽东也曾称赞孙叔敖是"伟大的水利专家"。

孙叔敖隐居期思之时,正值楚庄王意欲"一鸣惊人"之际,为此庄王求贤若渴,特别需要左臂右膀辅佐自己完成这番宏图伟业。据《淮南子·人间训》记载:"孙叔敖决期思之水,而灌雩娄之野,庄王知其可为令尹也。"因为设计修建期思陂,孙叔敖显现出过人的才能与品德,他的名声也传到了楚庄王耳中。于是,孙叔敖脱颖而出,成为楚国令尹,全力辅佐楚庄王成就霸业。

令尹是春秋战国时期楚国所设的最高官职,职责是辅佐楚王制定治国方略,处理军、政、外交等大事,被称为"百官之长"。庄王非常信任孙叔敖,孙叔敖也尽职尽责,才能得到充分发挥。史书记载:庄王"尽付境内之劳与诸侯之忧于孙叔敖,孙叔敖日夜不息"。

　　孙叔敖担任令尹之后，登门贺喜的人络绎不绝。一天，有一个老者，披麻戴孝，要面见孙叔敖。孙叔敖谦恭地对老者说："楚王让我担任宰相这样的高官，人们都来祝贺，只有您来吊丧，莫不是有什么话要指教吧？"老者说："我的确是有三句话要对你说：一个人当了大官，狂妄自大，百姓就会离开他；职位高，又大权独揽，国君就会厌恶他；俸禄优厚，却不满足，祸患就会能加到他身上。"孙叔敖向老者拜了两拜，说："我诚恳地接受您的指教，还想再听听您的意见。"老者说："地位越高，态度越应谦虚；官职越大，处事越应小心谨慎；俸禄越丰厚，越应清廉俭朴。您严格地遵守这三条，就能够把楚国治理好。"孙叔敖回答说："您说得太好了，我牢牢记住您的忠告！"并毕恭毕敬地送走了老者。

　　从此，孙叔敖谨记老者的忠言，恤下便民，勤政敬业。关于楚车形制与楚币规格的改变，就是其中两个最好的例子。

　　楚国民间当时多用牛车，车厢较低，不易改为马车，既不方便生活，也不便于战时征用。为此，庄王同孙叔敖商议，想颁布一道法令，让百姓把牛车车厢升到和马车相等的高度，平时方便生活，战时可用作战车。孙叔敖认为庄王的主意的确很好，但是法规和命令不宜颁布得太多太勤，否则百姓就会无所适从。他对庄王说："这事无需大王颁布命令，只要臣吩咐把城门的门槛加高一些就可以了。门槛一加高，低车过不去，车上的人必须下来把车抬过门去。乘车的都是贵族，他们懒得在进出大门时下车，此后就会主动把车厢升高的。"庄王觉得孙叔敖言之成理，立即照办。大约半年以后，楚国牛车的车厢都升高了。

　　当时楚国通行贝壳形状的铜币，叫做"蚁鼻钱"。庄王认为这种钱币太轻，就下令把小钱改铸为大钱，强令通行，但是百姓用起来很不方便，引发市场混乱。孙叔敖了解情况后，立即命令罢去新币，恢复旧币，市场又趋繁荣。

　　孙叔敖从安定人心，稳定社会出发，对法规、法令的制定和公布时间把握恰到好处，充分显示出他高人一筹的治国才能。

　　楚国是一个农业国，水利又是农业命脉。因此，孙叔敖执政后，更加重视水利建设。上任不久，就发动安徽寿县一带农民群众兴修芍陂水利工程（位于今安徽寿县西南），缓解了这一地区长期以来的干旱问题，从而又解决了楚国在这一地区疆界不稳定的问题。芍陂是古代淮河流域历史上最著名的水利工程。孙叔敖还在江陵境内修筑了大型平原水库"海子",在沮漳河下游等地也修建了一些水利工程。

孙叔敖主持建设的这些水利工程比西门豹修建的漳河渠要早200年,比李冰父子修建的都江堰要早360年,是我国水利史上最早的水利工程。这些水利工程的兴建,对楚国水利资源的开发利用具有积极作用,提高了农业生产效益,为楚国的争霸事业奠定了深厚的经济基础。曾任北京故宫博物院副院长的单士元先生在考察芍陂时,兴致勃勃地吟诗赞道:"楚相千秋业,芍陂富万家。丰功同大禹,伟业冠中华。"

孙叔敖还注重牧业和渔业的发展。他劝导百姓利用秋冬农闲季节上山采伐竹木,再在春夏多水季节通过河道运出去卖掉。这样使资源得到合理利用,也利于国家富足和百姓生活的改善。

孙叔敖非常重视军事改革,建设强大军队,以适应争霸战争需要。孙叔敖制定了军法,对各军的建制、行动、任务、纪律等都制定了明确规定,并运用于训练和实战。如军法增加了步兵人数,以弥补车兵之不足。车战,适宜广阔的原野,如遇上在山林、坡地、沼泽、沟壑作战,车兵的战斗力受到严重影响,有战败的危险。增加步兵,就弥补了车兵这一弱点,增加了战时的灵活性和机动性。又如军法改革了军队行军制度,将军队分为五个部分,各部分工明确。规定各级军官战时各执不同的旗号,部队按旗号行动,做到了进退有序。再如军法还将30辆战车兵分为左右两广,右广从早晨值勤到中午,左广从中午值勤到晚上。夜晚还派近臣按顺序带班、督班,以防意外。经过孙叔敖一系列的军事改革,楚国军队战斗力大大提高了。

楚庄王眼见楚国国力逐渐增强了,便萌生了兴师伐晋、争霸中原的想法,为防止有人反对,他宣布:"有敢谏者死无赦!"孙叔敖根据当时国内外形势,认为与晋国开战的条件还不成熟,取胜无把握,贸然出兵将铸成大错。作为重臣如明知国君的决定是错误的,怕死而不谏,是对国君最大的不忠。于是,他对庄王说:"臣闻畏鞭笞之严而不敢谏其父,非孝子也;惧斧钺之诛而不敢谏其君,非忠臣也。"为了使庄王收回成命,他讲了这样一个故事:前不久,一处花园里发生了一件有趣的事,园子一棵榆树上,一只蝉正在树枝上饮露水,却不知道背后有只螳螂正要捕它;螳螂要捕蝉,却不知道后面有只黄雀正要吃它;黄雀要吃螳螂,却不知树下一童子挟弹丸在瞄准它；而童子只想逮黄雀，却不知自己前有深坑，后有荆棘。蝉、螳螂、黄雀、童子都只看到眼前好处，而不顾后患，都很危险啊！庄王明白了孙叔敖的用意，决定暂时中止兴师伐晋的计划。这就是成语"螳螂捕蝉，黄雀在后"的由来。

经过孙叔敖一系列的改革，楚国朝政大振，国家大兴，从政治上、经济上和军事上都做好了争霸的充分准备。楚国终于踏上了陈兵周郊、问鼎中原的征程。

公元前597年，楚与晋大战于邲（今河南郑州西北），孙叔敖辅助庄王机智灵活地指挥了这场战斗。邲之战，以楚国大胜、晋军惨败而告终。

不久，陈、郑、鲁、宋等国放弃晋国，而与楚国结盟，中原霸主的地位遂转向楚国，楚庄王终于成为了春秋五霸之一。庄王成就如此恢宏的伟业，与孙叔敖的尽心辅佐是分不开的。

更为难能可贵的是，孙叔敖贵为"一人之下，万人之上"的令尹，可谓位高权重，但是他廉洁自守，轻车简从，粗茶淡饭，生活异常简朴。同时，"妻不衣帛"、"马不食粟"，即要求自己的家人不穿丝质服饰，他所乘骑的马匹也只能喂草饲料，不允许用粮食喂养。孙叔敖任令尹多年，两袖清风，家中居然几无积蓄，临终时，连棺椁也无力置办。

孙叔敖死后，家中生活无以为继，他的儿子只能以打柴维持生活，生活异常艰难。楚国宫廷艺人优孟听说这件事后，钦佩之情油然而生，同时也非常不安，他决定帮一帮孙叔敖的后人。于是，优孟就天天和孙叔敖的儿子待在一起，穿着孙叔敖衣帽，揣摩孙叔敖的神情、声调。渐渐地，他模仿得像极了孙叔敖。一年后，楚庄王举行生日宴会，优孟穿着孙叔敖的衣冠上前祝寿。庄王大惊，以为孙叔敖死而复生，要拜优孟为相。优孟却说妻儿不答应，因为他们听说孙叔敖虽然贵为令尹，但因为廉洁奉公，一贫如洗，连妻儿的生活都得不到保障。楚庄王听后，立刻明白了优孟的良苦用心，马上召见孙叔敖的儿子，给予资助。

孙叔敖虑事深远，行事谨慎，廉政为官，勤政为民，为后世为官者树立了榜样。这也是司马迁为循吏立传时以孙叔敖为第一人缘由所在。"廉吏何为，行将奋于百代焉"。孙叔敖的行状无疑将给后人以极大启迪和激励。

（刘玉堂　张　硕）

"琵琶一曲干戈靖"：王昭君

长江三峡的西陵峡中,有一条小溪,名叫香溪。香溪一年四季清亮碧绿,宛如翡翠。在高出香溪河近百米的河岸上,有一个安静的小山村,坐北朝南,俯瞰群山绿水,视野极为开阔。村门左立一根八米高的图腾柱,右横一面石壁,上题"昭君村"三个大字。石壁上还刻着唐代诗圣杜甫的诗句:"群山万壑赴荆门,生长明妃尚有村。"

静静流淌的香溪河、宛如世外桃源的昭君村,都与一个人有关。她就是中国古代四大美女之一的王昭君。这里就是她的家乡。

王昭君,名嫱,约公元前 52 年出生于西汉南郡(今湖北兴山县)宝坪村。

据说,香溪的得名与王昭君有关:王昭君天生丽质,每天都要到离家不远的小溪边洗脸,每当这时候,河里的小鱼都惊艳于她的美貌,暗自羞愧不如,灰溜溜地沉到了水底。天空中成行成列飞行的大雁也惊叹于她的气质而乱了方阵,一些大雁甚至忘了舞动翅膀,纷纷从高空中掉落地面。这就是成语"沉鱼落雁"的由来。王昭君常年在这条小溪里洗脸,溪水渐渐有了芬芳之气,香传千里。人们就把这条小溪叫做"香溪"。

王昭君不仅容貌出众,而且天资聪颖,琴棋书画,无所不精。王昭君特别喜欢音乐,家里几乎是天天琴瑟不断,歌声悠扬,好不热闹。

昭君 17 岁那年,汉元帝派宫廷画师毛延寿到全国各地挑选美女入宫。毛延寿是个贪婪成性的小人,借机搜刮民财。当他来到兴山,听说王昭君姑娘生得美丽动人,于是便来到昭君家里相看。

毛延寿一见王昭君,不禁暗自惊叹道:世间竟有这般绝色天仙。于是,毛延寿乘机向昭君父母索要钱财,以作为向皇帝推荐的筹码。

　　昭君心性高洁,性格执拗,她宁可不进宫,也不同意毛延寿的要求。毛延寿恼羞成怒,心生一计,提笔在昭君画像右眼下点了颗丧夫落泪痣。王昭君的容貌顿时大打折扣。而皇帝挑选妃子都是先看画像再见人。就这样,昭君姑娘一进宫就被打入后宫,一待就是三年。

　　当时,西汉王朝北方盘踞着强大的匈奴部落,汉匈边境经常发生战争,人民备受痛苦。从汉高祖刘邦开始,数次从汉宫挑选宫女嫁匈奴单于为妻,向匈奴求和。公元前52年至公元前48年,匈奴发生争权内乱,匈奴王呼韩邪求助汉朝,在汉朝帮助下,呼韩邪夺取了匈奴权位。

　　公元前33年春,呼韩邪想与汉朝进一步友好,于是他来到长安,要求与汉室通婚。汉元帝心中欢喜,满口答应了呼韩邪的请求,下令从在后宫待诏、尚未取得嫔妃身份的"良家子"挑选一位合适女子嫁给呼韩邪。

　　后宫宫女虽然众多,但是她们长期生活在气候宜人、物产丰富的中原大地,舒适惬意,谁也不愿远离故土,嫁与异邦外族,在寒风刺骨、居无定所的塞外去过一辈子艰苦的游牧生活。

　　这时候,有一个宫女挺身而出。她深明大义,为了民族和睦,不使汉匈两族再起战乱,决心以个人之苦换取百姓之乐,"自请掖庭令求行",担当"和番使者"的角色。她,就是昭君姑娘。

　　汉元帝当即下令召见王昭君。昭君一出场,满朝文武顿时为之倾倒,只见她亭亭玉立,光彩照人,确有"沉鱼落雁"之美。

　　汉元帝也大吃一惊,深感后悔,想把昭君留下,但为了取信匈奴,只好忍痛割爱,把昭君嫁给呼韩邪。呼韩邪欢喜若狂,对汉朝千恩万谢。呼韩邪当即封王昭君为"宁胡阏氏"(阏氏,是王后的意思),意思是从此得安宁。汉元帝也改元"竟宁",意为边境安宁。在中国古代封建社会,改元是国家政治生活中一件大事,可见"昭君出塞"意义非凡。

　　事后,汉元帝越想越气愤,派人取美人图核对,发现了毛延寿的欺君之举,下令杀了毛延寿。

　　王昭君自知一年半载难得再回中原大地,便要求在出塞前回家看望自己的父老乡亲。汉元帝同意了。在香溪河畔住了大半个月,王昭君终于要启程出塞了。这时候，香溪河畔的桃花已盛开，千树桃花纷纷撒在昭君姑娘坐的船上，再又落到溪水中。船行花动，船停花止。触景生情，王昭君热泪长流，滴在花瓣之上，转眼间化作五彩缤纷的"小鱼"，后被当地人称为"桃花鱼"。这小鱼有粉红的、乳黄的、洁白的，说也奇怪，五颜六色的桃花鱼能感知春天的信息。每到三月桃花盛开时，该是昭君回乡省亲的时候，桃花鱼就出现了。桃花凋谢时，那是昭君出塞和亲的时候，香溪河里的桃花鱼便消失得无影无踪了。

公元前 33 年，在一个天高气爽的日子里，昭君告别故土，登程北去。临行前，汉元帝赐给她锦帛二万八千匹，絮一万六千斤及黄金美玉等贵重物品，并亲自送出长安十余里。战马嘶鸣，白驼奋蹄，毡车辘辘，彩旗招展，队伍缓缓地行进在从长安至五原郡（今包头）的驿道上。队伍当中的一辆毡车上，王昭君怀抱琵琶，玉指轻弹。那行云流水般的琴声，在广袤天地间流淌着，给苍茫的草原平添了几分生气。

王昭君肩负着汉匈和亲之重任，别长安、出潼关、渡黄河、过雁门，历时一年有余，于次年初夏到达漠北，受到匈奴人民的盛大欢迎。

在塞外，王昭君入乡随俗，过着住穹庐、衣毡裘、食畜肉、饮酪浆的游牧生活。王昭君与匈奴人民友好相处，教妇女纺纱织布和缝纫技术，传播农业技术，并且将汉元帝赐给她的嫁妆赠送给匈奴人民，使他们大开眼界，促进了汉匈人民经济文化的交流。至今，在塞外草原牧民中还流传着"王昭君与奶茶"的故事：

话说王昭君远嫁匈奴呼韩邪后的一个早晨，呼韩邪与昭君相对而坐。呼韩邪给自己倒了一碗牛奶，昭君则从陪嫁箱中取出湖北家乡的茶叶，给自己泡上一杯浓茶。

呼韩邪问："你的茶水好喝吗？"

王昭君说："当然。我们中原人祖祖辈辈喝的就是这个。你尝尝？"

呼韩邪喝了一口，说："真香！就是有点苦！你也尝尝这个。"说着，指了指自己碗中的牛奶。

王昭君轻轻地抿了一口，说："好喝，就是有点腻。何不将它们合起来试试。"

夫妻俩于是将奶和茶掺在一起。北方天气冷，于是又在炉子上煮了煮。一会儿，蒙古大帐里芳香四溢。一喝，香而不腻，滑而不苦，而且可以充饥。

从此,草原牧民就有了每天早上起来煮奶茶的传统,有了蒙古民族流传至今的传统食品:奶茶。

公元前31年,即昭君出塞两年半后,呼韩邪病逝,其前妻之子继位。按照匈奴的收继婚习俗(即父死妻其后母),昭君应该再嫁呼韩邪前妻之子,这与汉族伦理观念是互相抵牾的。所以昭君上书汉成帝(时元帝已死)请求归汉。汉成帝接到昭君求归的上书后,敕令她"从胡俗"。昭君从大局出发,以两族利益为重,忍受委屈,尊重匈奴族的风俗,珍惜汉匈得来不易的友谊,打消了归汉的念头。王昭君为促进汉匈友好关系发展,又一次选择了深明大义。

王昭君可能死于哀帝年间(前6年—1年),享年50岁左右。王昭君死后葬于今内蒙古呼和浩特市大青山下的黑水河之滨,遥看南方故土。墓地至今尚在,据说入秋以后塞外草色枯黄,唯王昭君墓上草色青葱一片,所以又叫"青冢"。杜甫"一去紫台连朔漠,独留青冢向黄昏"的诗句即写此。

关于青冢,有一个说法:青冢并不是真正埋葬王昭君的地方,而是她的衣冠冢。在今天的包头、鄂尔多斯等地,还有不少昭君墓。历史学家翦伯赞在《大青山下》中是这样说的:"王昭君究竟埋葬在哪里,这件事并不重要,重要的是为什么会出现这样多的昭君墓。显然,这些昭君墓的出现,反映了内蒙人民对王昭君这个人物有好感,他们都希望王昭君埋葬在自己的家乡。""在大青山脚下,只有一个古迹是永远不会废弃的,那就是被称为青冢的昭君墓。因为在内蒙人民的心中,王昭君已经不是一个人物,而是一个象征,一个民族友好的象征;昭君墓也不是一个坟墓,而是一座民族友好的历史纪念塔。"

王昭君出塞后50余年,汉匈边境安宁,牛肥马壮,人民安居乐业,一派祥和、繁荣的景象。王昭君为发展民族友好,贡献之大,影响之深,在中国古代民族史上是不多见的。尽管《后汉书·南匈奴列传》对王昭君的生平记载只有寥寥数笔,但是王昭君的事迹却口耳相传,影响久远。历代以昭君出塞为题材的诗歌流传下来的有700余首,其中包括李白、杜甫、白居易、苏轼、陆游、王安石、司马光、耶律楚材、郭沫若、曹禺、田汉、翦伯赞、费孝通、老舍等名家的诗作,与之有关的小说、戏曲、民间故事等也非常多,足见昭君出塞和亲对于后世影响的巨大与深远。

但是,自古以来对昭君出塞的评价也是众说纷纭,评价各异,如杜甫咏道:

> 群山万壑赴荆门,生长明妃尚有村。
> 一去紫台连朔漠,独留青冢向黄昏。
> 画图省识春风面,环佩空归月夜魂。
> 千载琵琶作胡语,分明怨恨曲中论。

李白写道:

> 汉家秦地月,流影照明妃;
> 一上玉关道,天涯去不归。

李、杜二人都对昭君出塞寄予无限的怜惜与感叹。

也有人谓昭君出塞无关民族和解,未能起到止戈息马的作用,如"延寿丹青本诳君,和亲犹未敛胡尘",等等。

但是,后世大多数人还是认为王昭君出塞结束了汉匈百年战争,维护了两个民族50多年的和平局面;促进了汉匈经济文化交流,加快了匈奴的文明进步;促进了汉匈之间的联系,加速了民族融合。所以,大家称王昭君为和平使者,她出塞和亲,功在当代,惠及子孙,谱写了我国历史上一段民族团结的佳话。元代诗人赵介认为王昭君的功劳,不亚于汉朝名将霍去病。清代女诗人郭润玉赞道:"琵琶一曲干戈靖,论到边功是美人。"周恩来总理盛赞王昭君是"发展中华民族大家庭团结最有贡献的人物"。

昭君出塞,需要何等的骨气和勇气,这是大丈夫之气,这是英雄之气,不仅许多女子自愧不如,也让许多男儿汗颜。20世纪30年代,民族英雄吉鸿昌将军曾拜访昭君墓,写下了"懦夫愧色"这四个苍劲有力的大字。

董必武也为昭君赋诗:"昭君自有千秋在,胡汉和亲识见高。词客各抒胸臆懑,舞文弄墨总徒劳。"董老高度评价了昭君出塞的历史贡献,并对历代文人借昭君而发泄的不满予以有力的抨击。从此,王昭君一抹满脸的泪水和愁云,以一个愉悦的民族团结使者的形象出现在人们面前，表达了全国各族人民团结一致的共同心愿。

1979年，著名戏剧家曹禺发表戏剧《王昭君》，曹禺认为："数千年来，王昭君的真实面目却一直埋没着。她的功绩被人们遗忘了，抹杀了。在历代无数的诗人、画家、作家的笔下，王昭君的容貌始终被泪水所遮盖。"因而决心要抹去王昭君的泪水。因此，曹禺笔下的王昭君，就是一个欢欢喜喜的王昭君。

后人提起王昭君，总会莫名地想起一句话："这世间，只有女人的胸襟，可以融化战争的刀林箭丛与铮铮铁蹄。""担当生前事，何计身后评"，王昭君已经完成了她的历史重任，魂归青冢，昭君出塞，是喜耶？是悲耶？任由后人评说。

（刘玉堂　张　硕）

"中兴之主"刘秀

网络曾有一个调查,请网民票选中国历史上具有代表性的十大明君,结果众说纷纭,见仁见智,出现很多不同的版本。但如汉高祖刘邦、汉武帝刘彻、唐太宗李世民、宋太祖赵匡胤、元世祖忽必烈、明太祖朱元璋、清圣祖爱新觉罗·玄烨等,大家意见基本一致,基本上每个版本都有入选。在各种版本中,汉光武帝刘秀入选其中的频次也非常高。

刘秀(前6年—57年),字文叔。南阳蔡阳(今湖北枣阳)人。刘秀出身西汉皇族,有着高贵的身世。《东观汉记·帝纪一》说:"世祖光武皇帝,高祖九世孙,承文景之统。"《后汉书·光武帝纪》也说:"世祖光武皇帝讳秀,字文叔,南阳蔡阳人,高祖九世之孙也,出自景帝生长沙定王发,发生春陵节侯买,买生郁林太守外,外生巨鹿都尉回,回生南顿令钦,钦生光武。"

但是,刘秀既然是汉高祖之后,又怎么与枣阳渊源至深呢?《后汉书·城阳恭王祉传》载:"节侯买,以长沙定王子封于零道之春陵乡,为春陵侯。……元帝初元四年,徙封南阳之白水乡,犹以春陵为国名。"春陵白水乡即今湖北枣阳市吴店镇。由此可见,刘秀家族在其祖父一代已来到枣阳。

然而,出身高贵的刘秀却又生不逢时,他生活在一个社会极度动荡不安的年代。

公元8年,外戚王莽夺取西汉政权,做了皇帝,改国号"新"。王莽取得政权后,力图改革私弊,稳定新朝的统治。但他没有找准社会的症结所在,不仅没有缓和社会矛盾,反而使各种社会问题更趋尖锐。加之王莽末年,天下连续几年遭到严重的蝗虫灾害,寇盗蜂起。政治危机叠加自然灾害,朝野危机四伏,风雨飘摇。刘秀正是成长在这样的社会背景之下。

西汉哀帝建平元年(前6年),刘秀出生在济阳县(今河南兰考一带),其父刘钦当时任济阳县县令。

刘钦给这个新生命取名"秀"。"秀"字的本意是谷物抽穗扬花,《尔雅》中这么解释:"荣而实者谓之秀。"果然,刘秀长大之后,"美须眉,大口,隆准,日角"。

刘钦后来调任南顿县令(今河南项城一带),汉平帝元始三年(3年)死于任上。刘钦去世后,刘秀投靠其时任萧县(今安徽萧县)县令的叔父刘良。后刘良被罢官,刘秀只得随叔父良回到故乡舂陵乡白水村(今枣阳市吴店镇皇村)。

在舂陵白水村,刘秀同乡亲们一起日出而作,日落而息,从事农业生产活动。刘秀还特别有经营头脑,每年夏秋大忙以后,他便利用农闲时间,赶着毛驴把谷物等农产品运往新野、南阳一带销售,增加家庭收入。

居住在舂陵白水村的刘秀,虽属皇族,但由于嫡系继统的疏远,实际上已是一介布衣。刘秀心里非常痛恨篡夺皇位的王莽,一心想恢复刘汉王朝。所以,胸怀鸿鹄之志的刘秀并不满足眼前这种平静、安逸的生活。及至年长,刘秀便来到当时全国的政治、文化中心长安求学。在长安,刘秀勤学好思,广泛接触社会,大大开阔了眼界,在政治上逐渐成熟起来。后来因家境困难,刘秀不得不中途辍学,回到枣阳,恢复昔日的田园生活。但是,刘秀并没有因此消沉,他一直在等待大展宏图的机会。

时机终于到来了。

王莽末年,社会动荡加剧。公元17年,湖北京山人王匡、王凤在绿林(即今湖北大洪山)发动农民起义,队伍由数百人发展到七八千人。王匡、王凤率领这支农民军,占领了绿林山,并把这里作为根据地,继续发展队伍,对抗朝廷。这就是历史上著名的"绿林军"。

就在绿林军风起云涌之际,刘秀与其兄长刘縯也在枣阳组织起一支以舂陵刘氏宗室子弟为骨干的"舂陵兵",响应绿林军。因为舂陵兵一开始就以"复兴汉室"为口号,故又称"汉军"。不久,刘縯、刘秀率部加入绿林军,成为绿林军中一支很重要的力量。这时,刘秀虽还不是主要领导者,但他在组织和发动起义的过程中发挥了极其重要的作用。

与湖北农民起义军遥相呼应,山东樊崇领导的"赤眉军",也如火如荼地发展起来。他们接连打败王莽派去的镇压官兵，队伍发展到十余万人。

公元23年，绿林军为阻止王莽军南下，保障主力夺取战略要地宛城（今河南南阳），派王凤、王常、刘秀等率2万人攻下昆阳（今河南叶县）、定陵（今河南郾城西）、郾县（今河南郾城南）。王莽火速调集各州郡兵40余万南进，企图一举扑灭义军。

王莽军队进发到颍川（今河南禹县），迫使刘秀的部队撤回昆阳。当时昆阳汉军仅八九千人，一些将领见王莽军声势浩大，欲弃城退守荆州故地。刘秀以"合兵尚能取胜，分散势难保全"的道理，说服各位将领固守昆阳。此时王莽军已逼近城北，义军无路可走，乃决定由王凤、王常等率众守城，刘秀率13名骑兵赴定陵、郾县调集援兵。

刘秀等抵定陵、郾县后，说服不愿出兵的守将，率步兵骑兵1万多人驰援昆阳。

援军抵达昆阳后，刘秀挺身而出，亲自率领3000人组成的敢死队，从城西向敌军中坚冲杀，很快把敌军给冲乱了，并趁乱杀掉了敌军主将，城中的义军一见敌军阵营大乱，立刻呼啸而出，内外夹击，声动天地，王莽官军顿时崩溃，互相践踏，一退百余里。又恰逢天降暴雨，河水暴涨，许多官军被淹死，回到洛阳时，40多万人的大军只剩下数千人。

昆阳之战，刘秀等义军将领以昆阳守军钳制强敌，用精干援军捣敌要害，大破王莽军主力，为进军洛阳、长安，推翻新莽政权创造了条件，成为中国古代战争史上以少胜多、以弱胜强的著名战例。昆阳一战，也显示了刘秀杰出的军事指挥才能。

昆阳大捷，王莽的主力丧失殆尽，义军乘胜追击直捣长安。公元23年，义军攻入长安，斩杀王莽，新朝灭亡。

公元25年，在众将的极力拥戴劝进下，刘秀在镐（今河北柏乡县）正式即位称帝，国号"汉"，改年号为"建武"，定都洛阳，史称东汉，终于实现了重建大汉王朝的宏图大志。

自王莽末年天下大乱到再次一统，历经近20年的时间，此间百姓伤亡惨重，战死和病饿而死者不计其数，到刘秀再次统一天下之后，天下人口已经是"十有二存"了。

定都洛阳后,面对满目疮痍的局面,刘秀忧心如焚。他痛下决心,拨乱反正,稳定政局,尽快把穷苦百姓从王莽苛政中解脱出来。为此,他颁布实施了一系列利国利民、富国强兵的政策和措施;他不循旧规,大胆改革,九下诏书,释放官私奴婢,使得自西汉末年以来大量失去土地的农民沦为奴婢的现象得到了极大的改变,也使得战乱之后大量土地荒芜且人口不足的问题得到了缓解;精兵简政,裁减四百余郡县,大大减轻了人民的负担;安抚边境,缓和民族矛盾;轻薄赋,实行三十税一;改革吏治,限制特权;礼贤下士,选贤任能;君臣齐心,厉行薄仪廉政,等等。

随着一系列行之有效的改革方略的施行,新生的东汉王朝迅速得到恢复和发展,到刘秀统治的末期,人口数量达到了两千多万,较之东汉初立时期,增长了一倍还多,说明当时社会经济得到全面恢复与发展。

刘秀执政期间,国势强盛,百姓安居乐业,成为我国历史上一个"风化最美、儒学最盛"的时代,史称"光武中兴"。明末思想家王夫之说:"允冠百王,三代而下取天下者,唯光武独焉。"因此,刘秀也被称为匡扶汉室的中兴英主,也是中国历史上有名的明君之一。

作为一代明君,刘秀也不乏温情与亲情,但却不逾越法律底线。

公元44年,刘秀姐姐湖阳公主的男仆在光天化日下杀人,洛阳令董宣下令捉拿凶手。湖阳公主却把凶手藏了起来,官府一时无可奈何。但是,董宣并不罢休,他决心缉拿并严惩凶手,以维护法制的尊严。

一天,以为风声已过的湖阳公主让该男仆为她驾车出行,董宣闻讯,等候在公主的必经之路,拦住车马,横刀相迎,将凶手绳之以法。

湖阳公主向皇兄刘秀哭诉告状,刘秀听说后,亲情一时战胜了理智,非常生气,令人将董宣拿下,准备用刑。同时,他向董宣发出暗示,希望他能委屈求情,以获宽恕。出人意料的是,董宣非但没有接受刘秀的好意,反而用头猛撞柱子,一时血流如注。

刘秀大为震惊,同时也明白了自己的糊涂,他当即下令释放董宣,官复原职,另加赏钱三十万。这件事一时震动京师,人称董宣为"强项令"。

事后，湖阳公主质问刘秀，你当百姓时藏匿官府捉拿的人，官吏不敢进屋，威猛异常，当了皇帝，怎么反而连一个小小的董宣也治不了呢？刘秀笑着说："天子不与布衣同。"

刘秀的温情，则更多地体现在他对家乡那份炽热的情感上。

湖北枣阳不仅是刘秀的成长地，也是刘秀的发迹地。在这里，刘秀由一个无忧无虑、不谙世事的少年成长为一个谨厚诚信、雄才大略的青年；在这里，刘秀经历了从皇族宗亲、官家子弟沦落为布衣贫民的转变过程，饱尝了人世间的辛酸苦辣；在这里，刘秀迈出了复兴汉室的第一步；在这里，留有刘秀太多的汗水、梦想、执著与成功。所以，对于枣阳，刘秀始终怀有一份殷殷眷念之情，挥之不去。

刘秀登基后，百废待兴，日理万机，但他仍念念不忘家乡，情系故土。据史籍记载，刘秀在位32年，先后5次回到故乡枣阳。在枣阳，刘秀多次祭祖并看望、款待族人及乡亲，表达眷念之情。

在衣锦还乡的同时，刘秀还给予故乡许多恩赐。一是提升家乡行政区划的级别，刘秀在削平主要割据势力、全国统一已成定局的情况下，于建武六年（30年），下诏用自家祖陵章陵的名字，将春陵乡升格为章陵县；二是对章陵县实行特殊的优惠政策，建武六年春，刘秀诏令免除章陵的田租及各种差役。

无情未必真豪杰。作为一代名君，刘秀纵横捭阖，叱咤风云，但同时他又侠肝柔肠，深情款款。

由于长期的征战和劳累，积劳成疾，公元57年，刘秀驾崩于洛阳，终年62岁。

如今，在枣阳吴店镇境内，还保存有皇村遗址和春陵故城遗址。皇村遗址位于吴店镇白水村旁，枣阳市政府在此修建了皇村遗址陈列馆。春陵故城遗址在今吴店镇春陵村，是西汉春陵侯国、东汉章陵县、三国义阳郡、南北朝安昌县和隋开皇年间春陵县治所的故城址。为了纪念刘秀，明万历年间，乡人在城西关口立石碑一块，上书"汉世祖光武帝故里"。同样在明万历年间，枣阳知县张靖臣为纪念东汉光武帝刘秀，在城西立"古帝乡"碑一块。

汉光武帝刘秀文韬武略，治国有方，是我国历史上著名的帝王之一。国学大师南怀瑾曾说："在中国历史上，比较值得称道，能够做到齐家治国的榜样，大概算来，只有东汉中兴之主的光武帝刘秀一人。"如果说南怀瑾所言或许带有个人偏爱色彩的话,那么,毛泽东说:"刘秀是中国历史上最会用人、最有学问、最会打仗的皇帝。"倒是比较持正公允。

(刘玉堂 张 硕)

绿林好汉　三楚雄风

绿林好汉、梁山好汉是妇孺皆知的说法，指称反抗官府、劫富济贫的草莽英雄。千百年来，此类人物成为历史演义的绝佳素材，具有穿越历史时空的奇特魅力，代表了下层民众反抗强权、奴役和压迫的人性本能，以及追求平等自由的朴素理想。

在古代湖北，当统治阶层对农民阶层的横征暴敛达到登峰造极之时，广大农民得不到最低的生存保证之际，其中先知先觉者揭竿而起，登高一呼，响者云集，由此爆发了一场场自发的武装起义运动，在湖北历史，乃至中国历史上留下了王匡、王凤、徐寿辉、陈友谅、明玉珍、王聪儿等一代枭雄的名字。

从时间上看，绿林好汉早于梁山好汉，两者相距约有千年，但精神气韵却惊人地相似，都是官逼民反情境下的绝地反击。只不过，梁山好汉因为小说《水浒传》而名声大噪，相比之下，绿林好汉却因无人用文艺"包装"而黯然许多。可见，后人对历史进行的筛选及其叙事方式和传播手段，对历史的"复活"有不可小觑的作用。试问，何时有人为楚文化氛围下的绿林好汉写一部《水浒》呢？

楚人尚武，共王十六年，楚晋在鄢陵大战，楚军统帅司马子反因醉酒导致失利。事后，他仰天长啸："侧亡君师，敢忘其死？"遂挥刀自尽。秦灭楚之后，楚人立誓："楚虽三户，亡秦必楚。"正是这样的一种血性，才有新朝末年气吞山河的王匡、王凤领导的绿林起义，才有敢为天下先的辛亥武昌首义。

西汉末期，有一位标新立异的政治家，名叫王莽。此人是汉元帝皇后的侄子，汉成帝时封为新都侯。汉元始五年（5年），王莽毒死平帝，被拥立为"假皇帝"，翌年立年仅两岁的刘婴为太子。汉初始元年（8年），王莽称帝，改国号为新。他大力推行经济改革，却因操之过急、举措失当，导致社会动荡。天凤四年（17

年），荆州地区发生天灾，饥民云集，人心躁动。新市（今湖北京山东北）人王匡、王凤素有侠客风范，被饥民拥为"渠帅"，代表饥民与官府沟通，但被官府诬为扰乱天下之奸贼。危情时刻，王匡、王凤果断起事，进占绿林山（即今湖北大洪山），聚众八千，号称绿林军。史称绿林起义，是陈胜、吴广农民起义之后，中国历史上第二次大规模农民起义。地皇二年（21年）荆州牧督导官军2万，意欲全歼绿林军。大敌当前，王匡、王凤率领起义军大破官军，攻下竟陵（今潜江以北）、安陆等地，队伍扩充到5万。不料，此后不久，绿林山一带爆发瘟疫，死者枕藉，绿林军兵力大损，只剩2万余人。为了保存实力，绿林军决定分兵两路，转移出山：一为王匡、王凤领导的新市兵，一为王常、成丹领导的下江兵。其后，西汉皇室后裔刘玄、刘缤、刘秀等人也起兵响应，绿林军声威大震。地皇四年（23年），义军立刘玄为帝，王匡为定国上公，王凤为成国上公，年号"更始"，后定都宛城（今河南南阳）。其后，爆发军事史上著名的昆阳大战，王莽主力被歼。义军乘势兵进长安，王莽被杀。更始帝刘玄大封功臣，封王匡为比阳王、王凤为宜城王。但是，羽翼渐丰的刘秀不甘人下，有政治野心，终于导致绿林军的分裂和自相残杀。更始三年（25年），刘秀与更始帝正式决裂，于河北称帝，国号"汉"，史称后汉或东汉。在此过程中，王匡身处血腥的权力争夺和军事斗争之中心舞台，身心俱疲，最后意欲投靠刘秀，不料在安邑（今山西夏县西）被刘秀尚书宗广谋害。王凤在封王后不明去向，成为一段历史谜案。

至元末，农民义军领袖徐寿辉、陈友谅和明玉珍创造了席卷荆楚的宏阔之势，但他们与中国大多数农民起义领袖一样，最终没有逃脱命途多舛的结局，令人嘘唏不已。

元朝末年，政治黑暗，统治阶级内部政局动荡，矛盾空前激化。1351年，刘福通率众起义，以红巾裹头，称红巾军，这就是著名的红巾军起义。在红巾军起义的影响下，大江南北许多地方相继爆发了人民反元斗争。其中，在千里大别山麓，也跃出一支兵强马壮的队伍，其领头人就是徐寿辉。

徐寿辉是罗田多云乡上五堡（今天堂九资河镇）人，原是贩卖土布的小商贩，他身格魁伟，相貌非凡，为人正直，在人们心目中享有很高威信。

元至正十一年（1351年）五月，刘福通等人举兵起义，义军势如破竹，一直打到大别山脚下的光山县。对元朝统治早就不满的徐寿辉,见时机已到,便与麻城铁匠邹普胜、江西宜春和尚彭莹玉等人聚会天堂寨,密谋起兵大事。雄伟的天堂寨多峰多壑,多涧多谷,多坳多洞,自古以来,便是兵家必争之地。徐寿辉等利用天堂寨独有的地理优势,聚众屯兵。至今,天堂寨尚有"逍遥宫"、"梳妆台"、"圣人堂"、"皇帝垴"、"走马场"、"神谷仓"、"无敌碑"及铸造钱币的"造钱坳"等起义军遗迹。

1351年8月,徐寿辉在大别山主峰所在的天堂寨中发动起义,被拥戴为首领。起义军头裹红巾,故称为红巾军或红军,同时他们都信奉弥勒佛,烧香集众,亦又称"香军"。

徐寿辉率领的红巾军,一举攻取了罗田县城。9月,攻占了蕲州(今蕲春)和黄州,并在水陆要冲之地蕲水(今浠水)建都,国号"天完",年号为"治平",设置统军元帅府、中书省、枢密院以及中央六部等军政机构。铸有铜印,发行钱币。徐亦在蕲水县城附近的清泉称帝即位。

徐寿辉将国号定为"天完",是别有用意的,"大"上加"一"为"天","元"上加"宀"是"完","天完"表示压倒"大元",意在推翻元朝政权。

徐寿辉建立政权后,提出了"摧富益贫"的口号,深得民心。红巾军纪律严明,不淫不杀,深得人民拥护,队伍迅速扩展到百万人,纵横驰骋于长江南北,控制了湖北、湖南、江西、浙江以及福建等广大地区。当时有首民谣说:"满城都是火,官府到处躲;城里无一人,红军府上坐。"

元至正十三年(1353年),元统治者调集军队对红巾军根据地进行围剿,天完政权遭受重创,徐寿辉率领部队先后退到黄梅县一带和沔阳县的滨湖地区坚持战斗,同时对军队也进行整顿。第三年春天,红巾军大举反攻,重新夺取江西、湖南,控制了四川盆地和陕西的一部分地区。并于汉阳县城重新建都,改年号为太平。

至正十九年(1359年)徐寿辉又迁都江州(今江西九江)改年号为天定。此时,红巾军内部再次出现分化,陈友谅权欲熏心,早就想取徐寿辉而代之,于是暗中将徐的心腹部将逐一杀害。至正二十年(1360年),陈友谅偷偷设下伏兵,以察看作战地形为由,将徐寿辉诱骗至采石矶(在今安徽马鞍山西南),将其杀害,天完政权灭亡。

一位拥兵百余万，纵横驰骋大江南北的起义军领袖，就这样惨死在自己昔日的战友、部将刀下，令人扼腕叹息。

而陈友谅是湖北沔阳人，渔民出身，读过几年私塾，从小练就一身好武艺。曾有风水师相其先世墓地，称"法当贵"，被陈友谅牢记于心。元末农民战争爆发后，身为小县吏的陈友谅认为时机已到，遂投身于徐寿辉等人领导的天完红巾军，因战功升任元帅。

传说陈友谅起兵后，应者云集，很快就招募了大队人马，但军中同时也出现了粮食短缺的问题，不得已，只好利用沔阳多湖泊的优势，以遍地的鱼虾螺蚌代粮充饥。但鱼虾螺蚌腥味难闻，难以下咽。陈友谅的妻子左思右想，发明用米粉拌鱼虾螺蚌蒸食法，味道可口，解决了军粮之需。后来此法流传民间，经沔阳人发扬光大，进而形成了著名的"沔阳三蒸"。

元至正十七年（1357年），红巾军统帅之一的倪文俊企图谋害徐寿辉，败露后逃奔黄州陈友谅处。陈友谅审时度势，杀掉倪某，将其头颅献给徐寿辉，深得徐寿辉信任，逐步掌握兵权。元至正十九年（1359年）年，陈友谅杀害红巾军将领赵普胜，挟持徐寿辉，自称汉王。翌年，陈友谅杀掉徐寿辉，自立为帝，国号"大汉"。当其时，阻挡陈友谅通往最高权力宝座的最大障碍是另一支农民武装——朱元璋及其势力。于是，陈、朱之间展开了你死我活的厮杀。由于陈友谅部属多系天完旧部，对其篡位行径颇有微词，纷纷叛降，严重削弱了陈友谅的实力。元至正二十三年（1363年），陈、朱大战于鄱阳湖，史称"鄱阳湖之战"。朱元璋听取元帅郭兴的建议，火烧陈友谅战船。慌乱之中，陈友谅从船舱探头张望，不料被流矢射中眼睛，穿颅而过，一命呜呼。其实，在水战的实力上，朱元璋不敌陈友谅，但陈氏凶悍残虐，导致众叛亲离，且又错失战机，最后惨死沙场。

陈友谅死后，部下将他的遗体用船运回武昌，葬于黄鹄山（今蛇山）南麓。次年，朱元璋攻克武昌后曾来墓前祭奠，题"人修天定"四个字于墓前。明末以后墓园渐渐荒芜，湮没在杂草丛中，新中国成立后曾多次维修。墓坐北朝南，墓碑上书"大汉陈友谅墓"。墓前建有高大麻石牌坊，前额书"江汉先英"，后额书"三楚雄风"。墓地周围苍松翠柏环抱，气氛肃穆。中国历史上唯一的一位渔民皇帝静静地安卧在此。

陈友谅即皇帝位只有四年，但他领导了一次推动历史前进的农民战争，加速了元朝统治的灭亡。罗章龙等共产党人就对陈友谅的历史贡献十分赞赏，他不仅曾亲自到湖北沔阳访问陈友谅故居，还赋诗两首，其一为："驱虏曾张鞑伐人，襟江据楚汉仪新。已成霸业随芳草，犹记当年大泽人。"另一首是："洪水滔天雪浪高，江郊山屋困人豪。渔村篝火齐明夜，月里风嚎战沔桥。"

与徐寿辉、陈友谅相比，同为元末农民起义领袖的明玉珍身后寂寞，但其后裔却在远离祖国的朝鲜半岛花开别枝，繁衍生息，这倒是明玉珍始料未及的。

1331年，明玉珍出生于湖北省随州梅丘村（今湖北随州市柳林镇）一个世代务农的贫困家庭。明玉珍原本姓旻，因信奉明教而改姓"明"。

明玉珍身材高大，性格刚直，善骑射，处事公道，乐于助人，在当地小有名气，被百姓推为屯长。

元末，各地农民纷纷起义，战乱频繁，明玉珍召集青壮年乡兵千余人，屯兵自固。

徐寿辉起兵后，听说明玉珍有一支队伍，便将其招至麾下，授予统兵征虏大元帅。在一次作战中，明玉珍被飞矢射中右眼，导致失明，从此，军中将士亲切地称呼他为"瞎子元帅"。

至正十七年（1357年）春，明玉珍由巫峡引兵入蜀，克重庆，被授为陇蜀右丞。次年，克嘉定（今四川乐山），逐渐占有川蜀全境。二十年（1360年）夏，陈友谅杀徐寿辉自立为帝，明玉珍不服，不与相通，自称陇蜀王，立徐寿辉庙于重庆城南，四时致祭。

1363年正月朔日，明玉珍称帝于重庆，国号大夏。同时，明玉珍继续北取汉中，南征云南。

因积劳成疾，1366年明玉珍病逝于重庆，年仅38岁，葬于江北宝盖山睿陵，庙号"太祖"，谥号"钦文昭武皇帝"。

《明史》记载"葬玉珍于江水之北"，但有关其陵墓"睿陵"的具体地址和规模并无详细记述，使大夏后裔难以寻根祭祖。1982年，位于重庆江北上横街的重庆织布厂扩建厂房时，湮没数百年之久的明玉珍墓重见天日。明玉珍生前节俭，殓葬品除随身衣物外,唯一能算作金银珠宝的只有一只金杯和两只小银锭,那还是当年觐见徐寿辉时,徐主赏赐的。

明玉珍之子明升继位不久,明军大举入川,明升被迫降附,被送至南京。洪武五年(1372年),朱元璋将明升全家迁往高丽,明升后代便世代在朝鲜半岛居住。

明氏家族一行来到高丽后,高丽恭愍王把延安、白川两县封给明升一家,并将位于松都(现朝鲜开城)北部梨井里的兴国寺提供给他们作为邸宅,配以奴婢。明氏一家在高丽定居后,明升与郡夫人坡平尹氏结婚,生有4男。

韩国历史记载,明升与朝鲜王朝太祖李成桂交情颇深,经常一起下围棋。明升之母彭氏在李成桂登基时,献上了一套自己亲手缝制的"龙袍",太祖李成桂非常感动。

大夏国明玉珍后裔在朝鲜半岛繁衍生息600多年,涌现出许多英雄豪杰和著名人士。例如,近代历史中的明济世,是反抗日本侵略朝鲜半岛的英雄。当代明氏后裔中,有的担任政府高级官员,有的成为著名律师、教授、企业家等。可以说,明氏家族人丁兴旺,人才辈出,2000年韩国人口统计调查中,查明在韩国生活的明玉珍后裔人数已达2.6万人。如果加上在朝鲜生活的明玉珍后裔,总数估计已达4万余人。

1973年,韩、朝明玉珍后裔成立明氏大宗会,将明玉珍驾崩之日即农历二月初六定为祭祖日。每年这一天,明氏后裔遥望中国,祭祀先祖。

至清朝末年,在湖北、四川、陕西边境大巴山脉及其周围地区,爆发了以白莲教教徒为主体的农民抗清起义。这是中国古代封建社会最后一次大规模的农民战争。让人想不到的是,这支浩浩荡荡、所向披靡的大军首领竟然是一位年轻的女子。她,就是王聪儿。

王聪儿出生于湖北襄阳黄龙镇,幼年丧父,因家境贫寒,就跟着母亲学习杂技,跑马走绳,舞刀使棒,样样出众。母女俩凭着一身技艺走南闯北,颠沛流离。

不久,一位名叫齐林的人介绍王聪儿加入白莲教。入教后,王聪儿经常利用卖艺的身份在江湖上宣传白莲教的教义。由于志同道合,感情也越来越深,不久后,齐林与王聪儿便结为夫妻。结婚后,夫妻俩一同领导白莲教教徒筹划反对清朝的武装起义。

参加白莲教的人一天比一天多，齐林与王聪儿见起义条件已经成熟，就决定于元宵节这天在襄阳起义。不料，起义的风声走漏了，齐林被官军杀害。

王聪儿强忍悲痛，暗中继续筹备新的武装起义，给丈夫和起义的同伴们报仇。不出一个月，就组织了一支四五万人的起义军，王聪儿被大家推选为这支队伍的首领。

刚刚登基即位的嘉庆帝一看起义军声势越来越大，顿时慌了手脚，连忙命令各地的总督、巡抚、将军、总兵等大小官员，派出大批人马镇压。可是那些大官、将军们只知道贪污军饷，完全不懂得怎样打仗。

王聪儿分兵三路，从湖北打到河南。起义军打起仗来不但勇敢，而且机动灵活，把围剿他们的官军弄得晕头转向，疲于奔命。

后来，王聪儿带领义军从湖北转战川东，组成了一只拥有十四五万人的起义大军。为了方便指挥，两路军统一整编，以黄、青、蓝、白四色为号，分成八路大军，年仅20岁的王聪儿被推举为八路兵马总指挥。

在王聪儿的统率下，十余万义军连营三十里，声势壮大，令朝廷不寒而栗。清政府调动重兵围攻义军，王聪儿率领大军转战川、楚、陕深山老林之中，出奇制胜，所向无敌，势如暴风骤雨，遍及长江、汉水流域。

嘉庆皇帝见起义军如火如荼，连下诏书，严厉督促各地集中兵力，围剿王聪儿起义军。

这时候，有人向嘉庆皇帝献了一计：命令各地地主武装组成民团，修筑碉堡。起义军一来，就将百姓赶到碉堡里去，让起义军找不到群众帮助，得不到粮草供应，即所谓"坚壁清野"。嘉庆帝大喜过望，采用此计。起义军的活动果然受到限制，面临越来越多的困难。

王聪儿没有退缩，为了摆脱清军围攻，她亲自带领二万人马攻打西安，不料在西安遭到官军阻击，遭遇败仗；再打回湖北的时候，官军紧紧追击。由于兵力相差悬殊，义军渐渐不支，终于陷入敌人的包围圈。

王聪儿临危不惧，从容指挥义军退到森林里，准备突围。官军发现了义军的行动，又派遣重兵，从山前山后，密密麻麻地拥上来。

王聪儿眼看突围不成，退到山顶，从陡峭的悬崖纵身跳下，壮烈牺牲，年仅

22 岁。

　　王聪儿是中国历史上最负盛名的农民起义女英雄,她揭竿而起,应者云集,先后有数十万农民参加,转战川、鄂、陕、豫、甘五省,击毙清廷一、二品大员 20 余人,副将、参将以下将官 400 多人,士兵无数。清王朝一共花了 9 年时间,耗银二亿两,才把这场大起义镇压下去。清王朝经过这场严重打击,元气大伤,从此一蹶不振,逐渐走向衰落。

(杜七红　张　硕)

"赤壁楼船扫地空"

三国时期是湖北历史上大开大阖的时期：三顾茅庐、赵子龙大战长坂坡、赤壁之战、刘备借荆州……这些人们耳熟能详的故事，都发生在湖北。而古隆中、襄阳城墙、关陵、吴王城、麦城等大量文物古迹，是湖北三国历史与文化的重要见证。滚滚长江东逝水，浪花淘尽英雄。荆楚大地是运筹帷幄、沙场点兵的三国英雄的用武之地，也是金戈铁马、刀光剑影的三国历史的壮丽舞台。

荆州"北据汉沔，利尽南海，东连吴会，西通巴蜀"，是兵家必争的用武之地，具有重要的战略地位。由于特殊的地理、物产优势，无论诸葛亮的"隆中对策"，还是鲁肃的"荆州战略"，中心都是荆州。前者要以荆州为根据地，西取益州，然后两路出击夺取天下；后者则要占据长江中游，然后称帝图谋天下。而对曹操来说，荆州则是南下的突破口，占有荆州，可以彻底击败刘备，合围孙权，一举统一南北。

于是，三方各揣心思，以荆州为核心，演出了一幕幕惊心动魄的历史大戏。

208年7月，曹操亲率数十万大军南下，直奔荆州而来。10月，孙刘联军与曹操军队相遇于赤壁。赤壁大战以孙刘联军大获全胜而宣告结束。

"二龙争战决雌雄，赤壁楼船扫地空。烈火张天照云海，周瑜于此破曹公。"500多年后，诗人李白踏足赤壁古战场，面对曾经硝烟弥漫、鼓角争鸣的鏖战之地，思绪飞扬，写下这首著名的《赤壁歌送别》，以诗人的笔触，形象地再现了这场传奇史剧。

赤壁之战对当时历史的发展具有重要而深远的影响：它使得曹操一时不复再有南下的力量，孙权在江南的地位得到了进一步的巩固，刘备乘机获取立足之地，势力日益壮大，三国鼎立的形势初步形成。

不久，刘备入蜀占据益州，留大将关羽坐镇荆州。建安二十四年（219 年），关羽率军围曹操大将曹仁于樊城，水淹曹操七军，降于禁，斩庞德，震动许都。曹操采纳谋士司马懿、蒋济的建议，利用孙、刘之间的矛盾，劝孙权向荆州进攻关羽后方，以缓和关羽北上的压力。

孙权乘关羽主力北上之机，派兵偷袭公安、江陵，两城守将不战而降。关羽急忙撤围南返，至麦城（今当阳境），全军溃散，盖世英雄关羽被杀，孙权轻易占领了荆州。

关羽被杀，部属被逐出荆州，令刘备无法接受。称帝之后，刘备要做的第一件大事就是要夺回荆州，替关羽报仇。称帝不到三个月的刘备，不顾满朝大臣的苦苦劝阻，亲率蜀国半数以上的大军，顺江东下，征讨孙吴。

221 年 7 月的一天，浩浩荡荡的蜀汉大军出三峡，抵达夷陵，屯军猇亭（今宜都北）。东吴陆逊率军迎击，双方相持七八个月之久。陆逊见蜀军疲惫，乘盛夏气候干燥之际，对蜀军采用火攻战术，蜀军死伤无数，陆逊穷追不舍，刘备节节败退，仓皇逃至白帝城，一病不起。夷陵之战最终确立了三国鼎立的局面。

今天的湖北是三国时期荆州的中心区域，因为位置独特且重要，湖北成为三国时期风起云涌、英雄辈出的舞台，每一寸土地都留下了三国时代的印记。以三国历史为蓝本的古典名著《三国演义》共 120 回，其中 72 回涉及湖北地区。三国历史起于湖北，终于湖北，仅此一点，足堪称道。三国人物在湖北留下了弥足珍贵的足印，三国胜迹在湖北随处可寻，三国遗物在湖北俯拾即是，三国故事在湖北妇孺皆知。一部三国史，给荆楚大地留下了太多、太深的印记，形成了影响久远、魅力独特的三国文化。

湖北三国文化具体体现在名人、战争、遗迹遗物、民俗等几个方面。

"暗淡了刀光剑影，远去了鼓角铮鸣，眼前飞扬着一个个鲜活的面容。"从某种意义上说，三国文化实质上就是一种名人文化。在三国名人文化资源的占有率上，湖北堪称第一。三国时期叱咤风云的英雄人物曹操、刘备、孙权、诸葛亮、关羽、张飞、周瑜、鲁肃等都以这片土地为舞台，你方唱罢我登场，演出了一个个惊天动地的故事。

概括而言，湖北三国名人有以下五个显著特点：

一是群英毕至，各竞风流。举凡政治家、军事家、文学家、艺术家、哲学家、科学家，都一应俱全。在湖北地区活动过的名人中，有刘备、曹操、孙权等杰出的政治家，有诸葛亮、孙策、周瑜、鲁肃、吕蒙、陆逊、羊祜、张飞、关羽、赵云、庞统、陆抗等一流的军事家，有王粲、祢衡等著名的文学家，有司马徽、庞德公等风流名士，有宋衷、谢亥、颍容等经学大师，还有"以知音为雅郎"闻名的音乐家杜夔和发明水排的科学家韩暨。

二是皆为海内俊杰，一时之选。他们不仅知名于当世，而且流芳于千秋。刘备、曹操、孙权、诸葛亮、周瑜、庞统、关羽、张飞哪一个不是名震古今？又有哪一个不是有数不清的传奇和故事供后人传颂与评说？

三是来源广泛，流播深远。他们来自五湖四海，在湖北或授业，或求学，或治学，或求仕，更多的则是从事军事活动。

四是土著客籍，相得益彰。三国时期，湖北本土一大批杰出人士，他们与其他流寓湖北的名人相映生辉，共同照亮了湖北历史的天空。如襄阳名士庞德公、"凤雏"庞统、沔南名士黄承彦以及蒯良、蒯越、马良、马谡、杨仪、杨戏等。

"湮没了黄尘古道，荒芜了烽火边城，岁月啊你带不走那一串串熟悉的姓名。"岁月长河悠悠而逝，但三国风云人物的奇功伟业并没有因此而黯淡，他们的音容、壮举、诗文等永远鲜活地留存在中国人民乃至世界人民的精神世界里，历久弥新。

三国历史是各路英雄豪杰相互角逐、竞夺神器的历史，群雄逐鹿的军事斗争贯穿了整个三国历史时期。地处三国争夺最前沿的湖北，始终鼓角争鸣、刀光剑影，事关全局的三大战役（官渡之战、赤壁之战、夷陵之战），有两大战役发生在湖北境内，赤壁之战奠定了三足鼎立的基础，夷陵之战最终确立了三国分立的格局。张飞力战当阳、赵子龙单骑救幼主、吕蒙夜袭江陵、关羽水淹七军、西晋铁锁沉江灭吴等，各种大大小小的战争伴随着三国历史的始终，可以毫不夸张地说：荆山楚水的每一寸土地都弥散着战争的硝烟。

"折戟沉沙铁未销，自将磨洗认前朝。东风不与周郎便，铜雀春深锁二乔。"岁月无情，英雄总被风吹雨打去；历史有情，总会留下诸多传奇与遗迹让后人凭吊和追忆。根据历年文物普查资料统计，三国留给湖北的遗迹的数量多达180

余处，如诸葛亮成长的古隆中、孙权的离宫西山、司马徽的水镜山庄、徐庶故居、古华容道、西塞山古战场、赤壁古战场、长坂坡、猇亭古战场、水淹七军遗址、凤林关、祢衡葬身的鹦鹉洲、埋葬关羽身躯的关陵、纪念关羽的关庙，以及鲁肃墓、卓刀泉、绣林镇、刘郎浦、洗马长街、马跃檀溪遗迹等。

除了不可移动的地上遗迹，湖北地下还蕴藏有大量的三国遗物，新中国成立以来，在湖北地区发掘出土了大量三国时期的历史文物，从陶器到瓷器，从铜铁器到漆木器，从日常生活用品到军事器械，林林总总，种类繁多。

历时数十年的三国时期在历史长河中虽然只是短暂的一瞬间，却给荆楚大地带来诸多风情别具的民俗民间文化，如带有三国文化特征的地名、三国风情的民俗以及取材三国历史的各种文学艺术作品等。

湖北地区有众多因三国历史而形成的地名，如武昌、赤壁、猇亭、黄陂、曹武、陆抗城、马良湖、陆逊湖、吕蒙城、白衣庵、御路口、点将台、马跑泉、望夫台、卓刀泉等等，为湖北的历史增添了浓厚的文化韵味。

湖北流传至今的民俗风情，也含有浓郁的三国文化因素，如寓意刘备、孙夫人新婚而以黄鳝和鸡作为主要食材制作的荆州"龙凤菜"、如相传诸葛亮隐居隆中时制作的大头菜(今称"诸葛菜"、"孔明菜")等等。

在湖北地区流传的民间故事、地方戏曲中，有许多取材于三国历史，如大家耳熟能详的"刘备借荆州"、"关羽大意失荆州"、"赵云大战长坂坡"以及《长坂坡》、《临江会》、《龙凤配》、《回荆州》、《捉放曹》等戏剧曲目。

波澜壮阔的三国文化还给湖北留下一笔宝贵的文化遗产，那就是义薄云天的关公文化，并成为湖北文化中富有特色、富于魅力的文化现象。

被称为"千古名将第一人"的关羽并非湖北人，但湖北地区却是关羽生活时间最长的地方，湖北可以说是关羽的第二故乡。

关羽坐镇荆州长达十年之久。这位平民出身的将领，治军爱民，保境拒敌，带来一方平安，人民深受其惠。毕其一生，关羽最富有传奇、最值得大书特书的功业，大多是在他镇守荆州时期建立的。建安二十四年(219年)，关羽大意失荆州，败走麦城。孙权于今远安县回马坡擒拿关羽并斩首，盖世之雄关羽在湖北悲壮谢幕。

对于关羽的壮烈遇难,荆州人民感到特别震惊和悲痛,更加怀念关羽的忠义和神勇,幻想其死有余烈,英灵不泯,能够继续庇护一方生灵。于是便有许多传说产生,自觉的祭祀活动也开展起来,几乎达到了"家置一祠"的地步。

湖北当阳是关圣崇拜的重要发祥地。仅当阳一地,与关羽有关的地名就有60余处,它们已经成为湖北关公文化的组成部分。埋葬关羽身躯的关陵坐落于当阳城西北,是中国三大关庙之一,殿宇巍峨,飞檐凌空,黄瓦丹墙,古木苍苍,被国务院列为全国重点文物保护单位。湖北境内主要的关公遗迹还有荆州关帝庙、武昌卓刀泉等,成为人们信仰和祭祀关公的重要场所。

也正是在湖北,关羽传奇的短暂生涯不断被神化,尤其是历代统治者对关羽皆有加封。由于朝廷的推崇,民间对关羽的崇拜在明清时期达到鼎盛,关羽也由一介武夫成为万民顶礼的"武圣",与"万世师表"的"文圣"孔子并驾齐驱,形成了"文拜孔子,武拜关公"的格局。这是与关羽同时代的曹操、刘备、孙权等君主所望尘莫及的。关帝庙遍布全国各地,供奉关帝的"武庙",大有超过供奉孔夫子的"文庙"之势。男女老幼无不祭拜,一年四季香火不断。

关羽的义、勇、仁、智、信,千百年来一直激励着后人。关羽是唯一被佛、道、儒三教共同崇拜的神,佛教、道教都把他当成护法神,儒家则视其为"义勇仁智信"的象征。关羽还是人们所景仰和依仗的"武财神"。一直到今天,关羽的英名仍然家喻户晓。同时,关羽还受到港、澳、台地区乃至全球华人华侨以及日本、韩国民众的膜拜。可以说,有华人的地方,就有关公崇拜,关羽对华人有广泛的感召力和凝聚力。关羽"凛然正气、忠义仁勇、赤诚报国"的崇高精神和由此繁衍而出的关公文化,被视为抑恶扬善、正大光明的象征及富有人文精神、伦理价值法则的典范。

湖北独享如此厚重的三国文化,还与一个人分不开,他就是孙权。孙权将三国之一的吴国定都武昌(今鄂州),为湖北三国文化书写了精彩的篇章。

赤壁之战后,曹操被迫中止了南下的步伐,但仍盘踞襄阳,雄峙江北,虎视江南。刘备西入蜀地,却依旧势图江东。鄂州顿成"左控肥(合肥)庐(九江),右连樊(襄樊)汉(武汉),捍御上流,西藩建康(南京)"的战略要冲。

除了极佳的军事地理位置外,鄂州还拥有丰富的战略物资资源。当时的西山有铁矿,附近的汀祖、碧石和大冶的铜绿山一带,铜、铁矿藏都十分丰富,这些在当时都是头等的战略物资。

221年4月,为了牢牢控制长江中游的统治权,确保江东平安,孙权将其统治中心从湖北的公安迁至鄂县(今鄂州),取"以武而昌"之义,将鄂县改名为武昌。229年4月,孙权正式称帝,号吴大帝,武昌(鄂州)遂成为吴国的第一个国都。265年9月,末帝孙皓再次迁都武昌(鄂州)。

"生子当如孙仲谋"。孙权乃一代枭雄,苦心经营江东多年之后,之所以要在鄂州首创帝业,关键原因就在于他清楚地认识到鄂州于吴国具有极其重要的军事战略地位。

孙权在鄂州期间,将建业一千多富家大户迁入鄂州,虽大部分是王亲贵族、富豪之家,但也有不少能工巧匠。这样一来,不仅增加了鄂州人口,而且输入了吴越地区的生产技术和文化,为鄂州的发展注入了新的活力,从而使得鄂州出现了飞跃式的发展,迅速成为长江中游的政治、经济、文化中心,从此跻身于华中重镇。

孙权定都鄂州,不仅使鄂州社会经济自此昌盛起来,还为鄂州营造了一个规模宏大、令后人惊叹不已的城池宫阙,即武昌城,也就是现在俗称的"吴王城"。宋人薛季宣曾写过一首《樊山春望》的诗,对武昌城安乐宫作了生动描写:"东鄂城东安乐宫,李花练绚玉玲珑。画图长喜平芜绿,不觉身归罨画中。"武昌城锦绣、豪华之风采,由此不难想象。"吴宫花草埋幽径,晋代衣冠成古丘。"如今,站在吴王城残存的城垣上,仍不难想象吴王孙权当年是何等的意气风发。

"闻听三国事,每欲到荆州"。2011年,继襄阳获"中国三国文化之乡"称号后,湖北荆州又喜获"中国三国文化之乡"的称号,历史文化名城再添一张靓丽名片。这样,在全国四个"中国三国文化之乡"中,湖北襄阳与荆州独居其中两席。踏足荆楚,就是走进三国故地,仿佛打开一部厚重的三国史志。因为三国历史,湖北历史的天空变得更加深邃、广袤。

(刘玉堂　张　硕)

万历首辅张居正

张居正是明朝万历年间首辅,湖北江陵人。生于 1524 年,卒于 1582 年,享年 58 岁。在中国那么多可圈可点的文治武功的宰相中,张居正无疑属于最优秀的一类。著名历史学家黎东方认为张居正不但是明代唯一的大政治家,就是自汉以降,也只有诸葛亮与王安石二人稍可比拟。这是因为,诸葛亮只是蜀国的宰相。局促的舞台,不足以让他运筹帷幄,摇撼乾坤。王安石才情很高,人品也不错,但缺乏将理想化为现实的政治智慧。同张居正相比,王安石更像一个文人。王安石的源头是屈原,而张居正的源头是申不害与霍光。但张居正在历史上的功绩,却是远远超过申霍二人。

明代有作为的皇帝,是开国皇帝朱元璋以及篡位的皇帝朱棣,史称太祖与成祖。其后的十几位皇帝,依次为仁宗、宣宗、英宗(中间有一位景帝干了七年)、宪宗、孝宗、武宗、世宗、穆宗、神宗、光宗、熹宗与毅宗。这些皇帝除仁宗、孝宗与穆宗比较忠厚外,多半昏庸。特别是武宗与世宗两朝,共六十四年,把国家搞得一塌糊涂。穆宗是世宗的第三个儿子,继位时三十岁,享祚六年。如果是一位雄才大略的君主,六年也能做出几件事来,怎奈穆宗素无大志,虽然俭朴本分,但沉湎酒色。所以,国政在他手上,仍没有什么起色。到万历皇帝登基,张居正出任首辅时,国家除边防稳固之外(这其中也有张居正的功劳),内政几乎乏善可陈。官员腐败,政以贿成。斯时的皇权,虽然名义上仍然是九五至尊,威加四海。但其实际的控制力已相当薄弱。京师百里之外的地方,盗贼成群——这是民不聊生的显著特征。

远在世宗中期,张居正还只是翰林院的一个编修,就痛感国运的土崩鱼烂,朝廷中的官员庸多贤少,于是在给友人的信中写道:“非得磊落奇伟之人,大破常格,扫除廓清,不足以弥天下之患。"张居正的宰辅之志,并不是入仕之后才有的,当他还是一个青巾学子的时候,便想成为当世的伊吕。他不是不切实际地空想,而是扎扎实实地做准备。

嘉靖四十五年三月,由于得到首辅徐阶的赏识,张居正被任命为东阁大学士而参赞入阁。他的这一地位类似于今天的国务院副总理,这一年,张居正四十二岁。幸运的大门总是为有准备的人而洞开。历代的内阁,都是权力斗争最为激烈的地方,一是与皇权的摩擦,二是阁臣之间的斗争,很少有人能在那枢机之地待得长久。就是能够待在里头,也极难有所作为。但张居正却是一个特例。从他入阁到去世,他一共在内阁待了十六年,六年次辅,十年首辅。其间无论发生了什么样的政权嬗变,人事代谢,他都安居其位,岿然不动。不言施政,单从为官的角度看,张居正无疑也是最优秀的。

张居正的政治理想是"足食强兵,国富民本",在朝廷命官"饱暖思淫欲"普通百姓"饥寒起盗心"的明代中晚期,这理想简直是可望而不可即。但张居正明知不可为而为之,从未放弃自己的渴求与梦想。隆庆元年,他入阁之初,就向新登帝位的穆宗上过一道《陈六事疏》,从省议论、振纲纪、重诏令、核名实、固邦本、饬武备六个方面提出了自己的改革主张。这是张居正经过长期思考而精心写出的一份相当完备的改革文件。自商鞅以降,漫长的封建时代曾发生过几次影响深远的改革,但没有任何一位改革家提出的改革措施能像《陈六事疏》这样切中要害,而且富于操作性。此前没有,此后也没有。遗憾的是,穆宗缺乏从根本上改变朝局扭转颓败的勇气。他只是对《陈六事疏》说了几句赞扬的话,在西苑搞了一次阅兵,仅此而已。经过这一次试探,张居正知道时机并未成熟。他仍隐忍地待在内阁,在保全自己权位的前提下,力所能及做一些对社稷苍生有利的善政。

穆宗皇帝去世,作为太子的老师,随着太子朱翊钧的登基,他迅速得到了重用,取代高拱当上了首辅。万历新政的改革大幕,此时才正式拉开。

按照人们通常的说法,一个人在副职的位子上干得太久,骤膺大任,很难摆脱"小媳妇"的心态,缺乏总揽全局的才能与朝纲独断的勇气。用这一观点来衡量张居正,显然不合适。他从翰林院的编修干起,到国子监司业(相当于国立大学的教务长),到左春坊(太子的老师)以及入阁为次辅,他做过的官,不是无关国计民生的文职,就是与大办事员无异的副手。叱咤风云的封疆大吏,他一天也不曾干过。这种出身,很容易书生意气。但张居正不同,他就是他自己所说的那种"磊落伟人"。甫一上任,他就施出雷霆手段,裁汰庸官,两京不到三万名的官员,被他裁掉七千人。仅这一举动,就令天下士林为之侧目。他因此被人指斥"与天下读书人为敌"。面对汹涌而来的道德责难,张居正不为所动。为了改革,他说过"虽万箭攒体,亦不足恤"的话,没有这种敢于担当的勇气,他所领导的改革,就不可能实现历史的飞跃。

后世对万历新政的评价,大都肯定。但奇怪的是,对万历新政的倡导者张居正,却颇多攻讦之词。细究其因,是因为张居正的改革得罪了两部分最不能得罪的人:一是以皇权为代表的势豪大户,二是掌握了话语权的清流。

孟子说过:"为政不难,不得罪于巨室。"其实,自商鞅至康有为,封建时代的任何一次改革,莫不是拿势豪大户开刀。举凡江山易主之后,发展到一定阶段,都会产生痼疾。所谓太平盛世,就是各种社会集团的利益达到了某种平衡。士农工商各有天地,政治清明民淳事简。在这种和平的环境里,耽于享乐的人群愈来愈多,于是,攫取财富的贪欲也越来越强烈。此情之下,那些把握权柄的人总是能够通过不正常的手段,掠取和占有本不该属于他们的财富。政治家的责任,就是通过他们的领导才能,使社会资源能得到合理的分配。但是,在封建专制的情况下,这样的政治家并不多见。

张居正怀着安邦济世之心,一心想救赎饱受苦难折磨的黎民百姓。当上首辅之前,他曾说过:"长安棋局屡变,江南羽檄旁午……贪风不止,民怨日深,倘奸人乘一日之衅,则不可胜讳矣。"他深知官逼民反的道理,若对贪婪的豪强集团不加抑制,则胆小怕事的百姓都会成为揭竿而起的陈胜吴广。历史上所有的改革,莫不是豪强集团与弱势群体产生尖锐对立的情况下发生的。张居正推行的万历新政,一系列举措诸如裁汰庸官、整顿驿递、减少生员、清丈田亩、一条鞭法等等,都在极大程度上缓解了老百姓的困苦。当然,也把势豪大户得罪干净。

关于第二点,张居正得罪清流的问题,至今,仍有人认为这是张居正不可饶恕的罪过。在古代,"万般皆下品,惟有读书高",中国的读书人,若想光宗耀祖,只有一条出路,即博取功名,金榜题名后做官。张居正也是凭着这个途径而逐步攀上权力巅峰的。但他一直对官场上的人浮于事,政令不行而以玄谈相尚的陋习深恶痛绝。他上任之初,一些同学同乡莫不欢欣鼓舞,认为升官的机会到了。可是半年时间之后,他们便深感失望。张居正并不任人唯亲,最典型的例子有两个。一个是他的同科进士,时任湖北巡抚的汪道昆。他的确凭着张居正的关系,从地方的抚台升任为兵部左侍郎。张居正让他去蓟镇巡视边防。每到一处,这位汪侍郎第一件事就是拜会当地的文人,吟诗作赋,极尽风雅之能事。回到京城后,他呈给皇上的巡边奏疏,是一篇字斟句酌的美文。美则美矣,却对蓟镇边防的情况语焉不详。张居正看了很生气,在奏疏上批了八个字:"芝兰当道,不得不除!"意思很明显,你即便是一株美丽的芝草兰花,却因为长错了地方而不得不除——路是用来行走车马的,而非园圃。于是,汪道昆被皇上下令致仕,回到歙县老家,当了一名真正的吟风弄月的诗人。另一个例子是,仍为张居正同科进士的王世贞,他本想依靠张居正的关系谋求升官,但张居正觉得这位同年虽是名满天下的诗坛领袖,但并不具备"为官一任,造福一方"的才干,所以拒绝让他担任要职。王世贞因此记恨在心,他在晚年写了一部《嘉靖以来首辅传》,对张居正褒少贬多。他说"居正天资刻薄。好申韩法,以智术取下"。在张居正同时代中,除了这部书,另有他的前任高拱写的《病榻遗言》,也是对他多有中伤。

重用循吏而疏远清流,这是张居正的一贯主张,也是值得肯定的用人之道。但恰恰这一点,他得罪了读书人。乃至在他死后,一些清流竟然配合豪强集团,对张居正横加指斥,大肆挞伐。这不是张居正的悲哀,而是民族的悲哀。黎东方先生的一段话,道出了个中奥妙:"中国的社会,尤其是在明朝,是一个只讲私情,不讲国法的社会。谁要执法严明,谁就免不了得罪人。官位愈高,得罪人的机会便越多。想升官的升不到官,怕丢官的丢了官,说人情的说不到人情,借钱的借不到钱——如何不恨?恨张居正的人,实在太多了。"

张居正死于万历十年(1582年)六月二十日,享年五十八岁。在他之前的一连五位首辅,没有一位死在任上。张居正真正称得上是"鞠躬尽瘁,死而后已"。

他的死,对朱明王朝来讲,是难以估量的巨大损失。但是,直接从张居正推行的改革中得到实惠的万历皇帝朱翊钧,却并不这样认为。张居正出任首辅时,朱翊钧才十岁。一应国家大事,全凭张居正做主。张居正的角色,类似于摄政王。随着朱翊钧逐渐长大,特别是十六岁大婚之后,亲政的欲望越来越强烈。加之他生性喜爱钱财,为花钱的事,屡屡与张居正发生龃龉。久而久之,他由当年对张居正的言听计从变为内心厌恶。张居正死后不到一年,朱翊钧即开始了对他的清算。家产被抄,爵秩尽夺,家人死的死,谪的谪。朱翊钧本还想开棺戮尸,在众多大臣的力谏之下,才罢止了这个念头。自此,人亡政息,仅仅两年时间,万历新政带来的中兴之象,便消失净尽了。好货的朱翊钧,又上承他的祖父世宗,开始了横征暴敛,国事越发地糜烂了。在他主政的最后十几年,内忧外患一直没有停止。朱明王朝,终于在他死后二十四年彻底地崩溃了。

张居正死后的数百年,围绕他展开的争论,一直没有停止过。每遇国难之时,总有睿智之士感叹"世上已无张居正";而遇太平顺境,便有人站出来替皇权讲话,斥张居正是"威福自专"的权臣。平心而论,张居正是爱权力,有独操权柄的嗜好。但更应该看到,他绝不是那种以权谋私的人,他利用手中的权力,确确实实为国家、为老百姓做了许多好事。

张居正死于京城,遗体运回江陵老家安葬。当年他的葬礼十分隆重,享受到赐祭九坛的规格,可谓达到人臣之极。但仅仅一年后,墓庐尽毁,并从此以后再没有修复。1966 年,早已沦为荒坟的张居正墓被开了棺,扔了尸骨。同在 1966 年,万历皇帝的尸骨被付之一炬。此前的 1959 年,他葬于万寿山的寝宫就被考古部门打开。这寝宫,就是我们今天参观的明十三陵之一的定陵。朱翊钧与张居正,这曾经是亲密无间的君臣、师生,尔后又成为明代昏君与明臣的两极,在同一年以不同的方式暴尸骨于世间,兴许,这又是一个历史的玩笑。

关于张居正,在他死后的四百余年来,对他的是非功过从未停止过争论。而且有意思的是,每逢国家处于变革动荡之机,就有人开始怀念他并赞扬他,如抗战时期著名历史学家朱东润在桂林潜心写出《张居正大传》。解放初期,著名哲学家熊十力写出《与友人论张江陵》。在 20 世纪初,梁启超先生谈及明史,曾说:"明只一帝,朱洪武是也;明只一相,张江陵是也。"通过这些著作与言论可以看出,在国人眼中,张居正是力挽狂澜的救世良相。张居正自己也讲过,"世上有非常之人,然后可作非常之事"。张居正自己正是这种非常之人。

(熊召政)

张之洞"湖北新政"

"提起中国民族工业、重工业,不能忘记张之洞"。这是毛泽东在谈到中国民族工业发展时对张之洞的评价。仅此一语, 就足可以体会张之洞的历史地位。张之洞在晚清历史上是驰骋天下的风云人物,他与曾国藩、李鸿章、左宗棠并称晚清"四大名臣"或"四大重臣"。又由于张之洞任湖广总督时,正当壮年,在督鄂17年间,发展经济、振兴实业、广开新学、改革军政,由此造就了湖北的人才鼎盛、财力富足、社会发展,使湖北成为当时推行洋务新政、举足轻重的中心地区,又使张之洞成为湖北历史上最有作为的总督之一。

张之洞(1837—1909 年),字孝达,号香涛、香岩,又号壹公、无竞居士,晚年自号抱冰,直隶南皮(今河北南皮)人。父亲张锳,曾任贵州兴义府知府。同治六年(1867 年)张之洞年方 30,任湖北学政。光绪七年(1881 年),44 岁时,任内阁学士,兼礼部侍郎,遂即补授山西巡抚。光绪十年(1884 年),法国侵略越南,边疆告急。张之洞上疏建议战守,请严督滇、桂之战,急修边疆之防。清廷召张之洞晋京,陈抗法事,多所谋划,被任命署理两广总督,数月后实授两广总督。这一年,张之洞 47 岁,在当时的总督大员中属于少壮派。光绪十五年(1889 年),张之洞上奏朝廷,建议修筑一条卢汉铁路,自卢沟桥至汉口,以贯通南北。他认为铁路之利,以通土货、厚民生为最大,征兵、转饷次之。卢汉铁路是"干路之枢纽,枝路之始基,而中国大利之萃"。朝廷准奏,计划北段由直隶总督主持,南段由湖广总督主持,南北分段修筑。因修卢汉铁路之际遇,清廷调张之洞任湖广总督。这一年,张之洞 52 岁。

1889 年张之洞督鄂,是湖北历史发展的一个重要界标。台湾著名学者苏云峰所谓"张氏抵鄂之年,应为湖北从传统走向现代化的起点",实为经典之论。

当时湖北发展之最著者为汉口,据统计,至张之洞督鄂前,外商在汉口开办的原料加工厂有如下数家:1863 年俄商开办的顺丰砖茶厂,1866 年俄商开办的新泰砖茶厂,1872 年英商开办的汉口砖茶厂,1874 年俄商开办的阜昌砖茶厂,1875 年英商开办的金银冶炼厂,1876 年英商开办的汉口压革厂,1876 年英商开办的隆茂打包厂,1880 年英商开办的平和打包厂,1887 年德商开办的美最时蛋厂,1887 年德商开办的礼和蛋厂。张之洞督鄂期间(1889—1907 年),汉口及湖北的现代化进程在各方面次第展开,汉口国际性城市的轮廓开始显现。

首先,汉口的传统商业优势进一步发挥,并由内贸型的商业重镇一跃而为国内屈指可数的国际贸易商埠。从传统商业方面来看,以汉口的米谷年均流转量为例,张之洞督鄂前的 1881—1890 年为 67362 担,1891—1900 年即增长为507630 担,1901—1910 年更增长为 1073185 担。增长幅度明显,成为国内最大的米谷集散中心。日本学者根岸佶在《清国商业综览》中亦称:"从汉口沿长江而下至上海、华南、华北,以及逆汉水而上至陕西、甘肃,调出大量米谷来看,无疑汉口集散的米谷数量要比上海、芜湖多。"从国际贸易商埠方面来看,汉口的直接对外贸易,1908 年曾达到 37223831 关平两,在全国四大商埠(上海、武汉、广州、天津)中位列第三。汉口的间接对外贸易,1910 年曾达到 135299167 关平两,在全国四大商埠中位列第二,仅次于上海。1911 年 3 月 4 日《民立报》声称:"汉口商务在光绪三十一二年间,其茂盛较之京沪犹驾而上之。"汉口对外贸易的发展,与此一时期外商的大举进入也有密切的关系。据统计,1892 年在汉的洋行户数为45 户,人数为 374 人,1901 年洋行户数为 76 户,人数为 990 人,1905 年洋行户数达到 114 户,人数达到 2151 人。除洋行外,还有许多外国商号。1905 年,汉口洋行和外国商号最多时达 250 家,其中日商居首,有 74 家,英商 57 家,德商 54家,美商 22 家,法商 20 家,俄商 8 家,丹商 5 家,比商、印商各 3 家,瑞商 2 家,葡商、菲商各 1 家。

其次,汉口的近代民族工业起步,并得到迅速发展。城市的经济功能,由商业独秀到工商并重。张之洞先后创办汉阳铁厂(1890 年)、湖北枪炮厂(1890 年)、湖北织布局(1890 年)、湖北缫丝局(1894 年)、湖北纺纱局(1895 年)、湖北制麻局(1898 年)等 11 个近代企业,占同期全国新建官办与官商合办企业的 24%,为全国之冠。同时，张之洞倡办实业，亦促进了民办企业的发展。1897年民族资本家宋炜臣兴办的汉口燮昌火柴厂，年产火柴1亿盒，是全国最大的火柴厂。据统计，至1911年，武汉有较大型的官办、民办企业28家，资本额达1724万元，在全国各大城市中居第二位。

其三，张之洞改书院、兴学堂、倡游学，使汉口和湖北形成了较为完备的近代教育体制。传统的书院教学以研习儒家经籍为主，张之洞致力于书院改制，相继对江汉书院、经心书院、两湖书院的课程作出较大调整，各有侧重，以"造真材，济时用"为宗旨。在兴办新式学堂方面，其创办的算学学堂（1891年）、矿务学堂（1892年）、自强学堂（1893年）、湖北武备学堂（1897年）、湖北农务学堂（1898年）、湖北工艺学堂（1898年）、湖北师范学堂（1902年）、两湖总师范学堂（1904年）、女子师范学堂（1906年）等等，则涵盖了普通教育、军事教育、实业教育、师范教育等层面。在"游学"方面，湖北是晚清派出留学生最多的省份之一。到1905年，仅留日学生就达1700余人，居全国之冠。张之洞督鄂期间，湖北已成为新式教育的中心和国人瞩目之区。一如端方在光绪三十年（1904年）所奏："近日中外教育家，往往因过鄂看视学堂，半皆许为完备。比较别省所立，未有逾于此者。"在张之洞早年担任学政时，他主要是对传统的教育进行改革，提倡经世致用的"实学"，强调以通读经史为学习的主要内容。具体的举措主要是改革传统的教育机构，以湖北的经心书院和四川尊经书院为代表。清代的传统教育机构主要是学寓与书院，乾嘉以后，由于经费不足，教官失职，不少地方学寓逐渐停废，书院成为主要教育机构。但这些书院大多数只是考课，没有讲学色彩，与经世致用学问脱节。为此，张之洞开始重视引导书院讲求实学，于1869年在武昌三道街文昌阁设立经心书院，拔其优秀者，读书其中，所研习的多为经解、史论、诗赋、杂著等，标榜实学，注重经世致用。1870年学政任期已满，在卸任回京之际，张回首三年来在湖北的行为，确实付出不少心血，也得到湖北士人的好评，不禁为自己公务劳苦而早生白发有一番感慨："人言为官乐，哪知为官苦。我年三十四，白发已可数。"

1903年秋，湖北巡抚、护理湖广总督端方根据张之洞所定《章程》，饬令拨官款，在省城武昌阅马场创办幼稚园，这是湖北、也是中国第一所幼稚园，开我国幼儿教育之先河。幼稚园选聘了3名日本保姆，首次招收80名5～6岁的女童，限一年卒业。以后续招 4 岁上下幼童，定 2 年毕业。幼稚园采取班级的形式开展保教活动，开办章程明确规定它是新教育体系的初阶，办院内容是重养不重学，以培养小儿自然智能，开导事理，涵养德生，以备小学堂之基础。中国的第一所幼稚园也是在张之洞的谋划下创办。

其四，外国银行来汉设立分支机构，国内银行开始出现，汉口成为内陆地区的金融中心。汉口开埠之初，尚无现代意义上的金融机构。1861 年英国汇隆银行在汉口设立分支机构，开外国银行在武汉开设分行之先河。此后以迄张之洞督鄂前，先后有英国麦加利银行(1863 年)、英国汇丰银行(1866 年)、英国有利银行(1866 年)、法国法兰西银行(1876 年)、英国丽如银行(1877 年)、英国阿加刺银行(1880 年)等在汉口开设分行。张之洞督鄂期间，随着汉口工商业和对外贸易的发展，除了传统的英国银行外，德国的德华银行、法国的东方汇理银行、俄国的道胜银行、日本的正金银行等也纷纷来汉设立分行。同时，中国通商银行(1897 年)、中国银行(1905 年)、大清银行(1906 年)、浙江兴业银行(1906 年)等也在汉口开业。这些现代性的金融机构与传统的钱庄、票号、钱铺等民间金融机构共同构筑起汉口的金融大厦，成为湖北工商业发展的重要支撑。另据已有的研究，20 世纪初，湖北的金融业进入兴盛时期，至 1925 年，武汉的本国银行发展为 32 家，与当时的 140 家钱庄和 15 家外国银行形成三足鼎立之势。保险公司和信托公司等机构也相继设立。金融机构不仅数量多，而且有的本国银行成为管辖行或区域行，金融活动和资金流通的领域日益扩大。

其五，交通运输业空前发展，奠定了武汉现代交通运输的基础。张之洞由广东移督湖广的直接原因就是卢汉(卢沟桥至武汉)铁路的修建，所以张之洞对修建铁路用力甚勤。在张之洞的督办下，1906 年，汉口至北京正阳门全长 1200 余千米的卢汉铁路通车，并改称京汉铁路。京汉铁路的贯通，不但使武汉的货物流通更加畅快，而且使武汉的地位更加凸显。一如孙中山所说："武汉者，……中国本部铁路系统之中心，而中国最重要之商业中心也。……汉口更为中国中部、西部之贸易中心，又为中国茶之大市场。湖北、湖南、四川、贵州四省，及河南、陕西、甘肃之各一部，均恃汉口以为与世界交通唯一之港。至于中国铁路既经开发之日，则武汉将更形重要，确为世界最大都市中之一矣。所以为武汉将来立计划,必须定一规模,略如纽约、伦敦之大。"

铁路之外,此一时期的水路交通运输也进入新的发展阶段。1863年(一说为1862年),美国旗昌轮船公司的"惊异号"进入汉口港,开辟沪汉航线后,英、法、德、日等国的轮船公司也以汉口为中心,开辟长江航线,经营轮运。1905年,日本大阪商船会社又开辟了汉口至神户、大阪的直达航线,使汉口港成为国际港。至清末,由汉口驶向国外的轮船,已可直达德国的汉堡、不来梅、荷兰的鹿特丹、埃及的塞得港、法国的马赛、比利时的安特卫普、意大利的热诺瓦等。而1875年招商局在汉口设立轮船公司,则标志着民族轮船运输业在汉口的立足。以轮运为主导的水路开辟,使长江航道变成黄金水道,也使武汉自古以来的水运优势跃上一个新的阶位。

张之洞督鄂期间,汉口商业、工业、教育、金融、交通等方面的迅速发展,是武汉城市现代化的重要标示。

张之洞督鄂时期,汉口形成了她的风骚独领的特色,由商业名重天下到全方位综合发展。由此,汉口及湖北也铸就了她的历史辉煌。窥察历史,我们所能得到的启示是什么呢? 就其要者,可以归结为三:

第一,得天独厚的区位优势。武汉地处华中腹地,素有"九省通衢"之称,在古代与近代交通不发达的情况下,凭借汉水、长江之利,可以内进外出、通江达海,成为商业贸易的集散地。这就是《汉口小志·商业志》已经指出的:"汉口贸易年见繁盛,盖以运输便利也,此地为中国全国之中心,水路四通八达,……中国内地商务,实以此地为要冲。"1949年出版的《武汉概况》也明白表述:"汉口为国内主要的物资集散城市,向有'九省通衢'的称号,湖北、湖南、江西、河南、四川、甘肃、陕西、云南、贵州物产,都集中于汉口而为分配,九省需要物资亦经汉口取给。商圈的广大,国内很难找出第二处。"可以认为,明清时期商业的繁盛,主要是凭借了这种条件。张之洞督鄂期间商贸的扩大与国际性商埠的形成,也与此息息相关(另一方面,当时的国际贸易以间接性贸易为主、以直接性贸易为辅,也是限于地势)。

第二,张之洞有能力、有魄力,得到清廷的信任和支持,能干他想干的事。换句话说,没有张之洞也就没有晚清汉口及湖北的发展。学者赵德馨、周秀鸾在其《张之洞与湖北经济的崛起》一文中用"人来政兴"概括是贴切的。1861年汉口开埠,是一个历史的契机,但汉口开埠后,却没有像上海、广州、天津、南京那样发生显著的变化。到1889年张之洞督鄂前,武汉竟没创办一家官办企业(1884年,湖北总督卞宝曾筹建湖北机器局,但胎死腹中),也没兴办一所近代性的学堂,即使是有传统优势的商业也无法与后来比拟。这显然不是历史厚此薄彼,而是主政者使然。实际上,关乎此点,时人已经注意到,1890年7月11日的《捷报》上有文:"武昌无疑将成为中国极重要的城市之一,因为自从张之洞调任湖广以后,已将他原来打算在广州进行的一些庞大建设计划全部移到了武昌。"近代武汉的发展滞后与经济的第一次腾飞视主政者为转移。

第三,制度创新是关键。所谓的全国范围的"晚清新政"或湖北一区的"湖北新政"都有一个制度创新问题。新的事业或社会经济的新发展,必须要有新的政治机制予以保证。张之洞任职两广时,即已筹谋"效西法、图富强"的新政,只是没有督鄂时的力度大。据华中师范大学出版社《湖北通史·民国卷》中所载,张之洞督鄂期间,设置各类新机构36个,其中25%是按清廷的指示而设,75%是出于工作需要而设。明确标示出张之洞的自主性和创新性。从新设机构的性质来说,属于教育、文化的机构3个,属于财政金融的机构5个,属于军警司法的机构6个,属于农工商及交通管理一类的机构最多,达23个。这明确标示出张之洞兴办实业的努力。有些机构的设置,在全国具有示范性,如1902年为推广新学制而设立的"学务处",比清廷的有关规定早了一年多。新机构的设置,既是张之洞锐意创新的标志,也是张之洞推行"新政"的重要手段。

另外还值得一提的是,张之洞主持修筑的武昌南北长堤和汉口后湖长堤,排除了水患,划定了20世纪初的武汉三镇与今天的武汉市的城市规模。支持民族企业家操办水电等现代化市政建设,为武汉自近代以来的繁荣奠定了基础。

光绪三十三年(1907年),湖广总督张之洞调任军机大臣离鄂,其在鄂门生、僚属在蛇山南腰建抱冰堂以资纪念。因张之洞晚号抱冰,取《吴越春秋》"冬常抱冰,夏还握火"语意以自励,故取是名。1953年曾进行修葺。砖木结构,台基石砌,面宽五间,进深三间,九脊四坡顶,檐下环以外廊,造型优美,结构精巧。

张之洞在为官之余,也称得上是一位学问家。其所著《书目答问》,至今仍是近代目录学的一部具有参考价值的书。所著《劝学篇》,光绪帝发布上谕称是书:

"持论平正通达,于学术人心大有裨益,着将所备副本四十部,由军机处颁发各督抚学政各一部,俾得广为刊布,实力劝导,以重名教,而杜卮言。"由于清廷的赞许,这本书风行海内。

张之洞的才学还表现在大量的奏折上。清廷在经过了八国联军侵略北京的战争以后,不得不"变通政治",于光绪二十七年(1901年)三月成立督办政务处,湖广总督张之洞和两江总督刘坤一"遥为参预"。张之洞会同刘坤一连续上了三道奏折:《变通政治人才为先遵旨筹议折》、《遵旨筹议变法谨拟整顿中法十二条折》、《遵旨筹议变法谨拟采用西法十一条折》。这就是有名的《江楚三折》。第一折,是关于办学堂、废科举事,提出设文武学堂,酌改文科,停罢武科,奖励游学等建议。第二折,提出了崇节俭、破常格、停捐纳、去书吏、去差役、恤刑狱、改选法、筹八旗生计、裁屯卫、裁绿营等建议。第三折言采用西法,提出了广派游历,练外国操,广军实,修农政,劝工艺,定矿律、路律、商律、交涉刑律,用银元,行印花税,推行邮政等建议。《江楚三折》是张之洞"中学为体,西学为用"思想的具体化,如废科举、兴学堂、奖励留学、设商部、学部、兴办实业等具有重要的价值。

相传张之洞曾为今蛇山奥略楼撰有一联曰:"昔贤整顿乾坤,缔造多从江汉起;今日交通文轨,登临不觉亚欧遥。"如用"缔造多从江汉起"移赠张之洞本人,倒是十分贴切的。

(陈　锋　曾衡之)

从"苏湖熟,天下足"到"湖广熟,天下足"

"苏湖熟,天下足"(亦曰"苏常熟,天下足")流行于宋元时代,"湖广熟,天下足"则流行于明清之际,这两句略带夸张的谚语表明了苏常地区和湖广地区的粮食生产,在不同历史时期,先后居于全国的重要地位。

"苏湖"即苏州、湖州,代表的范围就是现在的长江三角洲地区,其源流可上溯至古代的吴越文化。"湖广"则是指位于长江中游的湖北、湖南地区,是荆楚文化的发祥地。从稻作起源来看,长江三角洲地区有国人引以为豪的浙江余姚河姆渡稻作遗址,距今约七千年。但两湖地区也有令人惊异的湖南澧县彭头山水稻遗址,距今八千年。这表明两地的稻作文明可能是各自独立起源,且发展难分伯仲。事实上,春秋战国时期荆楚在政治、经济、军事、文化等方面一度领先于吴越,只是后来荆楚经济渐衰,而吴越经济日盛。

从唐代后期开始,中国经济重心不断南移。北方黄河中下游地区的旱地农业,逐渐被南方长江中下游地区的水田农业所超越。南方,特别是江南地区,由于北方劳动人民为了躲避战乱而大量南迁,以及稻田耕作经验的传播,促使这一地区的农业获得了长足的发展,在全国的经济地位越来越重要。经过五代和北宋两百余年的持续发展,江南农业生产在全国占有举足轻重的地位,当地生产的粮食成为国内主要的商品粮来源。于是,从南宋中期开始,出现了"苏湖熟,天下足"的谚语。

最早记载"苏湖熟,天下足"这一谚语的是宋代范成大,他在《吴郡志》卷五十《杂志》中记载:"谚曰:'天上天堂,地下苏杭'。又曰'苏湖熟,天下足'"。《吴郡志》成书于宋光宗绍熙三年(1192年),可见这一谚语在绍熙三年以前就已经出现了。而陆游在宋宁宗嘉泰四年(1204年)撰写的《常州奔牛闸记》中又说:"方朝廷在故都,实仰东南财赋,而中吴尤为东南根柢,谚曰'苏常熟,天下足'。"在此,湖州,换成了常州。可见此时在陆游眼中,常州的农业生产水平超过了湖州。而早在宋仁宗景祐初年,在《范文正公集》卷九《上吕相公并呈中丞咨目》中,范仲淹就指出"苏、常、湖州,膏腴数千里,国之仓庾也"。无论是"苏湖熟,天下足",还是"苏常熟,天下足",这一谚语背后表明以苏州、湖州、常州等为核心的江南地区所生产的粮食,不仅能满足本地日益增长的人口的需要,还有大量富余,足以保证中央政府的调拨并供应外地。

其实,宋代江南"鱼米之乡"的形成并非易事,因为这一带虽然气候温和,雨量充沛,土地肥沃,但地势低洼,洪涝频繁,有时也会出现持续干旱,还容易受到台风和海潮的影响。只是自晚唐、五代以来,不断兴修水利,形成了比较完善的排灌系统,特别是自宋高宗至宋孝宗时期(1127—1189年),兴修太湖地区水利,在昆山、常熟以北,开河口导湖水入江海。孝宗时,于太湖出口处,设置闸门调节水量。滨湖低田,高筑圩岸,以御风涛。由于水利浚通,排除了严重水灾,使低田与高田尽得灌溉。

此外,江南农业生产水平到宋代也达到一个新的高度。随着江南人口增加,土地有限,逐渐形成了精耕细作、集约经营的传统。北宋初年,从今越南引进的早熟双季稻已在江南推广,使得水田的复种指数不断提高,农作物一年两熟,上田亩产达五六石,土地利用达到极致,史料记载云"耕无废圩,刈无遗垄",遂使苏湖一带成为南宋农业高产区。对此,宋人高斯德在《耻堂存稿》卷五《宁国府劝农文》中曾云:"浙人治田,比蜀中尤精,虽遇旱暵,可保无忧。其熟也,上田收五六石,故谚曰'苏湖熟,天下足'。虽其田之膏腴,亦由人力之尽也。"

然而,到了明代中后期,却出现了"湖广熟,天下足"的说法,并且此后再也没有改变。显然,以今天湖北、湖南为中心的长江中游平原已经取代苏湖常,成为全国商品粮的基地。

"湖广熟,天下足"这一民谚究竟始于何时?目前所见明人何孟春《余冬序录》卷五十九《职官》中有"今两畿外,郡县分隶于十三省,而湖藩辖府十四,州十七,县一百四,其地视诸省为最巨,其郡县赋额,视江南、西诸郡所入差不及。而'湖广熟,天下足'之谣,天下信之,盖地有余利也。"此文作于弘治年间,据此可知，"湖广熟，天下足"这一民谚至迟在弘治初年已经在民间出现。到了清代康熙、雍正、乾隆时期，"湖广熟，天下足"这一民谚便从民间走入宫廷，屡次出现在皇帝谕旨和大臣的奏折之中。如《清圣祖实录》康熙三十八年（1699年）六月载，康熙帝在给大学士的上谕中有"谚云'湖广熟，天下足'，江浙百姓全赖湖广米粟"。《雍正朱批谕旨》记载雍正八年（1730年）鄂尔泰奏云："湖广全省向为东南诸省所仰赖，谚所谓'湖广熟，天下足'者，诚以米既充裕，水又流通之故。"

明清时期，湖广地区之所以能取代苏常地区，成为新的国家重要的粮食生产基地，主要得益于江汉——洞庭湖平原垸田的兴盛，使得广大低洼地带得到了较好的开垦，扩大了耕地面积。垸田系围垦河湖淤积的洲土而成，腐殖质含量高，田地肥沃，一岁两收，产量可观。明代是江汉—洞庭湖平原垸田空前发展的时期，在明清"江西填湖广"的移民浪潮中，随着大量移民进入湖区，成为推动垸田发展的生力军。嘉靖年间，潜江县的堤垸由成化年间的48垸增加到100余垸，天门县堤垸也在70处以上。到了清代，堤垸更是星罗棋布。与此同时，两湖地区双季稻的推广和轮作复种制度的普及，进一步提高了两湖主要粮食产区的土地利用率，经济实力大大增强，从而使得两湖地区成为全国重要的产粮区，并保证了商品粮源源不断地运往其他缺粮省区。

优越的地理位置，地居长江大动脉中段的便利的交通运输，使得湖广获得了"天下足"的殊荣。从明代开始，包括江浙在内的广大地区，开始购买湖广米粮。明人丘濬在《大学衍义补》中就曾指出"江右之地力所出，不足以给其人，必资荆湖之粟以为养也"。到了万历年间，更是"（荆楚）鱼粟之利遍天下"。明末甚至出现"吴以楚食为天"的说法。到了清代，江浙一带市场上的米粮价格，在很大程度上取决于湖广以及江西米谷运到的多少。康熙皇帝在南巡过程中，曾经就江浙地方米价高昂的原因询问，"百姓咸谓数年来湖广米不至，一致价值腾贵"。清代湖广地区的米粮，不仅接济江浙一带，其他如广东、山东、陕西、山西诸省，亦屡见有受济于湖广的事实。

曾经作为全国粮仓的江南地区，何以到了明清时期需要依赖湖广地区的米粮？这背后的原因有二：一是由于人口与耕地的因素。从人口密度上比较，明清时期湖广地区的人口密度远低于江浙地区。明洪武年间，江南、浙江、江西三省以七分之一的土地，集中了全国二分之一的人口。当时的人一致认为，长江以南人口的分布是"最稀者湖广，最密者江浙"。而随着江汉—洞庭湖平原的开发利用，湖广人口虽有增加，人均耕地面积仍然大大超过江浙。二是商品经济和农业经济结构的因素。明代苏松嘉湖地区，经济结构发生了很大变化，农业种植结构中，棉花种植比重和蚕桑经营的扩大，大大压缩了生产水稻的耕地面积。据统计，以上海为中心的广大植棉区，用于种植棉花的耕地达到 50%，太仓州达到 70%，嘉定县更高达 90%。不少农家也开始依靠商品粮生活。加上棉纺织业、丝织业的发展，大批手工业商业市镇的兴起，江浙一带非农业人口数量剧增，加剧了粮食缺口的态势。

因此，从"苏湖熟，天下足"到"湖广熟，天下足"，不能简单地理解为明清时期的湖广取代了宋代江浙的经济地位。如果将两个谚语的经济、社会背景加以具体考察、比较，则能反映谚语背后特定的经济现象和深刻内涵。两个不同时期产生的谚语，它们之间是一种历史的承袭关系，也就是说，明清时期的江浙和湖广地区，其农村经济结构的演变是相辅相成、次第进行的。当长江三角洲地区农民将经营重心转向经济作物种植，进入城镇成为工商业者之时，依赖的正是以两湖平原为代表的地区的米粮供应。或者说，两湖平原地区大力发展粮食生产，正是因为长江三角洲地区农业经营重心发生改变而提供了机遇。两者经营重心的次第变化虽说是当时经济条件下，专业生产在不同地区的理性分配，有利于全国形成一个完整的市场。但这两个地区的发展却相差了一个层次，并对以后的发展产生了深远影响。也就是说，两湖平原农民以水稻种植的劳动密集型生产，支持了长江三角洲地区农村经济结构的逐渐转型。由此可以想见，江南的商业和城镇不断膨胀侵蚀了农业的发展空间，先前的大片农田雨后春笋般出现一座座城镇，水稻种植的重心向西转移，"苏湖熟，天下足"由此变成一种历史，"湖广熟，天下足"跃然纸上，显现出明清时期湖广地区农业的快速发展。

（陈　锋　杨国安）

从铜绿山到汉冶萍

在中国的工业发展史上,湖北占有重要的地位。无论是古代湖北的手工工业还是近代湖北的机器工业,都曾取得了令世人惊叹的成就。

《庄子·大宗师》有句话叫"天地为大炉,造化为大冶",早在先秦时期,湖北大冶就是重要的矿冶基地,是公认的世界青铜文化发祥地。殷商时期,古人就在大冶开采铜矿。湖北大冶的铜绿山蕴藏有丰富的铜铁矿床,其中铜矿主要集中在大理岩与火成岩的接触带上,主要有孔雀石、赤铜矿、自然铜等。1973年,大冶铜绿山古铜矿遗址被发现,经考古专家研究认定,该古铜矿遗址是迄今为止我国保存最完好、采掘时间最早、冶炼水平最高、规模最大的一处古铜矿遗址。被国内外专家誉为"是中国继秦始皇兵马俑后又一奇迹","可与中国的长城、埃及的金字塔相媲美"。铜绿山有前后两个时期的采铜和冶铜遗址,前期属春秋时期或稍早,后期属战国至汉代。湖北的先民为掘取铜矿石,开凿竖井、平巷与盲井等,并用木质框架支护,采用了提升、通风、排水等技术。春秋时期的井巷较小,木质方形框架的长宽均为60厘米左右。战国时期井巷增大,框架直径达110～130厘米,并使用辘轳提升矿石及汲出地下水。经清理出来的春秋时期冶铜炉,由炉基、炉缸、炉身3部分组成。炉基下有风沟,冶炼时可确保炉缸的温度。炉缸设有放铜、排渣的金门,炉身有鼓风口。炼炉附近有工棚遗迹和碎石用的石砧、石球,加工过的矿石及陶片、铜块等。经模拟实验证明,这种竖炉可以连续加料、连续排渣、间断放铜,性能好、炉龄长、操作简便,每炉日产铜不低于300千克。古炉渣总量超过40万吨。经化验,炉渣的酸度适宜,含铜量仅0.7%,说明东周时期的冶铜技术已达到相当高的水平。它的发现证明,早在三千多年前的西周时期,湖北的先民就使用了鼓风竖炉炼铜,这在当时世界上是独一无二的,而其中的春秋时期炼铜炉竟已具备了现代高炉的雏形,现在想来,有点不可思议。

铜是人类最早使用的金属之一。在铁器出现之前,铜及其合金曾是用量最多、用途最广、对人类社会发展所起作用最大的一种金属。应该说,铜绿山的铜矿开采与冶炼,为楚国青铜文化于春秋中期以后辉耀天下奠定了基础。从新中国成立以来出土的东周铜器来看,楚国铜器的种类之繁、数量之多,是令当时的中原列国望尘莫及的。据学者统计,仅就青铜礼器而言,新中国成立以来有此出土的东周楚墓约100座,虽只占楚墓总数的四五十分之一,却已与中原地区有此出土的墓葬数量不相上下。河南下寺楚墓出土的各种青铜礼器有160余件,曾侯乙墓出土的属于楚文化系统的数十种铜器约有10吨。其次,楚国铜器的形制之巨、规模之大,据现有资料也是令中原列国无可比拟的。楚幽王墓中出土的楚王鼎,重达400公斤,至今为两周铜鼎之冠;曾侯乙编钟有大小65件,共重2500多公斤,其磅礴的气势至今举世无匹。而且楚国青铜器的工艺之精、造型之美,更是独步天下。许许多多采用浑铸、分铸以及青铜时代之绝技的失蜡法熔模铸造等多种冶铸技术,采用平雕、浮雕、圆雕、透雕以及错金、镶嵌、铜焊、铆接等多种加工方式制作的青铜器物,大大发展了商周以来的青铜工艺,达到了世界青铜文化的顶峰。

在铜矿的开采、冶炼以及青铜器的制造之外,古代湖北纺织业、漆器业等方面的骄人成就同样为考古发现所证明。

考古发现的战国时期丝绸品种有绢、绨、方孔纱、素罗、绮、彩条纹绮、锦、绦、绣等。江陵马山战国时期楚墓中出土的丝织品,在已经出土的世界同时代同类产品中,数量最多、质量最好、衣衾最完整。其中包括绢、罗、纱、锦等不同品种,以绢的数量为最多。绢每平方厘米有经线50支,纬线30支,最细密的经线达158支,纬线达70支。绢被染成红、黑、紫、黄、褐等颜色。这批织物中最珍贵的锦,是用提花机织出的质地较厚的丝织品,上面有五彩的动物或人物花纹,表明当时已有构造复杂的纺织机,织匠已经掌握了难度较高的纺织技巧。

漆器在古代是一种应用十分广泛的物品,由于漆有耐酸、耐碱、耐热、防腐等特性,因此很早就被人们利用。漆器又不仅仅是实用品,又是雕塑和漆绘高度结合的产物,蕴含着高超的制作工艺和文化品位。楚国是使用漆器最为发达的地区，从考古材料来看，只要是楚国时期的墓葬（无论是贵族墓还是平民墓），多有漆器。楚国漆器的色彩可谓五彩缤纷，做工可谓巧夺天工。出土的楚漆器就其胎体的造型和漆绘的图案、色彩等都反映了楚人的工艺水平、审美观念和艺术品位。早在春秋时期的楚墓中就有较多的漆器出土，这些漆器主要发现于宜昌、当阳等地。其中能够突出反映当时漆器制作水平的有当阳赵巷四号墓出土的漆篹、漆豆、漆方壶、漆俎等。这一时期的漆器种类还较少，色彩及纹样也比较单调。到了战国时期，楚国漆器的制作技术飞速发展，已日臻成熟并逐渐达到了顶峰。漆器制作方法多种多样，根据材料的质地、形状和产品的要求有斫、镟、卷、雕、脱胎等。髹漆工艺已不仅仅施加于木胎，其他如竹、皮、陶、藤等质地的器物上也开始髹漆。楚国漆器的色彩虽以黑、红二色为大宗，但到了战国时期已不仅仅局限于黑、红二色，调漆技术得到极大的发展，从使用原生漆已发展到脱水精制漆和加油调制彩漆，能调出红、黄、绿、蓝、金、银等多种色彩，使得战国时期的楚国漆器色彩斑斓，艳丽如新。楚国漆器上的纹样装饰有几何纹、动物纹、植物纹及反映社会生活的纹样等，几何纹样繁缛多变。楚国漆器的种类也非常丰富，可达到六七十种，包括了当时的生活用品的盒、豆、盘、奁、壶、杯、耳杯、筷子、梳、篦、俎、虎子。家具类有几、案、卧床、枕。文书工具类有文具盒、毛笔、削刀鞘等。乐器有鼓、虎座、鸟架悬鼓、鸟鼓架、鹿鼓、琴、瑟、笙、排箫。丧葬用品有镇墓兽、羽人、虎座飞鸟、鹿座飞鸟、卧鹿、棺、苓床。兵器则有剑及一些附件物品。

在经历过古代手工业的辉煌后，当历史迈入近代工业化时代，湖北同样有不同凡响的辉煌。这种辉煌与张之洞有很大的关系。

1890 年初，张之洞由两广总督调任湖广总督，将其在两广总督任内订购的纺织机器转运到湖北，于这年年底在武昌文昌门外开始兴建湖北织布官局。光绪十八年（1892 年），该局正式投产。湖北织布官局最初拥有布机 1000 台，纱锭 30400 枚，工人 2000 余人，是当时全国最大的纺织全能企业。该局不仅聘请了 9 名英国技术人员，分 2 次共派 80 名工人到上海织布官局学习新的生产技术，还努力推广机器纱、布产品。湖北近代纺织工业的发展由此迈出了第一步。

湖北官布局所产布匹有原色布、纹布、棉布等，每匹长 100 市尺。由于在武汉销售可免税收，运往各省只收江汉关一道税，商家争先采购，棉纱和布匹均通行各省,销路畅旺。光绪十九年(1893年)至光绪二十七年(1901年),该局共产原色布 300196 匹、纹布 11785 匹、棉纱 135702 担。

光绪二十年(1894年)三月,张之洞奏准在武昌文昌门外官布局东隔壁设立湖北官纱局。次年四月,开始兴建厂房。光绪二十三年(1897年),安装纱锭 50064 枚、拥有男工 1600 人的北纱局建成开工。该局日产棉纱 1.2 万磅。1898 年春经营很旺,不久便因银根奇紧,产品滞销,积压棉纱 2000 ~ 3000 捆。到 1900 年,几乎因资金周转困难而停产。湖北官纱局历年经费,先后由两江督署垫款以及湖北盐署、粮署、善后局、枪炮局、铁路局、赈捐局、江汉关、官钱局、官银局和臬署拨款,共计银 1087442.54 两。

张之洞在增设官纱局的同时,又于光绪二十年(1894年)十月奏准在武昌开设缫丝局,次年建成开车。该局最后装成缫丝锅 208 釜,职工 300 人,聘请上海工头作教练,每日制出上等品 30 斤,普通品 18 ~ 19 斤。原料全用湖北生茧,以沔阳最多。多用黄丝茧织成的丝品,其精美长度虽不如江浙丝品,但也很细洁匀润。1903 年,武昌丝局缫成黄丝 250 担,全部运往上海转售外洋,每担价银 800 ~ 900 两。

光绪二十四年(1898年)三月,张之洞派员创设制麻局。该局安装纺麻机和织麻机各 100 台。光绪三十二年(1906年)正式投产出品,日产麻纱 300 斤(80 ~ 140 支),织物平均长 500 米。

陆续建成投产的湖北布、纱、丝、麻四局,构成了比较完整的近代纺织工业体系,不仅标志着湖北机器纺织业的崛起,也使武汉成为仅次于上海的第二个门类比较齐全的纺织工业基地,改变了湖北乃至华中地区近代纺织工业一片空白的局面,为华中地区纺织工业的发展奠定了基础。

在轻工业、民用工业兴起的同时,湖北的重工业、军事工业也在张之洞的创办下崛起——汉阳铁厂、汉阳兵工厂相继建成投产。

19 世纪 80 年代末,清政府决定建造卢汉铁路(京汉铁路),令张之洞移督湖广以督建该路南段。鉴于修建铁路需要大量的钢铁——主要是钢轨,同时为了避免大量进口洋铁,张之洞决定自办炼铁厂,并将其在两广总督任内订购的炼铁机器转运到湖北。

　　光绪十六年四月十六日（1890 年 6 月 3 日），湖北铁政局成立。张之洞争取到户部 200 万库平银经费的支持，委任蔡锡勇为总办，聘请外国专家来湖北，组织 15 批 30 人次到湖北、湖南、陕西、四川等地，勘察炼铁所需的煤矿和铁矿，反复勘察建厂地点，最后，确定以含铁量高达 64% 的大冶铁矿石为铁矿源，在方便转运和就近管理汉阳大别山（龟山）之北建立铁厂，湖北炼铁厂因此亦名汉阳铁厂。

　　汉阳铁厂创办经费最初定为 246 万余两，建成时实际投资 588 万两以上。其建厂工程于光绪十七年（1891 年）8 月正式动工，光绪十九年（1893 年）10 月 22 日竣工。亚洲第一家集开矿、采煤、炼钢、炼铁为一体的大型现代化的钢铁联合企业诞生。其规模在当时的亚洲首屈一指。该厂包括生铁厂（设日产 100 吨高炉 2 座）、贝塞麦钢厂（即转炉炼钢厂，设 55 吨酸性转炉 2 座）、马丁钢厂（即平炉炼钢厂，设 10 吨平炉 1 座）、钢轨厂（设 800 毫米轧机）、铁货厂、熟铁厂 6 个大厂和机器厂、铸铁厂、打铁厂、造鱼片钩钉厂 4 个小厂，雇佣外国技师约 40 人，工人约 3000 人。其配套厂矿有大冶铁矿、王三石煤矿和马鞍山煤矿。

　　光绪二十年（1894 年）6 月，汉阳铁厂开炉冶炼，中国钢铁工业蹒跚起步。

　　光绪二十二年（1896 年），汉阳铁厂因生产不景气，亏损严重，张之洞奏派盛宣怀接办汉阳铁厂，汉阳铁厂从此进入官督商办时期。盛宣怀接办后，改汉阳铁厂为总厂，将大冶铁矿隶属总厂。随后又开办萍乡煤矿，购置新机炉，全面改造铁厂。光绪三十四年（1908 年），盛宣怀将经过汉阳铁厂、大冶铁矿、萍乡煤矿合组为汉冶萍有限公司，汉阳铁厂计入完全商办时期。

　　汉阳铁厂曾令全世界瞩目。英国驻汉领事称汉阳铁厂"烟囱凸起，插入云霄，屋脊纵横，盖于平野，化铁炉之雄杰、碾轨机之森严，气声隆隆，锤声叮叮，触于眼帘、轰于耳鼓者，是为中华二十世纪雄厂耶"。上海《时报》译载《泰晤士报》文章，称（汉阳铁厂）"生铁一日之间已制成钢，制成钢后又成种种钢货。中国现在诚如日本，为钢铁世界之大竞争家"。

　　如果说汉阳炼铁厂是张之洞在湖北兴建重工业的大手笔的话，那么汉阳兵工厂无疑是其撰写的汉阳炼铁厂姊妹篇。

　　汉阳兵工厂初名湖北枪炮厂。早在光绪十六年（1890 年）湖北铁政局成立的时候,张之洞已决定在湖北兴建枪炮厂,并计划以该局统管汉阳炼铁厂和湖北枪炮厂。湖北枪炮厂的设备也是从广东转运得来的,最后也落脚与龟山北麓。在光绪二十年(1894年)4月厂房落成后,该厂逐渐开工。不幸的是,制枪厂于6月14日失慎,引发大火,将房屋及设备全部烧毁。为了建成投产,张之洞一面修复厂房,一面奏准添建炮弹、炮架和枪弹3厂。光绪二十一年(1895年),该厂开始投产。枪炮厂的主要设备购自力佛厂和格鲁森厂,是当时全国兵器制造工厂中最新式的,主要生产枪、炮、枪弹、炮弹及其配套的炮架、铜壳、底火等产品。同年四月,枪炮厂从铁政局分离,另设枪炮局,八月成立炮厂,仿造德国快炮。其后又添购制造枪炮的机器。光绪二十一年冬,炮架、炮弹、枪弹3厂建成。其间,熔铜厂亦成立了。光绪二十四年(1898年),张之洞又从德国格鲁森厂购无烟药机、罐子钢机,于汉阳府城外西北隅赫山处添建炼罐子钢、制无烟药两厂,定名钢药厂。两厂同属枪炮局辖。

到光绪三十年(1904年),湖北枪炮厂下已是分厂林立。眼看着自己倾心培育的"孩子"已长成块头不小的大人了,若继续穿着件婴儿装,呼着"枪炮厂"的乳名,张之洞觉得不合适。于是,他奏准将厂名更改为"湖北兵工厂"。光绪三十四年(1908年),湖北兵工厂定名为"汉阳兵工厂"。

汉阳兵工厂从开办至光绪三十二年(1906年),购买机器、建筑厂房、购买材料等用银共计耗银784.6万两。而据统计,至宣统元年(1909年)该厂累计生产步枪112145支、马枪8603支、枪弹6143万发、火炮985门、炮架904副、炮弹98万发、无烟火药150吨(33万余磅)。所产枪炮弹药除用于本省军营外,多数拨解京师,分济各省军营。后任湖广总督陈夔龙称:"其制度宏阔,成效昭然,叹为各行省所未有。"

作为清末中国第一座具有完备系统、规模首屈一指的大军工厂,其军工制品,较一般兵工厂的要精良。该厂所产以仿造并改良德国1888式毛瑟步枪而生产的79式步枪最为有名,该枪因使用7.9毫米子弹而得名,俗称"汉阳造"。此后,该厂生产的步枪不断改进,然而"汉阳造"的大名在外,故称呼依旧。汉阳造的生产经历了半个世纪,其寿命超过了任何一种曾在中国生产过的武器工厂。从军阀混战的时代到抗战结束,汉阳兵工厂虽易主、易地甚至易名,但无改汉阳造作为主力武器之一的事实。

如今,汉阳兵工厂移居武汉市江夏区,改名为"3303 工厂",以军品修理为主。其原址所在地则修建了牌楼式纪念建筑。而汉阳造则以凤凰涅槃的形式,实现了另类形式的生命延续——武汉市政府以汉阳兵工厂与汉阳炼铁厂等近代厂矿遗址为基础,创建了"汉阳造"文化创意产业园,为新时期城市发展造血。

晚清湖北兴起的现代化企业,除了湖北布、纱、丝、麻四局以及汉阳铁厂、汉阳兵工厂之外,此外还有汉阳官砖厂、白沙洲造纸厂、武昌制革厂、模范大工厂等。它们共同构成了张之洞湖北新政乃至晚清湖北新政之实业建设的一体多面。其中,湖北布纱丝麻四局、汉阳铁厂、汉阳兵工厂,铸就了武汉乃至湖北近代工业的骨架,也奠定了湖北近代工业的基础,也正因为如此,湖北成为了中国近代工业文明的重要发祥地。

（陈　锋　方秋梅）

从"天下四聚"之首到"东方芝加哥"

明朝成化年间，汉水改道由龟山北麓入江，于是在江北形成一片狭长的陆地，这就是汉口。由于逐渐有人来此定居和经商，汉口日渐发展成为小有影响的商贸之区。天启、崇祯之际，汉口商业日趋兴盛，成为了全国有名的商业市镇。

由于江河交汇，水运便利，汉口在清初成为了淮盐分销口岸，因战乱而大受损伤的城市商业元气得以较快恢复。此后，汉口一直是中国重要的商品集散中心和首屈一指的内陆转运贸易口岸。随着商业的发展，汉口商贾辐辏，城市居民日益增多。乾隆初年，汉口就当之无愧地成为了荆楚最为繁盛的城市。嘉庆、道光年间，汉口更是呈现出一派商业巨镇的繁荣景象，据《汉口丛谈校释》载："人烟数十里，贾户数千家，醯商典库，咸数十处，千樯万舶之所归，宝货齐珍之所聚。"

与此同时，来汉经商的客商越来越多，他们结成了行帮。为了联络乡谊和方便异地经商，汉口的客商行帮，纷纷兴建会馆、公所。在众多的商行中，以盐行、典当行、米行、木行、花布行、药材行势力最大，而其所建的会馆也相对较多。无怪乎时人赞叹汉口"各帮会馆竞豪雄"了。

超常兴盛的商业给汉口带来了"九州名镇"美誉，使汉口跻身"天下四大名镇"，并雄踞"天下四大聚"之首，成为中国商业城市最重要的代表。有趣的是，直到19世纪的前半叶，无论汉口声名多么显赫，人口与市场的规模多么可观，人们还是习惯地称之为"镇"，这大概是因为它长期受辖于汉阳县的缘故吧。对于一个人口远远超过数万的城市而言，即便被美称为"名镇"，也不免委屈。

1861年(咸丰十一年)，汉口根据《天津条约》对外开放。次年，成立了管理对外贸易的江汉关。条约重压下的开埠设关，固然令名镇蒙羞，而汉口却也因此放开了前进的步子，踏上了新的发展旅程，开始演绎新的历史华章。

汉口开埠以后,英、德、俄、法、日五国相继在沿(长)江建立了租界,并先后在各自租界内设置了领事馆。此外,美、葡、荷、比、意、丹、瑞(典)、挪、墨诸国,也先后在汉口设置了领事馆。清末的汉口成为当时中国设置领事馆最多的城市之一。

与此同时,洋溢着异域风情的高楼大厦在汉口租界拔地而起,现代化的轮船码头在沿江出现,宽阔的大马路在洋街不断地铺展开来,并逐渐形成了井然有序的道路网络,耗资巨大的防洪江堤从英租界往北延伸,警察在街道上巡逻……外国洋行、银行纷纷建立,现代邮政、电力事业在租界诞生,制茶业、蛋品业、打包业、制革业、卷烟业、面粉业等现代化工厂在租界陆续开办,市面流通的商品不只是传统的农副产品,还有越来越多以洋纱、洋布为主的各种洋货……这一切的一切皆表明:汉口这块风水宝地,开始不断地接受西方工商业文明的熏染和现代城市管理制度与市政文明的浸润。19世纪末20世纪初年,汉口沿江已是一派洋楼林立、街道开阔而整洁、码头繁忙的欣欣向荣景象。

开埠以后的汉口迅速地由一个传统商业重镇向现代化的通商大埠转化,并与先于其开放的三大港口城市——上海、天津、广州一起,合称全国四大商埠。在1865年至1889年间的多数年份中,汉口的间接对外贸易的地位超出天津、广州而仅次于上海,而进出口总额更稳居第二,汉口在经济发展上大有"驾乎津门,直追沪上"之势。

汉口自1860年代以来的变化无疑是巨大的,身历如此巨变的英国驻汉领事穆和德在他给本国政府的报告中写道,"从中国人的观点看,汉口正稳步地发展成为一个巨大的商业都会"。不过,对于湖北的官民乃至汉口商界而言,汉口城市经济的发展带给中国人的还有一种深深的失落感和危机感。因为随着租界的繁荣,汉口经济发展的重心很快由华界传统的商业区转向了租界,华界与租界的差距日益拉大。华界若不奋起直追,汉口的经贸之利将更多地为租界及列强所攘夺。

值得庆幸的是,清政府在19世纪60年代开始实行自强新政,中国的各大城市和重要商埠先后成为封疆大吏们办洋务、谋改革的大舞台和试验场。1890年初,张之洞调任湖北,开始总督两湖。这位个头不算高却留着一把长须的直隶南皮人,非但眼界高远,而且务实肯干,长袖善舞。他谋事通盘考量,做事雷厉风行,阔斧大刀。自然,汉口这块风水宝地上,也少不了这位好角的大手笔。

面对着洋人占据汉口城市经济发展优势地位的被动局面,有着强烈民族自尊心的张之洞当然不甘袭守故常。当他充分认识到汉口商业发展的重要性和城市地位的重要性的时候,就决心大力革新汉口市政。为了方便汉口市区的管理和华洋交涉,也为了发展华界的经济,张之洞决定对汉阳、汉口实行分治。1899年1月,他奏准设立夏口厅,将汉口从汉阳县治下独立出来,并将该县所辖襄河以北大约120里之地划为夏口厅的辖区,汉口的城市地位得以提升。鉴于旧式保甲制度的弊病,张之洞于1904年将现代城市管理制度——警察引入汉口,下令在汉口建立警察局。为了维护汉口市区的安全,并给汉口的发展争取更多的空间,张之洞多年筹谋在后湖筑堤,在市区筑路。终于,他在1905年下令修筑了长达三十多华里、后来被汉口人视为“命堤”的后湖长堤(即“张公堤”)。构筑了这道安全屏障之后,张之洞又下令拆除汉口城墙,并就城垣地基修筑了一条贯通华界、沟通京汉铁路及租界市区的大马路——后城马路(今中山大道的一部分),这也是当时汉口单线段最长的大马路。与此同时,华界旧市区的街道也被拓宽,消防措施得到加强。华界的邮政、电话、电报事业也在张之洞督鄂期间开始兴办,而商办汉镇既济水电股份有限公司也是在张之洞的大力扶植下开办了起来。该公司发电设备容量达1500千瓦,占全国民营电厂总容量的三分之一,规模居全国民营电厂之首。既济水电公司所开办的水电事业,成为汉口人乃至中国民族资本主义工业的骄傲。此外,燮昌火柴厂、扬子机器厂、汉口玻璃厂、汉丰面粉厂、瑞丰豆粕制造厂、物华纸烟公司、允丰饼油厂等大中型民营企业也先后建立。从此,汉口的民族资本主义工商业得到了比较快速的发展。

如果说租界的发展,给此前少有变革的汉口带来了现代化气息,对华界的发展起到了示范与警醒作用的话,那么,华界奋起直追,则在更大范围内推动着汉口市区的拓展和城市功能的完善。而华界与租界的发展共同强化了汉口交通枢纽与商业中心地位,同时也建构着一个新兴现代工业城市的形象。晚清时期的汉口,已不再是一个传统的商业重镇,她实际上迅速崛起成为了驰名中外的工商业城市了,并且其城市地位更为外人所重视。在外国人眼中,迅速崛起的汉口,战略地位和经济地位十分重要。英国驻汉领事穆和德甚至认为“汉口似乎是清帝国最重要的港口";日本驻汉领事水野幸吉认为,"汉口为长江之眼目,清国之中枢,可制中央支那死命之地也",其发展前景令人艳羡,其地位堪比美国的芝加哥(按:该城市多水域,尤其多湖泊,是当时美国的第二大城市,且以工商业发达而闻名国内外)——"与武昌、汉阳鼎立之汉口者,贸易年额一亿三千万两,凤超天津,近凌广东,今也位于清国要港之二,将近而摩上海之垒,使观察者艳称为东方之芝加哥"。从此,"东方芝加哥"成为汉口市名的别称和城市形象的美称。

民国时期,汉口在工商业方面得到发展的同时,市政发展尤其引人注目。在刘文岛和吴国桢执政时期,汉口道路建设突飞猛进,堤防建设大步推进,交通、卫生条件大为改观,公园建设成效十分突出,中山公园内的游泳池——也是汉口市的第一个游泳池,其大小、深度都符合国际标准。据 1929 年 10 月 10 日《碰报》所载,汉口市政府的官员不无自负地说,"长江流域除上海法国公园略为设备完全外,其余皆不足与中山公园媲美"。民国中期汉口华界的发展给中国人带来了华界超越租界的惊喜——市政府修路的成绩令汉口法、日租界自惭形秽,甚至步汉口华界的后尘,翻造柏油路。汉口已不是蒙尘的西子,而是装束入时的少妇。汉口给外国人也印象良好,有外国记者甚至认为汉口像上海一样现代化、国际化。因此,当时的人们更是习惯将汉口美称为"东方芝加哥"。值得一提的是,民国时期随着武汉三镇在交通等方面的联系日益加强,"东方芝加哥"逐渐演化为整个武汉市名的别称和城市形象的美称。

今天,包括汉口在内的武汉,其城市定位早已不再局限于工商业城市,城市发展的环境也与芝加哥存在着不小的差异,城市的发展应该有切合自身实际的宏图远略,我们大可不必迷恋曾经的"东方芝加哥"美誉。我们期待着武汉阔步向前,期待未来的武汉是名满华夏的武汉,也是世界瞩目的武汉。

（陈　锋　方秋梅）

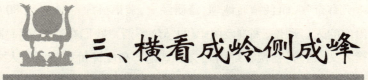

三、横看成岭侧成峰

Heng Kan Cheng Ling Ce Cheng Feng

"诸子百家大半出于楚"

清朝乾嘉年间有一位思想家与诗人，名叫洪亮吉，号北江，常州人。他不仅诗文有奇气，而且精通地理，苦研经史，造诣极深。20 世纪 80 年代，学术界发掘出他的人口理论，称他为中国的马尔萨斯。我们在这里要特别推崇他写过的一篇名文，题为《春秋时楚国人文最盛论》，高度评价了楚国的人才与文风。

他赞誉楚国出了一大批才气横溢的政治家，如辅佐秦穆公称霸的百里奚，协助吴王阖闾称雄的伍子胥，辅佐越王勾践卧薪尝胆、重振国威的文种和范蠡。这四位深谋远虑的相才与帅才，都是楚国人。

他颂扬楚国出了一大批文采风流的诗人骚客，如屈原、宋玉、唐勒、景差等我国第一代著名的辞赋家，吸取楚国民间歌风，创造了世界文学史上叹为观止的文化高峰——楚辞。

不仅如此，他特别推崇的是，在那诸子蜂起、百家争鸣的时代，楚国还涌现了一大批出类拔萃的哲学家、思想家。洪北江说："诸子百家，亦大半出于楚。"儒、道、墨、兵、农、法、刑名、纵横等学派的代表人物，确有不少是楚人或者到过楚国。

作为开宗立派的楚人，当首推老子。老子的家乡是楚国苦县鹿邑。他曾担任过周朝图书馆与档案馆的馆长。老子不仅是主张"天道自然无为"的道家的开山鼻祖，而且是世界上最著名的哲学家之一。他的五千言《道德经》文约义丰，是全球最重要最有影响力的经典之一。今天，《道德经》(或称《老子》)的印刷量在全世界排第二位，仅次于基督教的经典《圣经》(即《旧约》与《新约》)。老子哲学思想体系的核心是"道"。"道"混沌未分、无象无形、精微深远，是宇宙的本源。"道"的展开，生成了整个世界。老子主张："道生一，一生二，二生三，三生万物"；"人法地，地法天，天法道，道法自然"；"道常无为而无不为"；"反者道之动，弱者道之用";"柔弱胜刚强"。"道"是无限的、不盈满的。"道"是无与有、一与多、潜在与现实的统一。老子的哲学智慧，体大思精，包罗致广，具有现代价值与世界意义。

据郭沫若先生考证，老子的弟子蜎子（即环渊）也是楚人。道家另一位宗师庄子虽是宋人，但他的行踪多在楚境，他那汪洋恣肆的风格和奇妙无穷的思辨，与楚国的文化传统不是没有关系的。庄子也是世界级的哲学家。他强调"道"的普遍性，肯定"道"的特点是"通"，主张"道通为一"。他认为，"道"是"自本自根"的。在《庄子》中有著名的《逍遥游》与《齐物论》，作者提出了"至人无己，神人无功，圣人无名"的理想人格论。庄子创造性地展示了道家放达、解脱的智慧与精神上独立自由的境界追求。《庄子》一书是中国艺术精神的源头。我国历朝历代的文人、艺术家，没有不读《庄子》的。

人们只知尹吉甫、屈原是诗人，不知他们也是哲学家。尹吉甫有重民敬德的思想，他在《诗·大雅·烝民》篇中咏叹："天生烝民，有物有则，民之秉彝，好是懿德。"意思是说：上天生养了万物，有一类事物就有这类事物的法则；而老百姓秉执的常道，是趋向于美好的道德。这就肯定了人的善性。孔子赞扬这首诗是"知道"之诗。

荆楚学者擅长于自然哲学，屈原在《天问》这首罕见的奇诗中，一口气提出了涉及宇宙与生命起源和天人关系的一百七十多个问题。楚国著名辩才黄缭在与名家惠施辩论时，也曾大胆寻求着关于天地所以不坠及日月云雨风雷等自然现象产生、运动、变化的奥秘。据司马迁说，商鞅的老师尸子（佼）也是楚人。尸佼最早概括了时间与空间："上下四方曰宇，往古来今曰宙。"

儒墨显学的创始人孔子、墨子都曾经来到楚国从事学术与政治活动。周游列国时，孔子使子路问津（渡口）处，即在今武汉市的新洲。佯狂不仕、讥讽孔子的隐士接舆是楚人，人称"楚狂"。孔子的一个学生公孙子石是楚人。儒家八派之一仲良氏之儒的领袖人物——陈良是楚人。他曾到北方游学，是高才生，其学识超过了北方的学者，后来又回到楚国任教。孟子赞扬道："陈良，楚产也，悦周公、孔子之道，北学于中国。北方之学者，未能或之先也。"据郭沫若考证，陈良是屈原的老师。

口若悬河的纵横家苏秦、张仪的老师鬼谷子是楚人,他长于养性持身和纵横捭阖之术。"初本黄老而末流迪于刑名"的鹖冠子是楚人,据近人研究,他有"后发制人"的军事思想。主张"贤者与民并耕而食"的农家学派的代表人物许行是楚人。集先秦学术思想之大成的荀子虽是赵人,但战国四公子之一的春申君曾请荀子来楚国做兰陵令。提倡儒学与黄老杂糅的汉初思想家、辞赋家陆贾也是楚人。

限于篇幅,以下我们仅介绍几位不为人熟知的哲学思想家,从中不难窥见春秋及其前后时期随国、楚国哲人对中国哲学思想史的贡献。

季梁是春秋早期汉东诸侯随国大夫,活动年代约公元前 700 年前后。随侯是周的诸侯,姬姓。在强楚弱随的形势下,为随国的生存发展,季梁在政治、军事上提出了很好的建议,随国能成为"汉东大国",他"与有功焉"。季梁是中国早期民本思想的代表。他说:"夫民,神之主也。是以圣王先成民而后致力于神。"在儒学的前史上,他较早地提出了"道"、"忠"、"信"的概念,指出:"所谓道,忠于民而信于神也。上思利民,忠也;祝史正辞,信也。"他肯定政治事务中,尊重老百姓的意志是第一位的,甚至说民意重于神意,神意也即民意。他强调君臣上下各级官吏要有完善的德行,三季农事不扰民,修好五教(父义、母慈、兄友、弟恭、子孝),亲睦亲族,"修政而亲兄弟之国",敬祀神祇,神祇也会赐福随国。随侯一度听从了季梁的谏言,治理好国内的政治,楚国也就不敢来侵犯了。李白曾誉其为"神农之后,随之大贤"。

楚国君臣有传习《诗》、《书》、《礼》、《乐》、《易》的传统。楚庄王(前 613—前 591 年在位)征伐陈国得美女夏氏,大臣申公巫臣引《周书·康诰》劝阻庄王纳夏氏为妃。当潘党建议收取晋军尸首回去暴骨观兵、炫耀武力时,庄王引用了《诗经》中武王的《颂》与《武》篇,纠正潘党的战争观,指出:武功,是用来禁止强暴、消弭战争、保持强大、巩固功业、安定百姓、和谐大众、丰富财物的。

申叔时是庄王时期的大夫。庄王委派士亹教育太子箴,士亹请教申叔时,问如何教育太子,申叔时回答说:教之《春秋》,通过历史教育使太子懂得褒扬善而贬抑恶;教之《世》,用先王的世系教育太子,使知有德行的人名声显扬,昏庸的人要被废黜,以鼓励或约束他;教之《诗》,使之以先王的美德来励志;教之《礼》,使之知规矩法度;教之《乐》,使之脱离污秽与轻浮;教之《令》,使之懂得百官职事;教之《语》,使之明德,懂得先王以德待民;教之《故志》,使之知历史兴废教训,而有所戒惧;教之《训典》,使之懂得族类的发展,必以道义为指南。由此可见当时楚国教育太子的教材,除楚国的历史读物外,还有来自中原的《春秋》《诗》《书》、《礼》《乐》等。他希望通过读书和太子师傅、贤良的批评指点与辅佐,使太子明施舍以导之忠,明久长以导之信,明度量以导之义,明等级以导之礼,明恭俭以导之孝,明敬戒以导之事,明慈爱以导之仁,文武兼备,赏罚分明,严谨处事。申叔时在这里强调诗礼之教,重视仁德、孝顺、忠诚、信义的价值指引,得到士亹与楚庄王的肯定。总之,申叔时提倡善、德、忠、信、节、义、礼、孝、仁、文、武、罚、赏,其核心内容是"耸善而抑恶",追求心之善。

观射父是楚昭王(前515—前488年在位)时期的大夫。他在回答楚昭王的提问时,详细解释了《周书》记录的上古社会颛顼"绝地天通"的意义。什么叫"绝地天通"呢? 根据观射父的解释,上古时民神不相混杂,有专门的神职人员——男觋女巫与自然神灵或祖宗神灵相沟通,他们使得老百姓的祭祀活动有了秩序。后来就有了掌管天、地、民、神、物的官员,各司其职,不相杂乱。百姓因此能讲忠信,神灵因此有了明德,民和神的事不相混同,恭敬而不轻慢,所以神灵降福,五谷丰登,灾祸不来。但在少皞氏衰落之后,九黎族乱政,民神混杂,祭祀没有法度,百姓轻慢盟誓,没有敬畏之心,灾祸频发。面对当时的民神杂糅、淫祀,没有固定的神职人员,一方面崇拜的对象是散乱的,另一方面现实的部落的首领们也是散乱的,协调组织不够,颛顼使用重,命他为南正,"司天以属神",即负责整理天上诸神的秩序;使用黎,命他做火正,"司地以属民",即负责管理地上的百姓。这就断绝了各部落、各氏族的成员任意地和诸神交流的路径,把宗教事务完全统一起来。后来,三苗继承了九黎的凶德,尧又重新培养了重、黎的后代,让他们不忘先人的事业,再度主管天地。通过观射父的解读,我们知道,天人、民神之间,既分又合,不杂也不离,不离也不杂。统一对天上神灵的祭祀,实际上是为了统一地上的部落、氏族,这是中华先民不断整合、统一过程中的重要的阶段与步骤。观射父的解释,填补了历史的空白,成为中国宗教与哲学思想史的重要史料。

文种(?—前472年),楚国郢(今湖北江陵)人。楚平王时曾为楚国宛(今河南南阳)令,显示了卓越的从政才能。当时晋国要战胜楚国,拉拢吴国叛楚,侧击楚国。楚国派人到越国去,助越攻吴。在这种形势下,文种与范蠡受楚国的重托,辅佐越王勾践,可谓受任于败军之际,奉命于危难之间,经过"十年生聚,十年教训",成为卓越的战略家,受到越国人民的尊重,也为楚国赢得了荣誉。文种使用卑辞厚礼、忍辱求和的策略麻痹了吴国,利用并加深敌人的内外部矛盾,怂恿吴国伐齐。由于文种有高超的柔性政治家的智慧,深谋远虑,授伐吴七术,策略得当,使得处于劣势的弱小越国经过近二十年含垢忍辱、卧薪尝胆,终于战胜吴国。至此,勾践的地位比肩齐桓、晋文、楚庄等霸主。文种有民本、爱民思想,重视培养贤才。在他的思想中,不难看出他有普遍联系、整体与发展的观点。例如,他认为,社会经济的发展,应处理好"夏资皮"与"冬资绨"、"旱资舟"与"水资车"、"本(农业)"与"末(商业)"、"贵"与"贱"、"知斗"与"修备"之间的关系,既不孤立地看待此,也不孤立地看待彼,而是把社会经济现象作为一个相互联系的整体来加以把握。文种重视祸与福、强与弱、刚与柔、张与翕、退与进、屈与伸的辩证法,深得老子的真谛,强调因势利导,创造条件,促进矛盾的转化。

越灭吴后,勾践赐剑逼文种自杀。历代文人纷纷惋惜文种难逃"兔死狗烹"的结局,庆幸聪明的范蠡先期带着西施与财宝珠玉,乘舟浮海逃往齐国去做富商,变身为陶朱公。

范蠡(约公元前536—约前448年),楚国宛人。他关于天时人事、盈缩转化的讨论,十分精彩,充分表达了深邃的哲学智慧。他说:"天道皇皇,日月以为常。明者以为法,微者则是行。"人们应以天地日月和四时的运行规律为法则。"必有以知天地之恒制,乃可以有天下之成利"。"夫人事必与天地相参,然后乃可以成功"。这就是说,要尊重、遵循客观条件与规律,再加以主观努力,才能达到预期目标。他又说:"阳至而阴,阴至而阳;日困而还,月盈而匡。"国势的盛衰,盈缩转化,人们在战略战术上要因应天时、地利、人和与形势、条件的变化而变化。"时不至,不可强生;事不究,不可强成"。"得时无怠,时不再来;天予不取,反为之灾"。条件不具备,绝不可蛮干;条件具备了,就要把握时机,迅速行动,争取成功。范蠡的讨论,包含有深刻的哲理,丰富了中国人的智慧。

近几十年来,以故楚地荆门为中心出土了大量的简帛文书,其中反映先秦诸子思想与经子之学的，首推郭店楚简，其次有上海博物馆楚简。1993 年发掘的荆门郭店楚墓(墓葬为战国中晚期,地理位置更靠近荆州城)出土竹简中,有迄今最早的《老子》文本与孔门七十子的儒书十四篇出土,成为国际汉学界讨论的热门话题。上博楚简很可能出自湖北,其中有《周易》等。此外,江陵天星观楚简、江陵九店楚简、荆门包山楚简、云梦睡虎地秦简、江陵张家山汉简等,有很多关于当时民间信仰及官方法律文书的文字。2006 年,湖北的考古专家又在云梦发掘出一批汉简,基本上是法律文书,与睡虎地、张家山的材料相呼应与补充,而且还有类似《说苑》一类的书。

楚地简帛所出《老子》就有郭店楚简本和马王堆帛书本。竹简《老子》属于选本,抄写于战国中期,是所见最早的本子,与今传本相比,没有"绝仁弃义"、"绝圣弃智"等与儒家学说相抵牾的内容,偏重于实用,当为楚国的一种传习读本。郭店楚简本《太一生水》和上海博物馆馆藏楚简《恒先》篇,是荆楚传习的十分珍贵的先秦道家佚籍,分别阐述道家的宇宙生成论、虚静思想,也涉及天地起源问题。可见,道家思想是荆楚文化的一大特色。

我们一定要改变一个先入为主的看法,人们一谈到荆楚文化往往只谈道家文化,以为荆楚文化中不包括儒家文化,或儒家文化在荆楚并不重要。其实,春秋战国时期北方与南方、中原诸国与楚国、儒家与道家在不断融合的过程之中。

儒学早就传入荆楚,一直是荆楚文化重要的内涵。郭店楚简和上海博物馆馆藏楚竹书中的《缁衣》(各一篇)、《性情论》(《性自命出》,各一篇)、《五行》、《唐虞之道》、《忠信之道》、《穷达以时》、《六德》、《成之闻之》、《尊德义》、《子羔》、《民之父母》、《武王践作》等篇估计是孔门七十子后学的作品,不同程度地展现出儒家思想的各个方面。这些文献为楚人所传习。可见,儒家思想早就成为荆楚文化的重要内容,荆楚学人对儒学有相当大的贡献。

由此看来,洪北江所谓"诸子百家,亦大半出于楚",不是没有根据的。先民开发云梦古泽、洞庭平原,使得江南生产力得到一定程度的发展。因此,楚国不仅在经济上、军事上可以与秦、齐相匹敌,而且在文化思想上,也与邹鲁、燕齐、三晋地区一样,成为俊才荟萃的中心。不错,楚国有奇杰瑰丽的山川和丰腴富饶的土产,有价值连城的珍宝——和氏之璧和随侯之珠,然而堪称壮美的却是异才辈出,人杰云蒸。人们常说:"惟楚有才。"研究和继承楚国思想文化的传统,对于促进生动活泼的学术争鸣,发现、培养有用之才,是有积极意义的。

(郭齐勇)

汉末学术中心：荆襄及荆州学派

    著名历史学家唐长孺先生曾发表《汉末学术中心的南移与荆州学派》一文讨论过这一问题，本篇所说，悉据唐先生大文。刘表（142—208年）任荆州刺史期间（196—208年），黄河流域战乱连连，荆州（治所在襄阳）政局却相对安定，经济发达，中原巨族、学者与老百姓纷纷南下。刘表本儒生，喜好经学，此期间避乱的士人云集于荆襄，学术中心遂由洛阳南移至此。

    到底当时有多少士人在荆襄呢？《后汉书》本传说，由关西、兖、豫来的学士数以千计，刘表"安慰赈赡，皆得资全"。唐长孺先生说，此时刘表为振兴文化学术事业，做了三件大事：

    第一，在襄阳建立学校，设置学宫。洛阳太学毁废之后，刘表在此建立官学。入学学子有两类人，一是年幼的官吏子弟，二是低级官吏，包括武人。由儒林博士分经讲授《诗》、《书》、《礼》、《易》、《春秋》，由大学者宋忠（"忠"，亦作"衷"）任五经总教席，主持学校与撰述之事。据王粲《荆州文学记官志》所说，刘表此时在襄阳兴办的教学机构，已有相当的规模。为避太学之名，而称之为"文学"。《三国志·刘表传》注引《英雄记》便径称刘表"开立学宫"，而王粲写的是官志。唐长孺先生说："荆州学校的规模和制度远远逸出郡国学的范畴，不妨说是洛阳太学的南迁。"这是当时全国唯一的官学。

    第二，改定《五经》章句。刘表领衔，由一批经学家删去繁琐的不切要的内容，重新编了一部经学教材——《五经章句后定》，便于学生在短时间内通晓经义。东汉初年以来，虽有私家对某一经的注疏删繁就简，但像这样五经并举，集合许多儒生共同改定文本，分章断句，却是历史上的第一次，为唐初朝廷修纂《五经正义》开了先河。据唐先生研究，由刘表署名的《周易章句》至梁代尚存十卷，所据为古文《费氏易》。作为官方教材,这是第一次用古文经,此为古文《易》立于学宫之始。隋代还存有刘表署名的《新定礼》,即《仪礼章句》的残本。刘表以荆州牧身份主编,并由他抉择所收单经的今古文底本,裁断解释的异同。据推断,《五经章句后定》中,《诗》用古文《毛诗》,《春秋》则用今文《公羊传》。所谓今文古文,是相对于西汉初年的文字而言的,用汉初通行的文字抄写的经典即今文经,而用此前文字抄写的经典为古文经。经学史上,用哪一种经立于学宫,涉及流派之争,是很复杂的事情,这里就不去说了。但可以肯定地说,刘表做的这件事,在古代是由朝廷做的大事。

第三,搜集图书。当时,洛阳所存官私藏书毁于董卓之乱。而荆州安定,刘表搜集私藏及四方人士携来的书籍,还组织人复写。这些书在刘表死、其子刘琮降曹操后,估计被运往邺下。尔后,魏、晋的皇家图书馆藏书,恐怕不小一部分乃得自荆襄。

刘表的学术文化事业所倚重的大学者除綦毋闿(其生平事迹已不可考)外,主要有:

宋忠(或作宋衷),字仲子,南阳章陵(今湖北枣阳)人,古文经学家,大概是编撰《五经章句后定》的具体组织者。他个人的专长是《周易》和扬雄的《太玄》与《法言》。他与同道传贾逵、马融之学,与流行于黄河流域的郑玄之学不同。他的著作涉及经、子、史,有《周易注》十卷、《世本》四卷、《法言注》十三卷、《太玄经注》九卷等。他还对《易纬》、《乐纬》、《春秋纬》、《孝经纬》作注。宋忠的《易》学不重象数,而重视义理。宋忠父子后被曹操集团所杀。

司马徽,即司马德操,颍川人,古文经学家,流亡到荆襄,传授古学,善于识拔人才。蜀汉名臣向朗(宜城人)年轻时曾向他问学。

颍容,陈国长平人,是《左氏春秋》学的专家,讲学于荆襄。

而荆襄地区本来就传《左氏传》,南阳籍大学者谢该曾传此学。

刘表主政荆州时,蜀人尹默、李仁等来此游学,从学于宋忠、司马徽、颍容等,尹默、李仁及其子李譔把荆州所学,主要是贾逵、马融系统的古文经学(古文《易》、《书》、《毛诗》、《三礼》、《左传》)以及《太玄指归》与史学,传到益州(四川)。

宋忠等人的荆州学的影响较大,不仅传到益州,也传到长江下游的吴会地区及中原的邺下、洛京。宋忠注《太玄》,引起南北学者研究扬雄模拟《周易》的这一部书。扬雄此书二百年来被束之高阁,而此后广为流行。宋忠入魏后,有王朗之子王肃曾从宋忠读《太玄》。以后少年天才哲学家王弼的《易》学,祖述王肃,尽扫象数,也可能是受到宋忠的影响,当然更是时代使然。

王粲曾对曹操说:"避乱荆州者皆海内之隽杰也。"(《三国志·王粲传》)荆州官学的确聚集了当时著名的学者,特别有益于经学的传承。可惜好景不长,建安十三年刘表逝世,刘琮降曹操,荆州学人四散。荆州培养的人才为三国所用,不乏建功立业者。刘表之后,学术中心转到邺下、洛阳,荆襄学术文化此后四百年就一蹶不振了。

（郭齐勇）

孝行感天地：荆楚孝文化

"孝"是中国古代重要的伦理思想之一，是千百年来中国社会维系家庭关系的道德准则，是中华民族的传统美德。

元代郭居敬辑录古代二十四个孝子的故事，编成《二十四孝》，序而诗之，用以教诲童蒙。由于后来的印本大都配以图画，故又称《二十四孝图》，是一本宣扬儒家思想及孝道的通俗读物。二十四个孝子故事分别是：孝感动天、戏彩娱亲、鹿乳奉亲、百里负米、啮指痛心、芦衣顺母、亲尝汤药、拾葚异器、埋儿奉母、卖身葬父、刻木事亲、涌泉跃鲤、怀橘遗亲、扇枕温衾、行佣供母、闻雷泣墓、哭竹生笋、卧冰求鲤、扼虎救父、恣蚊饱血、尝粪忧心、乳姑不怠、涤亲溺器和弃官寻母。

这些孝男孝女的故事，有的来源于正史，有的来源于野史，还有的来源于民间传说，甚至包括佛经中域外孝子的孝行故事，如剡子的故事。由于《二十四孝》以讲故事的形式，图文并茂，生动形象，浅显易懂，为世人所喜闻乐见，因此流传甚广，影响巨大。

检索这二十四个孝行故事，我们惊喜地发现，其中居然有五个故事就发生在荆楚大地上。占比之高，令人称奇。这五个孝行故事是戏彩娱亲、哭竹生笋、扇枕温衾、刻木事亲和卖身葬父。

五个孝行故事中，年代最早的是"戏彩娱亲"，其主人公是老莱子。

老莱子，春秋时期楚国著名思想家，道家创始人之一，著有《老莱子》，阐述道学的玄奥哲理。

春秋时代，社会发生激剧变革，因看不惯世间的名利角逐和诸侯兼并，老莱子决心选择一处远离尘世的地方，过一种隐居山林的生活，做一名散淡逍遥的山野村夫。老莱子在今荆门蒙山（即今象山）脚下、竹皮河畔选定了一个幽静的地方,作为隐居之地。

象山脚下,老莱子以芦苇作墙,蓬草为室,木棍当床,蓍艾为席,住宿条件非常简陋。老莱子垦荒耕田,奉养双亲,同时著书立说,传授门徒,自得其乐,日子过得颇为逍遥自在。

老莱子还是中国历史上著名的孝子。当老莱子年逾七旬时,其父母尚双双健在。为解除年迈双亲的孤寂,老莱子经常穿着幼童五彩斑斓的花衣花帽,手里摆弄着小拨浪鼓,手舞足蹈地在父母面前嬉笑耍乐。他还与小鸡小鸭嬉戏,做出小童天真无邪的活泼样子,以取悦双亲。后人便以"戏彩娱亲"比喻对老人的孝顺。"老莱斑衣"、"莱子戏"、"斑衣戏"等典故也出自于此。唐代诗人孟浩然曾作诗曰:"明朝拜嘉庆,须著老莱衣。"

"哭竹生笋"的故事发生在三国时期。

孟宗(?—271年),字恭武。三国江夏(今湖北省孝感市孝昌)人。

孟宗年纪很小的时候,父亲就去世了,他母亲年老多病,而且双目失明,母子俩相依为命,日子过得紧巴巴的。平日,为了使老母亲欢心,只要母亲提出要求,孟宗想方设法都要满足母亲。一年冬天,孟宗的母亲病情加重了,吃什么都没有胃口,只想尝尝新鲜竹笋。听罢母亲的要求,孟宗二话没说,拿起锄头就往竹林里跑。到了竹林,孟宗才傻了眼:眼下天寒地冻的,地下连青草都不见踪影,哪里有笋子挖呢?为了不使母亲失望,孟宗还是不顾一切,继续在竹林里挖呀、挖呀。但是,太阳快落山了,还没挖到笋子,孟宗急得没有办法,双手抱着毛竹,不觉两行眼泪簌簌落下来,他大声悲呼:"苍天呀!您若有灵,就让竹子长出笋子来吧。"这时候,奇迹发生了:脚下的地慢慢裂开了,尖尖的露出几枝嫩笋出来。孟宗高兴极了,破涕为笑,赶紧把笋子挖回去,亲自下厨,做了一碗笋羹,喂给母亲吃。母亲靠在床头,吃完笋羹,病症居然完全好了,后来邻居们都说这是孟宗至亲至孝的结果。

为了颂扬孟宗求笋孝母的事迹,后人将孟宗"哭竹生笋"编成故事,教育后人,并将冬笋称为"孝子笋"。还有诗人赞曰:"泪滴朔风寒,萧萧竹数竿。须臾冬笋出,天意报平安。"

如今,在孟宗"哭竹生笋"的孝昌县周巷镇青山村,小山怀抱,绿水环绕,村风纯朴,邻里和睦,青山村人"老吾老以及人之老",主动赡养孤寡老人,弥漫着浓浓的孝文化。可以说,孟宗的遗风润泽这方水土,润泽每个人心灵深处。

在《三字经》中,有这样的语句:"融四岁,能让梨。香九龄,能温席。"其中,"香九龄,能温席"讲的就是孝子黄香的孝行故事,即"扇枕温衾"。

黄香(?—约106年),字文强,东汉江夏郡(今湖北云梦)人。黄香九岁时,他的母亲就去世了。小黄香原本就非常孝敬父母,在母亲生病期间,他一直不离左右,守护在妈妈的病床前。如今,母亲离自己而去,小黄香悲痛难忍,常常潸然泪下,乡亲们看到他这个样子,都暗自叹息,称赞他是个孝子。

母亲去世后,黄香父子二人相依为命,日子更加清苦。失去了母亲的黄香,便把全部的孝心都倾注于父亲身上,对父亲更加关心、照顾,尽量让父亲少操心,家中大大小小的事情,都亲自动手去做,一心一意服侍父亲。冬天到了,天气特别寒冷。夜里,朔风劲吹,雪花漫天,冻得人瑟瑟发抖。屋子冷得像冰窟窿一般,令人难以入睡。黄香晚上读书时,捧着书卷的手一会就冰凉冰凉的了。他想,这么冷的天气,父亲一定很冷,他老人家白天干了一天的活,晚上还不能好好地睡觉。想到这里,小黄香心里很不安,便悄悄走进父亲的房里,给他铺好被,然后脱了衣服,钻进父亲的被窝里,用自己的体温,把被子弄得暖烘烘的,然后再请父亲去睡,这样父亲就可以免去寒冷之苦了。黄香用自己的孝敬之心,温暖了父亲的身体,更温暖了父亲的一颗心。

到了酷热难当的夏天,为了让父亲休息好,晚饭后,黄香拿着扇子,把父亲蚊帐里的蚊子扇跑,还要扇凉父亲睡觉的床和枕头,使劳累了一天的父亲早些入睡。一夜、两夜……整整一个夏天都是如此。

小黄香孝敬父母的事迹,感动了乡邻,而且越传越远。太守听说此事后,对黄香大加称赞,并召他为门下学生。后来黄香发愤读书,终于官拜左丞、尚书令等显赫职位,荣耀一时。时人誉为"江夏黄香,忠孝两全,天下无双"。

"刻木事亲"讲的则是东汉时期孝子丁兰的故事。

丁兰为南漳丁家集人,少时父母双亡,饱尝艰辛,成人后为报父母养育之恩,请心灵手巧的木匠用木头雕刻父母像,供奉在家中,事之如生,每日三餐敬过双亲后自己方才食用,出门前一定禀告,回家后一定面见,从不懈怠。时间久了,丁妻有些厌烦了，有一次趁丁兰外出，用针刺木像之指，居然有鲜血沁出，妻子大为惊骇。丁兰回家后，看见父母的木像在垂泪，问明原因，非常生气，马上休了妻子。这就是丁兰"刻木事亲"的故事。

在二十四个孝行故事中，以董永卖身葬父的故事流传最广和影响最深。

董永年少时从今山东流落至今孝感。他从小就对父母亲非常孝顺。母亲死后，他便尽心尽力侍候父亲。到田里干农活时，董永就用小推车载着父亲，让父亲在旁边休息，使父亲不感到孤独。

不幸的是，不久董永的父亲也一病不起，离开了人世。董永家徒四壁，没有一件值钱的东西，实在无力安葬父亲。孝顺的董永又不忍心将父亲草草埋葬了事。他想，父亲活着时受尽了人间的苦，死了后没有寿衣，没有棺材，让父亲这样到阴间，有辱祖宗脸面，自己也对不起父母的养育之恩。董永擦干了泪，出门去求亲告友，想借钱给父亲办丧事。他跑了一天，却没借到一点钱。就在他走投无路的时候，他想到自己的身体是父母给的，自己不能给父母尽孝了，把身体卖了孝顺父母也是一样的。如果有人买，他愿自卖自身，用卖身的钱埋葬父亲。

第二天天刚刚亮，董永就急急忙忙来到人来人往的集市上，大声叫喊道："我的父亲死后，无钱安葬，我愿卖身为奴，用卖得的钱，给父亲办丧事。"集市上的人非常好奇，里里外外将他围了个水泄不通，在了解了他的遭遇后，众人叹息不已，也非常钦佩董永的孝心。人群中，有一位大户人家，见董永非常贤德，便给了他一笔钱，让他先回家去把父亲安葬了，再到他家打长工。

董永为父亲守丧三年期满，就起身到买主家去，做一名家奴，偿还债务。半路上，董永途经一株大槐树，刚坐下休息，面前突然出现一位貌若天仙的年轻女子，对董永说："董永大哥，如你不嫌弃，我愿意做你的妻子。"董永心想自己家贫如洗，还欠东家一大笔钱，不想拖累人家，就死活不答应。那女子也很固执，说她不爱钱财，只爱董永有孝心，人品好。董永无奈，只好带她去东家帮忙。来到东家，东家问："你的妻子能做些什么？"董永说："她会织布。"东家说："如果是这样的话，就让你妻子给我织一百匹细绢，你们的债务就算还清了。"于是，董永的妻子开始给主人家织绢。她心灵手巧，木梭如飞，仅用了一个月的时间，妻子就织了一百匹细绢，还清了债务。

　　获得自由身的董永心情非常畅快,带着妻子回家,一路憧憬着男耕女织的幸福生活。半途,夫妻俩走到他们俩相识的那棵大槐树下,妻子对董永说:"夫君,我是天上的七仙女。因为你对父亲非常孝敬,天帝命令我下凡来帮助你,偿还债务。如今,我的任务完成了,就此与你告别了。"说完这话,妻子便辞别董永,腾空远去。

　　因为感天动地的孝行,董永有了美好的回报,天上的仙女下凡与他结为恩爱夫妻。因为天条难违,七仙女只得重返天庭,但是约定每年七夕与董永在鹊桥相会。对这段超越世俗的美好爱情故事,北宋词人秦观在《鹊桥仙·七夕》中有这样深情的描写:

> 纤云弄巧,飞星传恨,
> 银汉迢迢暗度。
> 金风玉露一相逢,
> 便胜却人间无数。
> 柔情似水,佳期如梦,
> 忍顾鹊桥归路?
> 两情若是久长时,
> 又岂在朝朝暮暮。

　　关于董永传说,最早的文字记载是汉代刘向的《孝子传》。三国曹植为了缅怀亡父曹操,表达自己的孝思,写了一首《灵芝篇》,诗歌里引用了一些当时为人所熟知的孝子典故,其中便有董永的事迹。东晋干宝的《搜神记》中也有董永的相关记载。此后,宋代有小说《董永遇仙传》,元代郭居敬《二十四孝》一书,把董永列为古代二十四孝子之一。明代以董永故事为题材的剧本有《织锦记》、《遇仙记》、《槐荫记》、《卖身记》、《天仙配》等。清代以降,以董永故事为题材的戏曲有黄梅戏《天仙配》、湖南花鼓戏《槐荫会》、川剧《槐荫记》、楚剧《百日缘》等,虽然剧种不同,但剧情大体一致,其中"夫妻双双把家还"的经典唱段,更是传之久远,历久弥新。

孝感以孝传名。史料记载,公元454年,南朝宋孝武帝刘骏因有感于当时安陆县东部一带孝风昌行,孝子甚多,遂将此地单独建县,取名为孝昌。后唐同光年间,为避皇帝讳,又将"孝昌"改为"孝感",孝感因此而得名,并沿用至今,成为我国唯一一个以"孝"命名、又因"孝"扬名的地级市。据清代《孝感县志》记载,孝感史册留名的孝子就有493人,孝德古风盛行不衰。2002年10月,国家邮政总局在湖北孝感举行《董永与七仙女》邮票首发式,"孝子之乡"成为孝感一张闪亮的名片。

中华文化是中华民族生生不息、团结奋进的不竭动力,要全面认识祖国传统文化,取其精华,去其糟粕,使之与当代社会相适应、与现代文明相协调,建设中华民族共有精神家园。孝文化内涵丰富,正确引导,剔除"三纲五常"、"守我堂前三年孝,不知门外四季春"、"父母在不远游"等落后保守观念,就能够派生出许多健康的社会规则:家庭有孝,尊老爱幼,其乐融融;社会有孝,人人彼此抱有一份尊重情怀,社会更加和谐。

湖北孝文化底蕴深厚,是一笔难得的精神财富。如今,在我们的身边同样有很多奉行孝行的楷模,他们小孝为父母,大孝为人民。可谓是人间有大爱,真情动荆楚。

（刘玉堂　张　硕）

"天下禅林皆出黄梅东山法门"

佛教的发源地是印度,于汉代传入中国,逐渐成为中国流传最广泛的宗教之一。湖北在中国佛教史上有着独特的地位,具体可以概括为:鄂州译经,襄阳奠基,玉泉立宗,禅起黄梅,武昌转型。三国时期,东吴黄武三年(224年)印度梵僧维难带着《法句经》来武昌(今鄂州市)传译经文,这是湖北佛教信僧首次见到经文的实证。两晋南北朝时,佛教最盛,东晋著名高僧道安法师带领弟子四百多人来到湖北襄阳,倡导僧人以释为姓,传教四方,为中国佛教的传播奠定了制度基础。隋开皇十三年(593年),中国第一个佛教宗派天台宗的创始人智顗在当阳建立玉泉寺,提出"五时八教"和"一心三观"等天台宗教义,故天台宗虽然以智者大师晚年驻地天台山立名,而实际成熟于湖北。唐武德七年(624年),著名高僧四祖道信法师,在黄梅创建正觉禅寺,期间他倡导集众传法,农禅双修,其弟子五祖弘忍法师继承和发扬道信法师的禅法,创立"东山法门",大弘宗风,培养出了禅宗六祖慧能大师,逐渐形成了"天下无寺不禅、天下禅林皆属黄梅东山法门"的局面。民国时期,太虚法师在武昌创办"武昌佛学院",成为佛教现代转型的开始。由此可见,湖北佛教在中国佛教史上有着特殊的地位和贡献。在湖北佛教史之中,最有代表性的还是黄梅的禅宗文化,在中国禅宗的祖师之中,四祖、五祖长居黄梅,六祖慧能得法于黄梅,将黄梅东山法门弘扬光大。宋代以后,黄梅还出现过法演、克勤、师戒、宝寿等禅宗大师。

根据大乘佛教经典《大梵天王问佛决疑经》记载,有一次大梵天王在灵鹫山把一朵金婆罗花献给佛祖,行礼之后退坐一旁。佛祖拈起一朵金婆罗花,瞬目扬眉,展现给大众,大家面面相觑,不解何意,唯有迦叶破颜轻轻一笑。佛祖当即宣布:"吾有正法眼藏,涅槃妙心,即付嘱于汝。汝能护持,相续不断。"这就是禅宗

"拈花一笑"的典故。中国禅宗把迦叶列为"西天第一代祖师"。禅宗经过印度二十八代的传播，在梁武帝时期，由印度僧人达摩传入中国。达摩是中国禅宗初祖，他居住在嵩山少林寺时，一个籍贯洛阳的僧人神光非常真诚地向他学习禅法，在雪夜之中站了一夜，并断其左臂以示诚心，达摩感而许之，改其名曰慧可。慧可受达摩衣钵，继禅宗之法统，为第二祖。三祖僧璨是今河南省开封人，四十多岁在河南光福寺拜二祖慧可为师，刚准备出家，他就问什么是佛法。慧可说："是心即是佛，是心即是法，法佛本无二，僧宝也是这个道理。"僧璨因此悟道，慧可十分器重，当即为他剃发，取名僧璨，璨就是珍宝的意思。由于僧璨的活动时期恰逢后周武帝宇文邕灭佛之时，僧璨隐居在今安徽省皖公山、司空山一带，居住无常，隐姓埋名，行化山野，前后10余年，竟无人知晓。隋文帝开皇十年（590年），僧璨才正式驻锡皖公山山谷寺，公开传经布法，教化四众。

禅宗第四祖道信（580—651年），是湖北武穴人，俗姓司马，幼慕空门而出家。隋开皇十二年（592年）入皖公山，拜谒僧璨，当时僧璨正在洞里参禅。道信说："求大和尚为我解缚。"三祖问他："谁缚你了？"道信回答："没有人缚我。"三祖说："我已经给你解了缚。"道信闻言大悟。从此，在三祖身边侍奉九载。601年，三祖传衣法给道信，成为中国禅宗四祖。隋大业十三年（617年），道信率徒众至江西吉州庐陵，遇到强盗围城七旬，后来盗贼感于道信之威德，解围而去。道信后又想到南岳衡山，中途停在庐山大林寺，居住了数年。唐武德七年（624年）回到湖北，在今黄梅县双峰山建寺度众，大振法道，学侣云集。禅宗自此在湖北黄梅扎根。

贞观十七年（643年），唐太宗李世民听说了道信的大名，三次诏请他去长安，道信上表辞谢不就。唐太宗又第四次派使臣前来邀请，说："如果再请不动他，就把他的头拿来。"使者宣布旨意以后，道信大师伸着脖子等着刀来割，神情俨然，使者没有办法，只好回去禀告唐太宗，太宗对他赞叹有加。唐永徽二年（651年）闰九月四日，道信在最后训诫弟子之后，安坐圆寂，终年七十二岁，后来葬于黄梅东山。著有《菩萨戒法》《入道安心要方便门》等。

道信以前的几代禅师，在传法方式上均以"游化为务"。他们随缘而住，"不恒其所"，"行无轨迹，动无彰记"，"随其所止，诲以禅教"。道信改变"游化为务"

的传统，入双峰山"择地开居，营宇立像，存没有迹，旌榜有闻"(《传法宝纪》)，采取定居传法的方式。这一传法方式的改变，对禅宗的形成和发展起了重要作用。因为很明显，"游化为务"的传法方式，禅师来去不定，很难发展门徒，因而从达摩到僧璨，弟子寥寥无几。道信定居双峰山后，才出现"诸州学道无远不至"，门徒多达五百余人的盛况。道信所著的《入道安心要方便门》，比较系统地介绍了大乘禅宗的修持理论和方法，不仅直接为"东山法门"的创立奠定了基础，而且包含了往后禅宗多向发展的端绪，因而成为中国禅宗史上一个重要的里程碑。

禅宗五祖弘忍(601—674年)，俗姓周，湖北黄梅人。607年，四祖道信到黄梅县办事，途逢一骨相奇秀之周姓小儿，乃请其父母准其出家，七岁为沙弥，年十三，正式剃度为僧。他就是五祖弘忍。道信常以禅宗宗旨考验弘忍。弘忍根性聪慧，尽得道信的禅法。永徽三年(652年)道信付法传衣给他。同年九月道信圆寂，由他继承法席，后世称他为禅宗的第五祖。因为四方来学的人日多，便在双峰山的东面冯茂山另建道场，名东山寺，后世以此称呼禅宗为东山法门。弘忍移居东山后二十余年，徒众多至七百人。他们实行生产自给，把运水、搬柴及农业生产一切劳动都当做禅的修行，这也是中国佛教农禅并重思想的源头。

弘忍得法之后，先后住双峰山和东山寺两地数十年，足不下山，唐高宗曾两次遣使请他到京城讨论佛法，都被他婉拒。高宗仰慕其德行，专门送衣药到山供养。在禅宗思想上，四祖道信自说他的法门一依《楞伽经》以心为宗、二依《文殊般若经》的一行三昧。弘忍继承了老师的禅学传统，又增加了以《金刚经》印心的新内容。弘忍常说："欲知法要，心是十二部经之根本。"又说："诸佛只是以心传心，达者印可，更无别法。"这也体现出禅宗与大乘佛学一脉相承。唐咸亨五年(674年)十月二十三日，弘忍圆寂，终年七十四岁，葬于东山之冈。唐代宗赠谥号为"大满禅师"。

禅宗六祖慧能(638—713年)，俗姓卢，籍贯是河北范阳，其父谪官至广东新州(今新兴县东)。慧能幼年丧父，家境贫困，靠卖柴养母。有一天，慧能在市中，闻客店有人诵《金刚经》，颇有领会，便问此经何处得来，客人告以从黄梅东山弘忍禅师受持此经。他因之有寻师之志。他把母亲安顿后，即向北行，到达湖北黄梅东山。弘忍见着他即问："居士从何处来，欲求何物？"慧能说："弟子是岭南人,唯求作佛!"弘忍说:"你是岭南人,又是獦獠(当时中原对南方少数民族的称呼),如何堪作佛?"慧能说:"人有南北,佛性岂有南北?和尚佛性与獦獠佛性无别;和尚能作佛,弟子当能作佛。"弘忍知道他不是一般人,就先命他随众劳动,在碓房舂米,积累福德,等待时机。

慧能以在家居士的身份在碓房间踏碓捣米八个月。有一天,弘忍为了考验大众智慧领悟程度,命各人作诗歌偈语表达自己的见地,有悟道者可以付以衣法。时神秀法师即作一偈云:"身是菩提树,心如明镜台,时时勤拂拭,莫使惹尘埃。"一时传诵全寺。弘忍看后对大众说:"后世如能依此修行,亦得胜果。"并劝大众诵之。慧能在碓房间,闻僧诵这一偈,以为还不究竟,便改作一偈,请人写在壁上。偈云:"菩提本无树,明镜亦非台;本来无一物(敦煌本《坛经》此句作"佛性本清净"),何处惹尘埃!"众见此偈,皆甚惊异。弘忍觉得其比较有智慧,就在夜里给他讲《金刚经》,慧能于"应无所住而生其心"一句言下大悟。弘忍于是将衣钵传给了这个还没有出家的后勤杂役,这就如今天大学不聘在校教书多年的博士当教授,转而聘任一个不识字的食堂炊事员当教授,势必引起轩然大波。弘忍在付给他衣钵以后,让他到南方隐居,韬光养晦,等待弘法的时机。

慧能在广东、广西隐居了十余年,后至广州的法性寺,值印宗法师讲《涅槃经》,因有二僧辩风幡,一个说风动,一个说幡动,争论不已。慧能便说:"不是风动,不是幡动,仁者心动!"大家听了很为诧异。印宗便延他至上席,请问深义,慧能回答,言简理当。印宗便问:"久闻黄梅衣法南来,莫非就是行者?"慧能便出示衣钵,印宗欢喜赞叹,即集众就法性寺菩提树下为慧能剃发。又请名德智光律师等为他授具足戒。慧能到这个时候才成为一名正式的僧人。而后慧能在广东各地传播禅宗,自此黄梅东山法门经广东而传遍天下。

"禅"本意是端身正座,结跏趺坐,不起思虑分别,专注于某一对象而入禅定。慧能根据大乘佛教"直指本心"的原则,对于"禅定"和"坐禅"进行了全新的解释。他说:"此门坐禅,元不著心,亦不著净,亦不是不动。若言著心,心元是妄,知心如幻,故无所著也。若言著净,人性本净,由妄念故,盖覆真如,但无妄想,性自清净。起心著净,却生净妄,妄无处所,著者是妄。净无形相,却立净相,言是工夫;作此见者,障自本性,却被净缚。"他要求坐禅者不可系心净念,因为净念本就是一个妄想。在行住坐卧之中无有执著,"见一切人时,不见人之是非善恶过患",就可以契悟本心,体证"自性"。慧能的"禅"是对于《金刚经》"应无所住而生其心"的灵活运用,经过慧能的诠释,使"禅"脱离"禅定之学"的窠臼,发挥出大乘佛学的精义,"禅宗"之名至此得以真正确立。他以开启智慧、契悟自性为核心,创造出灵活多样的教育方法,使大乘佛法超越了文字思辨和空心静坐的束缚,灵活地展现在华夏大地,开创了中国佛教的新时代。

唐神龙元年(705年),唐中宗即遣内侍薛简往曹溪召慧能入京。慧能以病推辞。薛简恳请说法,将记录带回送唐中宗阅览。唐先天二年(713年)慧能圆寂于新州国恩寺,世寿七十六。唐宪宗赠以"大鉴禅师"谥号。

宋代以后,湖北黄梅还出现过法演、克勤、师戒等大禅师,续写了湖北佛学的辉煌,这些珍贵的历史文化遗产,值得我们深入挖掘弘扬。禅宗还有一个著名的典故"宝寿生姜辣万年",就发生在宋代黄梅五祖寺内。师戒禅师是为云门文偃禅师的再传弟子,大约在公元1015—1039年间作为黄梅五祖寺方丈。当时,宝寿禅师作为司库,掌管寺庙的库房。有一天,师戒禅师感风寒,需要服用姜汤,他的侍者于是就来到库房要取生姜,按照规定库房之物属于寺院公共财产,方丈个人不应私自取用,宝寿禅师并不顾及方丈的颜面,对侍者加以斥责。师戒禅师知道之后,就让侍者拿钱去库房买生姜,宝寿禅师这才把生姜给他。师戒禅师自此非常看重坚持原则的宝寿禅师,后来宝寿到江西洞山云游,洞山寺的住持也非常看重他,临终之时也遗言令宝寿禅师继任方丈,洞山当地的郡守也为此专门给师戒禅师去信,征求意见,师戒禅师回答说:"卖生姜汉住得也。"于是,宝寿禅师在江西洞山大弘禅宗。

在四祖、五祖去世百余年后,唐代宗赐谥四祖为"大医禅师"、毗卢塔为"慈云之塔";赐谥五祖为"大满禅师"、毗卢塔为"法雨之塔"。"慈云"代表着禅法之云正在蕴育积聚,而"法雨"则代表禅法之甘霖普降,润泽众生心田。"慈云"与"法雨"很好地概括了居于湖北黄梅的四祖、五祖在禅宗史上的地位,而在湖北学法快道的六祖,则把源于荆楚大地的慈云、法雨汇聚为岭南曹溪之水,流向中华大地的各个角落,使得禅宗、黄梅东山法门发扬光大。

(孙劲松)

中国道教第一山：武当

　　道教是中国的本土宗教，其核心的哲学理念来源于道家，而其追求长生不死、得道成仙的宗教情怀则源于上古时期的部族文化。殷商时代，以"上帝"为中心的天神系统逐步形成，人间的"巫祝"可以通过"卜筮"的方式与"上帝"沟通。战国时期，燕齐一带开始有了专门从事巫祝术数、炼丹求仙的专职方士，《庄子》里面也记载了许多神仙之事。战国末年，齐国人邹衍创立"五德终始"学说，各地的方士、巫师将仙术、神术和五德终始学说融合，形成了神仙家。到了汉代，由方士、巫师、神仙家传承数千年的民间宗教文化进一步吸收道家的思想，逐渐形成了"道教"。荆楚道教文化资源丰富，武汉长春观、十堰武当山、黄陂木兰山，道观林立，信众云集。

　　长春观位于武昌大东门东北角双峰山南坡，黄鹄山（蛇山）中部，始建于元代，为丘处机门徒所建，以纪念丘处机在元军南下时"一言止杀"济世救民之功德，人称"江南一大福地"。观内崇奉道教全真派，以其创始人重阳祖师门人丘处机道号"长春子"命名，祭奉长春真人。是我国道教著名十方丛林之一，为道教全真派的道场。每年农历正月十九为长春真人圣诞，长春观要举行隆重盛大的丘祖会，武汉民俗称之为"迎春会"，也称"燕九节"。

　　武当山的道教文化最为著名，享有中国道教天下第一山的美誉。本文侧重介绍武当文化。

　　武当山作为道教名山，高道辈出，人杰地灵，享誉中外。在道教徒心目中，武当山是"玄武大帝"的信仰中心。玄武大帝，又称为"玄天上帝、真武大帝、玄帝"，根据有关道教典籍记载，玄武大帝是"道"的化身。《太上说玄天大圣真武本传神咒妙经》云："盖无形之为道，非有象之可言，变化亿千，虚无难测，且玄元圣祖八十一次显为老君，八十二次变为玄武，故知玄武者，老君变化之身。"这就是说，玄武与太上老君（老子）都是"道、玄元圣祖"的化身，老子是第八十一次化身，而玄武是第八十二次化身。宋代出现的道教典籍《玄帝实录》记载，在三皇（燧人、伏羲、神农）时期，玄武曾下降为真人。黄帝时期，皇元年甲午之岁三月初三日午时，又再次降生于净乐国为王子，生而神灵，长而勇猛，无意继承王位，专心修行，要辅佐玉皇大帝，誓断天下妖魔，救护群生。在十五岁那年，拜别父母出家学道，得玉清圣祖紫元君的真传，传授他无极上道，并命令他入武当山修道，住于武当山紫霄峰。经过四十二年的艰苦修炼，修行圆满，体悟大道。玉帝闻其勇猛，特拜为太玄元帅，敕镇北方玄武之位，以断天下妖邪。在人间，商纣王无道之时，玉帝一面安排周武王伐纣，平治社稷；一面又命令玄武收服人间妖魔，使得人鬼分离，冤离解脱，黎民安泰，国土清平。玉帝拜玄武为镇天玄武大将军、三元都总管等职，且命他每月下降，扶持社稷，普福生灵。后来又因为其功劳巨大，加拜他为玉虚师相玄天上帝，简称玄帝。因其位镇北方，世人又称之为北帝。《元始天尊说北方真武妙经》称，真武（玄武）凡遇甲子、庚申、每月三七日，下降人间受人醮祭，察人之善恶功过，年命长短。各书均宣扬凡奉神行善，待人仁义者登录入仙籍，长享福寿；凡作恶多端，不义不仁者皆有报应。曾行恶事，后自改悔，诸恶莫做善奉行，久久必获吉庆，可转祸成福，这种抑恶扬善的伦理思想对于帝王与民间百姓很有吸引力。

出现于宋代的这些道教经典，都明确指出真武大帝曾在武当山（原名太和山）修道成仙，宋徽宗宣和年间（1119—1125 年），武当山大顶之北创建了紫霄宫，开始祭祀玄武，这是武当山上第一座以祭祀玄武为主的宫观。南宋时期，玄武修道武当山的传说已经深入人心，玄武大帝信仰已经非常普遍。元代，武当山的风景、地名开始大量附会为玄武遗迹，元成宗封玄武为"玄天元圣仁威上帝"，明成祖永乐年间，又封为"北极玄天上帝真武之神"，武当山逐渐成为道教玄武大帝信仰的圣地。

武当山作为道教名山，有着悠久的历史。据记载，汉代的马明生、阴长生，魏晋南北朝陶弘景、谢允，唐朝姚简、孙思邈、吕洞宾，五代时陈抟，宋时胡道玄，元时叶希真、刘道明、张守清，明代张三丰均在此修炼，其中张三丰的影响最大。

张三丰,字君实(亦作"君宝"),号玄玄子,元、明时期著名道士,有记录称其出生于元定宗贵由二年(1247 年),卒于明英宗天顺二年(1458 年),寿命为 212 岁,但这一说法并没有得到众人的确信。他的出生地有辽宁阜新、福建邵武两种说法,其出家以后,长期在武当山修道,传说其身材魁梧,耳大目圆,须髯如戟,无论寒暑,只一衲一蓑,世人以为神异。他有《大道论》、《玄机直讲》、《玄要篇》、《太极炼丹秘诀》等诗文传世,被后代搜集整理成《张三丰先生全集》。明成祖永乐年间大修武当山,专门为张三丰修建了"遇真宫"。明英宗天顺三年(1459 年)封其为"通微显化真人";明宪宗特封号为"韬光尚志真仙";明世宗赠封他为"清虚元妙真君"。

他在《太极炼丹秘诀》中称陈抟(字希夷)为"希夷老祖",又称陈抟的学生火龙先生为"吾师",据说火龙先生离开人间之前,留下一首诗:"道号偶同郑火龙,姓名隐在太虚中。自从度得三丰后,归到蓬莱弱水东。"显示张三丰是火龙嫡系真传。清代道士李西月以此将张三丰归为以陈抟为代表的隐仙派,并排列其师承统序为:"麻衣传希夷,希夷传火龙,火龙传三丰。"从麻衣道人传到陈抟,再传火龙先生,再传到张三丰。从思想体系来看,张三丰继承了唐宋以来儒释道三教会通、以道为尊的学说和内丹炼养思想。他认为儒、释、道三教仅为创始人之不同,实则"牟尼、孔、老皆名曰道",而"修己利人,其趋一也"。他又对《周易·系辞》的"一阴一阳之谓道"这句话加以引申,指出"修道者修此阴阳之道也"。他还发挥《中庸》"修道之谓教",指出:"三教圣人皆本此道以立其教也。"他把道家的内丹思想同儒家的"大学之道"结合,指出:"人能修正身心,则真精真神聚其中,大才大德出其中。"他在《五德篇》中,还继承了儒家董仲舒的天人感应学说,以及中医、阴阳家的五行学说。"仁属木也,肝也;义属金也,肺也;礼属火也,心也;智属水也,肾也;信属土也,脾也。……心有五德,身有五经,天地有五行,皆缺一不可,心无仁者必无养育之念,其肝已绝,而木为之槁枯;无义者必无权宜之思,其肺已绝,而金为之朽钝;无礼者必无光明之色,真心已绝,而火为之衰熄;无智者必无清澄之意,其肾已绝,而水为之昏涸;无信者必无交孚之情,其脾已绝,而土为之分崩"。他指出了"仁义礼智信"与"心肝脾肺肾"、"金木水火土"的对应关系,认为"修德"即是"修身"、"修仙"。他说:"德包乎身,身包乎心,身为心用,心以德明,是身即心,是心即身,是五德即五经,德失经失,德成身成,身成经成,而后可以参赞天地之五行。"

在民间,他还以太极拳创始人的身份享誉中外。张三丰去世后,其人生经历、修道思想不断被推崇神化,明清时出现的道教派别大都号称与张三丰有联系,据有关资料统计,清末时奉张三丰为祖师的道派有 17 个左右,比较有名的有武当三丰派、宝鸡三丰派、王屋山三丰派、三丰自然派、三丰蓬莱派、三丰日新派等道派。

唐代道士杜光庭在 901 年编《洞天福地岳渎名山记》时,已经将武当山列入道教七十二福地中的第九福地。由此可见武当山在唐代已经成为道教的圣地了。宋代以后,玄武大帝在武当山修道成仙的故事广为流传,武当山逐渐成为道教玄武大帝的信仰中心,历史地位进一步提高。明惠帝建文元年(1399 年),燕王朱棣发动"靖难之役",历时四年,夺取了侄子的皇位。为了塑造自己正义之师的形象,谋士们制造出了燕王朱棣用兵与朝廷军队作战时,得到了玄武大帝显圣助战的说法。这便成了朱棣夺权获得上天许可的证据。他即位后,北修故宫以巩固世俗王权,南修武当以酬谢玄武大帝,显示自己的君权是神授的。武当山在中国道教之中的地位进一步提升。

从唐代到明清时期,武当山建设了颇为壮观的道教宫观群。唐太宗贞观年间曾在武当山敕建五龙祠。到宋代,多为帝王推崇、加封玄武大帝,陆续有宫观建置。至明代,明成祖朱棣为答谢玄武大帝,巩固自己的政权,封武当山为大岳,明世宗朱厚熜又加封之为"治世玄岳",集中建设了大量建筑。据有关资料记载,明成祖朱棣于永乐十年(1412 年)即命人率 30 万众进驻武当山,以 13 年之功,构成庞大的道教建筑群,共建成 9 宫、9 观、36 庵堂、72 岩庙、39 桥、12 亭等 33 座道教建筑群,面积达 160 万平方米,具有极高的艺术价值和历史价值。其规模之宏大,技艺之精湛,工程之艰巨,实为世所罕见。朱棣还把玄武大帝钦定为皇室的主要保护神,这些举动为武当道教的鼎盛拉开了序幕。明嘉靖三十一年(1552 年)又进行扩建,形成"五里一庵十里宫,丹墙翠瓦望玲珑。楼台隐映金银气,林岫回环画镜中"的神话意境。以后明朝诸帝一直把武当作为专为朝廷祈福禳灾的皇室家庙,扶持武当道教,扩建宫观,使其成为了"天下第一山"和全国的道教活动中心。

在武当古建筑群之中，金殿、紫霄宫、"治世玄岳"石牌坊、南岩宫、玉虚宫遗址分别于 1961 年、1982 年、1988 年、1996 年、2001 年被列为国家重点文物保护单位。除古建筑外，武当山尚存珍贵文物 7400 多件，尤以道教文物著称于世，故被誉为"道教文物宝库"。

1994 年 5 月 25 日至 26 日，联合国世界遗产专家考斯拉先生、苏敏塔迦先生来到武当山，对玉虚宫、太子坡、紫霄宫、南岩宫、金殿等古建筑进行了认真的考察，5 月 27 日，考察官在验收座谈会上宣布："武当山是世界上最美的地方之一。因为这里融汇了古代的智慧、历史的建筑和自然美景。"1994 年 12 月 15 日，武当山古建筑群被列入《世界文化遗产名录》。1995 年 6 月 29 日，联合国教科文组织和中国国家文物局在北京人民大会堂西藏厅举行了隆重的世界遗产证书颁发仪式。

荆楚历史源远流长，武当文化博大精深。公元 1412 年，明朝永乐皇帝同时开启"北建故宫，南修武当"两大国家工程。其后武当山建筑屡经增修扩建，形成了规模宏大的道教宫观建筑群，成为全人类宝贵的文化遗产。2012 年是武当大兴 600 年，武当山举办了纪念武当大兴 600 年系列活动。在"武当大兴 600 年盛典开幕式"上，湖北省委书记李鸿忠指出："改革开放以来，伴随着中华民族伟大复兴和祖国繁荣富强进程，武当迎来了历史上的鼎盛局面。湖北省委、省政府大力实施一江两山旅游发展战略，加快推进鄂西生态文化旅游圈建设，武当多处古建筑群得到大规模修缮或重建，'天下第一仙山'焕发出崭新的活力与无穷的魅力，古老厚重的武当文化得到不断丰富和发展，道法自然、天人合一、诚信向善的基本精神得以进一步传承和弘扬。"这是对当前武当文化发展的准确评价。

（孙劲松）

理学的交会与北传:宋元时期湖北的儒学

宋元时期,全国一流的学者来到湖北,湖北籍的一流学者又走向各地,他们在我国学术界具有举足轻重的地位。

在介绍宋元儒学之前,有必要略说一下唐末时的一位诗人思想家——襄阳人皮日休(833—884年)。皮日休的思想颇为丰富。他发挥民本主义,新释孟子的"暴君放伐论",投身农民起义,做了黄巢政权的翰林学士,起义军败亡后被杀。他有无神论思想,在美学方面有独到见解。他揭示虚伪道德,但又肯定道德教化;他是思想"异端",又推崇孟子、韩愈,讲"穷理尽性"和"主静"。著作有《皮子文薮》十卷。皮日休可谓同时开启了几道思想闸门。

北宋最著名的五位哲学家被称为"五子",其中程颢(1032—1085年)、程颐(1033—1107年)是亲兄弟,号称"二程"。二程生于且长于湖北黄陂。宋仁宗时期,二程的祖父程遹被任命为黄陂县令,于是举家从河南迁至黄陂。程遹卒于黄陂任上,后来二程之父程珦被任命为黄陂县尉。至今在黄陂流传着许多有关二程出生、儿时读书生活及其游憩之地的民间传说,如"双凤送子"、"二程晒书"、"双凤亭"、"夜月楼"、"望鲁台"、"聪明池"、"理趣林"、"流矢湖"、"程乡坊"、"程夫子桥"等。二程后来定居洛阳,其学被称为"洛学"。大程子为明道先生,小程子为伊川先生。

湖湘学派的思想宗师胡宏(1105—1155年或1102—1161年,五峰人)的父亲胡安国(1074—1138年)于北宋哲宗绍圣四年(1097年)进士及第后,任荆南教授,又从荆南入为太学博士,后又提举湖北、湖南、成都学政。胡安国在湖北任官时,对身份、地位比他低的谢良佐(时任应城知县,1050—1103年)持后学之礼,人们颇感惊讶。胡安国与程门高弟谢良佐、杨时、游酢等"义兼师友",倡扬洛学。杨时曾任荆州教授,是安国子胡寅、胡宏兄弟的老师。谢良佐(上蔡先生)是把二程之学传于南方特别是荆楚的重要人物。谢氏学问的特点是以"知觉"、"生意"说仁,以"实理"论诚,以"常惺惺"论敬,对发明本心之说颇有推进,朱熹说他"最得明道教人之纲领"。谢氏的著名弟子有朱震、朱巽兄弟等人。朱震(1072—1138年),湖北荆门人。朱震的主要著作为《汉上易传》,以象数为宗,以义理为辅,阐发了他的理学思想。胡安国曾向朝廷推荐朱震,谢上蔡则对朱震称誉胡安国为大雪严冬挺立之松柏。以上胡、谢、朱等与荆楚地域的理学发展有密切关系。

关于洛学、湖湘学、闽学与湖北及其学者的联系:湖湘学创始人胡安国与程门中坚谢良佐等,正是在湖北交游过程中碰撞出思想火花的;胡宏通过杨时、侯师圣、吕大临而与洛学、关学发生密切联系,最终成为湖湘学的一代宗师与"性本论"者;朱熹曾从学于胡宪,与胡安国父子侄之学有关,而湖湘学与闽学因五峰朱子之间的文字因缘而相遇,又因张栻与朱子之间的频频交往相互论道而日益密切起来。朱子之学不仅与洛学、湖湘学以及荆楚之地有着千丝万缕的联系,而且正是朱子对洛学、湖湘学的继承以及与张栻等湖湘学者之间的讨论、论辩与问难,才造就了他那博大精深的理学体系。

谢良佐从学二程,然与明道、伊川都有不同,如谢氏提出"与天为一"的前提是"循理"和"穷理",有综合二程的趋向。谢良佐认为儒之异于佛者,在于"下学而上达"的工夫论。谢氏认为儒家识得天理,加以下学工夫,则可以与天为一,为天之所为。与天为一、为天之所为,即为圣人。谢良佐的思路表达为:1.识仁(或天理)(立住根本)→2.下学而上达(穷理致知)→3.与天为一(圣人)。谢上蔡、胡安国等,开创了长江中游的理学世界。

荆门朱震易学的特征,一是以象数之学为易学研究的基础,二是综采百家,融汉代象数易与北宋先天河洛学为一体。朱震的"太极"观,将汉唐元气论与北宋时的体用论相结合,不仅以"气"解释"太极",而且将"太极"视为《周易》象数和万物演变的根源,赋予它以本体的涵义,对南宋以后无论是象数派还是义理派都产生了深远的影响。朱震以"体""用"解释不用之"一"与"四十九数"的关系,得出"太极"乃四十九数之和的结论。他继承汉《易》和孔《疏》中的元气说,又参照北宋气学与理学思想,在新的历史条件下加以诠释、改造。重视变易及其法则,是朱震易学的核心。他以卦变说统率易学中的相关体例，并将卦变说建立在气论基础上，以阴阳二气运转不息作为阐发卦变的理论依据，进而将卦变说看成是体现易道变动不居的一个重要方面。

长期居住湖北长阳的程颐再传弟子郭雍（1103—1187 年）的核心观点是："《易》为三才之书，其言者三才之道。"他认为，三才产生的顺序是先有天地，而后有万物，人居于万物之中，天、地、人之间的关系是并列平等的；在《周易》的起源上，郭雍坚持四圣同揆说，认为四圣之旨一贯于三才之道；在本体论层面，郭雍提出道兼统三才的观点，将太极、大衍视为与道等同的概念。在卦与三才的关系方面，郭雍作了多层面的解析，就全《易》而言，乾尽天道，坤尽地道，余卦共为人道；从理及象的角度说，一卦皆备三才之象；从卦爻象而言，卦具天地而爻具人位；从爻之动而言，六爻也具备三才。在易学解释学上，郭氏注重引用儒家诸经互证，用《中庸》《尚书》等经典与《易》相互发明。郭雍与朱熹两人进行了往复辩论。这场辩论引起了历史上很多学者关注，对宋代以后的易学史产生一定的影响。

心学大家陆九渊（1139—1193 年）晚年出知湖北荆门军，死在任上。陆九渊在荆门既勤政教民，注重事功，又有大疑惧，使知行合一的心学得到了前所未有的发展，初步践行了心理合一、天人合一的政治理想，是王阳明哲学的先声。陆九渊在荆门"道外无事，事外无道"，把儒家的政治思想落到实处，他有非凡的社会活动才能和管理才能。

元代是蒙古族入主中原的时代。元代的统治者知道，靠杀戮不能统一中国。元初，朝廷必须解决中华民族文化的认同问题，以凝聚人心。这个重大的问题，在一定意义上是由湖北大学者赵复解决的。赵复，生卒年不详，字仁甫，宋末元初德安（今安陆）人，自号江汉，人称"江汉先生"。安陆沦陷后，赵复被俘，被姚枢发现，劝降，赵拒降，自杀未遂，被接到燕京。赵以所记程朱所著诸经传注，抄录给姚枢。赵复的名声随之在燕京传扬。忽必烈召见赵复，让赵复为伐宋的前导。赵复回答：宋是我的父母国，怎能引他人去攻打自己的父母呢？忽必烈闻之受到感动，不再强迫他做蒙古的官（赵复在元朝终身不仕）。

以中书令行宰相职权的杨惟中听赵复讲理学后，为之折服，遂与姚枢等筹建太极书院与周子（周敦颐）祠，"收集伊洛诸书，载送燕都"，"选取遗书八千余卷，请复讲授其中"。杨惟中还选拔青年才俊接受赵复等儒师的教育。从此,理学得以在北方推广。《元史》本传说:"北方知有程朱之学,自复始。"

赵复著《传道图》、《伊洛发挥》、《师友图》、《希贤录》等书,弘扬程朱理学,阐发"太极""天理",讲述《周易》。通过赵复的讲学与著述,元初的宰辅大臣与翰林学士杨惟中、姚枢、许衡、窦默、刘因、郝经等接受了理学,并以其中的文化理念安邦治国,这对朝廷接受汉法、减少野蛮破坏,起了良性的作用。赵复是元代理学的开创者,他的学生许衡、刘因是"元之所以立国者"。元代理学的特色是"和会"朱熹学与陆九渊学,又有实用与大众化的趋向,在学术渊源上则强调返回六经,对明清学术产生了重大影响。

宋代湖北是理学交会之地,以二程洛学、湖湘学、朱子学与陆学的碰撞为主,第一流学者胡安国、谢良佐、郭雍、陆九渊等纷纷来此会讲论学,砥砺品行,本地学者朱震在全国有着很大影响。元代以赵复一人使理学始复兴于北中国,居功甚伟。此期间湖北思想界显得很有底蕴,十分活跃。

(郭齐勇)

由虚返实：明清时期湖北的思想界

明清时期湖北的思想界特别活跃,有阳明后学、陈白沙和湛若水心学与程朱理学的激荡,也有早期启蒙思潮、活力四射的反正统思想与正统思想的角力;有佛、道、耶、回诸教的参与,也有经学的回归。

明弘治年间有"嘉鱼二李",兄长承芳(生卒年不详)、弟弟承箕(1452—1505年)。李承箕强调从近处着手,我心之"理与气相与流通,无一息之间","不囿于一气之内",从动静之几展开一条相当具有张力的从我心到天地之境的路径。李承箕是江门陈献章(白沙)先生的得意弟子,一生与陈献章保持着亦师亦友的关系。不同于陈献章之处在于,李承箕并不强调从虚静一跃至于圣人,这多少让他看起来像是一个沉溺于山林的才子隐士。他和陈献章所共同表现出来的诗人气质以及非学术化的倾向,实际使他们与宋明理学的学术传统若即若离。相较于李承箕,李承芳基于儒家传统理想,对现实有更强烈的批判,其中尤其集中在教育制度。他反对科举制度,提出"文章、政事非两途",并且试图将"尊师"变成整个政治结构的基石,以教育改善、引导政治,晚年归隐讲学于嘉鱼黄公山。

明嘉靖万历年间在朝野活跃并相互纠结的有四位著名学者,都与湖北有关。他们是:何心隐(1517—1579年)、耿定向(1524—1596年)、张居正(1525—1583年)、李贽(1527—1602年)。何、李都曾客居湖北,有早期启蒙精神,神解卓特,惊世骇俗,都是了不起的思想家与哲学烈士。耿、张都是湖北人,都做朝官,思想相对保守。

何心隐,本名梁汝元,江西吉安人,放弃举业,狎侮地方学宫大佬,以《大学》之道办"聚和堂"管理家族之政,反对地方官施政措施而被下狱,曾助朋友平定白莲教,遭诬陷后为避缉拿而漂泊天下。他曾到过孝感、黄安聚徒讲学,传播平民化的泰州学派之真精神。他的著作叫《爨桐集》，如李贽把自己的书取名为《焚书》一样。何心隐提出"寡欲说"，反对"无欲"，肯定人的欲望，并把欲望纳入人性。他主张欲望"发而皆中节"就是寡欲，而不是欲望多而刻意减损为寡欲。他认为寡欲即尽性。他从民众的生活哲学的层面发展了儒家的性命之说。他是被湖广巡抚王之垣杀害的，因杖笞死于武昌狱中。关于他的死是否与张居正有关，则是一大公案，历史上众说纷纭，学界至今聚讼不已。黄宗羲说："泰州之后，其人多能以赤手搏龙蛇，传至颜山农、何心隐一派，遂复非名教之所能羁络矣。"

耿定向，号楚侗，又号天台，麻城人，出身贫寒，嘉靖进士，官至户部尚书，为官廉洁。与其弟定理、定力，号称"三耿"。定向笃信王阳明的良知之学，与王门交游，自称是王艮的私淑弟子。他主张"以常知为学"、"以不容己为宗"。他早年厌烦理学的繁琐，晚年有见于心学泛滥，"崇虚耽无"，肆意发挥，又试图提倡程朱理学来诊治心学之流弊，用理学调和心学。他笃信通达百姓日用的"常知之学"，反对把圣贤的"费中隐"的道理故弄玄虚。晚年著《译异编》一书，主张以儒学融会佛学，主张用儒家的思想和语言"转佛书"，译其语言，使通中国。他认为佛教有其价值，但大可不必抛弃儒学的"大中至正之道"去遵从佛教。

张居正，号太岳，江陵人，当了十年内阁首辅，是万历前期实际执政者。他兼综王霸，并用恩威，以商的整肃、强盛，秦的威猛为致治理想，批评礼文过甚而导致的软弱、颓废，批评宋代的弊习。他主张王道与霸道、义与利的统一，肯定《尚书·洪范》为治国的大经大法，重视礼制，主持《大明集礼》的修订。他尊重王阳明，与王门后学交游甚广。他重视教育，特别是各级地方学校，但不喜聚众空谈，拉帮结派，后因种种原因导致万历七年下令毁天下私设书院。这是他一生最大的败笔。反对乃至禁锢民间自由讲学，堵塞了言路，阻碍了思想自由，为当权者镇压知识人铺平了道路。他对宋代的反思是片面的，宋代不杀士人，士大夫与皇帝共治天下，而他推崇明太祖朱元璋以降的专制主义。他与何心隐、耿定向都有来往，其亲其疏就不用多讲了。

李贽，字卓吾，福建泉州人，54岁辞官后从事著述与讲学，曾居黄安，又迁居麻城龙潭湖芝佛院。湖北是他的第二故乡，其主要著作《焚书》、《藏书》，是他客居麻城二十年间写成的，并在生前刊行于世。他的学术堂庑宽广，诸子百家与五教(儒、释、道、耶、回),无所不通,交游甚广,尤其因其先祖的关系,受伊斯兰教的影响较大。万历三十年(1602年),朝廷以"敢倡乱道,惑世诬民"的罪名逮捕了李贽,同年3月他在狱中自尽。李贽与颜山农、何心隐一样,都是"思想犯"。李贽的思想振聋发聩,强调独立思考,"不以孔子之是非为是非",批判"假道学"。晚年主张"童心说",强调"童心"即"真心",批评专制主义的伦理说教。又主张"唯情论",把"情"抬到本体的地位。他主张冲破礼教的束缚,追求爱情与幸福。他的婚恋观与妇女观,突破了当时的主流社会伦理。他主张"人皆有私",提出了"正谊即为谋利"的义利观,又尊崇个性,反对奴性,追求平等自由。他的思想影响了明中叶直至近现代的诸多思想家、文学家与艺术家。

嘉万年间湖北还有一位大经学家,应城人陈士元(1516—1596年),字心叔。进士及第后,官滦州知州,颇有佳绩,因才见忌,辞官不仕,闭门著书四十余年。在易学研究方面,陈士元主张由"象数而通辞、由辞而通道"的研易理路,对《易》中之象进行了细致分梳和归类,肯扬《易》的卜筮功用,注重发明《易》中"阴阳消长、治乱存亡之几"和"中道"思想,其解《易》具有"比类明义,象理互通"、"以经注经,以史证经"的特点。他对五经在流布过程中所产生的异文进行了汇集和考订,对《论语》一书中的名物制度作了详细考释,对《孟子》一书所关涉的史实和所援引的诸经之文作了稽查和核准,研讨了《孟子》一书中具有争议的文辞,并征引诸种传世文献对《孟子》的逸文作了搜集和整理。陈士元的思想,早期深受湛甘泉之学的影响;但中年被罢官之后,其思想的重心逐渐由儒家之学而转向释道两家;至晚年,则较为明确地流露出会通三教的思想倾向。

此期间还有黄梅人瞿九思,嘉靖三十二年(1553年)进士,著《孔庙礼乐考》、《乐经以俟录》等,对孔庙礼乐的历史沿革、孔庙的建筑规制、乐舞的程式、配祀儒者的名单等进行了详尽的考释,提出了自己的一些独得之见,是关于孔庙祭祀礼乐的详备史书。

晚明的大经学家郝敬(1558—1639年),京山人。郝敬仕途坎坷,在浙江做过知县,在礼、户部做过给事中。47岁挂冠而去,筑园著书,不通宾客。他解经既不停留在对于经书自身的字句训诂考证上,也不是一味地发挥义理,而是基于对他所处时代思想界空谈道理、性命的深切忧虑,表现出强烈的批判性。与晚明时期其他学者相比,郝敬已开始积极主动地从经典中重新寻找宋明理学中所讨论的问题,如理气、心性、知行等问题的理解,并要求回到以重实践、重实事的原始的孔孟思想精神中去。如果用一句话概括他的这种思想,可谓是虚即实、上即下、体即用的一元论思想。这种思想在理气论中体现为理气无二、理在气中、理不遗事;在心性论中呈现为言心性不离才、情、形、色、习、端,不离人事日用;在知行论中表现为言知不离行,不离百姓日用。基于此,与其说郝敬是一位经学家,毋宁说是一位思想家,在事实上成为其后清初学术思想中的先导式人物。

清初学者胡承诺(1607—1681年),号石庄,竟陵(今天门)人,崇祯举人,入清隐居不仕,著作多种未能传世,现存《绎志》一书。胡氏提倡实学,要旨为"崇实"、"复礼",与郝敬思想相呼应。他的"复性"之学,反对"蹈虚"、"捉空",主张即事即物之"穷理",主张回到周公、孔子。他肯定"切己"之学,强调"正"与"定见"。其"求道以实"之"实",是身实、四端实、理实、动静实、五物实、万物实、万事实;道即吾身之全体,道又常存天地之间;故"求道者不可不从实"。他主张君子要下存理去欲之实功。他所谓"实学",一是"事所当为"的价值理性与修身工夫之学,二是经世致用之学。

熊伯龙(1617—1669年),汉阳人,曾做过顺天学政、国子监祭酒、内阁学士兼礼部侍郎,乃清初政学界大人物。他精通字母反切之学,知西洋天文算法,又能译佛经。他的代表作是《无何集》。在此书中,他批判了"天人感应论",批判仙升、轮回等释、道思想,也批判鬼神与方伎中的世俗迷信,主张"舍虚取实"。他是我国17世纪著名的无神论思想家,在一定程度上开启了重实证、专科学的思潮。

熊赐履(1635—1709年),字敬修,孝感人,康熙年间的理学名臣,曾任刑部、礼部、吏部尚书,东阁大学士。研程朱之学,尊朱子,辟阳明,对康熙帝提倡朱子学有重大影响。熊赐履强调道统正学,辟异端曲说,著作有《学统》、《闲道录》、《经义斋集》等。《学统》把历代学术史之人物,分为五层次:正统、翼统、附统、杂统、异统,崇孔、孟、程、朱,抑陆、王、释、道,在他的立场上辨正邪是非。他也批评训诂家危害圣道。他主张以"善"为本体,以"敬"为功夫,主敬明善,居敬穷理,下学上达。熊赐履对于满族政权走向稳定,重建中华民族文化认同,为在清代复兴理学,起了重要的作用。

晚清有万斛泉(1808—1904年)、黄嗣东(1846—1910年)二人。万氏乃武昌府兴国人(兴国在武昌东南,领大冶、通山),大儒,性理学家,一生鄙弃科举,授徒为生。龙启瑞督湖北学政,专门建汉阳崇正书院,聘万斛泉主讲,以后主黄州河东书院、武昌勺庭书院等。尊程朱,践履笃实,一生在书院讲学,以理学造士,名声很大,名学生甚多(如吴县吴大澂等),朝鲜名儒徐相默曾率徒专程拜访。黄嗣东,汉阳人,曾在陕西为官,设书院授徒。他编了一部大型的《道学渊源录》,凡一百卷,传主达千名。

晚近还有王葆心(1868—1944年),罗田人,两湖书院修业,学冠诸生,蜚声江汉。相继被钟祥博通、潜江传经、罗田义川、汉阳晴川等书院聘为院长,后任北京图书馆总纂、湖北国学馆馆长、武昌高等师范学校及武汉大学教授、湖北省通志馆馆长。在经学方面,他从小学考订入手,不着重繁琐的章句,而以贯通群经大义的主旨为主。著有《经学变迁史》一书,书中对历代经学源流条分缕析,极为渊博。在史学、诗学、文学、方志学方面,著书多种。

张之洞曾任湖北学政、湖广总督,兴办新学,其学术思想在新旧之间。关于张之洞,论者夥矣,兹不赘。

综观明初至清末的湖北儒学,深知湖北学人与来湖北的学人具有一定的开放性、对话性与务实性。明代湖北儒学复杂,王阳明及其后学(特别是泰州学派)、陈白沙与湛甘泉学俱兴,会通儒释道三教成为趋势。其间,早期启蒙思潮成为一大亮点。明后期与有清一代,学者们重视程朱,重视经学诠释,主张重新"回到孔孟",强调践行,注重心性实学与修养功夫,是其时代与地域特性使然。由明至清,湖北学者重视讲学与事功,其总的趋向是由虚而返实。

(郭齐勇)

"旷世绝学,独有千古":杨守敬

　　世有"惟楚有材"之称。千百年来,举凡政治、经济、文化、军事、外交诸界,楚地之才多为上流之品。清末民初,湖北宜都人杨守敬有"晚清学者第一人"之称,他不但精通历史地理学、金石文字学、目录版本学、书法艺术,还兼为钱币学家和藏书家。杨守敬有近百种著作传世,是海内外公认的大学问家。

　　1839年6月2日,杨守敬出生于湖北省宜都市陆城镇的一个商人家庭。据悉,杨氏原籍安徽和州(今和县),因祖上有功于明太祖朱元璋,受封为武略将军,驻守宜都,世袭千户侯。杨守敬的祖父、父亲均以经商为业。杨守敬4岁丧父,5岁由其母发蒙,8岁进入私塾,9岁习文。11岁时,因祖父年迈,店铺无人照料,故遵从祖父之命,辍学经商。14岁起,再度拜师学文。1857年,江陵人朱景云在宜都设馆讲学,时年18岁的杨守敬瞒着祖父入馆就读。此前,因书法粗陋,杨守敬参加院试而未中。19岁时,在业师朱景云指导下,杨守敬考中秀才。因喜好金石之学,开始搜求汉魏六朝金石文字。1862年,杨守敬中举人。1865年,他考取景山宫学教习。1867年,著成《激素飞清阁评碑记》。1874年又考取国史馆誊录。1880—1884年,出使日本,任驻日钦使随员,收罗散佚在日本的中国书籍,并船运回国,著成《日本访书志》。东瀛归来,曾任黄冈教谕。在张之洞开创"湖北新政"期间,新式学堂是其重要内容。受张之洞礼聘,杨守敬先后出任两湖书院教习、勤成学堂(后改名为存古学堂)总教长,曾参加《荆州府志》的编修。1904年,与弟子熊会贞撰写《水经注疏》。1909年,被举为礼部顾问官。学者罗振玉致信杨守敬,赞其"舆地之学"与王念孙、段玉裁之"小学"、李善兰之"算学",同为当时"三绝学"。1910年,受聘为湖北通史局纂修。辛亥武昌首义后,因有持枪歹徒入室抢劫,故而避居上海,曾以卖字为生。民国初年,受聘入京,担任参政。

1915 年 1 月 9 日，逝于北京。民国政府宣称"参政院参政杨守敬，学术湛深，著述宏富，硕德耆献，海内知名"，并称"其生平事实，著宣付国史馆立传，以彰宿学"。同时，派专车护送灵柩，归葬宜都龙窝。2006 年，杨守敬故居和墓地被国务院列入第六批全国重点文物保护单位。

　　就学术成就而言，历史地理学是杨守敬用力最勤、成就最大的一个领域。他耗费毕生精力，运用多种方法研究《水经注》，与门人熊会贞历数十年撰写 40 卷《水经注疏》，集相关研究之大成。另有《历代舆地图》、《历代舆地沿革险要图》、《水经注图》等著作，使历史地理学成为近代显学之一。历史地理学家谭其骧称杨守敬为"清代集舆地之学大成"的学者。方志学家朱士嘉由衷赞叹："杨惺吾先生崛起楚北，竭数十年精力于此，遂集诸家之大成，盖近百年来治历史地理者无能出其右焉。"学者陈三立为杨守敬撰写墓志，称杨氏在历史地理学上之成就"巍然为东南大师"。北京图书馆创办人袁同礼亦称杨守敬"开舆地学之新纪元"。

　　《水经注》的研究是杨守敬学术的坐标。史学家顾颉刚指出："守敬实集清代三百年来《水经注》研究之大成，其专心致志真可惊也。"目录学家汪辟疆称赞杨守敬的著作"精语络绎，神智焕发，真集向来治郦注之大成也"。

　　除《水经注》研究之外，杨守敬在历史地理学方面的另一成就，是《历代舆地图》。他充分利用《大清一统舆图》《历代地理指掌图》《舆地图》《禹贡锥指》等前人成果，把历史文献中的地名予以辨识，对历代地理志的正误进行考订，用黑色表示古地名，用红色表示今地名，并用黑体字对相关历史事件和地名变迁作出说明。应该说，在谭其骧主编的《中国历史地图集》面世之前，杨守敬编定的《历代舆地图》是最有学术分量的中国历史地图，被誉为"历史地图绘制史上的里程碑"。

　　杨守敬走上历史地理学研究之路，有某种巧合性。太平天国期间，逃难的浙江余杭人、山东盐运使郑谱香暂避杨守敬家中。一天，郑某晒书，杨守敬见有六严的《舆地图》，遂借阅并临摹之，几乎乱假成真，郑某目为奇人，称其日后必成大器。1863 年，杨守敬在北京结交邓承修，与之共同编纂《历代舆地沿革险要图》。在此过程中，他发现《隋书·地理志》多有错谬之处，于是开始考证工作，这是其迈入历史地理学领域之始。1876 年，杨守敬与饶敦秩续修《历代舆地沿革险要图》,总计 69 篇,刊行于 1879 年。1906 年,杨守敬与门人熊会贞系统校订舆地图,在原来的基础上完成 34 册《历代舆地图》,计约 358 卷、45 个图组。从 1904 年开始刊行,直到 1911 年方才出齐,皇皇巨制,轰动寰宇。

1913 年,杨守敬致信时任司法总长的梁启超,希望由梁某转呈《历代舆地图》、《水经注图》给大总统袁世凯、副总统黎元洪,以期得到《水经注疏》的刻印赞助。袁世凯立即致信杨守敬,称赞这两部著作是"教师之圭臬、地舆之指南",并允诺赞助《水经注疏》刻印费 2000 元银洋。

杨守敬的学术贡献是多方面的,他在多个领域之成就均达到高峰。

在目录版本学方面,杨守敬造诣颇深,著有《湖北金石志》、《日本金石志》、《望堂金石录》、《日本访书志》等,辑有《寰宇贞石图》、《三续寰宇访碑录》、《古逸丛书》等,为时人所推重,成为"储藏之富、当世罕匹"的金石学家。

值得称道的是,杨守敬还是一位书法大家。他擅长各种书体,举凡楷、行、隶、篆、草无一不精,虞逸夫谓其书法为"睥睨一世、高居上座"。同时钻研书法理论,著有《楷法溯源》、《评碑记》、《评帖记》、《学书迩言》等专论。出使日本期间,杨守敬的书法艺术倾倒日本书法界,被王学仲誉为"日本现代书法的祖师"。1990 年 9 月,日本书道界在东京举办"杨守敬书法展",请柬上标明"近代日本书道之祖",以示尊重。日本书法家宇野雪村声称,时至今日,杨守敬的书论仍是日本书法爱好者最好的指导性经典著作,其作用甚至超过在中国的影响。在近代中日文化交流史上,杨守敬是里程碑式的人物,恰如日本学者岩谷修之评语:"金石之学,将以先生为传灯之祖师。"

杨氏喜收藏,藏书数十万卷,其中孤本逾万卷。他在黄州筑有藏书楼,因此楼与苏东坡旧居为邻,故取名"邻苏园",自号邻苏老人。苏东坡之才情与才学,素为杨守敬所景仰。甚至有人称,在博学多才和多有建树方面,杨守敬远在苏东坡之上。仁者见仁,聊备一说。杨守敬留有遗嘱,死后将所藏之图书捐给国家,后来这些图书移交给了故宫博物院。

早年的杨守敬也有功名之心,中举之后,曾 7 次参加会试,均名落孙山。最后一次参加科举,已年满 48 岁。不过,杨守敬对经商以谋钱财、入仕以谋高位均不看重,他骨子里始终坚持以博通学问、不入俗流为操守。1865 年,时任翰林的张之洞以风雅为旗帜，在北京陶然亭大会天下名流，时年 27 岁的杨守敬以"迹近标榜"而拒绝参加。1876 年，杨守敬被任为安徽霍山知县，他以"年老不耐簿书"而辞之。晚年，袁世凯聘其为顾问，杨守敬又以"年老无意出山"相拒。稍后，湖北同乡黎元洪恳切聘任，杨守敬以"政治非我所长"推辞。但还是被延请入京，加以参政职衔，史载"每会议一语不发者，先生也"，对政治了无感觉。

冰冻三尺，非一日之寒。杨守敬能够取得多方面的骄人成就，与其刻苦精神密不可分。少年杨守敬虽一度辍学经商，但他一心向学，白天站柜台，夜间挑灯苦读。杨守敬曾因书法太差而科举落榜，于是发愤练习，终成书法大家。民间传说，为了练就一手好字，杨守敬一张纸要写八道：正面第一遍用淡红写、第二遍用深红写、第三遍用淡墨写、第四遍用浓墨写，反面亦如是。可见其用功之勤。同样，凭一己之能力，耗数十年之光阴，全力打造学术精品，亦为后辈学人树立了敬畏学术的严谨风范。除了天资聪颖、勤勉过人，杨守敬之所以能够在清末民初的学界达到巅峰状态，成为超越前人的大学者，是因为他秉承了乾嘉学派的考据功夫和道咸经世实学的治学取向，善于融会贯通，尊崇前贤而不拘谨，开拓挥洒而有法度，兼备旧学之根柢、新学之眼光。晚清两湖总督张之洞称其为"湖北人望"，《清史稿》则直呼其"为鄂学灵光者垂二十年"。自视甚高、学识渊博的郭沫若也颇为服膺杨守敬的全才，称其为"东方的狄德罗"。

（杜七红）

人文黄冈竞风流：
近现代鄂东的学者与文学家

　　巍巍大别山和奔腾长江水之间夹着鄂东黄冈地区（旧黄州府）。它北抵河南，南靠江西，东与安徽接壤，西与九省通衢的武汉毗邻。山川瑰丽，英气凝聚，人文荟萃，云蒸霞蔚。

　　"大江东去，浪淘尽千古风流人物。"一代词宗、豪放派首领苏轼的代表作《念奴娇》就是被贬于黄州时写下的。鄂东的风流人物，史不绝书。远的如世界著名的药物学家李时珍就曾生于斯，长于斯。明清两代，这里出了一千八百名进士，几占鄂省之一半。近现代史上，此地更是人杰辈出。其中有叱咤风云的政治家、军事家，也有闻名全球的学问家、科学家。参加辛亥革命的鄂东志士约百余人，中共早期领导人与解放军高级将领中，鄂东籍竟有数百位之多。近现代鄂东的名流学者很多，仅蕲春县在 20 世纪 70 年代就以教授县闻名全国。我们在这里所作介绍，万不及一。

　　以下我们略为说一说黄侃、李四光、熊十力、闻一多、汤用彤、王亚南、冯文炳、胡风、徐复观、胡秋原、叶君健、殷海光等学者（其中的哲学思想家熊十力、汤用彤、徐复观、胡秋原、殷海光等，我们将在下一篇集中介绍）。

　　黄侃（1886—1935 年），字季刚，蕲春人，国学大师，著名语言文字学家，在经学、文学、哲学，特别是音韵学与训诂学方面造诣甚深。历任北京大学、武昌高等师范（武汉大学前身）、中华大学、东北大学、南京中央大学教授，创立了我国古文字音韵学的理论体系与学派，即"章黄学派"。"章"即章太炎，黄侃曾拜章太炎、刘师培为师。程千帆先生说："季刚老师的学问是既博且专的。无论你用经、史、子、集、儒、玄、文、史，或义理、考据、辞章来分类，老师都不仅有异常丰富的知识，而且有非常精辟的发明。他在文字、音韵、训诂诸方面的成就是空前的。"

黄侃学识渊博，治学严谨，不肯轻易写书，生前说："惟以观天下书未遍，不得妄下雌黄"，"五十岁以前不著书"，结果他死于五十岁。他的《三礼通论》、《声类目》等已写定，其他书稿凌乱。他读书破万卷，在书籍的天头地脚写有大量的批注。现有影印《黄侃手批白文十三经》与后人整理出来的著作有《文心雕龙札记》、《黄侃论学杂著》等书。他一生瞧不上一些人读书浮光掠影，不能坚持把一部部书从头到尾读完，讥讽为"杀书头"。他临终前因胃溃疡大吐血，但仍坚持把正在读的一部书圈点完毕，才撒手归西。

他曾与宋教仁等一道参加反清革命，在同盟会机关报《民报》上发表系列文章。1911 年为《大江报》写社论《大乱者，救中国之妙药也》，直言造反，鼓荡民气，风传三镇，致使当局恼羞成怒，查封报馆，逮捕正副主编，酿成"大江报案"，成为武昌起义的序曲。民国四年，刘师培等筹安会拥立袁世凯称帝，拉拢知识分子，黄侃坚不参加，影响了很多知识人。与刘师培相比，黄侃一生大事不糊涂，作为独立的知识分子，洁身自好。晚年黄侃对日本帝国主义的步步入侵，非常愤慨，深忧国难。

李四光(1889—1971 年)，蒙古族，原名仲揆，黄冈人，我国著名地质学家，首创地质力学，中央研究院院士，中国科学院院士。家贫，自幼就读于其父李卓侯执教的私塾，14 岁来武昌读高等小学堂，青年时留学日本，是同盟会最小的会员。辛亥革命后，被委任为湖北军政府理财部参议，后又当选为实业部部长。袁世凯上台后，革命党人受到排挤，李四光再次离开祖国，留学英国伯明翰大学，获得硕士学位。1918 年回国效力，任教于北京大学。1928 年到南京担任中央研究院地质研究所所长，后当选为中国地质学会会长。

1928 年 7 月国民政府决定组建国立武汉大学，国民政府大学院(教育部)院长(部长)蔡元培任命李四光为武汉大学建设筹备委员会委员长，并选定了武汉大学的珞珈山校址。1950 年后，历任地质部部长、中国科学院副院长、全国科协主席、全国政协副主席等职。为中国的地质、石油勘探和建设事业作出了巨大贡献。

他在地质学方面的主要贡献有：古生物蜓科的鉴定方法、中国第四纪冰川的发现和地质力学的创立。他根据数十年来地质力学的研究，从新华夏构造体系的观点出发，向毛泽东、周恩来分析了中国地质条件，认为在中国辽阔的领域内，天然石油资源的蕴藏量应当是丰富的。他指出，松辽平原、包括渤海湾在内的华北平原、江汉平原和北部湾，黄海、东海和南海都蕴藏着丰富的石油资源。

在 1966 年邢台大地震后，李四光指出要注意河北河间、沧州、渤海、云南通海、四川炉霍、云南的彝良大关、松潘、唐山……都被李四光言中。当时很多科学家认为地震是无法预报的，李四光斩钉截铁地说，地震是可以预报的。

早年，辛亥革命胜利后，当年腊月，为庆祝光复，黄冈四杰——吴昆、刘子通、李四光与熊十力聚会于武昌雄楚楼。为抒发心志，共出一纸，顺次挥毫。吴崑书李白《山中问答》诗："问余何事栖碧山，笑而不答心自闲；桃花流水杳然去，别有天地非人间。"刘子通发挥老子思想："生而不有，为而不恃，功成而弗居，若有心若无心，飘飘然飞过数十寒暑。"李四光书："雄视三楚。"熊十力书："天上地下，唯我独尊。"

闻一多（1899—1946 年），原名闻家骅，出身于浠水县一书香家庭，13 岁考上留美预备清华学校，22 岁（1922 年）去美，到芝加哥美术学院学画三年，却找到了他的诗人之笔。他历任中央大学、武汉大学（任文学院首任院长并设计校徽）、山东大学、清华大学、西南联合大学、北京大学教授，是我国著名诗人、学者、中国民主同盟早期领导人。

闻先生 1923 年出版了第一部诗集《红烛》，把反帝爱国的主题和唯美主义的形式典范地结合在一起。1928 年出版第二部诗集《死水》，在颓废中表现出深沉的爱国主义激情。此后致力于国学经典的整理与研究，对《周易》、《诗经》、《庄子》、《楚辞》下了很大工夫，其成果汇集成为《古典新义》，被郭沫若称为"前无古人，后无来者"。

1937 年抗战开始，他在昆明西南联大任教。抗战八年中，他留了一把胡子，发誓不取得抗战的胜利不剃去，表示了抗战到底的决心。1943 年后，因目睹国民政府的腐败，于是愤然而起，积极参加反对独裁，争取民主的斗争。1946 年 7 月 15 日在悼念李公朴先生大会上，闻一多忍受着连日饥饿带来的折磨，发表了著名的《最后一次的演讲》，当天下午即被国民党特务杀害。

闻一多的诗具有极强烈的民族意识和民族气质。爱国主义精神贯穿于他的全部诗作，成为他诗歌创作的基调。闻一多的诗篇发展了屈原、杜甫创作中爱国主义传统，具有鲜明的时代感以及社会批判的性质。在西南联大校友会召开的闻一多先生追悼会上，朱自清先生评介了闻一多在学术上的巨大贡献：闻一多是中国抗战前"唯一的爱国新诗人"，"也是创造诗的新格律的人"，"他创造自己的诗的语言，并且创造自己的散文的语言"。朱先生又详尽地介绍闻一多对中国神话、对《楚辞》《周易》《诗经》《庄子》等各方面研究的成就。遗著由朱自清编成《闻一多全集》四卷。

民间传说，闻一多新婚那天，亲友纷纷前来贺喜。好久了，还不见新郎，大家以为他更衣打扮去了。当迎亲花轿快到家时，人们才在书房找到他，原来他仍然穿着旧长袍在看书。家里人说他一看书就"醉"。

王亚南(1901—1969 年)，黄冈人，马克思主义经济学家。历任中山大学、厦门大学、清华大学教授。王亚南父母早逝，在兄长支持下，他在黄州读完小学，毕业后考入武昌第一中学，又考入武昌中华大学教育系。大革命中，他投笔从戎，在长沙参加了北伐军，曾在军中任政治教员。大革命失败后，他辗转来到杭州，因生活所迫寄居在大佛寺。在这里，他结识了他事业上的重要伙伴——上海大夏大学哲学系毕业后同样流寓大佛寺的郭大力。两个年轻人意气相投，一见如故，畅谈人生理想，很快结为至交。在此期间，王亚南开始钻研马克思主义政治经济学，寻找变革社会的救国之道。郭大力见他对经济学产生了浓厚的兴趣，就建议两人一起从事《资本论》的翻译工作，从此，他和郭大力开始了近四十年的友谊与事业的合作。《资本论》也成了王亚南终身学习和研究的经典。

1933 年，王亚南因参与"福建事变"被通缉而亡命欧洲。在马克思的故乡德国，在《资本论》的诞生地英国，他广泛收集西方经济学资料，注重西方经济学的发展动向，同时翻译了一些西方经济学著作。1935 年他回到上海，和郭大力着手正式翻译《资本论》。1938 年在经济生活极端困难的情况下，在迫切需要马克思主义理论滋润的中国这块干涸的土地上，王亚南和郭大力十余年的艰苦奋斗终于有了结果：马克思主义的基石《资本论》三卷中文译本终于出版了！这不仅是中国经济科学研究中的一个新鲜事物,更是马克思主义在中国传播中的一件大事,对中国的共产主义运动产生了重要影响。王亚南和郭大力用十年心血,克服重重困难,首次全译《资本论》三大卷,是马克思经济学说在中国系统传播的里程碑。

王亚南是中国马克思主义经济史学的开拓者之一。从 30 年代起,他就从中国经济史入手,探索旧中国的社会经济问题,取得了丰硕的成果。王亚南一生中最为杰出的贡献,是对中国半殖民地半封建经济形态的理论研究。他把马克思主义的基本原理和中国实际相结合,对旧中国半殖民地半封建经济形态进行了深刻的剖析,发表了一系列很有影响的专著:如《中国经济原论》、《中国地主经济封建制度论纲》、《中国官僚政治研究》等。

王亚南在经济研究方法论上的一个重要贡献,就是他极力倡导"应站在中国人的立场上来研究经济"。他认为经济科学是一门实践的科学,应该面对中国的实际,使马克思主义政治经济学中国化,建立"中国经济学"。

王亚南是现代中国著名的经济学家和教育家、新中国成立后厦门大学第一任校长。他在大学执教三十多年,积累了丰富的教学经验和办学经验,对教育有深刻的理解。尤其对教育的本质和功能,对如何办好综合性大学、如何培养和使用人才以及如何治学,有许多精辟的见解。

王亚南毕生从事教育与社会科学研究事业,四十年如一日。他一生著译四十一部,文章三百余篇,春风化雨,哺育了无数英才。晚年在"文革"的酷烈考验中更是岁寒知松柏,表现出一个真正共产党人的气节。

民间传说,王亚南小时候胸有大志,酷爱读书。他在读中学时,为了争取更多的时间读书,特意把自己睡的木板床的一条腿锯短半尺,成为三脚床。每天读到深夜,疲劳时上床去睡一觉后迷糊中一翻身,床向短脚方向倾斜过去,他一下子被惊醒过来,便立刻下床,伏案夜读。天天如此,从未间断。结果他年年都取得优异的成绩,被誉为班内的三杰之一。

冯文炳(1901—1967 年),笔名废名,湖北黄梅县人。著名文学团体语丝社成员,现代小说家。1952 年起在吉林大学任教授,1956 年任中文系主任。1963年被选为吉林省人大代表,并任省政协常委、省文联副主席。

在我国现代文坛上,冯文炳是有独立精神人格的作家和学者,可谓是楚地的一个奇才。1907 年 6 岁时始入私塾读书,1911 年入县八角亭第一高等小学读书,1916 年到武昌入启黄中学就读,开始接触新文学。

1917 年进入湖北省第一师范学校,其间深受"五四"青年爱国运动和新文化思潮的影响。1920 年省一师毕业后,任教于武昌完全小学,业余时间学写白话诗文,开始与周作人通信。1922 年考入北京大学预科班,常在胡适主编的《努力周报》上发表文学作品。1924 年正式升入北大英国文学系,积极参与新文化运动。1925 年 10 月冯文炳先生开始用"废名"的笔名出版了他的第一本短篇小说集《竹林的故事》。以后陆续出版的有《桃园》、《枣》、《莫须有先生传》等。其作品多写故乡普通劳动者,有浓郁的乡土气息和独创的艺术风格。

1937 年抗日战争爆发后,他返回故乡黄梅任中小学教员,其间他精研佛学,在冯氏祠堂里写成了《阿赖耶识论》一书。抗战胜利后,冯文炳于 1946 年重返北京大学中文系任副教授、教授,讲授《外国文学名著》、《现代文学》等课程,同时创作反映黄梅避难生活的自传体长篇小说《莫须有先生坐飞机以后》。

1952 年全国高校院系调整,冯文炳调到东北人民大学(吉林大学前身)中文系任教授。在吉林省工作期间,冯文炳主要从事文学教学和文学研究,先后讲授《写作实习》、《杜诗研究》、《鲁迅的小说研究》、《新民歌》、《美学》等课程。

冯文炳为京派小说家,其作品以田园牧歌的风味和诗化的意境在中国现代小说史上独树一帜,而被人们称为田园小说和诗化小说。在表现手法上,他受到古代诗词的影响。朱光潜说:《桥》里充满的是诗境,是画境,是禅趣。每境自成一趣,可以离开前后所写境界而独立。"

关于冯文炳与熊十力先生的交游,学界曾传为美谈。废名与俞平伯、冰心等都是知堂先生周作人的得意门生。废名十分尊重他这位同乡前辈熊十力先生,但在学问上则常与之辩难。每有争执,双方都面红脖子粗,终至扭打,废名拂袖而去。第二天废名再来,他们又和好如初,谈笑风生。这在北大传为笑谈。足见他们二人都如孩童赤子,一任感情自然流露。1936 年,废名的儿子满周岁,熊先生还去拜访,送六块银元祝贺。抗战胜利复员后,1947 年熊先生在北大与废名同住。彼此见面,少不了唇枪舌剑,争论的焦点是佛学。废名认为熊先生曲解了佛学,熊先生则认为应超越佛学。

胡风(1902—1985年),原名张光人,蕲春人,著名文艺理论家、评论家、翻译家、诗人。现代文学史上"七月诗派"的代表人物。1920年起就读于武昌和南京的中学,其间开始接触"五四"新文学作品。1925年进北京大学预科,一年后改入清华大学英文系。不久辍学,回乡参加革命活动,后一度任职于国民党的宣传、文化部门。1927年加入共青团。1929年到日本留学,参加日本共产党。1933年因在留日学生中组织抗日文化团体被驱逐出境。回到上海,任中国左翼作家联盟宣传部长、行政书记,与鲁迅常有来往。

1935年提出了"民族革命战争的大众文学"的口号,引发"两个口号"的论争。抗日战争爆发后,主编《七月》杂志,编辑出版《七月诗丛》和《七月文丛》,并悉心扶植文学新人,对现代文学史上"七月"派的形成和发展起了重要作用。曾任中华全国文艺界抗敌协会常委、研究股主任,辗转于汉口、重庆、香港、桂林等地从事抗战文艺活动。

1941年1月皖南事变后,《七月》被迫停刊,他另编文学杂志《希望》。创刊号上发表舒芜的《论主观》和他自己的《置身在为民主的斗争里面》两文,由此引起关于"主观"问题的论争和对于他的文艺思想的批判。1949年7月在第一次中华全国文学艺术工作者代表大会上,胡风当选文联委员、作协常委,并任《人民文学》编辑委员。他以抒情长诗《时间开始了!》欢呼新中国的建立。

1952年开始受到批判。1954年,针对文艺问题提出30万言意见书,结果酿成全国性的大的政治运动:清查、揭批"胡风反革命集团案"。胡风与夫人梅志乃至文艺界、文化界多人从此陷入冤狱。

1980年9月,中央作出审查结论,所谓"胡风反革命集团"案件是一件错案。平反后,胡风担任第五届、第六届全国政协常委、中国文联全国委员会委员、中国作家协会顾问、中国艺术研究院顾问。1988年6月18日,中央办公厅发出《关于为胡风同志进一步平反的补充通知》,进一步澄清了这一历史。

叶君健(1914—1999年),湖北黄安(今红安)人,笔名马耳,中国作家,翻译家,儿童文学家。1936年毕业于武汉大学外文系。抗日战争爆发后,叶君健停下了自己的小说创作,投身到抗战的宣传工作之中。1938年在武汉国民政府军事委员政治部第三厅从事国际宣传工作,同年参加发起成立中华全国文艺界抗敌协会。他辗转于武汉、香港、重庆等地,利用自己所掌握的外语,作了大量的宣传工作。在香港主编英文刊物《中国作家》,又任重庆大学、中央大学、复旦大学教师。他在这一时期所翻译的中国抗战文学作品,后来被收为英语和世界语两个集子出版。

1944 年,叶君健应英国战时宣传部邀请,任中国抗战情况宣讲员,到英国各地演讲,宣传中国的抗日战争,并重新开始一度中断了的小说创作。抗战胜利后,叶君健在英国剑桥大学英王学院进修,做欧洲文学研究员,用英语创作了短篇小说集《无知的和被遗忘的》、《蓝蓝的低山区》,长篇小说《山村》《他们飞向前方》等。这些作品都是出于向国外读者"解释中国"的目的而创作的。

1949 年叶君健回到祖国,又投身于宣传家的事业,历任辅仁大学教授,文化部外联局编译处处长,《中国文学》副主编,长期主编英文刊物《中国文学》。曾任中国作家协会书记处书记、中外文学交流委员会主任,是民盟中央委员,全国第三届人大代表,全国第五、六、七届政协委员。

他著有长篇小说《土地三部曲》(《火花》、《自由》、《曙光》)、《寂静的群山三部曲》(《山村》、《旷野》、《远程》),散文集《两京散记》,短篇小说集《叶君健小说选》、《叶君健童话故事集》等。另外有译著《安徒生童话全集》等。

作为世界知名的小说家和翻译家,叶君健对我国儿童文学事业的发展给予了极大的关注,并作出了很大的贡献。叶君健的文学创作的主要特征是:高度的现实主义精神,诗的意境与韵味,以及简洁朴素的语言风格。

《安徒生童话》现有 80 多种文字的译本,丹麦报纸有评论认为中文译本是最好的。文中认为"只有中国的译本把他当做一个伟大作家和诗人来介绍给读者,保持了作者的诗情、幽默感和生动活泼的形象化语言,因而是水平最高的译本"。为此,丹麦女王曾隆重授予叶君健"丹麦国旗勋章",这是全世界《安徒生童话》众多译者中唯一获此殊荣的。也是安徒生与叶君健作为作者与译者,因一部作品先后获得同样勋章的唯一先例。《安徒生童话》在中国滋润了我们几代人,其中,叶君健先生功不可没。

以上这些学者、文学家风格迥异,各具情采,他们的坎坷命运与时代思潮息息相关，他们的开创性与坚韧刚毅的品格除了与家庭、个人有着密切的关系外，亦与鄂东的人风、学风有着不解之缘。

宋元以降，特别是明清至现代，鄂尔地区人才勃兴，蔚为壮观。为什么会出现这个人文景观呢？这似与鄂东地区的社会风尚和地理环境不无关系。首先，鄂东地区自古就有重教兴学的传统。其次，鄂尔乃鄂皖赣三省交会之地，吴、楚、皖文化交汇碰撞，儒、释、道衍生杂糅，在多种文化思想的滋养下，鄂东历代人才辈出。再次，近现代鄂东文化生态很好，古今中外思想充分交流，清末士绅、学者、商人走南闯北，带来了很多新的信息。此地与九江、武汉相邻，新思想传入相当快捷。从黄侃到到叶君健等学者与文学家身上，我们都不难看到这些踪影。

（郭齐勇）

留住中国文化的根：
近现代鄂东的哲学思想家

　　"五四"之后，学术界出现了文化守成主义及其中的现代新儒学思潮。文化守成主义中有一"学衡"派。1922年创刊的《学衡》杂志，在十多年内（1933年停刊）聚集了一批文史哲界精英，成为文化守成主义的重镇。《学衡》宗旨为"论究学术，阐求真理，昌明国粹，融化新知，以中正之眼光，行批评之职事，无偏无党，不激不随"。《学衡》对新文化运动的主流派提出了尖锐的批评。其中，吴宓、梅光迪、汤用彤提出的"东西历史民性的差异性"问题，选择中西文化真正的精华加以融会贯通的问题，摒弃浅薄、狭隘的学风的问题，都有积极的意义。他们对中西文化做过切实的研究，有透辟的分析，因而多从学理上主张既"保存国粹又昌明欧化"，既反对菲薄国学又反对保守旧化，批评双方引进的西学"均仅取一偏，失其大体"，主张忠实全面地介绍、阐扬东西方文化主流之精粹。

　　现代新儒学思潮既是文化守成主义的一部分，又是其核心部分。现代新儒学思潮是从中国文化自身的大传统中生长出来的、面对强势的西方文化的挑战应运而生的20世纪中国最具有根源性的思想文化的流派，是在现代中国反思与批判片面的现代性（包括全盘西化或俄化）的思想流派，也是在现代中国积极吸纳西学、与西学对话，又重建传统并与传统对话的最有建设性与前瞻性的思想流派。这一思潮是非官方、非主流的。其代表人物都是在野的公共知识分子，故深具批判性与反思性，又是专家、学者兼教师，在哲学、史学与教育界等领域有着卓尔不群的建树。

　　文化守成主义思潮的整体背景是价值系统的崩溃、意义结构的解体和自我意识的丧失。近现代中国的思想危机是"意义的危机",即人们对于人生、宇宙的基本意义的看法与信仰的危机。中国现代知识分子在外来思潮冲击下所出现的"精神的迷失"格外地显著。于是,这一思潮应运而生。

在文化守成主义思潮中,有四位鄂东籍学者。汤用彤是"学衡派"的中坚,熊十力是第一代现代新儒家的"中心开启式"的人物,徐复观是第二代港台新儒家的中坚,胡秋原也是第二代,属于广义的现代新儒家中的一员。

文化守成主义思潮主要是为反对全盘西化思潮应运而生的。鄂东籍学者殷海光则是全盘西化派的中坚。当然,他晚年的思想已有了转变。

我们把处于文化守成主义与全盘西化两大思潮,彼此间有一些来往纠葛的五位鄂东籍思想家与学者放在一起介绍,以飨读者。

汤用彤(1893—1964年),字锡予,祖籍湖北黄梅县,生于甘肃渭源县。汤家于清乾嘉时从江西迁至湖北黄梅,以教书为生。其父汤霖,清光绪十六年进士,曾任过几任知县,后曾赴各省任考官。汤用彤先生三岁的那一年,有一天突然一字不差地背出了《哀江南赋序》,其父非常惊异,由此他很早就在父亲的教馆中接受教育,以后在北京顺天学堂开始接受新式教育。

汤先生1912年考入清华学校,1917年毕业,考取官费留美。后因治沙眼而未成行,留在清华教国文。1918年与吴宓一起赴美,先在明尼苏达州汉姆林大学哲学系,主要选修哲学、心理学,1919年入哈佛大学研究院,与陈寅恪同时学习梵文、巴利文及佛学,仍进修西方哲学。后经吴宓、梅光迪引见白璧德(Babbit)教授。白氏是美国当时著名的新人文主义者,认为中西文化传统在人文方面互为表里,对孔子尤为称赞,并希望中国学人能撷采中西文化之精华,以求救亡图存,而不蹈西方之覆辙。汤用彤后来的文化观和治学态度,很多与白氏契合。哈佛期间,他与吴宓、梅光迪被誉为"哈佛三杰"。汤先生以后成为文化守成主义的"学衡派"的成员,与这段经历有关。

1922年在哈佛获得哲学硕士学位回国,汤先生历任东南大学、南开大学、北京大学、西南联大教授。1947年汤用彤休假赴美国加州柏克莱大学讲中国佛教史一年,次年婉拒哥伦比亚大学讲学之邀,决定回国。1949年1月北京解放,汤用彤任北京大学校务委员会主席,1951年后任北大副校长。1953年中国科学院成立，兼任历史考古委员会委员。1956 年中国科学院哲学社会科学学部成立，任学部委员。汤先生是第一届全国政协委员，第三届常委，第一、二、三届全国人大代表，是中国著名哲学家、哲学史家、佛教史家，教育家、著名学者，现代中国学术史上会通中西、接通华梵、熔铸古今的国学大师之一。他能同时上中西印三门课：印度佛学、魏晋玄学、欧洲唯理论与经验论哲学。代表作有：《汉魏两晋南北朝佛教史》《印度哲学史略》《魏晋玄学论稿》等。

汤用彤与熊十力、钱穆、蒙文通诸先生的交游颇有趣味。熊十力是哲学家，黄冈人。钱穆（宾四）先生是国学大师，无锡人。蒙文通先生是廖平和欧阳竟无的弟子，博通经、史、佛学，巴蜀人。蒙先生每与熊先生聚首，必打嘴巴官司，从佛学到宋明理学，二人往往争得不可开交。敦厚的汤用彤先生在旁观战，独默不语，只有钱先生从中缓冲。钱穆先生在《师友杂忆》中曾回顾了他们交游的一些细节。有一次，他们四先生"同宿西郊清华大学一农场中。此处以多白杨名，全园数百株。余等四人夜坐其大厅上，厅内无灯光，厅外即白杨，叶声萧萧，凄凉动人，决非日间来游可尝此情味。余等坐至深夜始散……至今追忆，诚不失为生平难得之夜"。这是何等的境界啊！

季羡林先生说："在汤用彤先生身上，镕铸今古、会通中西的特点是非常明显的……汤先生的人品也是他的弟子们学习的榜样。他淳直，朴素，不为物累；待人宽厚，处事公正。蔼然仁者，即之也温。他是一个真正的人，他是一个真正的学者，他是一个真正的大师。"

熊十力（1885—1968 年），湖北黄冈人。和现代新儒学思潮中的梁漱溟、马一浮、钱穆先生是朋友，也与这一思潮中的张君劢、方东美、冯友兰、贺麟相过从。他参加过辛亥革命，是一位传奇式的人物，没有受过任何旧式教育和新式教育，可谓自学成才。他家里非常贫穷，在我们湖北东部的穷乡僻壤诞生的，只读过半年的私塾，幼年放牛，16—17 岁的时候游学于乡间，后来与同县何自新、浠水王汉到武汉来，受到维新派的影响，读孟子、顾炎武的书，萌发了革命志向，并邀请四方豪杰共图天下大事。为"运动军队"，他投到武昌的新军第三十一标当兵，发起组织黄冈军学界讲习社，然后图谋起义，奔走呼号，被清廷鄂军首领张彪所通缉。1917—1918 年，他参加了孙中山先生领导的护法运动，后来他看到辛亥革命以后，世风日下，国民党人竞权争利，革命终无善果，愤然弃政向学，研读佛学和儒学来探究人生的本质、真谛，增进国民的道德。

熊十力曾执教南开学校，后来到南京内学院，在欧阳竟无大师门下打下了坚实的佛学基础，接受了严格的哲学训练。1922 年，由于梁先生介绍，也由于蔡元培先生识才，熊十力先生开始在北京大学担任特约讲师，讲授佛教的唯识学。在北大的环境中，熊先生得以独立思考，而且和学术界的精英开始讨论学问，这才是他成为一个哲学家的真正的开始。1923 年熊十力进一步背弃了他老师欧阳大师的唯识学，形成了自己的一套观念，后来经过十年的苦学精思，他构建了自己的哲学体系《新唯识论》。这本书出版以后，得到了蔡元培、马一浮先生的高度赞扬。他创立了融汇儒佛的所谓新唯识论的哲学体系，是回到中土的立场、中国儒家《周易》的立场。

抗战时期熊十力颠沛流离，生活非常困难，他以对国家、民族、人民，对传统文化的执著的爱戴，自甘寂寞，乐以忘忧，勉力著述。他的哲学体系在当时有一定影响，抗战末期出版的《新唯识论》(语体本)、《读经示要》这是他思想成熟的一个标志。这时，他被聘为北大哲学系教授。

他学问的轨迹大概是这样的：早年批评六经，认为六经是拥护专制政体的书，中年学佛学，从大乘有宗入手，后来又扬弃了有宗，深研空宗，然后又扬弃了空宗，最后反求诸己，通过自己的人生体验，回到儒家《周易》的立场。他的哲学观点是体与用的不二，就是有其体就有其用，体和用是贯通在一起的，有此体就有此用。心和物不二，心是精神的力量，物是物质的层面，他认为精神的东西和物质的东西是融合在一起的，能量和质量是融合在一起的，天和人也是可以打通的。他所谓本体论的本体，讲的是一个道德心性的本体，《中庸》里面讲的性，《孟子》里面讲的心，他认为这是人的生命存在的本体，是宇宙万物最重要的根源处。在一定意义上，他讲的是人生生命的意义，人生的价值是最重要的。在物欲横流的世界里面，我们如何去寻找人生的真谛、本质与宇宙的本体？他常常讲：我们人和天地万物是相互关联的，其中有一种最高本体的东西，乾元性体，本心，也就是心性本体，这里面有乾阳清刚之气，有很大的创造力。他反对西方的二元分离的方式，天人分割的方式，反对西方的鸿沟，天和人之间的鸿沟，或者有一个什么造物主。他认为,《周易》乃至五经,我们的文化传统中没有这样一种天人、主客、心物之间的隔阂。他说,仁心本体是宇宙万象和人类社会最重要的一个根源处,他把这个东西叫做本体,由此开发出人类的社会文化和自然世界。

1950年以后,他的生活与著述得到他的老友董必武以及周恩来、陈毅、郭沫若等人的关照。1954年以后定居沪上。他是全国政协委员,北京大学一级教授,世界级的哲学家。

熊十力弘扬的是中国文化中特别强调的道德的智慧和道德的本体与主体。他开辟了现当代新儒学的精神方向,并在这个意义上影响了他的学生——第二代现代新儒家唐君毅、牟宗三、徐复观、胡秋原等。在一定意义上,看老师如何,要看他是否培养出了优秀的、有创造性的、杰出的弟子。熊十力后来的地位这么高,与唐、牟、徐等不无关系。

徐复观(1903—1982年),湖北浠水人。是思想家与思想史家。他是勇者型的人物,出身贫寒,早年在军政界供职,曾是蒋中正侍从室的秘书,少将军衔,50岁以后才专力治学,曾任东海大学等校的教授。他少年时在武昌学国学,有很好的国学基础。

徐先生当年听到熊先生的盛名,非常仰慕,抗战时在重庆他曾经拜访过熊先生,他是穿着笔挺的军服去的,到了以后在熊先生面前高谈阔论,被熊先生劈头盖脸地骂了一顿。熊先生说你读了什么书啊? 他在熊先生面前讲:"我读了王船山的著作。"熊先生问王夫之有什么书? 他说王夫之有《宋论》《读通鉴论》《老子衍》《庄子通》等等。熊先生说那你说一说王夫之的《宋论》,徐先生就把王夫之等明末清初大思想家的书大胆地批评了一顿。熊先生立即予以当头棒喝,说你这个小子,你根本没有读懂,你根本没有资格讲王船山,你回去给我老老实实把王船山的书重读一遍,读完了以后你再来跟我谈话。徐先生后来回忆说,熊先生的"骂"是起死回生的一"骂",他说熊先生教会了他如何读书,他说他过去读书非常傲慢,读到古人的话无不批评,现在看来,确实没有读懂,而熊先生则告诉了他怎么读、怎么做学问,他说他从那以后就抱着一种诚心去读书,认认真真地去体会,去分析,认真分析古人的得失。

徐氏与唐君毅、牟宗三为同道,共同弘扬中国传统文化精神。与唐、牟不同的是：他不是从哲学的路子出发的；对传统与现实的负面，特别是专制主义政治有很多批判；有庶民情结，是集学者与社会批评家于一身的人物。"忧患意识"一说即来自徐氏，指表现在西周初年周公等人"敬""敬德""明德"观念中人的精神集中、对事的谨慎、认真的心理状态，由信神而转为人的自觉，乃殷周之际从原始宗教挣脱出来的中国人文精神之跃动。由此凸显的是主体的积极性与理性，自觉反省，对自己行为负责。这种人文精神自始即带有道德的性格。他特重发掘中国历代知识分子对于治道与民生的关切、介入，以天下为己任和以德抗位、道尊于势的传统。

徐氏对先秦人性论史、两汉思想史、中国艺术精神与艺术史有深入的研究与独到的见解，其中指导性的乃是一道德史观或心性史观，认为中国文化是由上向下落，由外向内收的"心的文化"，人心是价值之源与生命的导向。他认为孟子性善论是一伟大的发现，每一个人即在他的性、心的自觉中，得到无待于外、圆满自足的安顿。性善证实了人格的尊严，同时即是建立了人与人的相互信赖的基础，也提供了人类向前向上的发展以无穷希望的根据。孟子的王政，即是以人民为主的政治。徐复观先生比较重视经学与经学史，创造性地诠释礼乐文明。他通过对周秦汉，特别是汉代社会政治结构的探讨，深刻地揭露、鞭笞了专制政治。他特别重视知识分子问题，不仅考察了"史"的原始职务与祝、卜、巫的关系，尤其论述了史职由宗教向人文的演进，宗教精神与人文精神的交融。他对汉代优秀知识分子以理想指导、批判现实政治的研究，多所弘扬。徐先生肯定中国知识分子的使命感、入世关怀、政治参与和不绝如缕的牺牲精神。他身上即体现了知识分子特别是人文知识分子，以价值理念批评、指导、提升社会政治的品格。从20世纪50年代初至临终前，他一直都在批评国民党的政治。

徐先生治学严谨扎实，有考据的功夫，把考据、义理与辞章三者结合得很好。他的代表作是《中国人性论史（先秦篇）》《中国艺术精神》《两汉思想史》等。

徐先生是平民思想家，有浓厚的乡土之情，他的骨灰最后回到了家乡湖北浠水，葬在了浠水。他的心和浠水老百姓的心总是连在一起，他生前念念不忘的是家乡，他的母亲，他的贫苦家庭与苦难的同乡。

胡秋原（1910—2004年），湖北黄陂人，是当代著名思想家、历史学家。胡先生是一名立身于道统的公共知识分子,他怀抱道德理想,积极参与、批评、指导现实政治,他曾考入武昌大学(武汉大学前身)就读,又负笈东洋,考入日本早稻田大学政治经济学部。九一八事变爆发后,胡先生放弃学业和官费,滞留上海,以笔为生。他参加过文学论争与社会史论战,又游历过欧洲。

胡先生的学术贡献:首先,表现在"理论历史学"的理论建构上。理论历史学是对中西历史哲学思想的批判、继承和发展。胡先生既有历史哲学的方法论的自觉,重视对历史认识的可能性及其条件的考察;又强调对历史作价值判断的重要性,因此他批判了实证主义思潮、科学主义思潮对价值问题的拒斥。其次,体现在胡先生从理论与历史的角度,对知识分子问题所作的系统研究。胡先生看重知识分子的历史作用,认为历史上儒家知识分子以其道义担当抗议威权,着力于消解君主的政治主体性,从而缓和了专制的程度,形成开明专制,护持住中国的历史进程和文化慧命于不绝。胡先生的代表作《古代中国文化与中国知识分子》,着眼于对传统政治结构中道统与政统相互关系的分析,所强调的是承载道统的士人知识分子对现实政治权力的批导与限制。第三,他对民族主义思想有较大的贡献,是 20 世纪中国民族主义思想的重镇。第四,在文化上,胡先生主张超越传统派、西化派、俄化派而前进。最后,胡先生认同儒家的核心价值。在胡先生看来,儒家的核心价值并不构成工业化、现代化的障碍,恰恰相反,儒家人文精神可以救治现代性危机,弥补宗教科技的偏弊,与自然和谐,因而求得人文与宗教、科技、自然调适上遂地健康发展。

胡先生热爱祖国,热爱湖北,热爱黄陂。1988 年 4 月,为进一步推动祖国两岸的和平统一,他在台湾发起成立了"中国统一联盟",并被推举为名誉主席。自此,他一直站在反分裂、反"台独"的第一线。1988 年 9 月 12 日,胡秋原先生偕夫人并与长女一道,无视台湾当局的"三不"政策,以祖国统一为己任,从美国旧金山直飞北京,回到了阔别四十载的故土大地,成为"两岸破冰第一人"。在北京,胡秋原与老朋友、中共领导人李先念、邓颖超等亲切会面,共商国是。借此机缘,他回到母校,回到他日夜思念的家乡——黄陂。当时,他的乡音未改,然鬓毛已衰。

殷海光(1919—1969 年),原名殷福生,湖北黄冈人。著名逻辑学家、哲学家。

曾从师于著名逻辑学家、哲学家金岳霖先生。西南联大毕业后,进入清华大学哲学研究所,并曾在金陵大学(原中央大学)任教。抗战爆发后,加入青年军。1946年至1949年在国民党中央宣传部工作,任《中央日报》主笔。1949年到台湾,因所写社论骂抵台的军政人员为"垃圾"而触怒了蒋介石,受到国民党的围攻、批判,被迫离开《中央日报》。自此,殷海光脱离国民党阵营,转变成自由主义者。同年8月,他进入台湾大学哲学系任教。同年11月,他与胡适、雷震等人在台北创办影响巨大的综合性半月刊《自由中国》,任编委兼主笔。这个杂志的发行人虽为胡适、雷震,因胡适当时不在台湾,雷震以负责行政事务为主,真正的灵魂人物却是殷海光。他用言论、思想给《自由中国》杂志导航,使该杂志发行量扶摇直上,热销海内外。

殷海光先生是20世纪中国不可多得的自由主义斗士,风骨嶙峋的知识分子,一位充满着道德热情和道德勇气的理想主义者。他不畏强权,不避横逆,为弘扬五四精神和在中国实现自由、民主奋斗了一生,终因20世纪60年代台湾国民党政府的政治迫害,抑郁患癌,过早谢世。其代表作有:《逻辑新引》《思想与方法》《中国文化的展望》等。

殷先生说他自己是"五四后期人物",没有机缘享受五四人物的声华,却遭受着寂寞、凄凉和困厄。他一生沿着五四启蒙主义的道路,对中国传统积弊与现实负面作无情的鞭笞和批判,晚年尤能以今是而昨非的精神,勇敢地否定自己,修正与检讨自己对传统文化的片面理解,转而认同民族文化的优长与价值,批评西方现代化的弊病。晚年他与湖北老乡徐复观先生多次交谈。他在临终前说:"我的思想刚刚成熟,就在跑道的起跑点上倒下来,对于青年,我的责任未了,对于苦难的中国,我没有交待!""我现在才发现,我对中国文化的热爱,希望能再活十五年,为中国文化尽力。"可惜天不假年,赍志而没。

他的学生、美籍华裔学者林毓生教授在纪念殷海光的文章中说:"于孔孟思想中'仁'先于'礼'之道德主义性的观念,虽然与西洋近代自由思想的道德基础——康德的道德自主性观念——并不完全一样,但两者在理论上是可以交融的。因此,要实现自由与民主,今后中国有识之士,不应再拾那五四时期对中国传统全面否定的牙慧,这种把自己连根拔起,向西洋一面倒的办法,从五四以来的中国思想史上看来，不但不易使自由思想在中国泥土上生长，反而使自己成为一个文化失落者。因此，中国自由主义者的现代课题，不是对传统的全面否定，而是对传统创造地改进。"

从近现代鄂东思想家、学者、文化名人的成长史上，我们不难得出三条结论：第一，老传统的根基。他们之中不论出身贫寒还是富裕，都通过家教、私塾等方式受到乡邦人文风教的深刻影响，打下了很好的做人与求学的基础，尤其是在发愤立志的进取心与道德心性的修养方面与人文学的童子功方面，根子很正。这些文人学者，包括科学家在内，都接上了地气，有草根的中国乡土之情怀，终生怀念乡亲与故土，与鄂东固有的人文风教有不解之缘。不忘其初，不忘其本，不改乡音，不忘其所从出，浓浓乡情成为他们全面发展的原动力。第二，文化的开放性与包容性。鄂东文化生态较好，有开放性，因此这些人物除有一定古学的底子外，还在乡邦就开始接受新学，感受到新思想、新文化的冲击力。科学、民主、自由、人权，德先生、赛先生、穆姑娘，成为时代的主潮，也成为他们各位一辈子的目标。这些人物每个人都十分坎坷，而能做到动心忍性，择善固执，与他们宽容开放的心态、放达的人生智慧与坚韧不拔的奋斗精神是分不开的。第三，走出鄂东，走出湖北，才成就了这些湖北的科学家、思想家与文人。我们不能不看到，他们中大多数人的轨迹：少年时代离开鄂东来到武汉，青年时代在武汉读书，进而到北京、上海等大城市求学，或到欧洲、北美、日本留学，然后又回归祖国，仍在大城市从事文化科教事业。所以，我们还是要有清醒的头脑，不要因为强调地域文化而自吹自擂，故步自封。这些人如果不走出去，仍窝在鄂东，绝不会成为"人物"。

（郭齐勇）

四、孤帆远影碧空尽

Gu Fan Yuan Ying Bi Kong Jin

楚长城:"中国长城之父"

　　罗哲文先生生前任国家文物局古建筑专家组组长、中国长城学会名誉会长,毕生为保护长城奔走四方,对长城研究有着深厚的造诣,被誉为"长城研究第一人"。

　　但是,不为外人所知的是,罗哲文先生钟情一生的长城,除了那条东起山海关、西至嘉峪关,横亘祖国北方的万里长城外,他的心中始终还牵挂着另外一条少为人知、神秘莫测的长城,那就是楚长城。

　　楚国在武王、文王、成王、穆王时期(约从公元前741年至前641年),国力逐渐增强,并将势力范围慢慢覆盖周边地区,灭掉了周围几十个小国,扫清了通往中原的道路。

　　公元前613年,楚庄王即位,其时尚不满二十岁。这位年轻的君主"三年不鸣,一鸣惊人",令诸侯刮目相看。公元前606年,楚庄王率领大军北上争霸,饮马黄河,问鼎中原。楚庄王一生戎马倥偬,南征北战。"并国二十六,开地三千里",称霸中原,威播四方,使楚国霸业进入了鼎盛时期,后人称之为"天下大事尽在楚"。

　　庄王后期的楚国疆域,西北到武关(今陕西商南县西北),东南到昭关(今安徽含山县北),北到今河南南阳,南到洞庭湖以南。为防备晋、齐的进攻,楚国开始在北部边境地区修筑一系列叫做"方城"的城墙。

　　楚国修建长城一事,在文献中亦有反映。如《左传·僖公四年》记载,公元前656年,春秋霸主齐桓公率八国军队讨伐楚国。楚国派使者屈完见齐桓公,陈以利害说:"楚国方城以为城,汉水以为池……"意思是齐军是越不过"方城"这条防线的。屈完所说的"方城",就是楚长城。《史记·齐太公世家》也有类似记载:

"君以道则可；若不，则楚方城以为城，江、汉以为沟，君安能进乎？"此外，《汉书·地理志》也明确指出："南阳郡，叶，楚叶公邑。有长城，号曰方城。"

根据上述文献资料综合考证，楚长城的位置，西起今湖北竹溪县，跨汉水辗转至河南的邓县，往北经内乡县，再向东北经鲁山县、叶县，往南跨过沙河直达泌阳县，长度近 500 公里。从地理位置上看，这一道长城正好处在当时楚国都城郢都的北方，对于防御较为强大的诸侯邻国秦、晋、齐等的进攻，至关重要。

楚长城的修建很可能在楚文王灭申置县之后，即公元前 688 年之后，最迟应修建于公元前 678 年灭邓之后。据文献记载，楚成王十六年（前 656 年），楚齐召陵会盟之前，楚长城已开始发挥作用。

楚文王继承武王的开疆拓土战略，国力日渐强盛。这个时期周天子王道中落，诸侯国越来越强大，开始出现诸侯称霸局面。齐桓公是春秋五霸之首，他"挟天子以令诸侯"，率诸侯之师惩伐不尊周礼的国家。楚文王向北扩张，伐申灭邓的同时，也面临着齐国的威胁。那时楚国尚未强大到可与齐国一争高下，因而继续修筑长城以加强防御。

从《左传》第一次记载"僖公四年，楚国方城以为城，汉水以为池"，到《史记·楚世家》说"顷襄王十八年（前 281 年），方城之外必为韩弱矣"，即最后一次利用方城，间隔了 376 年。如按楚国修建方城的时间在公元前 688 年稍后计算，方城的修造和使用时间长达 400 余年。这 400 多年正是诸侯争霸和兼并战争不断加剧的时期。从这个意义上说，楚方城不但是中国历史上修建最早的长城，也是建筑和使用时间最长的长城。所以，当 1998 年 6 月，美国时任总统克林顿访华期间游览北京慕田峪长城时，曾问道："这是否是中国最早的长城？"当时，陪同一旁的中国长城学会秘书长董耀会回答说："这不是中国最早的长城，中国最早的长城是楚长城。"

而被誉为"长城研究第一人"的罗哲文先生与楚长城结缘，则始于新中国成立之初。1952 年，罗哲文先生开始参与长城维修项目，与长城有了很多接触。为了使导游更准确、更科学地介绍长城，他编写了一本《万里长城·居庸关·八达岭》的小册子，其中涉及楚长城的介绍。他写道："关于楚长城的建筑形式，由于保存的遗址尚未查清，目前尚不能确证，但从历史文献记载上我们还能得知一些情况。"也正是从那时候起，罗哲文先生开始关注和研究当时鲜为人知的楚长城。

长城有别于一般城墙或方或圆的形状及封闭状态，是非封闭的、有一定长度的城墙，还具有军事防御功能所需的烽火台、关口、壕堑、关堡等。同时，长城的出现是一个渐进的过程。最初是单个防御性的城墙，后来由这些单个城墙发展成为分布广泛且相互连接的列城，当这个防御体系达到一定的长度时，就形成了长城。罗哲文先生根据毕生对长城的研究心得，认为认定古代长城，至少要具备三个要素，即文献记载、考古发现、连接墙三个要素。因此，他对楚长城的考察和认定也紧紧抓住这三大要素。

1981年麦收时节，年近六旬的罗哲文先生用两个月的时间考察了河南鲁山、叶县、方城、舞阳、舞钢、宝丰、泌阳、南阳、邓县、内乡等地，寻找楚长城的沧桑身影。

2007年，83岁的罗先生再次来到河南。在前往叶县闯王寨的时候，车停在一道土垄上，这道土垄东西都望不到头。罗先生沿着叶县及与方城县交界处的土垄徒步考察了数十里，基本没有大的间断。在舞钢市平岭村，罗哲文也发现了同样的遗迹。这道土垄的经行路径，与魏郦道元所撰《水经注》卷三十一"叶东界有故城，……南北联绵数百里，号为方城，一谓之长城"的记载完全吻合。综合实地考察结果与文献记载，罗先生认定这些"貌不出众"的土垄就是楚长城。

此外，著名学者杨宽先生也认为楚人筑有长城，且多在河南平顶山境内。

中国长城研究会会长成大林先生在叶县境内考察时，认为河南民间所说的"土龙"即土垄是修建年代不晚于战国的楚长城遗迹。2009年，他在叶县保安镇境内的楚长城考察时，在一处遗址上发现春秋战国时期陶器残片，为确认楚长城找到了关键的实物证据。

中国长城学会秘书长董耀会认为，从公元前688年楚灭申到公元前223年秦灭楚的460多年间，豫南的平顶山、南阳、驻马店、信阳等地属于楚国辖地。后经东晋、南宋、明末，虽也有过小规模的短期战争，但均没有修建大规模长久性军事防御工程的必要。在平顶山及南阳境内发现的古城寨数量多、规模大，寨与寨之间有联系，且城寨均位于关隘要冲，应该是春秋时期楚国所修长城遗迹。由于修建年代最早，所以，他形象地将楚长城称之为"长城之父"。

2010年，河南省文物局正式对外宣布，通过田野考古学的方法，经过数年探索，确认找到了被称为中国"长城之父"的楚长城，第一次确定了楚长城的地理位置和走向。拂去神秘的面纱，楚长城的面目清晰呈现在世人面前。

横亘千里的楚长城为我国修筑最早的长城，始建于春秋早期，距今已有2600余年的历史。在河南境内，楚长城主要分布在豫南的平顶山、南阳、驻马店、信阳4市的25个县（区）。从现存遗址的情况看，豫南楚长城分北线、东线和西线，整体轮廓略呈"∩"形，故称"方城"。楚长城的构筑风格各异，如叶县夏李乡高楼山以东及方城县杨楼乡的楚长城特点一致，即以绵延几十公里的人工修筑的墙体为主；舞钢境内的楚长城则是山险和扼守山谷的人工修筑的墙体相结合，共同组成防御线；泌阳境内的楚长城则是凭借山险，以关堡或城址扼守古道、关口为主的防御形式。

总体而言，楚长城是依地形（高山、低山、古道、河口、关隘等）修筑呈带状密集型分布的整体相连的关城，形成一个庞大的战略性军事防御体系。楚长城与以后的秦、汉、明时期的长城相比，稍显古朴、单调，但已经具备了强大的军事防御功能。

2011年，河南省方城县有关专家和领导来到北京，向罗哲文先生汇报了方城楚长城的考古发现，年近九旬的罗哲文听后，非常高兴地说："方城存在楚长城，验证了我五十多年来坚信楚长城必然存在的判断，也圆了我多年的心愿。这是中国长城研究的一项重大成果，更是我新年收到的最好礼物。"欣喜之余，罗先生题写"中国方城：天下第一古长城"，并即兴赋诗："闻说方城现楚垣，遥看北塞望南天。千年疑案今终断，爱我长城不朽篇。"

湖北是楚文化的发祥地和中心区，根据有关文献资料和民间传说，楚国在今竹溪一带曾修筑过长城。那么，湖北境内如今是否有楚长城遗迹呢？如果有的话，究竟有多长？具体分布在哪里？

2008年，根据国家文物局的统一部署，湖北省组建以省古建筑保护中心、武汉大学、华中师范大学、十堰市文物局等单位专家组成的长城资源调查队，展开楚长城资源田野调查工作。经过三年的努力，基本上摸清了湖北省境内长城资源的"家底"，掌握了湖北长城资源的特点，丰富了中国长城资源的内涵，对深入研究湖北省乃至楚长城资源提供了翔实的基础资料。

湖北境内古长城地处山高林密、人烟稀少地区,因此一直藏在深山无人知。通过这次调查,发现了一批墙体、烽火台、关堡等长城遗存。其中长城墙体 37 段,总长度接近 18 公里;关堡 9 个,敌台 9 个,铺房 5 个,烽火台 2 个,主要分布于鄂西北竹溪、竹山与陕西的分界线上,包括竹溪、竹山、郧西、郧县、丹江口、房县等地。历经岁月磨砺和人为破坏,湖北境内的长城存在不同程度的损毁。

通过综合文献、考古等诸多证据初步判定,湖北省现存的长城遗存是春秋战国及以后多个历史阶段形成、演变发展而来的。

湖北古长城修筑的作用,在春秋战国时期主要用于楚国与诸侯国之间的防卫。后世地方官员为了保护地方安定,也曾修建和加固,比如竹山、竹溪一带现存的碑刻,即记有清朝嘉庆年间修筑防御工程事宜。

湖北古长城的修筑,主要是利用天然的山势,人工与自然相结合,一般由断断续续的石墙或土墙、众多的山寨、天然的山体构成,其选址、布局、砌筑方式等有别于八达岭长城等北方古长城。

作为一项影响大、分布广的重要文化遗产,湖北古长城一直鲜为人知。此项调查结果不仅为长城资源的切实保护提供了基础资料,同时也为研究我国长城遗存的多样性增添了新内容。

楚长城不但是中国历史上修建最早的长城,也是使用时间最长的长城,是名副其实的"中国长城之父"。在楚长城所经过的楚国故地,当地老百姓亲切地将楚长城称之为"土龙"。土龙,一个多么朴实的名字,一个如此传神的称呼,它虽然不如万里长城巍峨壮观,但同样是中华民族的脊梁,象征着不屈不挠的民族精神,蕴含着劳动人民的智慧和勤劳,体现了我国古代军事思想的丰富内涵,见证了中华民族古老的文明和灿烂的文化。

(刘玉堂 张 硕)

期思陂:"百里不求天"

期思陂,位于今河南省固始县境内,是中国历史上最早的一项大型水利工程。

春秋时期,随着楚人向江汉平原纵深推进,楚人很快就从楚蛮、扬越、淮夷那里学来水稻种植方法,并将其与华夏农业生产经验结合起来,从而更好地实现了相地宜、尽地力,兼收南稻北粟之利。楚地处水乡泽国,在享受水利资源丰富的同时,又常受洪涝之灾。因此,在农业空前勃兴之际,兴修各种农田水利工程以兴利除弊,成为当务之急。

见于史料记载,楚国最早出现的大型水利工程,是楚庄王时期孙叔敖主持兴建的期思陂。

孙叔敖是春秋时期楚国人,因受家庭官司之累,曾隐居期思(今河南固始)一带。孙叔敖心地极为善良,幼年孙叔敖的一件事情,一直在当地被传为美谈:

有一天,叔敖在野外玩耍,突然遇见一条两头蛇,他心里害怕极了。因为据民间传说,两头蛇是不祥之物,见到两头蛇的人很快就会死掉。孙叔敖想:糟糕!这下子我是必死无疑了。于是,他很伤心地哭着往家里跑。刚跑几步,他猛然想到:如今自己肯定是活不成了,但如果还让这双头蛇活着,还不知要害死多少人?如果在我死前将它除掉,不让其他人再见到双头蛇,不是可以挽救更多的生命吗?想到这里,他马上收住眼泪,急忙转身追上两头蛇,狠狠地将它打死并挖坑埋掉,让人永远看不到这个不祥之物。

做完这一切,孙叔敖心里感到轻松多了,便急忙回家见母亲最后一面。想到马上就要死去,再也见不到自己的母亲,他强忍内心悲痛,偷偷擦拭眼泪。这一切都躲不过慈母的眼睛,母亲关切地问他出了什么事,孙叔敖便把看见双头蛇的事情告诉了母亲。母亲听后,急切地问叔敖:"那条双头蛇呢?"孙叔敖回答:"我怕它再害人,就将它打死埋掉了。"听到这里,母亲欣慰地笑了,对叔敖说:"好孩子,别发愁,你做了好事,老天爷会保佑你的。你不但不会死,老天爷还会赐福于你。"

传说终究是传说,孙叔敖果然安然无恙,一直活得好好的。这件事传开后,大家认为,孙叔敖小小年纪,在自己面临生死的关头,考虑的却是他人的危难,实属难能可贵。所以,乡亲们都认为他长大后一定会大有出息。

果然,孙叔敖也没有辜负父老乡亲们的殷殷期望,隐居期思的时候,孙叔敖了解到期思地区最大的危害是水旱灾害。于是,他决心带领民众修建排水引水灌溉工程,解除水患,造福百姓。

当时的实际情况是:期思河道水量丰沛有余,与此相反,期思东面零娄(在今河南固始县东南)河道水量不足,因此,期思容易闹水灾,零娄则经常闹旱灾。

了解这一情况后,孙叔敖不畏劳苦,跋山涉水,勘察地形,走村串户访问有经验的农夫,广泛收集资料,精心设计方案,争取地方行政长官对这项工作的支持,广泛发动农民投入这项水利工程建设。

在孙叔敖的带领下,工程开工了。具体方法是:即利用大别山上来水,在泉河、石槽河上游修建陂塘,形成一座大水库。再在零娄开挖渠道,引水分灌这一带的田地。陂,即陂塘或陂池,就是利用自然地形而修建的蓄水工程。灌区有渠有陂,上游来水由河入渠,由渠入陂,由陂入田,形成"长藤结瓜"式的灌区,既可灌溉,又可防涝。

人们将孙叔敖领导修建的这项水利工程称之为"期思陂",它充分利用水资源,蓄水灌溉,突破此前水利工程只具备蓄积雨水和导引沟水的功能局限,增添了截河蓄洪与分流排灌功能,是中国有史以来第一个流域性的大型农田水利工程。期思陂引水渠和浇灌渠合计长约一百二十里,其下游也仿此开渠引水,不仅免除了水患,更灌溉了数千顷良田,使这一带老百姓广为受益,"家富人喜,优赡乐业"。因此,故期思陂工程又被形象地称为"百里不求天"。

由于期思陂效益明显,明嘉靖《固始县志》盛赞期思陂"固始之富饶盖赖此"。《孙叔敖碑》称誉期思陂水利设施"钟天地之善,收九泽之利"。这项工程后代屡有整饬维修:东汉章帝建初八年(83年),庐江郡太守王景主持修复;东汉建安五年(200年),扬州刺史刘馥兴修江淮间水利时,再修"期思陂";曹魏正始二年(241年),邓艾又一次修治"期思陂"……1958年修建的梅山水库中干渠,就是利用期思陂的旧渠道——清河渠改建而成的。至今,古老的期思陂仍然发挥着巨大的抗旱排涝作用。

期思陂是我国亘古以来第一个社会性的农田水利工程,比我国历史上早期的著名水利工程——魏国的西门渠、秦国的都江堰和郑国渠,分别要早约200年、300年和360年。而且,期思陂的设计修建也足堪称道,不论是渠址选择,还是地势勘察、水量调节、排洪灌溉诸方面,都达到相当科学的水平,堪称我国古代农田水利建设事业上第一座不朽的丰碑。有专家称,自大禹治水始,中华民族的历史就是一部人类治水的历史。楚国期思陂有幸为悠久灿烂的中华民族治水史书写了浓墨重彩的篇章。

据记载,孙叔敖主持修建的大型水利工程还有安徽寿县的"芍陂"(安丰塘)、湖北江陵的大型平原水库"海子湖"等,这些水利设施经历代修复,至今仍在发挥作用。

《淮南子·人间训》记载:"孙叔敖决期思之水,而灌雩娄之野,庄王知其可为令尹也。"因为设计修建期思陂,孙叔敖显现出过人的才气与能力,他的名声也传到了以选贤任能著称的楚庄王耳中,庄王于是任命孙叔敖为楚国"一人之下,万人之上"的令尹,辅佐其成就霸业。

两千六百多年来,孙叔敖领导修建的期思陂"纳川吐流",一直发挥着重要作用。1958年深秋时节,毛泽东主席视察河南,途经信阳,在火车上接见信阳地委负责人时曾说:"孙叔敖是伟大的水利专家。固始有'百里不求天',这项工程就始于孙叔敖治水,你们应该把它修好用好。"

诚哉斯言!

(刘玉堂　张　硕)

章华台:"楚王台榭空山丘"

公元 680 年前后,正值初唐之际,二十初度的青年陈子昂由蜀入楚,这是他第一次离开故乡,东入洛阳求取功名。这位年轻诗人对前途充满了无限的信心和憧憬,浑身洋溢一股昂扬奋发的豪迈气概。当他经荆门入楚地时,写下一首风格豪迈、气势雄浑的五言律诗《渡荆门望楚》:

> 遥遥去巫峡,望望下章台。
>
> 巴国山川尽,荆门烟雾开。
>
> 城分苍野外,树断白云隈。
>
> 今日狂歌客,谁知入楚来。

踌躇满志,负笈远游,求取功名,一展抱负,一个崭新的天地即将在诗人面前打开。陈子昂这首诗作,昂扬有力,气势流动,被称为"初唐第一佳作"。诗中的章台,即章华台,是古代楚国一处著名建筑,故址在今湖北潜江市。

西周早期,楚国原本是一个地处偏僻、"土不过同(一同为方百里)"的蕞尔小国。楚人筚路蓝缕,励精图治,到春秋中期,国势日臻强盛,开始虎视中原。公元前 606 年,楚庄王率领大军北上争霸,饮马黄河,问鼎周室,楚国霸业进入了鼎盛时期。国力强盛后的楚国,对外不断扩张,在内则大兴土木。据记载,楚国历代君王都修建了大量的离宫、苑囿,如章华台、强台、匏居台、五朒台、层台、钓台、小曲台、五乐台、九重台、荆台、乾溪台、渐台、阳云台、渚宫、兰台宫等 20 余座,其中尤以章华台最为著名。

实际上,在春秋战国时期,许多诸侯国都筑有"章台",是专门用于举行大型活动如祭祀、接待、宴享、庆祝、阅兵、观天等的重要场所。"华"与"花"相通，如"桃之夭夭，灼灼其华"，有华丽、豪华、漂亮的意思。楚人取"章华"命名高台建筑，既言明该高台的用途，也不无夸耀其文化繁盛之意。据称，这个美称立即被其他大国学去，如齐景公建有章华台，秦国还设有专司章华台事务的章华大夫一职。

公元前540年，楚灵王即位，立即着手修筑章华台。好大喜功的楚灵王承袭了楚国先君好筑高台的遗风，且有过之而无不及。为了炫耀国力，威镇诸侯，他决意"穷土木之技，殚珍府之宝"，举全国之力，在古云梦泽修建一座宏伟宫苑，以豪华富丽夸耀于诸侯。

到公元前535年，历经六载，一个占地方圆四十里、以章华台为主体、由二十二座宫殿组成的大型建筑群拔地而起，气势雄伟，蔚为壮观，史称"天下第一台"。

章华台这座"举国营之，数年乃成"的宏大建筑"台高十丈（按楚制约23米），基广十五丈（约35米）"，相当于一座近十层的高楼。

关于章华台的规模与布局，因为台址早已毁圮，无从知晓。但我们从相关记载中，不难一窥章华台曾经的风采。据《国语·吴语》载，楚灵王"筑台于章华之上，阙为石郭、陂汉，以象帝舜。"帝舜葬于九嶷山，其陵立于山，傍于水，由此可知章华台的总体布局由台、湖、陵三部分组成，是一个以主体台为中心，其他单体建筑为辅的复合建筑群，是我国帝王园林化离宫别馆的先导。自楚灵王兴建此台，我国台类建筑的历史进程便产生了质的变化，园林化离宫建筑体系应运而生。

章华台落成，楚灵王兴奋不已，很想邀请众诸侯前来共庆盛典，不料遭到各国诸侯的拒绝，只有鲁昭公一人前来参加，令楚灵王很没面子。据说，其他诸侯之所以不愿前来参加章华台的落成典礼，只是因为本国高台建筑过于低矮，与魏峨奢华的章华台相比，自惭形秽。为了不被楚人轻视，因而选择缺席。楚灵王感念鲁昭公前来祝贺，一时头脑发热，竟把楚国的传国之宝大屈宝弓赠送给鲁昭公，事后又后悔不迭，命大臣设法讨回。

此后，但凡到楚国访问的国君和使者，楚灵王都要邀请他们登临章华台，感受泱泱大国气象。一次，处于偏远北方的狄国使者访楚时，也在章华台上受到了楚灵王的热情款待。章华台宫阙巍峨，不仅高耸，而且四周曲栏环绕，连绵十余里。由于台阶太高，拾级而上非常消耗体力，以致这位远方的使者在登临章华台时,体力不支,中途休息了三次,才登上台顶。看来章华台确实是巍然高耸,名不虚传,这也是章华台又名三休台的来历。

相传楚灵王还有着比较独特的审美观,即特别喜欢细腰女子在宫中轻歌曼舞,不少女子为求媚于楚王,节食减膳,以求细腰,于是章华宫又有"细腰宫"之称,如唐代诗人杜牧有诗云:"细腰宫里露桃新,脉脉无言几度春。"这种传言甚至被写进了志书,如清代《四川志》中就明确记载:"巫山治西北,楚襄王所游之地也,有古楚宫,遗址尚存,所谓细腰宫也。"由于楚灵王这种审美偏好,导致民间流传有"楚王好细腰,宫中多饿死"的说法,连唐代诗人李商隐也不得不发出感叹:

梦泽悲风动白茅,

楚王葬尽满城娇。

未知歌舞能多少,

虚减宫厨为细腰。

据说章华台竣工之后,楚灵王带着随侍伍举登台赏景。楚灵王十分得意地对伍举说:"章华台美轮美奂,天下闻名,你认为它怎么样?"孰知伍举不以为然地回答道:"臣以为对上下、内外、大小、远近都没有害处的,才是美的。而修建章华台却耗费了大量的财力和人力,虽然好看,又怎么谈得上美呢?"

但毋庸置疑,从建筑学的角度来看,章华台无疑是一座十分华美的建筑。以《楚辞·招魂》所谓"高堂邃宇,槛层轩些。层台累榭,临高山些"来描述它,十分贴切。因其雄伟高峻,登台可以极目远眺;又因其空灵绝美,赏之令人心旷神怡。

楚灵王不惜耗费人力物力,大兴土木,建造了豪华而壮丽章华台,他自己最终却又因此而遭到国人唾弃,孤寂地死于荒野。唐朝诗人胡曾曾在《章华吊古》中嘲讽道:"茫茫蓑草没章华,因笑灵王昔好奢。台土未干箫管绝,可怜身入野人家。"

由楚灵王一手监造的章华台的命运也是凄凉多舛。战国末年,章华台毁于秦军战火,雕梁画栋顿成砖屑瓦砾,千古名台从人们的视线中消失了。从此,章华台的所在成了一个难解之谜,只引得后代骚人墨客吟咏诵唱,历史学家苦苦寻觅,不由得发出"千古风流章华台,宫楼巍峨费钱财。当年细腰繁如锦,灵王旧址今何在"的无限感慨和惆怅。

据史料和传说记载，章华台的地望，主要有湖北潜江、监利、沙市和湖南华容、安徽亳州、河南商水诸说，长期以来扑朔迷离，莫衷一是。

1986 年，随着位于故楚国中心的湖北潜江龙湾遗址的发掘，笼罩章华台两千五百余年之久的一层神秘面纱渐渐拂去。龙湾，一个默默无闻的小村落，就是繁华过后的楚国章华台遗址所在。

1983 年，时任潜江博物馆负责人的罗仲全在一本书上看到这么一个说法："三国时期的古华容城不在监利，而是在今天潜江熊口附近。"他为这不经意的发现而震惊不已，当即萌生了寻找神秘章华台的强烈愿望，因为此前他从史料中知悉，楚章华台就在古华容城内。

次年，湖北省开展文物普查，罗仲全率队负责寻找古华容城遗址。当搜寻到潜江龙湾镇马场湖村时，他和队员发现了大量的陶片、鬲足等春秋战国时期的遗物。从此，龙湾遗址终于重见天日。

龙湾遗址位于湖北省江汉平原中西部的潜江市城区西南约 30 公里处，分布区域跨龙湾、张金两镇，西北距楚故都纪南城 50 公里，南距长江 50 公里，北濒汉水 35 公里。遗址平面呈长方形，东西长 2 公里，南北宽 1 公里，总面积达 2 平方公里。遗址的东部有连成一线的四个台，其中最高的一号台，俗名"放鹰台"。根据已暴露的建筑遗迹和勘探提供的信息，初步推测潜江龙湾放鹰台一号台宫殿基址的台基东部为三层台建筑(系宫殿主体建筑，其朝向为坐北朝南)；西部为两层台建筑；台南地貌平坦，似为广场式建筑；台北、台东为亭廊环绕的园林式建筑。台周曲廊环绕，台内曲径穿梭于一、二、三层之间，台东有河流蜿蜒，台西、北有湖水漾波。整体布局充分利用了高岗、湖泊等地理环境。

龙湾遗址出土的遗物中，有精美的青铜门环和彩绘圆形瓦当。考古学家还惊喜地发现了一条贝壳路，这条贝壳路长 10 来米，宽 1 米，应该是一条专门为王公显贵铺设的幽雅小径，一般人是不准在上面行走的。这 1 米宽的小路中间略呈弧形凸出，上面铺着清一色的玉石般的白色贝壳，呈"人"字形，中间用"紫贝"、"鱼鳞贝"点缀。这些都和屈原笔下关于楚宫"紫贝径"的记载相吻合。

中国古代的道路一般为土路，如果铺了鹅卵石的路就是比较高级的道路了，而这样用贝壳镶嵌砌成的路,在我国古代道路建筑中还是第一次发现。

在贝壳路东侧,发现有灰色瓦砾遗迹,当为宫室外围的散水设施。

根据研究推测,放鹰台一号宫殿基址的建筑面积达13000平方米,主要由高台、廊庑、庭院、道路、广场、水榭等多个建筑体组成。在建筑风格方面,讲究高低错落有致,动静相宜。

龙湾遗址内还发现有6座八角形台,这反映了台筑形制的多样化。龙湾遗址放鹰台的土木结构高台建筑是楚人卓越的智慧和劳动的结晶,是楚国高超的建筑技术的集中体现,在先秦建筑史上,开创了高台建筑的先河。放鹰台的贝壳路则反映出了楚人奇妙的构思,贝壳表面洁白如玉,花纹自然天成,也体现了楚文化的浪漫色彩。

龙湾遗址一经发现,立即轰动了学术界,中国考古学界和历史地理学界众多专家纷至沓来,经过实地考察后,大家基本认定龙湾遗址就是楚灵王修建的章华台。

龙湾遗址是我国迄今发现的保存最为完整、时代最早的离宫别馆遗址群落。章华台是我国迄今发现年代最早、规模最大、保存最完整的高台园林建筑基址,是我国园林建筑的鼻祖。2000年,楚章华台被列为"全国十大考古新发现"之一,现为全国重点文物保护单位。章华台遗址的发掘,不仅为我们研究楚宫殿提供了实证,而且对楚国历史文化研究也提供了珍贵的实物资料,是继楚国纪南城遗址后的又一处重要遗址。

2011年,潜江龙湾遗址国家考古遗址公园被列入荆州片区大遗址保护项目之一。如今,在潜江龙湾遗址,楚章华台宫殿基址保护与展示工程正在紧锣密鼓地进行。假以时日,沉睡2500余年的"天下第一台"——楚章华台宫殿基址将呈现在世人面前。

"北有兵马俑,南有章华台。"毕生从事潜江地方历史文化研究的罗仲全老人有生之年最大的希望就是看到楚章华台全面开发,和西安兵马俑一起,成为辉耀华夏的两大奇观。随着龙湾遗址国家考古遗址公园建设的逐步展开,沉睡古云梦泽两千五百多年的"天下第一台",将再次惊艳登场,罗仲全老人的愿望也将会变为现实。

（刘玉堂 张 硕）

从陆羽《茶经》到"茶叶之路"

茶是中华民族的"国饮",它发乎神农,闻于鲁周公,兴于唐朝,盛在宋元,普及于明清,如今已成为风靡世界的三大无酒精饮料(茶叶、咖啡和可可)之一。

湖北是中国种茶、制茶和饮茶最早的地区之一。源远流长、博大精深的中国茶文化,可以说与三个湖北人的足迹相伴,这三个人就是神农氏、诸葛亮和陆羽。

茶的发现者神农氏。《茶经》记载"茶之为饮,发乎神农氏"。遍尝百草的神农氏为掌握草药特性,一天内竟七十二次中毒,最后偶得荼(茶叶)才解毒。

茶的传承者诸葛亮。三国时期诸葛亮用能祛病启智的巴山嘉木茶树,制作一根手杖携带在身,去平定西南少数地区战乱。遗落在西南的手杖逾年之后萌芽,茶树由此生根,茶因而从楚地传往西南地区。

茶文化的开山者陆羽。陆羽,唐朝复州竟陵(今湖北天门市)人,笃行不倦,访遍神州,写下世界第一部茶叶专著《茶经》。《茶经》是中华茶文化正式形成的标志,从此,无论是居庙堂之高,还是处江湖之远,茶的清香,溢满人间。

公元 733 年,一个寒风凛冽的秋日清晨,竟陵(今湖北天门)西湖龙盖寺主持智积禅师踏霜于湖渚,见一座小石桥下的芦丛中一群大雁喧集,以翅羽护佑着一名婴儿。婴儿当时已经冻得瑟瑟发抖,啼哭不止。智积禅师赶紧将这名婴儿收哺于寺中。随后,智积禅师依《易》卦辞"鸿渐于陆,其羽可用为仪"语,给这个不幸的婴儿取名"陆羽",字"鸿渐"。这就是被誉为"茶圣"的陆羽坎坷凄凉又极富传奇色彩的身世。陆羽成名后,后人将那座小石桥称为"古雁桥"。

收养陆羽的智积禅师为唐代名僧,唐代宗时曾召智积入宫,给予特殊礼遇,可见他是个饱学之士。

陆羽长大后,智积禅师开始教他读书识字,习诵佛经,还教他煮茶。陆羽虽然生长在寺庙之中，但他执意不愿削发为僧，终日与古佛青灯黄卷为伴。智积禅师见陆羽桀骜不驯，罚他"扫寺院、洁僧厕、牧牛一百二十蹄"。

陆羽终于受不了这种晨钟暮鼓、念佛诵经的生活，11岁时，他乘人不备，逃出了寺院，到一个戏班子里作了"优伶"。

陆羽虽其貌不扬，而且有口吃的毛病，但他机智过人，诙谐善辩，在戏曲中扮演的丑角幽默风趣，非常受观众的欢迎。

746年，是陆羽人生的一个重要转折点。在一次演出中，他受到竟陵太守李齐物的赏识。李齐物为王室后裔，为人正直，因遭李林甫陷害，由河南府长官贬为竟陵太守。李齐物推荐陆羽到竟陵城外火门山（今天门市佛子山）从邹夫子读书，研习儒学。从此，陆羽精研经史，潜心诗赋。

在读书之余，陆羽常到龙尾山（今天门市李场镇与石河镇交界处）采野生茶，为邹夫子煮茗。邹夫子看他爱茶成癖，便请人在火门山南坡凿了一眼井，后人称为"陆子泉"。此井清澈如镜，甘洌醇厚，四季常盈，现在佛子山镇的村民们仍用此泉饮用、灌溉。火门山求学，使陆羽真正开始了学子生涯，这对陆羽后来成为"茶圣"具有重要的意义。

752年，陆羽学成下山。其时李齐物已回京城，陆羽又恰遇由礼部员外郎贬为竟陵司马的崔国辅，崔国辅同样也爱惜人才，与陆羽一见如故，结为忘年之交。他们交游三年，常在一起品茶鉴水、谈诗论文。崔国辅与陆羽的雅意高谊被传为美谈。

陆羽20多岁时，出游到河南义阳和巴山峡川，耳闻目睹了蜀地彭州、绵州、蜀州、邛州、雅州、泸州、汉州、眉州的茶叶生产情况，后来又转道宜昌，品尝了峡州茶和蛤蟆泉水。

755年，安史之乱爆发，陆羽随流亡的难民离开故乡，先到江西，756年又到了浙江湖州，拜见皎然。皎然俗姓谢，湖州人，为南朝著名诗人谢灵运之十世孙，他既是诗僧，又是茶僧，陆羽与他一见如故，从此结为至交。同时，陆羽又结识了灵澈、李冶、孟郊、张志和、刘长卿等名僧高士。此间，他一面交游，一面著述，对以往收集到的茶叶种植和加工的资料进行整理和研究。

760年，陆羽结庐于湖州苕溪之滨，开始了他"闭门著书，不杂非类，名僧高士,谭宴永日"和"细写《茶经》煮香茗,为留清香驻人间"的隐居生活。为写《茶经》,陆羽曾走遍 32 个州府,品尝江流泉水,攀登悬崖峭壁,采摘各地名茶,研究茶质优劣,并"时宿野人家",与茶农为友,向茶农请教。由于陆羽的高尚人品以及对佛学、诗词、书法的造诣,特别是渊博的茶学知识和高超的烹茶技艺,为他在浙江湖州士官僧俗各界赢得了崇高的声望。

765 年,陆羽终于写成了世界上第一部茶叶专著《茶经》。《茶经》初稿完成后,社会名流们争相传抄,广受好评,使得陆羽的声誉日隆。此后,陆羽不断进行修改补充,至 780 年左右,《茶经》最终定稿。

从游历四方、考察茶事,到闭门谢客、潜心著述,陆羽著《茶经》经过学茶启蒙、鉴泉品茶、江南考察、闭门著书以及修改充实成书几个阶段,历时近 30 年。

《茶经》共 3 卷 10 章,分"源"、"具"、"造"、"器"、"煮"、"饮"、"事"、"出"、"略"、"图"10 个方面内容,从茶叶的渊源到种茶、制茶、烹茶之法,以及烹茶器具、名茶产地、品茗之道等,均作了详细的论述。《茶经》是唐代及其以前有关茶叶科学和文化的系统总结,是中国茶文化的里程碑。

《茶经》的贡献还在于它开创了中国茶道。《茶经》中,陆羽将儒、释、道三教思想的精华和中国古典美学的基本理念融入茶事活动之中,突破了饮茶解渴、饮茶保健的生理功能,把茶事活动升华为富有民族特色的、博大精深的高雅文化——茶道,从而为饮茶开创了的新境界。

陆羽以及《茶经》还大大推动了中国茶叶生产的发展。一是陆羽的《茶经》使饮茶在中国普及成俗,极大地拓展了茶叶消费。二是陆羽在《茶经》中总结了种茶、制茶的科学技术,用以指导茶叶生产。美国学者威廉·乌克斯曾说:"《茶经》是中国学者陆羽著述的第一部完全关于茶叶之书籍,于是在当时中国农家以及世界各有关者俱受其惠。"也就是说,《茶经》普及了种茶、制茶的科学技术,指导了茶叶生产实践,促进了茶叶生产的发展。

陆羽《茶经》曾被译为英、法、日等各种文字出版,古今中外对陆羽及其著作都给以很高的评价。尤其是宋代以后,人们尊他为"茶神"、"茶圣"。宋朝著名诗人梅尧臣赞曰:"自从陆羽生人间,人间相学事新茶。"宋代陈师道在《茶经序》中评论:"夫茶之著书,自羽始,其用于世,亦自羽始。羽诚有功于茶者也。"在茶叶生产、品鉴，乃至茶叶贸易领域中，人们都把陆羽奉为神明，特别是做茶叶生意的人，多用陶瓷做成陆羽像，供在店堂，以期保佑生意发达。

其实，陆羽的才华远不囿于一业，他博学多能，兼工诗词、音韵、书法、演艺、史学、地理等多门。陆羽以他高尚的人品和丰富的茶学知识名震朝野，朝廷曾两次召见拟任，陆羽都婉辞圣命。晚年陆羽，依然是四处品泉问茶，乐此不疲。他曾写有一首《六羡歌》："不羡黄金罍，不羡白玉杯，不羡朝入者，不羡暮登台，千羡万羡西江水，曾向竟陵城下来。"表达了他对功名利禄的淡薄和对家乡至深至诚的热爱。

804 年，在一个"柴门对雪开"的日子，"一生为墨客，几世作茶仙"的陆羽逝世于湖州，享年 71 岁。

湖州是陆羽的第二故乡，陆羽一生中的黄金时间是在湖州度过的。湖州人民历来敬崇陆羽，喜爱陆羽，先后成立了湖州陆羽茶文化研究会，修复了有关陆羽的建筑遗址，举行陆羽诞辰纪念大会等，对推动陆羽茶文化的研究和茶业的发展起到了一定的作用。

同时，故乡的人民在"雁羽覆婴"的地方，修建了一座单孔石桥，名雁桥，以示对陆羽永远的纪念，这便是"古雁桥"的来历。天门还修建了陆羽茶文化园等纪念性建筑，成立了天门陆羽茶文化研究会，有关陆羽茶文化的学术文化活动正蓬勃展开。

湖北既有连绵起伏的丘陵岗地，也有层峦叠嶂的高山险谷。山地是湖北主要的地貌形态，鄂东大别山、鄂西武陵山及宜昌三峡、鄂西北秦巴山、鄂南幕阜山和鄂中大洪山这"五座茶山"，天然聚集了湖北发展茶产业的优势资源。

北宋词人赵磻老有"世上渊明酒，人间陆羽茶"的名句，自陆羽开辟中国茶事新气象以后，中国茶文化发展风生水起，尤其是作为"茶圣"故里的湖北，其历史与茶史一脉相承，茶事连绵不绝，蔚为壮观，堪称中国茶叶的一方重镇。

19 世纪前后，湖北茶叶开始输出俄国、英国。汉口是当时闻名世界的东方茶港，也是中国茶叶运往欧洲的茶马古道源头。

19 世纪 80 年代，汉口茶市兴盛到达顶峰，成为全国最大的茶叶市场，汉口茶叶出口占据全国茶叶出口总量的 60%。各国前来装载茶叶的商船，在汉口江面上络绎不绝。汉口作为"东方茶港",前后兴盛200余载。美国学者威廉·乌克斯在《茶叶全书》中记载,19世纪中下叶,"汉口为中国内地之一大茶叶口岸,茶叶市场至六十年之久";"汉口茶市素为中国茶市之冠"。而汉口之所以有"东方茶港"之美誉,与羊楼洞砖茶的兴盛密不可分。

中国是丝绸古国,也是茶叶故乡。人们都知道历史上有一条横贯东西的丝绸之路,它把中国与世界联系起来,使中国的文明享誉天下。但是,许多人却不知道:历史上还有一条"茶叶之路",是纵驰南北的商贸古道。这条在清代臻于繁盛的茶叶商道的起点就在湖北境内的羊楼洞,终点是俄国,中介是汉口。

由于俄国商人是清代汉口市场上购销茶叶的最大客户,因此由汉口通往俄国的茶叶商路便成为汉口市场商品流通体系中最引人注目的部分。通而观之,汉口茶叶销往俄国的商路包括水路和陆路,计有五条路线:

第一条,由汉口装船运抵天津,再由陆路经恰克图运至西伯利亚;

第二条,由汉口沿长江运至上海,再经海路运往海参崴;

第三条,由汉口溯汉水而上运抵樊城,在樊城起货后转装大车运往张家口,然后运抵恰克图;

第四条,由汉口装船,途经地中海运抵敖德萨;

第五条,由汉口经汉水运至老河口,卸船之后运往河南赊旗镇,再途经山西的潞安府、沁州、太原府直至大同之西南部,最后由归化厅分销于蒙古和俄国。

就第五条线路而言,为了方便北方地区的骆驼运载,茶叶在起运离开汉口之前,不用内衬铅皮的木箱,而是用垫有厚纸和树叶的竹篓。这种传统的包装方式,使人想起清代诗人查慎行描写汉口市场的诗句:"黄蒲包官盐,青箬笼苦茗。"

在很大程度上,羊楼洞茶区的形成与发展是历代边茶贸易持续增长的结果。元明时期受边茶贸易影响,湖北茶区的重心向鄂南转移。当时,蒲圻(今赤壁)、咸宁、崇阳、通山、通城等地所产老青茶均运至羊楼洞,加工制作成帽盒茶,然后销往蒙古、新疆及俄国西伯利亚一带。制作帽盒茶的缘由,是为了降低成本、减少长距离贩运的损耗。其制法为:先将茶叶筛选干净,然后水蒸加热,经踩制,使之成圆柱状。此种帽盒茶就是青砖茶之前身。每盒重七斤十一两至八斤(十六两为一斤)不等,每三盒为一串。山西茶商垄断了帽盒茶的制办,人称盒茶帮。

该帮商人每年谷雨前来到羊楼洞，秋收后才返还家乡。清康熙年间，边茶贸易受到官方鼓励，进一步刺激了羊楼洞茶业的发展。清乾隆年间，旅蒙商巨头——大盛魁开设"三玉川"和"巨盛川"两大茶庄，将茶叶作为自己经营的头号大宗商品，并深入两湖地区进行大规模采制。这两大茶庄均在羊楼洞设点，专制边销帽盒茶，年产量近80万斤。以三玉川为例，其总部设在山西祁县，每年派人到两湖地区办茶，在汉口设有处理运茶、收款等事宜的常驻机构。由于三玉川的产品供不应求，以故羊楼洞青砖茶均用"川"字作为商业标志。在蒙古及西北地区的牧民中，无需开口，只要伸开手掌，按一下中指，然后滑向无名指、小指，便知道是"川"字招牌的羊楼洞砖茶。清道光咸丰年间，广东茶商也跻身羊楼洞，采制红茶出口。汉口开埠前，羊楼洞制办红茶的茶号多达50余家，年产量10万箱（每箱25公斤），约5万担。另有10余家专营边销茶的制茶工场。清咸丰末年，经过技术改良，羊楼洞开始制作真正意义上的青砖茶。青砖茶主要销往蒙古。米砖茶的制作稍晚，迨至俄商在汉口设立砖茶之后。米砖茶主要销往俄国。

19世纪七八十年代，小小的羊楼洞因出口业务繁忙，急需劳动人手，居民竟多达3万人。茶商设庄的范围也不限羊楼洞一隅，而是以此为基点，东至通山100余里，南至通城90里，西自临湘80里，北至咸宁100余里。因业务性质不同，茶庄概有包茶庄和砖茶庄之别。包茶庄将收购之老青茶，经发酵、筛切等工艺，制成半成品，用布袋包装，售与砖茶制造者。经营包茶庄的商人多为当地人，本小力薄，以故多向汉口茶栈或钱庄贷款，其包茶也由茶栈之手售与砖茶厂。砖茶庄则完全不同，设庄者全都是财大气粗的山西茶商，茶叶收购到制作全部自行完成。羊楼洞砖茶在汉口市场汇集后，最后运抵张家口、包头转销。经张家口转销者，称东口货；经包头转销者，称西口货。东西口的货物规格不同：东口货以二七砖（即每箱27块）、三八砖为主，每箱重量大体相同，约92斤；西口货以三九砖、二四砖为主，每箱重约133斤。京汉铁路通车后，羊楼洞砖茶改由独轮车运至赵李桥，再由火车运抵张家口、包头，然后通过汽车或骆驼运往蒙古等地。当时，销往俄国的砖茶主要在俄蒙边境城市恰克图交易，由山西商人一手把持。

应该说，清末民初，湖北地区的茶叶生产当以蒲圻县（今赤壁市）之羊楼洞（一作峒）最为著名。民国《蒲圻县乡土志》称："羊楼洞为我国著名茶市之一，茶叶产附近临[湘]、崇[阳]等县,而以洞产为最优。……洞市茶业,近言之为乡民生活之资藉,远言之为对外贸易之要品,其关系不可谓不重大。"《艮思堂诗集》所录竹枝词对羊楼洞茶叶的商品生产有生动的描述:

> 三月春风长嫩芽,村庄少妇解当家。
> 残灯未掩黄粱熟,枕畔呼郎起采茶。
>
> 茶乡生计即山农,压作方砖白纸封。
> 别有红笺书小字,西商监制自芙蓉。

(原注:每岁,西客于羊楼司、羊楼洞买茶。其砖茶用白纸缄封,外粘红纸,有"本号监制"、"仙山名茶"等语。芙蓉山,在西乡。)

> 六水三山却少田,生涯强半在西川。
> 锦宫城里花如许,知误春闺几少年。

史家称:"蒲圻乡市向分六镇,石坑、汀泗、新店、车埠、泉口、黄龙是也,而羊楼峒无与焉。今则峒市商业,骎骎焉驾各镇上。"羊楼洞"附近多产名茶,故茶市以此为集中。其利赖吾蒲者,即以学捐论,旺岁岁入常万余金。近则受俄乱影响,茶市不振。想秩序渐复,当有复兴之望也"。据日本人正川正一的调查,其全盛期从事茶叶生产和销售的劳动者及商贾多达 51 万人。厘税银 98 万余两,学捐钱 1 万余串。青茶年产量 19 余万斤,红茶 520 余万斤,粉红茶 110 余万斤。黑茶生货,外商每年购置 2600 余万斤,运抵汉口镇,再运往海外市场。砖茶,西商(山陕商人)每年购置 1700 余万斤。因此,羊楼洞堪称中国著名茶业市镇。同治《崇阳县志》载:

> 龙泉山产茶味美,见《方舆要览》。今四山俱种,山民藉以为业。往年,茶皆山西商客买于蒲邑之羊楼洞,延及邑西沙坪。其制:采粗叶入

锅,用火炒,置布袋揉成,收者贮用竹篓。稍粗者,入甑蒸软,用稍细之叶洒面,压成茶砖,贮以竹箱,出西北口外卖之,名黑茶。道光季年,粤商买茶。其制:采细叶暴日中揉之,不用火炒,雨天用炭烘干。收者碎成末,贮以枫柳木作箱内,包锡皮,往外洋卖之,名红茶。箱皆用印锡,以嘉名茶。出山则香,俗呼离乡草。凡出茶者为园户,寓商者为茶行。邑茶引,旧四十八两。同治初,加六两零三分二厘五丝,茶非有加于旧也。自海客入山,城乡茶市牙侩日增,同郡邻省相近州县各处贩客云集,舟车肩挑,水陆如织。木工、锡工、竹工、漆工、筛茶之男工、拣茶之女工,日夜歌笑市中,声如雷,汗成雨。食指既多,加以贩客搬运,茶来米去,以致市中百物一切昂贵,而居民坐困。至于乞丐无赖、奸民盗贼涸迹其中,为害益不可胜言矣。

可见,生产者(园户)与销售者(茶行)有明确分工,市场管理者(牙侩)大量涌现,茶叶专业市镇形成,这是专业化生产在达到相当规模后的必然结果。在商品生产及流通的各环节,各种专业人员有着极为细致的分工,有木工、锡工、竹工、漆工、筛茶工等,男女混杂,人数众多,形成了一支专业化的茶业大军。如木工所制红茶箱板,"以枫木分板为之,工厂则鄢发章、万春和为最著"。砖茶机器,"其柱架及下压机皆以极大栗木为之。模器多用枫木(如匣斗之类),每副四百件,料费约需千五六百金"。以竹工为例,茶叶的大规模出产刺激了茶区的竹器编制业。如茶箱,"羊楼洞、羊楼司之砖茶,皆以箱盛之。除洋商运汉制造外,山西商则完全在本镇包装,岁需茶箱甚巨。其收篾自制者固多,来自柘坪及大小港者亦复不少"。簸盘,"红茶行起样发拣,需用甚夥,制造皆本洞篾行及峡山人"。再如筛,"红茶庄用最广,有一、二、三、四筛,及粗雨、中雨、小雨、芽雨、复芽雨、铁沙、生末、尘末等名目,制造者亦以峡山人为多"。另如铸造业之铅罐,"红茶箱内层以薄铅皮裹之,名曰铅罐。罐重四斤。丙辰,铅价大涨,减为三斤七两。洞市彭松柏、邓永发实专其业"。茶业的发达,同时促成了牙行的兴盛,"以行为业者谓之牙人。牙人必领牙贴,领贴营业须指定地段、货物。蒲圻物产殷富,商贩云集,需用经纪人颇多,而牙行以兴"。蒲圻除了麻行、花行、纸行、米行、鱼行、山货水果行、猪行、牛马行外，格外引人注目者当推茶行、车行、船行这三行。史载："羊楼洞、羊楼司并有茶行。茶箱陆运用车，故洞有车行。水运始张家嘴，至新店过载，故该二处有船行。"羊楼洞茶区的特别之处，在于客商冒充牙行，以行欺诈，故其狡黠之恶名昭然于史籍。所谓"牙行利在分取用钱，尽人所知。其朋充顶替，则行商通弊，而弊之甚者莫如茶业。晋、粤诸商每岁入山办茶，虽各有行户，然皆自行品论价格、经理收支，从无经纪人之设置，而行户徒拥虚名。自被此名，而茶商之大秤、短平，及苛待男女劳动者与一切悖于良善风俗之行为，皆藉茶牙名义以行之矣"。

茶叶的专业化生产使大量劳动力脱离粮食种植业而食用商品粮，所谓"南亩不禾者去其半矣，货殖之家，他植之亩，竟浮亩数矣"。邻近通城县之粮食多销往羊楼洞，"通城米销洞市者多，茶次之"。羊楼洞茶区也食用湖南米，"湘鄂向本湖广省，蒲圻与临湘尤近，湘人商于新店、羊楼洞者甚众，茶销洞市，谷米及石炭多由水路销新店"。这一现象导致茶区对粮食需求的增加，促进了粮食的商品流通，加强了区域经济的互补性，并刺激市场粮价上涨，影响及于其他商品。茶叶生产专业市镇的商品输出，对市场消费的拉动力可谓不小，刺激了外来商品的输入，形成商品对流的循环圈。

羊楼洞之茶庄规模，可从民国文献窥其大概。据称："洞市茶庄，多高厅大厦，如拣厂、筛厂至能容千人及数百人不等，光线充满，最便作事，且烟囱林立，恍睹武汉气象焉。"

羊楼洞茶区之运输工具，以木舟为主，小轮船次之。"蒲圻河道虽远，然水浅地狭，惟民船之小者可以运载货物，往来武汉、荆沙各处，而轮船不能行驶也。其通轮者，惟新店、汀泗、神山三道。"如新店河，"十里马蹄湖，十五里黄盖湖，三十里岛口出江，水道较深。本地艑子多为运载麻捆之用，其输送茶箱者，类皆外来之小驳鸦艄及满江红等船，然载重行缓，且时虞不测。洋商如阜昌、新泰、顺丰各家，皆制有飞鸿、飞电等小轮，以为拖运之用"。

由于砖茶的独特性，几成为羊楼洞茶业的象征，地位尤显特别，"洞市茶砖，为吾蒲商业特色，其制造之方法、运销之场所、产额之多寡、税赋之重轻、本息之厚薄，内容极为繁复，鲜有能道其详者"。时人雷大同在《莼报》刊发专论，对羊楼

洞砖茶之资本、地点、名称、手续、器具、重量、产税额、运道、销场、利息等表述甚详,所记多为清末民初之史迹,概如下示:

资本:俄商,银六百万两以上。英商,银四百万两以上。华商,银三百万两以上。

地点:正货羊楼洞,次货出羊楼司、柏墩,下货出聂市,即在以上四地制造。洋商制砖地在汉口。附说:本国惟上开四地出产茶砖,砖面皆印有"洞庄"二字,故蒙、俄人只知有羊楼洞,不知其他之三市也。

名称:三六砖,四五,二七,三九,二四,六四。

手续:一购集茶叶,二发酵,三筛,四拣,五裁断,六凤扇,七秤,八蒸,九装入模器,施压力以固其体质,一时半,十及十一包裹及装箱。

器具:秤,筐,盘,模器,炉三,蒸汽锅六,水箱五,木质下压器,或蒸汽下压机。

重量:三六砖,每箱重九十二斤四两,片重二斤九两。四五,每箱重百一十五斤五两,片重三斤九两。二七,每箱重九十四斤半,片重三斤半。三九,每箱重百三十六斤半,片重三斤半。二四,每箱重百三十二斤,片重五斤半。六四,每箱重六十四斤,片重一斤。

产税额:茶砖,岁约三十五万箱以上。洋商运汉制造者,岁约一万三千吨。每百斤正税库平银一钱五分,产税八分四厘,附加二成。

运道:自洞八里至粤汉铁路之赵李桥站,运武昌,渡江,由京汉、京张、京缓[绥]铁道联运,可直达丰镇,摩托车或轺运自丰镇至库伦,由库运销俄属西伯利亚一带,电报、邮政皆通。

销场:张家口,齐齐哈尔,锦州,丰镇,归化,绥远,库伦,恰克图,西伯利亚。利息。至低约四分,至高约一倍以上。附说:茶砖在库伦市面可当钱币交易货物,如在口外换马匹及皮毛,其利尤厚。

为了振兴羊楼洞茶业,清末就在此地设有茶业试验场,由湖北劝业道委派专员办理。其事为:"先立有茶业学堂,招致附近园户子弟研究培植、制造各新法,并租地数亩,植茶无算,实行改良种制。置场长一人,会计、技士各一,工徒四名,岁支经费二千四百余串。"无奈时局维艰,改良不易。尽管有学者指出,清末羊楼洞精茶工场,已达到"机械以前的工具与手工业劳动的大型制造业阶段"。然而,直到民国初年,羊楼洞制茶业并未出现机械化的近代工场。加之其后俄国革命爆发,风云变幻,羊楼洞茶业遂趋于衰微。今日,走在羊楼洞古商道的清冷石板路上,虽不见运茶商队的踪影,但那些年复一年经车轮反复辗过而落下的凹痕,却勾起人们对往昔无限的遐思。

如今,承袭中国古代茶文化的流风余韵,湖北茶叶继续走在全国前列:茶园总面积仅次于云南、四川,位居第三位;产量仅次于福建、云南、四川,位居第四位;产值仅次于福建、浙江,位居第三位;规模效益居中部六省第一位。

喜看今日荆楚大地之上,茶事鼎盛,茶香醉人。荆楚茶事得如此气派,我们当更加铭记"茶圣"陆羽的开山之功。

(刘玉堂　张　硕　杜七红)

活字印刷鼻祖毕昇

四大发明是中国人对世界文明的独特贡献，也是中华文明的重要标志。其中，印刷术的发明厥功甚伟，影响深远。在印刷术的发展史上，毕昇发明的活字印刷术堪称里程碑。

毕昇（约 970—1051 年），系北宋淮南路蕲州蕲水县（今湖北英山县）人。正是他发明的胶泥活字印刷，被称为世界上最早的活字印刷术。宋人沈括在《梦溪笔谈》中记载了这一重要发明，称"庆历中，有布衣毕昇，又为活版"，并详细记述其工艺。这是目前发现的关于毕昇发明活版印刷的唯一史料。人们推测毕昇应当是一名长期从事印刷工作的工匠，积累了丰富的经验，加之悟性极高，因此具有发明活字印刷术的能力。毕昇死后，他制作的泥活字被沈括之侄收藏。据此，毕昇或与沈家有某种较为亲近的关系。由于沈括是杭州人，所以有人猜测毕昇有可能也是杭州人。宋代的杭州为天下繁盛之地，文教事业相当发达，活字印刷术于此萌生，亦在情理之中。另称，毕昇的后人用活字胶泥伪造钱币，遭株连九族之罪，侥幸逃脱之人改为田姓、万姓。今有毕家铺地名，但多为田姓、万姓，而没有毕姓人家，似可透露历史蛛丝马迹于一二。1990 年，在湖北英山草盘地五桂村毕家坳发现毕昇墓。墓地在毕家铺以西 3 公里处。墓地以南 1 公里处，有肖家大屋，民间称系毕宰相府，以东 15 公里处有明代宰相毕翰儒之墓。这个毕翰儒是毕昇后裔。对于新发现的墓地，中国印刷技术协会等单位委托史树青等 28 名专家进行鉴定。鉴定结果为：此墓确系毕昇之墓。毕昇去世后，与妻李妙音合葬，其子毕嘉、毕文、毕成、毕荣，偕孙文显、文斌、文忠为之立碑。

中国约在汉代发明纸张，较之甲骨、锦帛、金石竹简、木牍等图书载体不仅轻便许多，而且成本大大降低。但是，图书的抄写仍然相当费时费力。约到东汉熹平年间（172—178年），出现摹印和拓印石碑之法。严格意义上，中国最早的印刷术——雕版印刷术出现于隋唐之际。此技术是谁发明，已不可考。最早提到雕版印刷之人，是唐代诗人元稹。他在为另一唐代诗人白居易《长庆集》写序时，有"缮写模勒"之语。后人考证，所谓"模勒"就是刊刻。雕版印刷的工序是：先将书稿粘贴在一块木板上，书稿正面的字体与木板相贴，成为反体，笔画清晰。刻工用刀把木板上没有字体的部分削去，形成字体凸出的阳文，不同于字体凹进的碑刻阴文。印刷之时，在凸起的字体上涂墨，将纸覆于其上，施以少许压力，字迹便留在了纸上。问题在于，雕版印刷相当费时，大部头著作的刻版往往要花费数十年时间，而且图版容易变形、虫蛀、腐蚀。如果是不太重要也无须再版的图书，图版便成为废弃之物，浪费极大。客观而论，毕昇之前传统的印刷技术无论是摹印、拓印还是雕版印刷，均耗时耗材耗力，图版笨重且不易存放，出现错别字也不易改动。

毕昇发明的活字印刷，虽然刻字颇费工夫，但灵活多变，大大提高了图书印刷的速度和质量。其具体工序是：先将细腻柔软的胶泥制成一个一个的小型方块，然后刻上凸面反字，用火烤硬，使之成为陶质。依照韵母分门别类存放于木格之中，贴上纸条标明，以便检索。常用字的制作数目多于生僻字。按图书内容拣字排版时，先在一块带框的铁板上涂抹一层黏合剂，这种黏合剂由松脂、蜡油、纸灰调和而成。将所需单字从木格中拣出来，依序排定，排满一版后用火加热。等待黏合剂稍稍冷却，用一块木板将版面压平。黏合剂完全冷却凝固之后，图版便告成型。印刷之时，在图版上刷墨、铺纸、施压，便可完成书稿的印制。印完之后，用火烘烤图版，使黏合剂熔化，再将胶泥单字取出，以备日后使用。毕昇还尝试用木活字进行印刷，但是木料纹理繁杂不一，制作困难，尤其是木活字沾水后容易变形，与黏合剂粘接后也不易分开，最终只得放弃。据悉，宋代雕印的《大藏经》计1046部、5048卷，费时22年，雕版多达13万块，不仅许多单字的雕刻属于重复劳动，而且存放也极为不便。如果利用活字印刷术，就可避免这些困扰，缩短书籍出版周期。现代的凸版铅印，虽然生产设备及工艺远在毕昇活字印刷术之上，但两者的原理基本一致。

毕昇的胶泥活字首先传入朝鲜，称为"陶活字"。13世纪末，高丽人用金属活字刊印《清凉答顺宗心要法门》，是现今所存最早的金属活字印刷品。1376年，朝鲜出现木活字本《通鉴纲目》。1436年，朝鲜又出现铅活字本《通鉴纲目》。活字印刷术再经朝鲜传入日本及东南亚，如16世纪末日本出现活字印刷品《古文孝经》、《劝学文》等。15世纪，活字印刷传入欧洲。1456年，德国人约翰内斯·古腾堡采用活字印刷术印制《古腾堡圣经》。这是欧洲第一部活字印刷品，比中国晚400年。活字印刷术经德国传入欧洲其他国家，促成了文艺复兴运动的来临。关于古腾堡的金属活字实际上是铅、锌和其他金属的合金，它们冷却迅速，能够承受印刷时的压力。毫无疑问，古腾堡是将活字印刷技术与工业化实践相结合的关键人物，因为他开办了欧洲第一家商业营利性的印刷厂。关于他是否受到中国印刷术的影响，国际学界存在分歧。有人指出，虽然古腾堡的活字印刷术晚于中国，但却是独立发展的产物。不过，也有人强调欧洲印刷术受惠于中国。例如，1585年面世的西班牙传教士门多萨撰写的《中华大帝国史》指出，中国的印刷术通过两条途径传入德国，一条是经俄罗斯，另一条是通过阿拉伯商人。古腾堡的发明奠基于中国的印刷术之上。

毕昇在世之时，他的伟大发明没有受到社会的重视。在其死后，活字印刷术也没有得到迅速推广。经鉴定，1965年在浙江温州白象塔内发现的《佛说观无量寿佛经》当系北宋元符至崇宁年间（1100—1103年）的活字印刷品。这是活字印刷术的最早物证。宋代左丞相周必大曾从沈括那里学习毕昇的活字印刷术，用来刊印著作。周必大将铁板改为铜板，因为后者的传热性能更好，容易使黏合剂熔化。"周必大刻本"被历代藏书家奉为私家刻书之典范。宋元之交，柳城人（今辽宁朝阳）姚枢教导弟子杨古运用"沈氏活版"，将朱熹的《近思录》、吕祖谦的《东莱经史论说》等书刊印问世。清康熙年间，饶州推官翟世琪造青磁《易经》一部。青磁极有可能是用制作青瓷的瓷土烧成的陶活字。1718年，山东泰安人徐志定制作磁活字，印行《周易说略》，该书封面题有"泰山磁版"字样。清嘉道年间，安徽泾县人翟金生受《梦溪笔谈》所载毕昇活字印刷术之启发，耗时30年，制作泥活字10万余个，并于1844年印行《泥版试印初编》。此后，翟金生又印制了许多书籍。20世纪六七十年代，人们在泾县发现了翟金生所制的数千个泥活字，有5种型号。翟氏践行毕昇活字印刷术之举，无可辩驳地证明了毕昇的发明是行之有效的，破解了人们对泥活字印刷术的质疑。翟氏的泥活字及其印刷品，现已入藏安徽省博物馆和中国国家历史博物馆。

尽管毕昇放弃了木活字的试验，但后人在其活字印刷的思路启迪之下，在木活字印刷方面颇有推进。前文已述，毕昇的发明在很长时期内未见普及，人们仍然大量使用雕版印刷术。这一现象引起元代农学家王祯的注意。他在毕昇胶泥活字印刷术的基础上，进行木活字印刷的试验，获得极大成功。他在安徽旌德聘请工匠制作了 3 万余个木活字，于 1298 年刊印 6 万余字的《旌德县志》，一月之内竟刊印百部，效率之高令人惊叹。这是目前可知的第一部木活字印刷品。尤其值得一提的是，王祯发明了转轮排字法。因为他发现数以千百计的活字排列成行，在拣字时实有不便，于是萌生将活字有序摆放于转轮之构想，极大地节省了排字工的拣字时间，提高了排版效率，也减轻了劳动强度。具体方法为：用木材制作一个轮盘，轮轴高 3 尺，直径 7 尺，轮盘可自由转动。将木活字按韵母分类，放入轮盘的格子里。有两副大轮盘，排字工坐于其间，转动轮盘查找所需单字，即王祯所谓"以字就人、按韵取字"，诚为印刷史之一大创举。王祯有关木活字的发明，包括木活字之刻、修、选、排、印诸法，详见其名著《农书》所附之《造活字印书法》。与毕昇的胶泥活字失传一样，元代木活字印刷品也已失传。倒是明代的木活字印刷品较多，如万历、嘉靖年间刊行的《唐诗类苑》《璧水群英待问会元》等书都是木活字印刷品。清代是木活字印刷大发展时期。康熙年间，木活字印刷已很普遍。乾隆年间，《武英殿聚珍版丛书》采用木活字印制，达到木活字印刷术之高峰。为印制该丛书，共刻成枣木活字 253500 个。这套丛书共计 134 种，2389 卷，是历史上规模空前的木活字印刷品。毕昇活字印刷的另一走向，是金属活字的使用。元代王祯之前，有人尝试用锡活字，但是锡字不易受墨，印制困难。十五六世纪之交，铜活字在江南流行。铜活字在清代获得迅猛发展，最大规模的印刷品当推《古今图书集成》，这部万卷规模的类书在刊印之时，使用的铜活字多达一二百万个。

有人称，秦灭六国、一统天下，始皇帝在统一全国度量衡时，在陶量器上用木戳印 40 字诏书，代表着活字印刷之始，只是未能加以推广。即便如此，设若没有毕昇，中国印刷史势必黯淡许多，能否在宋代取得革命性突破也未可知。时至今日,随着电脑排版技术日臻完善,活字印刷术已迅速退出历史舞台,不知毕昇九泉之下作何感想?

（任　放）

杏林传奇：鄂东四大名医

中华民族人文始祖炎帝神农的功德之一就是遍尝百草，发明医药。《淮南子·修务训》载："古者民茹草饮水，采树木之实，食蠃蚘之肉，时多疾病毒伤之害，于是神农乃始教民播种五谷，相土地宜燥湿肥垆高下，尝百草之滋味，水泉之甘苦，令民知所避就。当此之时，一日而遇七十毒。"远古时期，疾病和毒蛇猛兽的伤害是人类生存最严重的威胁之一。为解除疾病和创伤给人们带来的痛苦，炎帝神农深入山野，辨尝各种草木的性味，从而发明用草药医治疾病和创伤的方法。

正是由于炎帝神农氏不懈的努力，人类终于发明了用中草药医治自身疾病的理论与方法。炎帝神农氏为中国古老的医药事业奠定了基础，被誉为我国医药学的开山始祖。

但是，炎帝神农没有料到，在他身后的漫长历史当中，同样是在荆楚这块热土上，悬壶济世的名医圣手灿若繁星，妙手仁心的人间佳话不断演绎。特别是被称为"鄂东四大名医"的庞安时、万全、李时珍和杨际泰，他们均出自鄂东大别山，皆是一代名医，都为祖国传统医学作出了巨大贡献。

毋庸置疑，无论是名气，还是成就，李时珍均名列"鄂东四大名医"之首。

李时珍（1518—1593年），字东璧，号濒湖，明代蕲州（今湖北蕲春）人，著名医药学家，被誉为"医圣"。

李时珍出生于一个世医家庭，自幼刻苦好学。24岁起，李时珍开始在家乡行医，因为他善于把理论与实践结合起来，医术提高很快。由于医术高明，医德高尚，李时珍很快成为远近闻名的医生。

在长期的医疗实践中，李时珍发现以往的本草书中存在着不少错误、重复或遗漏,决心重新编著一部新的本草专书。于是,他开始了重修《本草》的浩大工程。

李时珍首先在家乡周围做了大量实地考察工作,后来又扩大调查范围,一边行医,一边调查研究和著述。年近五旬时,李时珍还多次离家远行,与徒弟一起到武当山、庐山、茅山、牛首山以及安徽、江苏、河南、河北、江西等地,进行广泛深入的调查研究、实验解剖、整理标本、搜集方剂等等。在外调查期间,李时珍深入民间,不耻下问,广泛收集单方秘方,精心编选,反复实践,就地采药,填补空白。

与此同时,李时珍还涉猎群书,参考了 800 多种书籍,作札记数百万言,对前人的著述与经验广罗博采,取其精华。

功夫不负有心人。李时珍读万卷书,行万里路,访万余人,耗尽半生心血,历时 27 年,三易其稿,于万历六年(1578 年)写成《本草纲目》这部皇皇巨著。

《本草纲目》共 52 卷,190 万字,载方 1 万多个,记药物 1892 种,其中新增药物 374 种,并对每种药物的产地、形状、颜色、气味、功用都作了说明,同时附图 1000 多幅,是我国药物学的空前巨著。《本草纲目》还纠正了前人很多药物学方面的错误,在动植物分类学等许多方面也有突出成就,并对其他相关学科如生物学、化学、矿物学、地质学、天文学等也作出了巨大贡献。

1596 年 11 月,湖广黄州府青年李建元挑着沉甸甸的一担书籍,千里迢迢地来到京师,怀着十分喜悦的心情,将父亲李时珍用心血写成的《本草纲目》进献给当朝的万历皇帝。然而,使他万万没有想到的是,等待他的是薄薄的一纸圣旨,上面仅仅 9 个字:"书留览,礼部知道,钦此。"

但是,是金子终究会发光。不久,《本草纲目》就洛阳纸贵,很短时间内就被翻刻 30 多次,医家几乎人手一部。

此后,《本草纲目》流传到日本,并被翻印多次,再传朝鲜和越南;约 17 世纪传到欧洲,先后译成德文、英文、法文、俄文、拉丁文等许多种文字,被誉为"东方医药巨典",在世界医药界占有重要的地位。

"鄂东四大名医"中,生活时代距离我们最远的当属北宋名医庞安时。

庞安时(约 1042—1099 年),字安常,蕲州蕲水(今湖北浠水)人。庞安时出生在一个医生世家,自幼聪颖过人,读书过目不忘。他除了向父亲学习医术外,还十分重视《黄帝内经》《灵枢》《太素》《甲乙》以及涉及医学的其他书籍,兼收并蓄,颇有心得,而尤精于《伤寒论》,以善治伤寒名闻当世,时人有"庞安时能与伤寒说话"之称。

在一次大病后,庞安时的耳朵失聪了,从此他更是"两耳不闻窗外事",将全部身心投入医学领域。

经过数年积累,庞安时的医术终于达到了融会贯通的地步,并能时出新意。他既精于伤寒,也熟谙温病,对于内妇儿科,皆有研究,为人治病,大多手到病除,成为远近闻名的医生。他"穷究岐黄之术,融会贯通百家之言",著成《伤寒总病论》,后收入《四库全书》,被人称之为"德公"、"医王"。

庞安时性情豪爽,好结交高人逸士,与北宋名人黄庭坚、叶梦得、张耒等人交情甚厚,苏轼的《东坡杂记》和《仇池笔记》、张耒的《明道杂志》以及叶梦得的《避暑录话》等宋人笔记中,都有关于他的记载,说明他的医术在当时的确有很大的影响,为时人推崇。

北宋元丰年间,苏轼因为"乌台诗案"被贬黄州,因此得以结识一代名医庞安时,并与他结下深情厚谊,谱写了一段人间佳话。

苏轼贬官到黄州后,患上左手臂肿的疾病,听说庞安时医术高明,慕名前去求医。因为庞安时耳朵有些聋,所以苏轼就将自己的病情写在一张纸上,才写几句,庞安时就看懂了苏轼的病情。

苏轼十分钦佩,开玩笑地说,"我以手为口,先生以眼为耳,都是非同寻常之人呀!"

针对苏轼的病情,庞安时采用针灸疗法,一针而愈。苏轼大为叹服,以后凡有不适,多请安时治疗,两人成为志同道合的莫逆之交。苏东坡与庞安时多有出游酬和,并留下《浣溪沙》、《西江月》、《答庞安时书》等佳作名篇。

有一次,两人相约同游清泉寺。清泉寺位于蕲水(今浠水)城外二里许,寺中有东晋书法家王羲之的洗笔泉,泉水甘甜,下临兰溪,溪水逶迤西流。

在清泉寺,二人吟诗饮酒,尽兴而归,苏东坡趁兴写下著名的《浣溪沙》:"山下兰芽短浸溪,松间沙路净无泥,萧萧暮雨子规啼。谁道人生无再少?门前流水尚能西,休将白发唱黄鸡。"

一天,苏东坡正在书房看书,外面衙役来报:"启禀大人,庞先生求见。"苏东坡忙说"有请"。

庞安时在衙役的引领下来到书房门前，猛抬头，一眼看见门旁新挂了两只灯笼，他不由诗兴大发，随口吟出一上联：灯笼笼灯，纸（枳）壳原来只防风。

苏东坡正好迎出门来，心领神会，略一沉吟，随即续出下联：架鼓鼓架，陈皮不能敲半下（夏）。

二人相视大笑，手挽手走进后院。院子的中央有一座小花园，庞安时看见园中翠竹葱绿苗壮，灵机一动，赞叹道：中暑最宜淡竹叶。

苏东坡随口对道：伤寒尤妙小柴胡。

两人在花园边坐下，衙役递上香茶，二人品茶谈天，好不惬意。

忽然，一阵微风拂过，送来阵阵花香，庞安时抬头一看，只见园中玫瑰盛开，妩媚妖娆。他触景生情，又出一联：玫瑰花开，香闻七八九里。苏东坡不假思索，脱口而出：梧桐子大，日服五六十丸。

庞安时坐了一会，告辞出来，随口又出一联：神州到处有亲人，不论生地熟地。苏东坡含笑答道：春风来时尽着花，但闻藿香木香。

二人联中的"枳壳、防风、陈皮、半夏、竹叶、柴胡、玫瑰花、梧桐子、生地、熟地、藿香、木香"都是中药名，你来我往，工整和谐，妙趣横生。

明代鄂东名医当中，还有一位与李时珍医术不相上下，他就是万全。

万全（1499—1582年），号密斋，湖北罗田人。平生以《灵枢》、《素问》、《内经》、《难经》等典籍为初基，继而研究《伤寒论》、《金匮要略》、《本草》、《脉诀》，然后博通群籍，融会诸学，根基深厚。

万全对儿科、妇科、内科杂病有精深的研究。特别是在儿科方面，他提出不滥吃药，以预防为主的方针，颇有创见。他发明的"万氏牛黄清心丸"，至今仍是治疗小儿惊风的一剂良药。

万全重视祖国医学遗产，但不拘泥守旧，而注重于具体分析病情，灵活运用古方。他写的诊断书言简意明，所开药方皆药少而疗效好，创造了不少起死回生的奇迹，因而被当时人们称为"神医"。万全成名后，足迹遍及黄冈、英山、浠水、蕲春、郧阳、襄阳、荆州、孝感以及江西九江等地，经他亲手救治痊愈的患者不计其数。

万全晚年,将其毕生所精研的医学理论进行了总结,写成《万密斋医学全书》,为我国医学的发展作出了重要贡献。因为医术出众,医德高尚,万全于清初被追授为"医圣"。

如今,在罗田县县城东北 12 公里大河岸西,静静地竖立着一块汉白玉的石碑,碑文上有"国朝加封医圣万公讳密斋之墓"的字样。一代名医万全就静静地安卧在这个小山坡下,任后人追思凭吊。

清代杨际泰也是"鄂东四大名医"之一。

杨际泰(1780—1850 年),字平阶,湖北广济(今武穴)人。杨际泰擅长内、外、妇、儿诸科,妙手回春,救人无数,是蕲(水)黄(梅)广(济)一带的名医。

据传,蕲州府有一个老妇人,身患重病,卧床很久,家里请了很多医生都束手无策。后来,病人家属听说杨际泰的大名后,登门请他看病。杨际泰经过一番仔细把脉问诊,提笔开方,并有把握地说:"这几服药吃了后,一定可以起床进食。"病人家属闻言大喜,赶快抓药煎服。果然,几服药用完,病人精神大振,开口吃饭了。

老妇人大病初愈,身体虚弱,家人出于好心,熬了人参汤给她进补。老妇人喝下不久,浑身燥热难当,旧病复发。家人十分着急,赶快将杨际泰请来,语气中有责备杨际泰"用药不准,治标没治本"的意思。杨际泰认真察看老妇人病情,仔细审视自己所开的药方,坚信药方无误。于是,他详细询问老妇人用药后的情况,家人如实相告。杨际泰顿时明白了,提笔在原药方上写道:"人参杀人无过,大黄救命无恩。"背起药箱就走。

老妇人的家人一见杨际泰的批语恍然大悟,因为大黄降火,人参大补,两种药相克,危及病人身体。他们马上追上杨际泰,一个劲儿赔礼道歉。

杨际泰在继承和总结前人成果的基础上,写成《医学述要》,凡 36 卷,数十万言,涉及"医学四诊"、"医门八法"、"脉象理论"、"伤寒"、"温病"、外科、儿科、内伤病、妇产科、五官科以及方药等,内容丰富,创见迭出,是近代中医学的百科全书。

在行医过程中,杨际泰发现很多乡亲吸食鸦片,吸坏了身体,吸垮了家庭,陷入家破人亡的悲惨境地。耳闻目睹鸦片之害,杨际泰忧心忡忡,彻夜难眠,奋笔疾书,撰写《告乡民书》。书中提到吸鸦片有"四耗"(神、精、气、血)、"十害"(一损精神、二耗脂血、三废正气、四耗钱财、五伤性命、六增丑态、七坏名声、八犯例禁、九泄机密、十入膏肓），力劝乡亲们戒吸鸦片。他还在《告乡民书》上画一幅《丑态图》，并附打油诗一首：

> 鬼是当年人，人是转眼鬼。
> 若要勤吸烟，便是速求毙。
> 死虽分上下，人鬼是一体。
> 请你看此图，问汝悔不悔？

与此同时，杨际泰出于医家道德和民族责任，决心利用自己的医术，寻找克制毒瘾的良方。杨际泰翻阅大量医书，查出鸦片的特性、药用与毒性原理，有针对性地配制解毒药物。经过不断试验，终于发明了一种戒断鸦片毒瘾的秘方，并根据配方配制解毒消瘾药，发给吸食鸦片者服用，治疗效果出奇的好。消息传开后，华中、华南、华东一带病人纷纷前来求方索药，治愈者无以数计，开创了中国药物戒毒的先河，被后人称为"鸦片战争的一位后方英雄"，也留下了"南有林则徐断绝毒源，北有杨际泰解除病根"的口碑。

悬壶济世、妙手仁心是中国医家的传统美德，这一点，在湖北古代名医特别是"鄂东四大名医"身上体现得淋漓尽致。

（刘玉堂　张　硕）

由"问津"至"兰台"：荆楚书院觅踪

相传，春秋末期孔子与门徒周游列国时曾到过今湖北境内，一次派子路问津，这个地方就在今天的武汉市新洲区旧街镇孔子河村。据载，约于公元前164年至前122年间，孔子河村附近曾掘出一块石碑，上刻"孔子使子路问津处"八个大字。由此，问津书院应运而生，成为全国唯一以"子路问津"的典故而命名的古书院。书院是传播儒家思想和传统文化的道场。我国古代书院，起于唐，盛于宋，止于清末学制改革，历时近千年。湖北是书院最发达的省份之一，清末有书院总计243个，著名的有问津书院（武汉新洲）、龙泉书院（荆门）、守敬书院（宜都）、江汉书院（武汉武昌）、经心书院（武汉武昌）、两湖书院（武汉武昌）、晴川书院（武汉汉阳）、兰台书院（钟祥）、武郡书院（钟祥）、昭君书院（兴山）、天门书院（天门）等。书院在传播传统文化方面举足轻重，不仅培养精英士子，也面向大众普及文化；一方面认真学习儒家思想，"礼下庶人"，另一方面积极推动传统文化的民间应用，"礼失而求诸野"。在湖北的黄冈、荆州、恩施等乡村，可看到农家里仍然摆放着"天地君亲师"的牌位，这也许是书院教育的流风余韵。

湖北的书院，按照主管和投资情况，可以分为官办书院和民间书院两种类型。根据其行政级别，可以分为五个层次：第一是省级书院；第二是府级书院，为知府所创建；第三是州书院，为州官创建；第四为县级书院，为知县所建；第五为乡镇书院，为民间自建。此外，无论在省会、府、州、县都有私人书院存在。清代的湖北书院以县级书院为主体，以府、州级书院为骨干，以省级书院为鳌头，以乡镇级书院为辅助，形成了一个极为庞大的教育体系。宋代以降，以朱熹、陆九渊为代表的理学在社会上日益风行，南宋理学主要靠书院来宣讲传播，理学家们的讲学活动活跃起来，出现了一个大办书院的高潮。书院以"明人伦"和"传道济民"为依据,设置了以"四书"、"五经"为核心的经学为主体,以史学、子学为补充,兼修诗词歌赋的基本课程体系,在培养人才、"宣讲教化"、"敦励风俗"、传承文化等方面发挥了重要作用。

湖北的书院历史悠久,文化积淀深厚。例如,问津书院的前身是孔庙,是人们祭祀孔子的地方,孔庙自建立时起,就注重文化交流和讲学。朱熹、王阳明等著名思想家都到过问津书院讲学,留下了脍炙人口的诗篇。问津书院在清末时祭祀、教学等建筑一应俱全,有大成殿、讲堂、仪门、左右建两庑,东庑设仲子祠、隐士祠、洁粢斋、奉牲斋、饱德亭、理事斋;西庑设文公祠、诸儒祠、酬庸馆、斋宿馆,前有文昌阁、魁星楼、藏书楼、孔叹桥、照壁等,可谓气势恢弘。现存正殿和东西庑部分馆舍,殿内孔子塑像保存完好。由于地处大别山边沿山区,侥幸得以比较好地保存下来,吸引了全国政协副主席张思卿、台湾中华渊源文化研究会理事长洪武雄、香港孔教学院院长汤恩佳、中巴(中国—巴西)学术交流中心主任西蒙娜·德拉图尔(Simonede La Tour)女士和执行主任凯文·德拉图尔(Kevin de La Tour)等先生的寻访。2012年3月,湖北省政协主持召开"问津书院修缮及景区建设推进会",目前,问津书院的保护修缮工作已经启动。

再如,荆门市龙泉书院,相传曾是春秋时期我国著名的哲学家、道家学派创始人老莱子隐居自耕奉养双亲的庄园,"老莱子斑彩娱亲"的故事就发生在这里,其顺泉就是以赞扬老莱子的孝道而命名的。龙泉书院的陆夫子祠,是南宋著名的理学家和教育家陆九渊在荆讲学的地方。龙泉书院内的白鹤亭、洗心亭、育德堂、东山草堂、春华馆、秋实馆、敬业斋、乐群斋、方塘书屋等,都有深刻的、浓厚的文化和教育底蕴与寓意。

湖北省书院文物保护单位(2002)

名称	建筑年代	地点
问津书院	明清	武汉市新洲区
如膏书院	清	利川市
三闾书院	清	神农架林区
金陵书院	清	蕲春县
五阳书院	清	建始县

历史上书院多与孔庙合为一体,被称为"庙学合一",既祭祀圣人,增强神圣感,又学习圣贤之书,提高自身修养,相得益彰。规模较大的书院,一般孔庙、书院的建筑群在平行的两条中轴线上。孔庙主殿为大成殿,内有孔子像,还有陪祀的"四配"即颜子、曾子、子思、孟子的像。孔子塑像在湖北各地也不同,问津书院和沔城圣庙的孔子像就颇有差别。

明末以后,湖北的书院与会馆合为一体的比较多。例如,黄州书院,又名黄州会馆,位于襄阳樊城马街与交通路交叉口北侧商贸繁华地带,是湖北省重点文物保护单位。小黄州会馆,也称为齐安书院,在襄阳中山前街。徽州会馆,又名"新安书院",位于襄阳皮坊街。商帮客居外地,仍然不忘学习知识,会馆和书院合一,体现了寓教于乐、学习与娱乐相得益彰的灵活风格。

湖北书院与革命遗址有着不解之缘。洪湖的瞿家湾,是湘鄂西苏维埃革命根据地、洪湖赤卫队武装斗争的指挥中心,祥禄书院历历在目。瞿家湾的瞿氏以其祖先瞿胜祥、瞿胜禄两个人的名字,合成了祥禄书院,其目的是教育瞿家后代知书达理。碧波荡漾的湖水、古香古色的明清建筑、油黑锃亮的青石板街、古朴小巧的石拱小桥,让我们感受到了那个年代的气息。一文一武、文质彬彬的书院,能够在激荡的环境下成为革命所在,的确是瞿家湾红色文化亮点。湖北通山县工农政府委员会政府驻通山县城圣庙,1930年彭德怀率红军占领通山县城,红三军团指挥部就设在通山城内圣庙。公安县南平镇的文庙,也是革命圣地,1930年2月贺龙领导的红四军由桑植、鹤峰东下洪湖,与周逸群领导的红六军在南平文庙会师,组成中国工农红军第二方面军。这真是体现了"文武之道,一张一弛"。

西学东渐,书院在近代发生了转向。问津书院在1913年把讲堂改成为罗马风格的两层建筑,有拱形门多个和阳台走廊,其他建筑仍然是中国传统风格。这是近代西学东渐的体现,是中西合璧的见证。近代湖北的书院,教学内容注重西方知识学习,虽然仍然沿用书院名称,但是办学的方式、学生的去向等已经发生了很大变化。据统计,光绪三十四年(1908年)迄宣统二年(1910年)间两湖书院官学化达到了极点,与官学无异,肄业生共64人中留学的有30人,占总数的47%。其中留日的24人,留美的2人,留欧的4人;留学时学教育的7人,学军事、警察的 7 人,学工业的 2 人,学法商的 9 人。这和原来书院仅仅学"四书"、"五经"和追求科举功名,迥然不同。

近代以来,洋务学堂猛烈冲击着传统书院教育。洋务运动中,新式西洋学堂如雨后春笋般兴起,改革旧式书院就成为大势所趋。光绪二十七年(1901 年)清政府采纳张之洞、刘坤一建议,下诏将各省城书院改为大学堂,各府书院改为中学堂,各州县书院改为小学堂,并多设蒙养学堂。至此书院制度走完了近千年的曲折历程之后,最终汇入了近代学校教育的洪流之中。许多书院由此实现由古代迈向近代、现代,得以贯通中国教育的血脉。例如,武汉的问津书院曾经成为速成中学、孔子河小学;民国元年(1912 年),武昌勺庭书院旧址设勺庭中学,汉阳晴川书院旧址设晴川中学。武汉的两湖书院旧址,1906 年张之洞办湖北两湖师范学堂附属小学,现在这里为武昌实验小学、武汉音乐学院;荆门的龙泉书院成为龙泉中学;荆州的孔庙一分为二,泮池所在地建立了长江大学文理学院,大成殿所在地建立了荆州市实验中学。襄阳襄城区积仓街 1 号的孔庙、杏坛、状元桥,成为襄阳五中校园。清乾隆十九年(1754 年)修建的天门书院,后来成为湖北天门中学。宜昌墨池书院,演变成为宜昌市第一中学。钟祥市的兰台书院,曾经改成安陆师范学堂,不久后又改成安陆中学堂,民国时期为第四区兰台中学、湖北省立第七中学;新中国成立后,成为兰台中学。郧县的郧山书院成为郧阳中学、郧阳师范学堂。

在湖北省境内的西方教会,也以书院之名义进行文化传播和教育事业。但是他们的教学内容主要是西方文化,与中国本土的传统教育大相径庭。武汉的博学书院为英国基督教会于 1890 年由英人基督教传教士马辅仁负责在汉口花楼街居巷一个茶箱厂旧址创立。1907 年为了纪念英人杨格非来华 50 周年,遂将书院迁到韩家墩,改为博学中学(即今武汉市四中)。武汉基督教会吴德施倡导在武昌横街头创办了武昌文华书院,也属于此类型。

历史的沧桑巨变,使昔日的书院或者消失,或者残留,但是人们仍然可以通过地名的存在,感受到它们当年的辉煌,追寻到历史变迁的痕迹。

湖北以书院命名的地名简表

序号	地名	所在地	所在地单位命名
1	读书院	武汉市武昌区	
2	书院街	孝感市	书院中学
3	书院街	赤壁市	赤壁市书院实验小学
4	书院巷	建始县城	
5	龙泉书院	荆门	龙泉中学
6	书院街	应城	
7	书院街	枣阳市	
8	书院巷	武汉市武昌区	
9	书院巷	潜江市张金镇	
10	汉阳书院巷	樊城中山前街下段	
11	六角亭学田巷	恩施市	恩施市书院中学

　　湖北的书院保护,已经越来越深入人心。现存屈指可数的书院,成为历史文化的直接见证,人们非常珍惜。近年来,湖北的新兴书院不断出现,传统书院教育模式有复兴之势。读经典、穿汉服、学礼仪、重修身、童蒙教育(私塾、经典诵读)、养成教育,从幼儿到大学,在民间广泛开展,显示了传统文化的重要价值。

　　湖北书院,彰显了儒家文化和荆楚文化紧密结合的魅力。荆楚文化善于借鉴和吸收新思想、新行为,书院遍及荆楚大地,显示了荆楚文化强大的兼容性、开放性。现在,湖北的许多书院建筑,已经成为文物保护单位,成为物质文化遗产。与书院有关的历史传说和故事,也成为非物质文化遗产。书院文化的种子,在湖北人心灵上打下的或多或少的烙印,可在读书人的言谈举止中看出。

(孙君恒)

五、东风夜放花千树

Dong Feng Ye Fang Hua Qian Shu

"穆如清风":《诗经》采编尹吉甫

　　《晋书·列女传》中记载了一段有关文学品鉴的佳话,东晋宰相谢安曾问他的侄女谢道韫:"《毛诗》何句最佳?"道韫称:"吉甫作诵,穆如清风。仲山甫永怀,以慰其心。"谢安听了称其有雅人深致。才女谢道韫所称道的诗句出自《诗经·大雅·烝民》篇,《毛诗序》以此诗为"尹吉甫美宣王也,任贤使能,周王中兴焉。"这首诗的作者是周宣王时期的辅弼之臣——尹吉甫,他写这首诗是为了颂扬同僚仲山甫的美德。清代方玉润在《诗经原始》中认为此诗:"备举其德性、学行、事业,以及世系、官守,无不极意推美。"诗篇呈现了尹吉甫理想化的政治人才观念,以及他对西周王室中兴的迫切期待和隐隐忧虑,读来确有"雅人深致"。那么我们就不难理解同样处在国势飘摇之中,想要力挽狂澜的东晋宰相谢安为何会对此诗产生共鸣了。

　　《诗经》是我国第一部诗歌总集,共收录从自西周初年至春秋中叶(前11世纪—前6世纪)大约五百多年间的诗歌共305篇,并分为风、雅、颂三部分,即风土之音、朝廷之音和宗庙之音,囊括了乐官采集的各地民歌和贵族文人所献诗篇。《诗经》作者绝大多数不可考,司马迁将"诗三百"统归为"圣贤发愤之所作"。305篇中署名的作者仅有四人,而尹吉甫是其中最突出的一位。《毛诗正义》明确指出,《诗经·大雅》中的《崧高》《烝民》《韩奕》《江汉》四首诗均为尹吉甫所作。

　　尹吉甫(前852—前775年),兮氏,名甲,字伯吉父(一作甫),尹是官名。他是中国历史上著名的政治家、军事家和文学家。据明代《郧阳府志》记载:"尹吉甫,房陵人,食采于房,卒葬房之青峰山。""房陵",就是今天的湖北十堰房县。它地处中国中西部结合部,介于神农架、大巴山和武当山之间,层峦叠嶂,山清水秀,古称房陵。西周成王时,周公姬旦与召公姬奭分陕而治。陕,指古之陕塬,今河南陕县。周公治陕之东,召公治陕之西。《诗经·国风》中的"周南"所辖地域就是当时周公统治的南方流域,最东到现在的徐州一带;"召南"是召公统治的南方流域,以南阳南郡为中心,北至镐京,西至巴蜀,南到今荆州一带。根据《水经注》引《韩诗序》的记录:"'二南'其地在南郡南阳之间。"《诗经·国风》中"二南"诗的产地大致说来,包括今河南洛阳、南阳和湖北的郧阳、襄阳等地区。"二南"中屡次提到长江、汉水、汝水,可以证明"二南"正是南国地方的民歌。房县古为周南和召南的交汇地,是"二南"组诗的采风地之一,具有深厚的历史文化积淀。尹吉甫作为西周王室肱股大臣,而且文能安邦,武能定国,必然对周代的"采诗"、"献诗"制度和礼乐文化的成熟和完善起过积极作用。《诗经》中的部分篇章至今在房县民间尚有传唱,这一全国罕见的文化现象与房县作为尹吉甫的故里有着一定的历史渊源。尹吉甫比同为南国土壤孕育的伟大诗人屈原早生五百多年,尹吉甫不仅是《诗经》诸多诗篇的创作者,更为《诗经》的采集和编纂作出了巨大贡献,堪称"中华诗祖"。

尹吉甫官至太师,又名太宰,掌邦治,为六卿之首。如殷纣之时,箕子为太师,周武王时,太公为太师,可见太师之职非常人可任。周宣王时任用尹吉甫、仲山甫、方叔、召虎为大臣。尹吉甫为宣王南征北伐,最受重用。据《东周列国志》记载:"宣王晚年病重弥留之际,召见老臣尹吉甫和召虎于榻前,曰:'朕赖诸卿之力,在位四十六年,南征北伐,四海安宁,不料一病不起!太子宫涅,年虽已长,性颇暗昧,卿等协力辅佐,勿替世业!'"宣王死后,周幽王即位,尹吉甫仍是佐命之臣。据传说,周幽王听信谗言,错杀尹吉甫,后来悔恨难当,便做了一个金头进行了厚葬,为了防止别人盗墓,做了十二座墓葬于房县东面。房县民间有着大量有关尹吉甫的鲜活生动的传说故事,更有大量翔实的文物遗迹。

我们先来看看《诗经》诗篇中对尹吉甫光辉形象的描绘。西周宣王时,猃狁(古匈奴)侵扰北方甚剧。周宣王五年(前823年),尹吉甫奉命出征猃狁,率军反攻到太原而返,驻防今平遥城一带。至今尚存的山西平遥古城墙,史载就是尹吉甫修筑的军事工程。《诗经·小雅·六月》就描写了尹吉甫带兵出征,凯旋庆功的史事。诗云:

六月栖栖，戎车既饬，四牡骙骙，载是常服。猃狁孔炽，我是用急，
王于出征，以匡王国。

比物四骊，闲之维则，维此六月，既成我服。我服既成，于三十里，
王于出征，以佐天子。

四牡修广，其大有颙，薄伐猃狁，以奏肤公。有严有翼，共武之服，
共武之服，以定王国。

猃狁匪茹，整居焦获，侵镐及方，至于泾阳。织文鸟章，白旆中央，
元戎十乘，以先启行。

戎也既安，如轾如轩，四牡既佶，既佶且闲。薄伐猃狁，至于大原，
文武吉甫，万邦为宪。

吉甫燕喜，既多受祉，来归自镐，我行永久。饮御诸友，炰鳖脍鲤，
侯谁在矣，张仲孝友。

这真是一曲英雄赞歌，全诗以昂扬奋发、明快有力的笔调铺陈王师力量的强大、装备的精良，赞扬了主帅尹吉甫的赫赫战功，突出了他能文能武的才略。这样的战争诗读来令人热血沸腾，这也充分反映了周宣王时期的强盛国力和群情激奋的时代精神。助宣王中兴，尹吉甫功不可没。

尹吉甫的功绩还可从兮甲盘铭文得到印证。兮甲盘也称兮田盘、兮伯盘或兮伯吉父盘，是西周晚期青铜器，在宋代出土，现已遗失，只有拓本存世。其铭文一百三十三字，可参阅郭沫若编纂的《两周金文辞大系图录考释》。铭文记述了兮甲（即尹吉甫）随从周宣王征伐猃狁，对南淮夷征收赋贡之事。

周厉王在位时，政治昏暗，东方淮夷入寇，厉王命虢仲征之，未能取胜。宣王当政后，首先消除猃狁之患，然后亲征淮夷。从宣王二年（前826年）起，在十多年间进行了不计其数的战役，尹吉甫就曾奉命征徐戎。直到宣王十八年（前810年），南仲派驹父、高父前往淮夷地域，各方国都迎接王命，并进献贡物，至此才将他们征服。周宣王将这些新征服的领土赐给战争功臣召穆公、申伯和仲山甫等人，这些事迹都记载于尹吉甫所作的《江汉》和《崧高》之中。

《大雅·江汉》这首诗记叙了召穆公（召虎）平淮夷归来，周王赏赐之事。诗

篇开头很有气势：

江汉浮浮，武夫滔滔。匪安匪游，淮夷来求。既出我车，既设我旟。
匪安匪舒，淮夷来铺。

江汉汤汤，武夫洸洸。经营四方，告成于王。四方既平，王国庶定。
时靡有争，王心载宁。

这浩浩江水映衬出的是誓将扫平敌寇的气势和雄心，"匪安匪游""匪安匪
舒"，更表现了老臣全力为君王效力的使命感。

《大雅·崧高》是尹吉甫欢送申伯去南方做方伯时所作。诗云：

亹亹申伯，王缵之事。于邑于谢，南国是式。王命召伯，定申伯之
宅。登是南邦，世执其功。

为了遏制"南土"楚国势力的崛起，又能"封建亲戚，以蕃屏国"，宣王于公元
前827年改封其舅申伯于南阳，建立申国。南阳，原为西周谢国封地。为了新建
申城，宣王命召伯虎从淮夷前线调至南阳，"于邑于谢"，"定申伯之宅"，营建先王
"寝庙"，划定"申伯土田"。宣王为其举行了盛大的欢送仪式，大臣尹吉甫作《崧
高》一诗歌咏其事。其旨意是歌颂申伯辅佐周室、镇抚南方侯国有功。同时也写
了宣王对申伯的优厚封赠及不同寻常的礼遇。申国为周初所封，西周末年依然
强大，在众侯国中有一定的威望。申伯入朝为卿士，在朝中有很高威信。鉴于当
时的形势，再加上申伯是王室贵戚（宣王元舅），故宣王改大其邑，派他去做南方
方伯。所以，宣王分封申伯于谢，有其政治目的，完全是以巩固周王室的统治为
出发点的。

尹吉甫的创作都是长篇政治抒情诗，表现的仁人志士基于国政民生的关怀
和思考。其思想内容、艺术手法和诗学风格对后世有着深远影响。他在诗作中
既有对君王功业的歌颂，又不乏对时局的忧虑和对君王的劝谏，奠定了《诗经》政
治诗的美刺传统和"温柔敦厚"的诗风。如近人吴闿生在《诗义会通》中说："案

《崧高》《烝民》二诗，微指略同。皆讥宣王疏远贤臣，不能引以自辅，语虽褒美，而意指俱在言外，所以为微文深意。"

尹吉甫诗歌在艺术上的特色更为突出，其诗往往发端突兀，笼罩全篇，笔力雄健、气势宏伟。如《崧高》起首二句"崧高维岳，骏极于天"为后人所激赏。方玉润说："起笔峥嵘，与岳势竞隆。"又曰："发端严重庄凝，有泰山岩岩气象。中兴贤佐，天子懿亲，非此手笔不足以称题"、"后世杜甫呈献巨篇，专学此种"（《诗经原始》）。我们从诗圣杜甫的《北征》、《自京赴奉先县咏怀五百字》等诗篇中都能看出这种承继关系。再如《烝民》的开篇：

> 天生烝民，有物有则。民之秉彝，好是懿德。天监有周，昭假于下。
> 保兹天子，生仲山甫。

首章起句不凡，意思是说，上天生了众民，世间万物皆有法则。人与生俱来的天性是追求善美的德性。上天保佑着周王朝，仲山甫正是受命于天来辅佐天子的。戴震《毛诗补传》指出："诗美仲山甫德之纯粹而克全，故推本性善以言之。"正所谓"天将降大任于斯人也"，仲山甫的出现是必然的，他的出现对于周王朝更是意义非凡。诗人屈原在《离骚》中宣称"皇天无私阿兮，览民德焉错辅"。他还自豪地叙述自己尊贵的出身和不凡的秉性："纷吾既有此内美兮，又重之以修能。"从中可以看出尹吉甫天命思想对后人的影响。

目前学术界对尹吉甫的关注和研究很有限，与他"中华诗祖"的身份和地位远不相称。经典文献中对尹吉甫的记载也不多，倒是他听信后妻之言，错杀孝子伯奇的典故广为流传。20世纪70年代，台湾著名文化学者李辰东先生认为《诗经》是尹吉甫和他的爱人伯姬两人的诗集，还编出言之凿凿的《尹吉甫年谱》。这一"奇谈怪论"轰动了世界，但是一直没有得到学术界的认可。大陆的青年学者金久皓先生近几年来发表了大量的关于尹吉甫的文章，最早发出"尹吉甫到底是哪里人"的疑问，从而引起大众对尹吉甫的关注。湖北房县的民间文化研究者傅广典、袁正洪等一直在寻找名人资源为尹吉甫文化造势。中国《诗经》学会会长夏传才先生也发表论证称："尹吉甫采邑在房县，其后裔世居于此，以房县为籍里，你们调查的材料可考可信。河北南皮县、山西平遥县的吉甫墓都是纪念墓，四川泸州之说系误传。'二南'是西周推行文王之化的乐歌，当然会广泛地推行于尹吉甫的采邑，并深入民间。你们发掘出当地民歌与《诗经》乐歌的结合，以及与尹吉甫相关的民间传说，很有价值。"2012年，经湖北省人民政府批准，房县撤销榔口乡设立尹吉甫镇。房县正积极致力于打造尹吉甫《诗经》文化品牌、弘扬以《诗经》文化为代表的房陵文化。

皇皇吉甫，中华诗祖，自铸伟辞，震烁今古。我们深信，"中华诗祖"——尹吉甫的美名随着房陵文化的弘扬会流传更广。

（樊露露　孟修祥）

高山流水:伯牙与子期

中国古代流传着无数动人的"知音"故事,而两千多年前伯牙与钟子期"高山流水遇知音"的一段佳话,则是我国所有"知音"故事的文化原型。

伯牙与钟子期为先秦时代楚国人,生卒年均不详。《荀子》、《吕氏春秋》、《琴操》、《列子》等典籍皆称为"伯牙";在后来的诗文中,钟子期或简称为钟期,如陶渊明《怨诗》"慷慨独悲歌,钟期信为贤"、王勃《滕王阁序》"钟期不遇,奏流水以何惭"即是。东汉高诱注《吕氏春秋》云:"(伯牙)伯姓,牙名,或作雅;钟氏期,名子,皆通称,悉楚人也。"可见伯牙原本姓伯,名牙。明末冯梦龙在其小说《俞伯牙摔琴谢知音》中说伯牙"姓俞名瑞,字伯牙"实属小说家之言,杜撰而已。

伯牙是当时著名的琴师,《荀子·劝学篇》所谓"伯牙鼓琴而六马仰秣",说明伯牙琴艺十分高超。据《吕氏春秋·本味篇》记载:

> 伯牙鼓琴,钟子期听之。方鼓琴而志在泰山,钟子期曰:"善哉乎鼓琴! 巍巍乎若泰山。"少选之间,而志在流水。钟子期曰:"善哉乎鼓琴,汤汤乎若流水。"钟子期死,伯牙破琴绝弦,终身不复鼓琴,以为世无足复为鼓琴者。

一位是当时著名的琴艺大师,一位虽为默默无闻的山野"樵夫"却是音乐鉴赏大家,是音乐让他俩相知相识而成为"知音"。伯牙的《高山》、《流水》本寓有仁者乐山、智者乐水之意,但《吕氏春秋》的作者并非全然从音乐的角度记载音乐史上的这段佳话,也把传统的乐山乐水的诗情置之于不顾,而是为了突出其君王善纳贤才的政治用心,于是,接下来有一段议论:

非独琴若此也，贤者亦然。虽有贤者，而无礼以接之，贤奚由尽忠！犹御之不善骥不自千里也。

所谓"无礼以接"的"接"与"知"互训，《墨经上》说："知，接也。"《庄子·庚桑楚》也说："知者，接也。"也就是人与人的接触，相识相知之谓"接"。好在《吕氏春秋》招纳贤才的政治用心并没有掩盖住伯牙与钟子期的故事本身的独特魅力，虽然许多典籍的记载大同小异，但并非都是"礼以接之"，贤人尽忠的有关君臣大义的劝导，以《列子》为例，其中《汤问》有一段内容大致相同的记载，却更真切地表述"知音"文化的内涵：

伯牙善鼓琴，钟子期善听。伯牙鼓琴，志在登高山，钟子期曰："善哉，峨峨兮若泰山！"志在流水，钟子期曰："善哉，洋洋兮若江河！"伯牙所念，钟子期必得之。伯牙游于泰山之阴，卒逢暴雨，止于岩下，心悲，乃援琴而鼓之。初为《霖雨》之操，更造《崩山》之音。曲每奏，钟子期辄穷其趣。伯牙乃舍琴而叹曰："善哉，善哉！子之听夫志，想象犹吾心也。吾于何逃声哉？"

在这段故事中重在体现伯牙与钟子期"善鼓琴"与"善听"的二人关系，特别是"善听"之钟子期使高明的音乐大家伯牙无处掩藏其琴声所表达的情志，从钟子期高明的音乐鉴赏水准，不难推断他为楚音乐世家钟氏后裔。高妙的音乐境界，需要有高明的人来欣赏，才能成为真正的知音。演奏美妙的音乐固然难得，能欣赏美妙音乐的真正知音更是难求，以至于"钟子期死，伯牙破琴绝弦，终身不复鼓琴，以为世无足复为鼓琴者"。《淮南子·修务训》也说："钟子期死，而伯牙绝弦破琴，知世莫赏也。"知音文化的原型由此定格。

"知音"的"音"本为音乐，但许慎《说文解字》有一种解说："音，声也，生于心，有节于外，谓之音。"这里强调音属于"心"的意义化的内涵。伯牙与钟子期的故事并非神话，但他们作为知音文化的原型，由"知音"衍生出了后来在文学、艺术、政治等诸多方面的"知音"文化的故事与意义。

首先,"知音"成为人们追求友情的极高理想境界,成为友谊的代名词。《史记·刺客列传》记载荆轲与高渐离的友情堪为知音:

> 荆轲既至燕,爱燕之狗屠及善击筑者高渐离。荆轲嗜酒,日与狗屠及高渐离饮于燕市,酒酣以往,高渐离击筑,荆轲和而歌于市中,相乐也,已而相泣,旁若无人者。

荆轲与高渐离是战国时代两位著名人物,两位朋友青史留名的友情远超越一般凡夫俗子;唐代两位伟大诗人李白与杜甫的友谊亦堪为知音。两人相聚在一起时是饮酒赋诗,相互赞佩,以至于"醉眠秋共被,携手同日行",分别后是相互思念,是"思君若汶水,浩荡寄南征",盼望"何时一樽酒,重与细论文",在长达十四年的分离之中,从未间断过对对方的思念。李、杜的伟大友谊打破了文人相轻的不良风气,树立起了文人之间美好关系的光辉典范。正如美国诗人惠特曼《我梦见》诗所云:"我在梦中看见一座城市,可以抵御地球上一切进攻,这就是朋友的新城。"

我国古代著名的文学理论家刘勰突破音乐的所指而进入文艺鉴赏与批评、人的行为交往和心灵沟通的广泛领域,于是,在其巨著《文心雕龙》中专立《知音》一篇,并言:

> 知音其难哉!音实难知,知实难逢,逢其知音,千载其一乎!

刘勰列举秦汉以来文学批评中的大量实例,说明自古以来,真正知音的批评者不可多得。有的是"贵古贱今",认为今人的作品总不如古人好;有的是"崇己抑人",贬低别人而抬高自己;有的则"信伪迷真",轻信虚伪而不明真相。诸多不从实际出发的批评,当然算不上"知音"。但这样的事实却大量存在,所以刘勰十分慨叹:"逢其知音,千载其一乎!"他进一步解释,麒麟和獐子,凤凰和山鸡的差别是很悬殊的;珠玉和石块的不同也是很明显的。但是竟有人把麒麟当獐子,把山鸡当凤凰。魏国人又把美玉当怪石,宋国人则把石块看作宝珠。形体上有着显著差别的东西尚且难免如此在认识上错位，文学艺术的鉴识就更其难矣。见诸《欧阳文忠公集》中的《唐薛稷书》便如是说："昔梅圣俞（尧臣）作诗，独以吾为知音，吾亦自谓举世之人知梅诗者莫吾若也，吾尝问渠最得意处，渠诵数句，皆非吾赏者：以此知披图所赏，未必得秉笔之人本意也。"自认为是梅尧臣的知音的欧阳修，尚不得梅诗之本意，可见在文学艺术领域知音之难遇。

然而中国古代自秦代而后毕竟是重礼乐的封建社会，占统治地位的儒家思想自然将"知音"文化导向其政治伦理功能与文化内涵，如《礼记·乐记》云：

> 知声而不知音者，禽兽是也；知音而不知乐者，众庶是也。惟君子
> 为能知乐，是故审声以知音，审音以知乐，审乐以知政，而治道备矣。

《乐记》本是汉初儒者搜集整理先秦儒家议论音乐的言论编辑而成的一部音乐理论著作，书中处处渗透着儒家礼乐并举治理社会的政治理想，所谓"声音之道，与政通矣"，整部《乐记》充分体现的是儒家"中庸"哲学观照下的美学阐释。

事实上，在古代典籍中也有与伯牙子期相似的"知音"故事，如司马迁的《史记·刺客列传》中说"高渐离变名姓为人佣保，闻其家堂上客击筑，每出言曰，彼有善有不善，从者以告其主曰，彼佣乃知音，窃言是非。"《乐府诗集》引《风俗通》言《琴歌》的来历，曰："百里奚为秦相，堂上乐作，妇自言知音，因援琴抚弦而歌，问之，乃故妻，还为夫妇也。"高渐离能从别人的击筑声中听出善与不善之音，百里奚能从夫人的乐曲中听出只有其夫人才能演奏的音乐，诸如此类的历史故事也实属难能可贵，这也显现出"知音"文化链中自身的意义增殖现象。

还有那些托君臣之大义，结骨肉之深情，志存高远的事业上的"知音"们，如春秋时代的管仲与鲍叔牙、西汉的刘邦和萧何、三国时候的孙策和周瑜，桃园结义的刘、关、张等等，深明大义，情同手足，为着共同的事业，生死与共，亦可谓事业上的"知音"典范。

"知音"文化衍生出更多的是关于异性知音中那些感天动地的情感表达与故事叙述。"执子之手，与子偕老"的坚贞，"衣带渐宽终不悔，为伊消得人憔悴"的执著，"金风玉露一相逢，便胜却人间无数"的高洁，诸如此类，无不是在爱情层面

上阐释着"知音"文化的内涵。更有孟姜女的哭倒长城，刘兰芝与焦仲卿的誓死殉情，梁山伯与祝英台的双双化蝶，直到当代电影《知音》将蔡锷与小凤仙的故事，演绎成一曲"人生难得一知己，千古知音最难觅"的爱情绝唱，无不传递着人间男女痴心相爱、至死不渝的一往情深。"得逢知己何辞死，愿做鸳鸯不羡仙"，"知音"是令人感佩、钦羡的至真至爱的情感归宿。

纵观古今的"知音"故事数不胜数，"知音"的形式异彩纷呈，冯梦龙在《俞伯牙摔琴谢知音》中作过如此分类："这相知有几样名色：恩德相结者，谓之知己；腹心相照者，谓之知心；声气相求者，谓之知音，总来叫做相知。"冯氏分类，姑且聊备一说吧！

那么，透过纷繁的"知音"现象，其文化的本质内涵究竟是什么呢？

答曰：知音是彼此往返于心的一种审美状态。钟子期通琴道，知音律，善识伯牙琴声中所寓之心志，伯牙也深知子期之能识自己的琴声与心志，琴音在两人的心志之间不过是一种媒介而已，关键在音中所寓之志与情。

再答曰：知音是彼此往返于心的一种极高的诗意境界。《乐府解题》曾对伯牙的故事加以演绎："伯牙学琴于成连先生，三年不成，至于精神寂寞，情之专一，尚未能也。成连云：'吾师方子春今在东海中，能移人情。'乃与伯牙俱往，至蓬莱山，留宿伯牙曰：'子居习之，吾将迎师。'刺船而去，旬时不返。伯牙近望无人，但闻海水洞滑崩澌之声，山林窅寞，群鸟悲号，怆然而叹曰：'先生将移我情！'乃援琴而歌。曲终，成连回，刺船迎之而还。伯牙遂为天下妙矣！"真正的知音是在"伯牙遂为天下妙"的至高境界上发生的，这是生命极致追求的一种审美现象，是作为人的诗意存在方式而得到确证的一种形象说明。

能彼此往返于心者并非皆为知音。世上总是物以类聚，人以群分，那些同流合污者岂能为知音，那些臭味相投者又岂能为知音！

知音作为一种至高的诗意境界是可遇而不可求的，正因为如此，在短暂的人生之中，才越发引起人们无尽的企求。孟浩然《夏日南亭怀辛大》诗曰："欲取鸣琴弹，恨无知音赏。感此怀故人，中宵劳梦想。"韩愈《知音者诚希》说："百年歌自苦，未见有知音。知音者诚希，念子不能别。"这是发自内心的知音难求的诉说。南宋爱国将领岳飞志在恢复中原而壮志难酬，填《小重山》词，下阕有"白首为功名。旧山松竹老,阻归程。欲将心事付瑶琴。知音少,弦断有谁听。"中原恢复而不能,壮志无人理解是他终身遗恨。鉴湖女侠秋瑾,巾帼不让须眉,但赋《满江红》,诉说"身不得,男儿列;心却比,男儿烈! 算平生肝胆,因人常热,俗夫胸襟谁识我? 英雄末路当磨折。莽红尘,何处觅知音,青衫湿! "这又是何等的壮怀激烈!

还是王安石的《伯牙》诗回到"知音"文化的原点:

千载朱弦无此悲,欲弹孤绝鬼神疑。
故人舍我归黄壤,流水高山深相知。

好在古人虽逝,遗迹尚在,精神犹存。因为有了对知音故事展示的臻于极致的理想的钦羡,有了对伯牙、子期的崇敬和仰慕,致使历经两千多年的"知音"文化的内涵得到充分拓展,遗迹如"圣迹"受到历朝历代人们的景仰而未见湮没。当今的人们仍然指点着伯牙泊船何处,鼓琴何处,钟子期樵薪何处、听琴何处,还有长江之滨、龟山之脚的汉阳古琴台的那些古代建筑以及建筑处所遗存的各种文字与古琴台相映成趣的青山绿水,以及自他们的"知音"故事发生以来见诸史册的记载,见诸各种文学艺术形式的表现,都在向世世代代的人们昭示着伯牙与子期那段千古流传的人生际遇及其蕴涵的"知音"文化的深厚意义。

(孟修祥)

世界第八大奇迹:曾侯乙编钟

用曾侯乙墓发掘亲历者的话来讲,国宝曾侯乙编钟的出土可谓是一波三折。

1978 年,湖北随县城郊一个叫擂鼓墩的小山包上,驻军某部雷达修理所扩建厂房,开山炸石,炸出一大片褐色的土层,略有考古知识的修理所负责人怀疑褐色土层下面可能是一座大型古墓,于是,他赶紧向上级文物部门报告了这件事。

湖北省文物主管部门马上派专家赶赴随县。经过实地勘察,专家发现这片"褐土"面积达 220 平方米,因而断定这片"褐土"下面应该是一座比长沙马王堆汉墓大 6 倍的"超级古墓"。

随县发现超级古墓的消息不胫而走,人们奔走相告,从四面八方潮水般涌来,把考古现场围得水泄不通。有的群众甚至带上干粮和被单,睡在部队营房门口,等开棺后亲睹祖宗留下的"稀罕"物。当年随县县城只有四五万人,可涌入墓区围观的群众就有两万之众,真可谓是万人空巷。直到空军派出直升机航拍墓区全景时,才说服部分群众暂时离开现场以便拍照。

1978 年 5 月 22 日凌晨 5 时,当曾侯乙墓墓室积水抽干后,雄伟壮观的曾侯乙编钟露出了它的真面目,所有在场的考古工作者都被眼前气势磅礴、宏伟壮观的青铜"乐队"深深震慑了。

曾侯乙编钟是迄今所发现的规模最大、数量最多、保存最好、音乐性能最佳、铸造最为精美的一套青铜编钟。编钟共 65 件,包括钮钟 19 件、甬钟 45 件以及楚王赠送的镈钟 1 件,总重量达 2500 多公斤。其中最大的一件通高 153.4 厘米,重 203.6 公斤;最小的一件通高 20.4 厘米,重 2.4 公斤。这些钟分三层按次序悬挂于曲尺形的大型钟架上。钮钟和甬钟无论大小,多有"曾侯乙乍(作)寺(持)"或"曾侯乙乍(作)寺(持)用终"的嵌错铭文。

曾侯乙编钟里唯一的一件镈钟与众不同,自成一体。镈钟镇部镌刻有 31 字的铭文,其意思是说,楚惠王五十六年(前 433 年),楚王熊章从西阳回来,专门为曾侯乙做了这件镈钟,送到西阳,让曾侯永世用享。铭文的内容与其他钮钟、甬钟的铭文内容完全不同,没有一字是涉及乐律方面的。说明镈钟与曾侯乙编钟无关,原本就不是一套的。研究发现,当时为了将镈钟悬挂在最显眼的位置,不惜把下层最大的一件编钟撤掉了。

周代,楚国先后位列春秋五霸、战国七雄,国力最盛时号称"地方五千里,带甲百万,车千乘,骑万匹,支十年。"强大的楚国为什么会给曾侯送如此厚重的礼物呢?

《史记·楚世家》记载的"楚昭王奔随"的故事给了我们答案:

公元前 506 年,吴王阖闾率兵攻打楚国,一路高歌猛进,攻破了楚国的都城郢。

破城之时,楚昭王慌忙从郢都撤走,逃到郧国。郧国不仅没有援手,反而有杀死昭王之心。不得已,楚昭王又急急忙忙逃往随国,这就是历史上有名的"楚昭王奔随"。

吴王阖闾听说楚昭王逃至随国,立即率兵赶到随国。随侯(即曾侯)当即紧闭城门,调遣兵力,加强防卫。吴王阖闾兵临城下,要随侯交出楚昭王。

随侯回答说:"随与楚国世代友好,我们不能背信弃义,况且楚昭王已经逃走,不在随国。"吴王无奈,只好作罢。楚昭王逃过一劫,因此非常感激随侯。

镈钟铭文上的楚惠王熊章就是楚昭王的儿子,为了报答救父之恩,楚惠王才将如此精美的镈钟送给曾侯乙,以表达两国的友好关系。此后,江汉诸姬尽灭于楚,唯随(曾)独存,也可能就是因为随(曾)楚两国世代友好的原因。

经专家研究,"超级古墓"的墓主是曾国国君,姓姬,名乙,年龄大约在 42 ~ 45 岁之间。其下葬年代在战国早期,距今已有 2400 多年。

曾侯乙墓中还出土了大量精美青铜礼器、漆木器、金银器、珠玉器及各类乐器、车马兵器和纺织服饰以及铭文文字资料等。墓葬的下葬年代准确、墓主身份明确、墓主地位高、出土文物数量多且保存很好,在中国考古史上实属罕见,不仅展现了中国古代文化的辉煌成就,而且在诸多方面还代表着当时世界科学与文化的最高水准。因此,曾侯乙墓被评为20世纪中国100项重大考古发现之一。

曾侯乙墓出土的编钟及其他音乐文物资料,以数量多、品类全、保存好、学术内容丰富,被人们誉为世界音乐史上的一次空前发现,具有极其重要的历史、科学与艺术价值,是我国先秦音乐考古的一项重大成果。尤其是曾侯乙编钟,以其铸造之精,保存之好,音律之全,音域之广,音色之美,被誉为"稀世珍宝"、"古代世界的第八大奇迹"。

在曾侯乙编钟上,刻有关于记事、标音、律名关系的错金铭文2828字,加上钟架簨梁(横梁)、编悬配件上的铭文、磬铭文、磬盒铭文,总字数达3775字,其内容是先秦乐律的重要资料,被专家学者称之为"一部珍贵的音乐理论论著","一部不朽的古代乐律学典籍"。

曾侯乙墓葬中一共出土8种124件乐器,按照周代的"八音"乐器分类法即金、石、丝、竹、匏、土、革、木,几乎各类乐器应有尽有。按现代乐器学分类,五大类中的体鸣、膜鸣、弦鸣、气鸣四者俱备,仅缺当时所没有的电鸣而已;人类运用发音手段上的吹、弹、击,样样皆有,可谓集先秦乐器之大成了。

当然,这其中最为重要的非64件编钟莫属。全套编钟有五个半八度,十二个半音齐备,可以旋宫转调,音阶如现今通行的C大调,能演奏五声、六声或七声的乐曲。曾侯乙编钟最重要的成就之一当属一钟双音铸造技艺,即不论是钮钟还是甬钟,不论是大钟还是小钟,皆能同时或分别击发出两个乐音,并呈三度和谐关系,经检测其音律基本准确,表明在铸制技术上已成功地解决了一钟双音在物理学、音乐学、铸造学上一系列难题。

当年曾侯乙编钟出土后,音乐家黄翔鹏、王汀等人闻讯赶来现场,夜以继日地对全套钟逐个进行测音。当检测结果显示曾侯乙编钟音域跨越五个半八度,仅仅比现代钢琴少一个八度,中心音域十二个半音齐全时,两位专家手舞足蹈,喜不自禁。

曾侯乙编钟的破土而出,昭示了一个无可争辩的事实:早在春秋战国时期,我国音乐就已发展到了相当成熟的阶段:在七声音阶、五个八度音、十二个半音以及旋宫转调的表现手法上,就已形成理论与实践。而此前一些从事音乐史研究的学者认为，上述成就的取得是在秦汉之际，更有学者认为，它们是由希腊传入的舶来品。因而，曾侯乙编钟的出土，使中国传统音乐学的成就不得不重新估价，世界音乐史不得不重新改写。著名音乐家贺绿汀就说："曾侯乙编钟的出土，使中国古代音乐史的某些方面需要重新研究。"

曾侯乙编钟同时也体现了战国时代青铜冶铸的高度成就。曾侯乙墓一共出土 4640 余件青铜礼器、乐器、加上青铜质地兵器、车马器在内，重达 10 吨之巨，消耗的铜、金、锡、铅等金属约 12 吨。这些青铜器物造型之复杂，纹饰之精美，世所罕见。通过现代科学鉴定，在其制作工艺上，综合使用了浑铸、分铸、锡焊、铜焊、雕刻、镶嵌、铆接及熔模铸造技术。而曾侯乙编钟的铸制，则包含了精确的声学、音律学、冶金技术和精密铸造技艺以及天文学等多方面的重要科学技术，反映了中国古代科学技术高度发达的成就。

曾侯乙编钟铭文的表现形式即书法样式也是中国古代书法史上的重要资料，突出表现了先秦时期中国南方地区书法艺术的水平。春秋末至战国时，齐、晋、秦、楚等国的金文最有特色，带有一定的地域色彩，如北方的晋国出现了尖头肥腹的笔形，如《智君子鉴》，很像后世所说的蝌蚪文。而在南方江淮一带吴、越、蔡、楚等国的文字，有的笔画多加曲折，有的以鸟形和点子作为附加装饰，这种近于图案的文字，多见于兵器上，即是所谓的鸟书。

曾侯乙编钟上错金铭文是文字向书法发展的一个象征。根据目前的考古发现，可以判断，至少在春秋中晚期就出现了错金工艺，传世的栾书缶是目前见到的最早的错金铭文器物。战国时期错金工艺进一步发展，曾侯乙编钟上的错金铭文就是最好的证明。曾侯乙编钟上的错金铭文圆润秀劲、端严华丽，在金文中别具一格。其特征是：字体修长秀美，笔势流畅飘逸，结构简繁统一，布局整齐有序。郭沫若认为，有意识地把文字作为艺术品，或者使文字本身艺术化或装饰化，是春秋末期开始的，这是文字向书法的发展，达到了有意识的阶段。曾侯乙编钟铭文恰好体现了中国书法艺术发展进程中的这一重要节点。

曾侯乙编钟在体现音乐性能完美、铸造工艺高超、书法艺术精湛的同时，还尽显修饰装饰之美。

春秋战国时期，中国的装饰工艺进入到一个空前繁荣的阶段。从考古发掘所见,雕镂精细的青铜器,色彩斑斓的漆木器,光怪陆离的珠玉饰物等等,令人眼花缭乱,美不胜收。工匠们集众家之所长,融多种工艺于一体,运用雕、塑、刻、镂、镶(嵌)、错、器(漆)、画等技法,并将其巧妙结合在一起,力求给人全新的感受。

在曾侯乙编钟上,兼采高浮雕与浅浮雕铸出的蟠龙纹饰,层次分明,极富立体感;编钟钟架木质横梁铜套上的花瓣和龙首镂空而成,龙首宛如游弋在花丛之间,兴味盎然;钟架立柱塑成人体形象,腰挂佩剑,双手向上,雄壮有力,仿佛托举千钧而神态自若;大甬钟甬部及衡面铸镶红铜纹饰,铜人底座上镶嵌绿松石。如此铸造,编钟甬、衡部分系青铜本色与红铜花纹相间斗艳,铜人底座部分则是金色与绿松石相映成趣。曾侯乙编钟部分甬钟的斡作猴头龙钮。斡与旋相连,用于悬挂甬钟。"斡旋"一词,本指此。斡作为甬钟的挂件,一要灵活,二要牢靠,工匠们将斡做成猴头龙躯形状,大概是取猴之灵敏活跃和龙之强悍有力。

虎的形象也出现在曾侯乙编钟的整体造型里,曾侯乙编钟钟架下层横梁悬挂大型甬钟的挂件多为虎状套环。在中国古代造型艺术中,老虎一般作奔跑状,显其威猛。曾侯乙编钟上的老虎造型却一反常态,作温驯匍匐状。如此反常的造型,实乃服从器物实用的需要,因为这种造型可使虎身紧贴横梁,便于挂钟。老虎虽状似趴地,但头部和臀部隆起,四爪用力下撑,脖子使劲前伸,仍不失虎视眈眈的气概。整套编钟气势恢宏,再加十余只老虎伏于横梁之上,更显凝重。

龙和凤是中国古代纹饰久兴不衰的主题,曾侯乙编钟也不例外,如钟架下层横梁铜套上阴刻的变形龙凤纹,融龙凤于一体,作翱天之状,在此前的铜器纹饰中难寻其踪。

1978年8月1日,这是一个值得纪念的日子。这天下午,历史上的第一场,也是唯一的一场曾侯乙编钟原件演奏音乐会在随州驻军某部礼堂举行。这是沉寂了2400多年的曾侯乙编钟重新向世人发出它那雄浑而又浪漫的千古绝响。

曾侯乙编钟"首秀"的曲目充分体现了"古今中外"的原则:《东方红》开篇,接下来依次是古曲《楚殇》、外国名曲《一路平安》、中国民歌《草原上升起不落的太阳》,最后以《国际歌》落幕。演出结束时,掌声雷动。

曾侯乙编钟的出土,轰动了全世界,国外学者称之为"精神世界的圣山"、"文明古国的象征"。世界各国的音乐家、政界名流在耳闻目睹曾侯乙编钟后,无不为之深深折服,毫不掩饰、毫不吝啬地将一切最美好、最崇高的词汇加于曾侯乙编钟:

世界著名的小提琴家梅纽因观赏编钟后,十分感慨地说:"古希腊的乐器都是木器,没有保存到今日,只有在中国才能听到两千年前的乐器奏出的音乐。"

世界著名歌唱家帕瓦罗蒂听完编钟演奏的《欢乐颂》后,兴奋地高呼:"音乐万岁!"

新西兰友人、著名作家路易·艾黎欣赏编钟绝响后,激动不已,当即写了一首长达200余字的赞美诗。

英国前首相希思在参观曾侯乙编钟后,连声称颂说:"想不到贵国两千多年前就有这么好的乐器,如此高超的音乐水平,是世界任何国家都无与伦比的。"

美国纽约大学音乐教授麦克伦在观赏编钟演奏后,兴奋不已,撰写《曾侯乙青铜编钟》一文,指出:"如果曾侯钟为其同代希腊人希罗多德所知,我们可能早已听说到它们并视其为古代世界第八大奇迹。"

……

人们常说,艺术无国界,曾侯乙编钟证明了这一点。曾侯乙编钟流淌的是全人类共同的声音,一阕曼妙的天籁之音。不同国家、不同民族的人们不约而同地为之震慑、为之陶醉。

所以,曾侯乙编钟不仅是随州的瑰宝,湖北瑰宝,中国瑰宝,也是世界瑰宝。

作为中国物质文化史上的重要器物,钟兼有礼乐器和实用器的双重功能,其地位与作用非常显赫。在政治家的眼中,钟是政治昌明的象征;在墨客骚人心里,钟则是精神的寄托。聆听钟声,可以提神,可以幽思,可以励志,可以自省,可以警世,可以喜悦,可以激奋。钟声还蕴藏着人们甘苦各异的情怀,敲响钟声,可以"大江东去",也可以"小桥流水"……可以说,自古至今,人们都对钟怀有别样的情愫。

作为中国古钟的扛鼎之作,曾侯乙编钟蕴藏着悠久的历史与深厚的文化底蕴,所以,一经出土,它的倩影、它的妙音,一直出现在各种重要的场合,古朴、粗犷、悠长的千古绝响回荡寰宇,激响长空。1997 年 7 月 1 日,在香港政权交接仪式的庆典音乐会上,作曲家谭盾指挥演出大型交响曲《1997:天·地·人》,西洋乐器大提琴与传统金石之声曾侯乙编钟(复制件)交相唱和,仿佛一曲跨越千年的吟唱。这是世纪的强声,更是中华民族伟大复兴的呐喊。

曾侯乙编钟,国之重器,国乐风华!

(刘玉堂　张　硕)

戏剧文化精神：从优孟到曹禺

把两千年前楚之乐人优孟与祖籍潜江的中国当代最杰出的戏剧家曹禺放在一块进行评说，或许并没有特别的逻辑联系，构成他们关联的仅仅是戏剧。在中国戏剧的历史长河里，他们一个在江之头，一个在江之尾。一为戏剧滥觞期的表演者，一为中国戏剧现代转型的集大成者，这种穿越历史的遥望或者呼应，是将他们组合在一起的原因。当然这一相近的身份，似乎让我们获得了巨大的表述空间。其间的评说，不仅只是让我们进行戏剧源流的反思，更可以给我们提供文化的反思。

其实他们的纽带还有一点，就是作为一种地域或者文化意义上的联系——楚。楚人优孟与几千年后的曹禺，假如地域文化的血脉也可以像血缘那样，借助大地得以在永生的生命洪流中获得清晰地延伸，他们之间应该是文化的同脉人。

作为楚之乐人的优孟，因为《史记》的《滑稽列传》为我们所熟知，"楚优拒相，寝丘获祠"，优孟高尚的人格精神获得了后世的尊重；他的艺术精神亦为人们所推崇。清李渔《闲情偶寄》所谓"观场之事，宜晦不宜明。其说有二：优孟衣冠，原非实事，妙在隐隐约约之间"，即是对"优孟衣冠"艺术特性的充分肯定。但是迄今为止，我们并不知道这个人的姓氏，也不知道他出生何方，甚或他是否真正是楚人，也是一个未知数。在优孟的时代，王纲崩毁的周朝王室衰微，各诸侯国为争夺霸权，相继进行政治变革，有才之士跨越诸侯国界而参与各类社会政治活动是非常自然的事情，在他百年之后的伍子胥、范蠡、文种等人，不就是因为国内政治黑暗而为政异邦？

而曹禺呢，虽然其祖籍的潜江，古为楚国所辖的区域，但是，作为中国戏剧大师的曹禺，却并不出生在这里，而是远在北方的天津。尽管他的血脉里流着他出生楚地的父亲的血液,但正如韩愈的《送董邵南游河北序》所言:"吾尚闻风俗与化移易,吾恶知其不异于古所云耶?"且不论几千年后的楚风在潜江究竟有多少遗存,即令是15岁考中秀才、后又求学于两湖书院的曹禺的父亲万德尊,青年时即负笈东瀛,学成归来就在天津被委以军职,其故乡的风俗所染,究竟有多少遗留曹禺,实在是大可怀疑的。再说曹禺最著名的戏剧深受西方戏剧大师的影响,从戏剧的结构,所塑造的人物,所表现的风格,到戏剧所呈现的空间等都可以读到其间文脉的相承,比如说《雷雨》受到索福克勒斯《俄狄浦斯王》和易卜生《群鬼》、《娜拉》的影响,《原野》受到奥尼尔《琼斯皇》、《天边外》、《榆树下之恋》和奥斯特洛夫斯基《大雷雨》以及哈代小说《归乡》的影响等等。这种寻绎自有其学理性价值,曹禺自己也承认古希腊悲剧、易卜生和莎士比亚对他影响极大。这也是学界共识。

尽管如此,在我们审视几千年来中华土地上的诸源汇聚,共同熔铸中华文明汪洋恣肆灿烂辉煌的今天时,荆楚文化作为被称为与西方古希腊文化相媲美的人类文明,其间的优孟与曹禺,还是让人称奇。古希腊产生了肇始西方戏剧的悲剧艺术,楚国则出现了一个影响中国戏剧史书写的人物优孟。两千多年后,还是这块土地上的后裔,在年仅20多岁的时候,就创作出来最具现代戏剧色彩的巨作《雷雨》、《日出》,其后便一发不可收拾地与他的同辈们一起,开拓了中国现代戏剧的荒原。这一遥远的呼应,是否具备一定的宿命色彩?这两位戏剧的开拓者,何以都出现在古楚国的疆域内?值得深思。

在《宋元戏曲史》中,王国维指出:"后世戏剧,当自巫、优二者出;而此二者,固未可以后世戏剧视之也。"何也?"真正的戏剧""必合言语、动作、歌唱以演一故事,而后戏剧之意义乃全"。作为戏剧前身的巫、优,与戏剧的表演尚有着很大的距离,但是为戏剧的歌唱、动作表演以及言语表达贡献了基本的范式。如果说楚国的巫风盛行,催生了早期戏曲的歌唱性,那么楚国经过一代代人的筚路蓝缕,奋发图强,终致在楚庄王时期,国力强盛,蔚为霸主的盛世。楚国富饶的土地与丰富的物产,楚民在南方温暖适宜的气候下轻快的生活,楚庄王从善如流、海纳百川的精神或许是优孟出现在楚宫的背景。

王国维在《宋元戏曲史中》详细描述的相关情形是:

周礼既废,巫风大盛;楚越之间,其风尤盛。王逸《楚辞章句》谓:
"楚国南部之邑,沅湘之间,其宿信鬼而好祠,其祠必作歌乐鼓舞,以乐
诸神。"

又言:

巫觋之兴,虽在上皇之世,然俳优远在其后。……巫以乐神,而优
以乐人;巫以歌舞为主,而优以调谑为主。

司马迁的《史记·滑稽列传》虽然述滑稽者多人,但最具戏剧表演者意味的
人物则非优孟莫属。按照王国维的戏剧观,在优孟穿戴孙叔敖衣冠,谏言楚庄王
薄恩负下的这出历史活剧中,优孟有表演、有歌唱、有情境的考量设置,的确具备
了后来戏剧的诸多要素。优孟衣冠经由司马迁的传播为中华文明开启了戏曲之
源。我们大可不必从曹禺的戏剧或者生命中,去寻找与优孟相关的戏剧的影子,
而是希望在司马迁有关优孟的简短描述中,发现楚文化在哪里促成了这一中国
戏剧史上肇始后来的伟大事件的出现;探求曹禺在百年后成功的与备受争议的
创作和人格及其戏剧精神的渊源所在。

(优孟)为孙叔敖衣冠,抵掌谈语。岁馀,像孙叔敖,楚王及左右不
能别也。庄王置酒,优孟前为寿。庄王大惊,以为孙叔敖复生也,欲以
为相。……于是庄王谢优孟,乃召孙叔敖子,封之寝丘。

在司马迁有关优孟的叙事中,让我们记忆深刻的除了优孟惟妙惟肖的完美
表演,更有楚庄王力图霸业纳谏的胸怀与诚意,这是成就优孟模仿孙叔敖谏主的
前提,也是优孟得以衣冠孙叔敖,孙子获祠寝丘的根本。

楚庄王作为春秋五霸之一,少时承继几代先君的伟业,图霸中原便成了其历
史使命。

《左传·鲁宣公十二年》载:"楚少师如晋师曰:'寡君少遭闵凶。'"

《左传·文公十四年》载："楚庄王立，子孔、潘崇将袭群舒，使公子燮与子仪守，而伐舒蓼。二子作乱……八月，二子以楚子出，将如商密。"

楚庄王幼年的疾苦，还有即位后的险恶环境，促成了他善于反思、从善如流的个性，因而能够关注民生，体恤下情。

《尸佼·尸子》云："天雨雪，楚庄王披裘当户曰：'我犹寒，彼百姓宾客甚矣。'乃遣使巡国中，求百姓宾客之无居宿绝粮粮赈之。国人大悦。"

正是有这样的一代开明君主，更有楚国蓬勃向上的风气，优孟的进谏才有了可能。

其次，优孟的表现同样值得我们反思。面对楚庄王意外的求相，优孟似乎完全可以熊掌与鱼兼得，一边为相，一边资助孙叔敖之子，但是他智慧地拒绝了。优孟的拒相，体现了作为优人的独立人格与操守。优孟的对歌，或许是真谏皆有，一方面"山居耕田苦，难以得食"，是代孙叔敖之子求利而谏王；一方面优孟不愿泥淖于俗则是真心表白。两千多年前优孟的故事既体现了他人生的艺术选择，同样也体现他艺术的人生选择。

历史不能假设。但是，假如优孟有兴趣于利禄之途，接受庄王的邀约为相，优孟还会是一名自由快乐的优人吗？《史记·滑稽列传》中又还会有优孟吗？我们无法知晓，就像我们无法知道优孟最后的结局一样。

"优孟衣冠"充分显示了优孟的诗性智慧。但是，几千年以后，具有同样的诗性智慧的戏剧家曹禺并不是优孟第二。历史文化的发展已不再是优孟时代的文化环境。1949年，声名隆著的曹禺作为第四批民主人士受邀到北京参加第一届政治协商会议，他像那个时代大多数艺术家一样，怀着真诚向往奔赴新中国，他把自己完全地交付给了新生的中国。

曹禺仍然期望着自己能攀登戏剧艺术的更高峰，并一向强调要理解戏剧的"复杂性"和"深刻性"，剧本的深刻与复杂并不在其外表的庞大，也不在其是否揭示了某种哲学和社会命题，而在于它是否能以鲜明的艺术形象，唤醒作者的初步审美体验后，产生与自己生命存在相适的某种思索。《曹禺全集》第五卷的戏剧论写道：

剧本的复杂性、深刻性并不在于人物多、场面大、不在于豪言壮语，或故事的曲折奇特，而在于对社会、对人生、对人的了解。写东西不流于表面，不仅仅让人们当时看得有趣，应该迫使人们看后不得不思索。

把思想性简单地理解为某一问题的是非观，其实绝不止此。暴露与歌颂也不能代表思想性，思想性来自于作者对生活的执著的追求，观察与思索，有这样思想性的作品，才能真正叫人思、叫人想。但是，它不是顺着作家规定或圈定的思路去想，而是叫人纵横自由地思索，去思索，你所描写的生活、人物，也思索整个社会人生和未来。

曹禺有着清醒的艺术家的头脑，也有着艺术家独特的艺术精神。但是他的那些影响甚巨的早期创作，却遭到了尖锐的批评，钱理群《大小舞台之间》通过周扬对曹禺剧作的批评以及曹禺 1952 年的回应，作了深入的分析。这里仅从周扬的 30 年代批评《雷雨》、《日出》的文字来看一看意识形态的功利性批判是如何肢解艺术创作的。

周扬认为作者"把兴味完全集中在奇妙的亲子的关系上"，"宿命论就成了它的潜在主题，对于一般观众的原和命定思想有些血缘的朴素的头脑就会发生极有害的影响，这大大地降低了《雷雨》这个剧本的思想的意义"。"在（鲁大海）这个人物上作者是完全失败了，他把他写成那么粗暴、横蛮，那么不近人情，使他成了一个非真实的、僵冷的形象。"作者把大海描写成"完全不像工人，而且和工人脱离的人物"。"历史舞台上互相冲突的两种主要的力量在《日出》里面没有登场"，"我们看不出他（金八）作为操纵市场的金融资本家的特色，而且他的后面似乎还缺少一件东西——帝国主义"，"至于那些小工们……他们只被当着一种陪衬，一种背景"，"这两种隐在幕后的力量，相互之间没有关系"。如果说关于《雷雨》主题的评价还有一定的合理性的话，有关鲁大海形象的批评以及《日出》的分析则完全是庸俗阶级论的体现了。

问题在于曹禺居然主动地应和了这些批评，承认自己的错误。曹禺的呼应似乎让人不可思议，但他不是虚伪，只是幼稚而已，曹禺违心地诉求时，其实是真诚的。因为他没有明确坚定的理性的信念，只有艺术家的直觉和感性。这一点，他的《曹禺创作论·序》中说得很明白：

> 我没有研究过文艺理论，甚至怕读理论，望着密密麻麻的大块文
> 章，脑子便要发木。有时似乎看懂了，过了一天，又把那些词句与思想
> 全然忘记了。我只是我，明知头脑中要装进这些不可一时或无的种种
> 道理，却见着那些厚厚的经典就发怵。文言说：'触目惊心'，正是我对
> 于理论书籍及大块文章的心情。

一个没有理论意识的人常常是生活化的人，他跟着感觉走，不会跟着理性
走。曹禺的感性成全了他的戏剧天才，也毁灭了他的天才。曹禺天性敏感、细
腻、忧郁、孤独，幼年母丧，暴躁的父亲，压抑的家庭，长期伴随继母看戏的童年
（女性化的体验），自由阅读演出的少年，还有养尊处优的少爷经历，这些都促成
了曹禺独特的生命体验。《日出·跋》写道：

> 我素来有些忧郁而暗涩；纵然在人前我有时也显露着欢娱，在孤
> 独时却如许多精神总不甘于凝固的人，自己不断地来苦恼着自己。

精神性的曹禺极端体味了五四后新一代文学青年面对一个深沉黑暗世界的
内心苦闷：

> 宇宙正像一口残酷的井，落在里面，怎样呼号也难逃脱这黑暗的
> 坑。

他在其中感觉到了"宇宙里斗争的'残忍'和'冷酷'"。一个自由的人，一个
有足够的资源超脱地俯视尘寰的艺术家，他的宿命观还有神秘的宇宙意识，都与
他小小的年纪即过着优渥的生活，却因母逝阅尽人世沧桑有关。《雷雨》（1934
年）、《日出》（1935年）、《原野》（1936年）、《北京人》（1940年）、《家》，（1942年）这
几朵戏剧艺术之花正是在这样一种背景下产生的。

人们把曹禺的创作称为诗意的现实主义,他多感的性灵,早期佳作中强烈的神秘意味与宇宙情怀,或许承接着古楚国的巫鬼精神,或许也不乏优孟百年后屈原所培育的诗骚情怀。但他毕竟距离优孟、屈原已是两千多年了。清张三礼《〈空谷香传奇〉序》说:"史家传志之文学,士大夫或艰涉猎,及播诸管弦,托于优孟,转令天下后世观场者,若古来忠孝贤奸凛然在目。"从司马迁《史记·滑稽列传》的记载来看,"优孟衣冠"是以讽谏为目的,"讽谏"的确是中国传统戏曲一直传承的一种艺术精神,而曹禺的剧作中更多地融入西方传统现实主义戏剧精神。实际上,从《雷雨》开始,我们就不难发现其对西方现代派中的神秘主义、象征主义、表现主义等各种创作技巧的运用。

曹禺的剧作刻画出了真实和典型的人物群像,但他笔下的环境却总是带着朦胧的意味,因此,他的许多剧本模糊了时代背景。他在谈到茅盾的小说《子夜》时曾说:"茅盾对时代背景写得太逼真了,连是什么牌号的汽车在那个时代最时髦都写得很真实。我很佩服,我也被认为是现实主义者,但是,我却不愿意把时代背景写得这样。有人说我的作品时代背景比较模糊。我是故意让它模糊一些。这一真实观无疑具有现代主义的特征,在现代主义者看来,一切外部的真实都不重要,重要的是内在真实,他们常常把人物从具体环境中抽离出来(比如著名的荒诞剧《等待戈多》),虚化背景是为了拓展主题意蕴(比如人生的荒诞),使之更具哲理性和普世性。"这就是为什么曹禺一再强调《原野》的主题不是复仇,更不是反映阶级斗争的原因, 他要表达的是原始生命力的强悍受挫与毁灭的悲剧,虽然《原野》具有十分显明的现代主义特征,但仍然可以从中找到楚国南蛮文化的因子。20 世纪 80 年代以来,《原野》反复上演,并受到艺术界的好评,正好证明它的人性价值和艺术魅力。

曹禺显然更关注人物的精神领域,他的作品重在展现主人公的内心矛盾与斗争。通过描绘其人格的分裂、灵魂的挣扎、深陷命运罗网之中的无奈与抗争,更凸显出形象的鲜明。如《雷雨》中的繁漪、《日出》中的陈白露、《家》中的觉新即是其中最具有代表性的人物形象,即或是道貌岸然却又寂寞孤独的周朴园,狠毒阴损又极度恐惧的焦母何尝不是处在精神分裂的痛苦与挣扎之中?

曹禺不是出于社会性的目的去塑造他笔下的人物,而是从人性的角度, 真正写出作为人的丰富性与复杂性,以鲜明的艺术形象,激发对生命存在的某种思索。他以其不朽的戏剧作品实践了他所强调的戏剧的"复杂性"和"深刻性",这就是曹禺成为中国当代最杰出戏剧家的根本原因所在。如果优孟九泉有知,定然会认同曹禺在中国现代戏剧艺术史上所作的成功探索以及他获得的杰出艺术成就。

从优孟到曹禺,无论时间的跨越有多遥远,无论两人之间的差异有多大,但在他们身上都体现出了真正的戏剧文化精神。

（罗勋章　孟修祥）

"我本楚狂人"：从屈原到闻一多

屈原是中华民族历史上的文化巨人，这位文化巨人对后世产生巨大而深远影响的根本原因并非是他的政治业绩，而是他伟大的人格精神。

自古至今，无数文人、志士、学者在不同的历史背景下，以各自的生命体验和感受来阐释屈原伟大人格精神的内涵，虽然阐释的着眼点和角度的差异甚大，各种观点并不尽然相同，但对屈原人格精神最为关注的几个方面大抵一致，多是从意志、品格、思想、情操、性格、心理等方面来评价，并且这种评价主要是依据屈原的作品，以及有关屈原的极为简略的一点历史资料。

后世最早提到屈原名字的是汉代的贾谊，而到贾谊写《吊屈原赋》时，距离屈原去世已是百年之后了。后来司马迁写《史记》，把屈原与贾谊合传，也写得非常简略。大致记载为：

屈原，名平，字原。一生的主要活动在楚怀王时期。因为"明于治乱，娴于辞令"，故而早年得到楚怀王的重用，任命为左徒、三闾大夫。屈原主张变法图强以及联齐抗秦的内政外交政策，与楚国腐朽贵族集团发生了尖锐的矛盾，由于上官大夫等人的嫉妒而遭诬陷，被楚怀王疏远，并被逐出郢都，到了汉北。怀王三十年（前299年），屈原回到郢都。怀王在武关与秦王相会而被秦扣留，最终客死于秦；顷襄王即位后，屈原再次被逐出郢都，流放江南。顷襄王二十一年（前278年），秦将白起拔郢，屈原得知后饱含悲愤投汨罗江而死。遗留下诗作有《离骚》、《天问》、《九歌》（11篇）、《九章》（9篇）等二十多篇。

在《史记·屈贾列传》中，关于屈原的世系和屈原有关的一些具体事件发生的时间，都没有记载下来。这大概与屈原去世一百多年其事迹甚为渺茫有关，虽然司马迁亲历楚地，并直接到汨罗江边凭吊屈原，但毕竟所获资料甚少。

正因为有关屈原这位文化巨人的历史资料甚少，以致于出现许多有歧异与争议的问题。如屈原的生年卒日，他的出生地，他生平的具体事迹，以及他的身世遭际等等问题，至今仍然存在各种说法，甚至有些文献记载彼此完全相反。这说明有关屈原的记载之混乱的程度，以致新文化运动的先驱人物胡适对屈原的存在都产生了怀疑。

20 世纪 20 年代胡适在《努力周刊》增刊《读书杂志》上发表的《读楚辞》一文所提出的怀疑论已经为人们逐渐淡漠，但他提出的屈原"是一种箭垛式的人物"的命题，说明了屈原作为文化巨人，其身上复合了人们的各种文化观念与精神价值，而主要依据是屈原的作品。这些作品凝聚了屈原的全部精神价值，在中华文化史具有无可估量的文化意义，那么，在中华民族历史演变过程中，屈原就具有了"范式"的意义。

所谓"范式"，并非是从美国科学史家库恩那里套用而来，而借用刘勰《文心雕龙·事类》"后人之范式"之说，"范式"即模范、楷模、典范之义，也就是王逸《楚辞章句》"祖式其模范"的意思。王逸从"范式"的角度如此评价屈原：

今若屈原，膺忠贞之质，体清洁之性，直若砥矢，言若丹青，进不隐其谋，退不顾其命，此诚绝世之行，俊彦之英也。

王逸以儒家的思想道德观念为评价标准，把屈原的人格定格为忠臣的人格范式，实际上缩小了屈原的人格精神价值。屈原的出现不是一种简单的文化现象，他是处在公元前 800 年至公元前 200 年之间，被德国哲学家卡尔·雅斯贝尔斯在《人的历史》中称作的"轴心时代"，也是理性觉醒的时代所产生的与老子、孔子、墨子、孟子、庄子等齐名的文化巨人之一。

我们应该从如下三个方面来认识屈原的人格范式：

首先，"道夫先路"的政治理性。具有政治理性的人应该有明确的政治目的与理论观点，以及相关的政治能力，同时也应该具有饱满的政治热情、强烈的责任感与使命感，而这一切在屈原身上都有突出的表现。当然，屈原的政治理性不可能完全超出当时的历史条件，通观屈原的作品，以及相关的史料，我们不难发

现,他的政治理性仍然是以儒家思想为主导的,同时也融汇了各家之长。其主要表现为两个方面:

一是以民为本的仁爱思想;二是追求贤明政治的理想境界,即以"三王"时代历史文化为范本的理想模式。

如《离骚》:"长太息以掩涕兮,哀民生之多艰。""怨灵修之浩荡兮,终不察夫民心。""皇天无私阿兮,览民德焉错辅。"

如《哀郢》:"皇天之不纯命兮,何百姓之震愆?""民离散而相失兮,方仲春而东迁。"

诸如此类的句子,都说明屈原的政治理性中包含着多么鲜明的儒家以民为本的仁爱思想。

作为一个确立了政治理想并为之付出全部生命的政治家,以民为本是其生命的全部价值所在,这不是一个策略问题,而是政治理性得以确立,并为社会历史所接受认可的本质特性。屈原主张改革内政,修明法度,举贤授能,以达到振兴楚国统一天下的目的。屈原"独好修以为常",始终注重自我修养,在竭忠尽智的同时,坚持不懈地不断完善自我,志洁行廉,都意在说明他特别注重自己的责任与使命。并且在《离骚》中说:"岂余身之殚殃兮,恐皇舆之败绩。忽奔走以先后兮,及前王之踵武。"屈原"以道自任",为"美政"理想,哪怕是付出生命的代价也在所不惜。这正是屈原的可贵之处,这也正是屈原受到后来无数志士仁人推崇与敬仰的人格魅力之所在。从《史记·屈原贾生列传》的记载来看,屈原是有这个能力来把自己的理想变为现实的:

(屈原)为楚怀王左徒。博闻强志,明于治乱,娴于辞令。入则与
王图议国事,以出号令;出则接遇宾客,应对诸侯。

屈原不仅博学多识,有很强的记忆力,对历史的兴衰变化有很明细的了解,而且在内政外交上都充分显示了自己的政治理性与治国才能。屈原把实现个人价值与楚国的前途命运结合起来,充当起"帝王师"的角色。屈原在《离骚》中明确说:"乘骐骥以驰骋兮,来吾道夫先路!"东汉王逸解释道:"言己如得任用,将

驱先行,愿来随我,遂为君导入圣王之道也。"

从屈原的作品中,我们可以十分清楚地看到,屈原的政治理性是以三代圣王与贤臣的理想之治为依据的,广泛吸取了诸子百家的政治学说,融会了南北文化精神,其中自然包括了楚国历史与现实的政治经验,以屈原重视法治为例,如《忆往日》中强调"国富强而法立",显然与楚悼王时的吴起变法有关,因为吴起变法虽因楚悼王的去世而夭折,但变法所显现的政治效力仍然"行之于楚",屈原也曾为楚怀王起草过法令,因此屈原对于吴起变法之于楚国历史发展的作用是深明于心的。

屈原的政治关怀与政治理性,使他具有了开阔的胸襟,广阔的视野,吐纳风云的气魄,关心社稷苍生的崇高的生命境界。屈原的政治理性超越了那个时代的任何政治家。这些都是屈原作品流传不朽的重要原因。

其次,橘式道德精神。何谓橘式道德精神?屈原青年时代写过一篇著名的《橘颂》,极力颂赞橘的高风亮节、美好品德与崇高精神,实际上《橘颂》之"橘"就是屈原的精神写照,是屈原道德精神的符号化的表达:

> 后皇嘉树,橘徕服兮。受命不迁,生南国兮。深固难徙,更壹志兮。绿叶素荣,纷其可喜兮。……嗟尔幼志,有以异兮。独立不迁,岂不可喜兮。深固难徙,廓其无求兮。苏世独立,横而不流兮。闭心自慎,终不过失兮。秉德无私,参天地兮。……年岁虽少,可师长兮,行比伯夷,置以为像兮。

清代学者林云铭在《楚辞灯》中评价说:"小小一篇物赞,说出许多大道理。且以为有志有德,可师可友。而尊之以颂,可谓备极称扬,不遗余力矣。"的确,诗人对橘的形象充满了赞叹之情,从葱绿的叶、洁白的花,到果实长出而呈现的美好形象,诗人尽心描绘,仿佛是在叙述一位成长中的英雄的故事;再对橘的独立不迁,深固难徙,苏世独立,横而不流,无私无畏,德参天地的精神给予极高的颂赞,也仿佛是在颂赞一位伟人应该承担的责任与使命。

橘本楚产,《晏子春秋·内篇杂下》又有"橘生淮南则为橘,生于淮北则为枳"

之说。橘又是楚国的社树,是楚人崇拜的神性之物。屈原以之言志,意在表明自我的道德追求。

屈原一生正道直行,秉德无私,受命不迁,追求道德的完美,都是按早年确立的志向来做的。《离骚》中说:"纷吾既有此内美兮,又重之以修能","民生各有所乐兮,吾独好修以为常","汝何博謇而好修兮,独纷有此姱节",屈原始终认为,人之所以为人的高贵之处在于品德的高尚,道德的完美。他勤奋自修,砥砺品格,即使是在政治上失意,满心忧伤苦闷的时候,也从不放弃自我修养而委心从俗。

亦余心之所善兮,虽九死其犹未悔。

余固知謇謇之为患兮,忍而不能舍也。

虽体解吾犹未变兮,岂余心之可惩。

《离骚》中的这种反复表白,非常清楚地说明了屈原以宗教承担的精神来承担楚国振兴的历史责任,而不曾有"觉今是而昨非"的后悔。因其人格精神逻辑的一以贯之,使他别无选择,一直走向生命的最后一刻,从而完成一个中华文化史上无可复现的文化巨人的悲剧。

其三,天才的诗性智慧。"诗性智慧"一词源于德国学者维柯的《新科学》,即"见诸诗歌中的智慧"。它原本指原始初民对于人世间的一些事物所特有的那种敏感性与幻想性,维柯称其为"天赋本能",后来人们多用于"诗意地"使用语言的能力。

屈原天赋其诗心、诗性、诗情,使他继《诗经》之后,创作出了以《离骚》、《九歌》、《天问》等为代表的震撼古今的系列作品。

《离骚》是中国文学史上最伟大的抒情长诗,首先在于它成功地塑造出了中国文学史上第一个丰满的抒情主人公形象,这一形象以屈原的自我形象为原型,却具有非常典型的文化意义。他是战国大夫中的典型,却超越了所有的战国大夫,这一形象所唤起人们的文化反思已远远超出了屈原原初的创作意图,对于这一抒情主人公形象,谁也无法说尽。诗人还创造了众多的意象群,香草美人,神仙世界,还有众多的历史与现实中的人物群体,构成了诗中独特的意义符号。诗中主人公三次云天漫游,三次求女、两次问卜,在宏大的艺术结构中,又构成了这首抒情长诗明显的叙事性。"一篇之中,三致意焉",全诗波澜起伏,千回百转,淋漓尽致地写出了诗人的生命历程与心路历程。"书楚语,作楚声,纪楚地,名楚物",以楚地的语言,楚地的民歌和楚地的物产等地域文化特性来构造自己的创作特色,使其惊采绝艳,后人难以企及,并且"衣被词人,非一代也"。

《九歌》本是对楚地民间祭祀歌辞的艺术加工,而又回到民间,成为民间长期流传的歌诗。诗人由俗而雅的艺术加工,也是重新赋予祭祀歌词以新的内涵的过程,我们透过庄严肃穆的宗教仪式,以及在仪式上所反映出的人神恋爱的故事,使人仿佛看到一幕幕人世间的悲喜剧。所以,王国维在《宋元戏曲史》中从楚地灵巫所扮演的角色而论曰:"灵之为职,或偃蹇以象神,或婆娑以乐神,盖后世戏曲之萌芽,已有存焉者矣。"无论是《东君》、《云中君》,还是《湘君》、《湘夫人》,神的人格化,情感表达的人间化,环境渲染的神秘化,以及刻画出美妙的抒情境界,既庄严肃穆,又极富生活气息,优雅动人,清新活泼。尤其是《湘君》、《湘夫人》、《山鬼》那种苦苦追求,求而不得的挫折所引发的惆怅、苦闷、哀怨等多种情感纠结,构成了《九歌》缠绵悱恻、哀婉动人的审美特色。

《天问》也是采用民歌的对答形式,其中有的内容可能就是民歌歌词的记录,只是诗人出于情感表达的需要,只有问而没有答。全诗在一百多个问题中,涉及天文地理、神话传说、历史事件等等,在一系列的问话中全面提出自己的大胆怀疑,显示出屈原追求真理的探索精神与执著信念。有人不理解《天问》这种独特的表达形式,认为它有错简和脱漏的情况,有的人甚至认为它文理不通,殊不知这刚好是《天问》不同于一般之作的特殊之处。王夫之《楚辞通释》说:"按篇内事虽杂举,而自天地山川,次及人事,追述往古,终之以楚先,未尝无秩序存焉。"还有它的语言表达形式,"或长言,或短言,或错综,或对偶,或一事而累累反复,或数事而熔成一片。其文或峭险,或澹宕,或佶倔,或流利,诸法备尽,可谓极文章之变态"(俞樾《评点楚辞》)。

总之，屈原在其作品中表现出天才的诗性智慧是令人赞叹的。屈原的悲剧故事，屈原丰富的内心世界，以及当时复杂多变的现实镜像，都在他的作品中反映出来。一方面屈原具有清醒的政治理性，另一方面他又具有高度的政治敏感与政治热情，而敏感与热情驱动诗人保持最丰富、最浪漫无羁的想象，并使之成为一种巨大无比的创作动力而有《楚辞》，也正是屈原天才的诗性智慧所创作的《楚辞》，才使屈原的人格精神震撼千古，成为中华民族优秀文化遗产中一笔宝贵的精神财富。

两千多年的屈原于农历五月五日带着他的满心遗憾早已远离我们而去，但是，他伟大的人格精神永远存留于中华民族的精神血脉之中。两千多年来，人们以端午节来纪念一个承载中华民族最为宝贵的精神品格的具有人类文化意义的屈原，并且把远古时代就已形成的划龙舟、挂菖蒲艾蒿、以兰草汤沐浴、食粽子等各种驱邪避恶祛灾、祝福、竞技等活动与屈原这一伟大的名字联系起来，以种种传说故事颂赞并纪念他，使端午节成为中华民族具有代表性的综合性传统节日，足见端午与其他节日之特异处，便在于屈原文化精神的永恒价值。

闻一多先生在其《人民的诗人屈原》一文中带着肯定的语气说："惟其端午是一个古老的节日，'和中国人民同样的古老'，足见它和中国人民的生活如何不可分离，惟其中国人民把他们这样一个重要的节日转让给屈原，足见屈原的人格，在他们的生活中，起着如何重大的作用。也惟其远在屈原死后，中国人民还要把他的名字，嵌进一个原来与他无关的节日里，才足见人民的生活里，是如何的不能缺少他。端午是一个人民的节日，屈原与端午的结合，便证明了过去屈原是与人民结合着的，也保证了未来屈原与人民还要永远结合着。"

可见，与屈原的精神与才情结合最为紧密的，莫过楚人后裔闻一多。

朱自清在《闻一多全集·序》中说：

> 闻一多先生为民主运动贡献了他的生命，他是一个斗士。他又是一个诗人和学者。这三重人格集合在他身上，因时期的不同而或隐或现。……他始终不失为一个诗人，而诗人和学者的时期，他始终不失为一个斗士。

按理说，人都是复杂的，不同的人格取向和气质类型也可以流淌在剔除表面之差的血液中。可像闻一多这样把完全不同的身份，不同的取向，不同的类型集合于一身的人还不多见。

1899 年 11 月 20 日，闻一多出生于湖北浠水县的巴河镇乡下的一个书香世家。这是古楚之地，人文荟萃之区。他从小受过良好的家庭教育，知书达理，特别崇拜屈原与文天祥。他自称是文天祥的后裔，并解释"文"与"闻"的不同说："文天祥受害之后，家属潜逃于楚北蕲水永福乡，改文为闻，史亦失传，而家乘相沿久矣。"

闻一多是一位伟大的爱国诗人。

他的文化血脉里流淌着屈原与文天祥的爱国血液。他在《忆菊》中高唱："我要赞美我祖国底花！我要赞美国我如花的祖国！"闻一多注定要做爱国的诗人："诗人的天赋就是'爱'，爱他的祖国，爱他的人民。"他写的《红烛》和《死水》两本诗集，前者将年轻人的躁动用一种唯美主义的形式反映出来，华丽典雅，感伤浪漫；后者用新格律诗的形式反映了一种反帝爱国的情绪，深沉激越，含蓄整饬。可以说，《红烛》、《死水》就是他将真切而执著的热情凝聚而成的爱国主义绝作。

他是诗人，又是诗论家。他首创新格律诗理论，创造性地提出了"三美"的主张，使白话诗的泛滥一度得到遏制，也使中国现代诗歌更具诗美。他对郭沫若诗歌的评价，眼光独到，一语中的，既有创造性，更富历史感；他对田间诗歌的肯定，感情激越，字字铿锵，既有学术性，更有现实感。问题还不在于闻一多是不是诗人或者诗论家，而在于闻一多是否真正具有艺术家的禀赋与气质。

闻一多虽然成就在诗歌，可他学的是美术。他对色彩，线条以及对空间的感觉有天生的敏感。这种天赋，虽然没有在美术艺术中发挥出来，可在诗歌创作中得到了淋漓尽致的表现，使他的诗歌具有了绘画美。总之，闻一多是一个充满艺术性的生命个体。

闻一多是一位潜心学问的学者。

他对上古神话、先秦哲学、《诗经》、《楚辞》、唐诗的研究成就卓著。尤以《楚辞》研究的时间最长，用力最多，成绩最为突出。他的《楚辞校补》是学术界公认的力作。他从艺术欣赏到训诂、考据，进而运用社会学、民俗学、文化人类学等科学方法来研究古代社会，最终运用唯物史观来研究历史与文学的发展，从沉醉到批判、扬弃，撷取其精华，汰除其糟粕，可谓功绩昭著。

闻一多作为一名学者，其特点有三：

第一，心无旁骛的定力。闻一多是一个诗人，他有火一样的热情，有一颗躁动不安的心。然而，当闻一多发誓要成为一个学者后，他心无旁骛，潜心学术。他是那么坚定，那么专心致志，以至于在西南联大的时候，因闭门读书，专心学问，甘坐冷板凳，很少下楼来，被朋友戏称为"何妨一下楼主人"。这是一种笃定，更是一种定力。

第二，刨根问底的毅力。闻一多研究学问，并不浅尝辄止，点到为止，而是刨根问底，认真执著。从他研究的路径即可看出闻一多的执著。闻一多是诗人，所以他做学问是从唐诗开始的。可是，在他的研究过程中，唐诗中的好多问题，一些现象很难说清楚。于是他就开始研究《诗经》、《楚辞》。可在研究《诗经》、《楚辞》的过程中，他发现这只是流还不是源，于是他把注意力集中在神话传说中。这种打破砂锅问到底的执著精神既是一个学者所必须的，又是一个具有研究型人格倾向的人典型性格特征。

第三，石破天惊的眼力。闻一多做研究，眼光独到，见解深刻。郭沫若曾给予高度评价："我自己是这样感觉着，他眼光的犀利，考察的赅博，立说的新颖而翔实，不仅是前无古人，恐怕还要后无来者的。"郭沫若还举例加以说明："他有一篇《〈诗·新台〉'鸿'字说》解释《诗经·邶风·新台篇》里面'鱼网之设，鸿则离之'的那个'鸿'字。两千多年来读这诗的谁都马虎过去了，以为是鸿鹄的鸿，但经一多先生从正面侧面来证明，才知道这儿的'鸿'是指蟾蜍即蝦蟆。……确实很重要的发现。要把这'鸿'解成蝦蟆，然后全诗的意义才能畅通。全诗是说本来是求年青的爱侣却得到一个弓腰驼背的老头子，也就如本来是想打鱼而却打到了蝦蟆的那样。假如是鸿鹄的鸿，那是很美好的鸟，向来不含恶义，而且也不会落在鱼网子里，那实在是讲不通的。然而两千多年来，差不多谁都以这不通为通而忽略过去了。"（见郭沫若：《闻一多全集·序》）这难道不是具有一种石破天惊的眼力吗？所以，作为一位具有研究型人格取向的学者，闻一多的定力、毅力、眼力，是独特的，也是楚人所共有的。

闻一多是一位昂首怒吼的民主斗士。

1943年，他以名教授和学者的身份在革命高潮到来之前，挺身而出，在革命的大后方，影响带动一大批青年学生和进步学者投身于民主运动。发表《时代的鼓手——读田间的诗》一文，呼吁："当这民族历史行程的大拐弯中，我们得一鼓作气来渡过危机，完成大业。这是一个需要鼓手的时代，让我们期待着更多的'时代鼓手'出现。"

1944年"五四"前后，闻一多以召开集会、演讲、游行的民主斗争形式，呼吁民主，唤起民众；办刊物，写文章，讲学术，指古论今，口诛笔伐，纵横驰骋，他呼喊："今天的诗人不应该对现实冷漠旁观，应该站在人民的面前，喊出人民所要喊的，领导人民向前走。""要写诗，也不一定要用文字写，最好是用血肉来写，用生命来写。"

1945年，抗战胜利后的昆明形势在急剧变化。闻一多立刻投入反内战，争取和平的民主运动之中，在组织上加入民盟。7月11日，民主战士李公朴被国民党特务暗杀，闻一多义愤填膺，15日，在为李公朴治丧的大会上，即席发表气壮山河的著名的最后一次演讲："我们不怕死，我们有牺牲的准备，我们准备随时像李先生一样，前脚跨出大门，后脚就不准备再跨进大门！"直到面对法西斯特务的手枪，壮烈牺牲。他把自己"爱自由、爱正义、爱理想的热血"洒在了为民主、为新中国而战斗的沙场上。

毛泽东同志指出，"我们中国人是有骨气的"。"闻一多拍案而起，横眉怒对国民党的手枪，宁可倒下，不愿屈服。……我们应该写闻一多颂"，"他们表现了我们民族的英雄气概"（毛泽东《别了，司徒雷登》）。

闻一多是时代的骄傲，是民族的骄傲，他的人格精神根源于五四时代文化的洗礼。他在1919年5月17日给父母的信中说："国家至此地步，神人交怨，有强权、无公理，全国懵然如梦，或者敢怒而不敢言。"又说："忠孝二途，本非相悖，尽忠即所以尽孝也，且男在校中，颇称明大义，今遇此事，犹不能牺牲，岂足以谈爱国？"（《闻一多全集》第12卷）他在信中鲜明地表现出民族衰微时期的一种正义感、责任感。

同时，我们从闻一多先生身上，似乎看到了楚人那种生命基因在他身上的神秘组合。

荆楚文化融合了儒道精神，充分体现南方文化的兼容度、开放性和蓄积力。闻一多先生作为诗人、学者、斗士的人格精神中有着儒家的关心时事、积极入世，修身、齐家、治国平天下的理想人格追求，也有着道家的自然洒脱、激越求真的个性意识，同时还有着屈原正道直行、品高志洁的人格修养，抒情奋发、悲剧完成的精神震撼，真心真灵的浪漫气质，"虽九死其犹未悔"的自守人格，以死抗争的浩然正气。

在很大程度上，闻一多的个性如同屈原体现了楚人的性格，体现了楚文化的本质，从闻一多身上，充分表明了集体无意识理论的可信性。

楚族是一个具有艺术天赋的民族。他们热情敏感，富于想象力和创造性。这种艺术天赋的形成是与楚地特有的山川地貌，风土民情和审美习俗有关的。

首先，从楚地山川地貌来看，很容易养成楚人艺术个性。楚国坐拥美丽富饶的江汉平原，这里土地肥沃，物产丰富，生存环境较之生活在黄河流域的北土之民要容易得多，也富裕得多，甚至表现出一种奢侈淫逸之风。这种优越的自然环境，使他们不至于为生计问题发愁，倒是有更多的时间去享受、去幻想。

其次，从楚地的风土民情来看，很容易培养楚人的艺术情操。楚地有着浓厚的巫文化传统，那里的风俗信巫鬼，重淫祀。《汉书·地理志》说："楚人信巫鬼，重淫祀。"这虽然是一种原始的宗教行为，但在这种信巫尚鬼的宗教行为中，一方面增进了对神灵的了解与敬畏，但另一方面，也是更重要的是，通过这种宗教仪式，培养了一种艺术情操。因为，在这种宗教仪式中，主要的实现方式是载歌载舞，鼓乐相伴。所以，在这种信巫鬼、重淫祀的宗教氛围中，在这种歌乐鼓舞的艺术生活中，楚人的艺术情操得到了培养。

最后，从楚人的审美习俗来看，很容易形成一种艺术的品格。楚人是以凤凰为图腾的。《孔演图》云："凤凰火精，生丹穴。"据考证，丹穴，即太阳之家，亦指太阳。这就是说，凤凰是太阳的生命意象。所以，楚人把凤凰作为敬畏的圣物，把太阳作为崇拜的对象，以东方为尊，以红色为主，注重想象，讲求美感。这些审美习俗很容易形成一种热烈奔放的性格和惊采绝艳的风格。

总之,由于楚地特有的山川地貌,风土民情和审美习俗,所以养成了楚人天生的艺术型人格。闻一多气质原型里有一种艺术型的天性,应该说与这种集体无意识的遗传不无关系。

楚人有"筚路蓝缕,以启山林"的开拓探究精神与强烈的尚武精神。这两种精使楚人展示出一种力量型的人格倾向。力量型的人格倾向的特质是具有攻击性,轻视懦弱,尊重强人,关心正义、公平,为受压迫者挺身而出。闻一多显然是一个具有力量型的人格倾向的人。闻一多爱憎分明,他爱国思乡之情,情真意切,撕心裂肺;他恨人间不平之事,怒发冲冠,捶胸跺脚;他哀民生之多艰,勇于面对,直指现实。闻一多还不只这些。无论是诗人也好,学者也罢,总归是一介文人,但他最后振臂一呼,成为民主斗士,表现了他的血液里流淌着楚人尚武的精神,也体现了一个力量型人格的人挺身而出,视死如归的气概。从这一角度再来看闻一多,即可发现这种力量型人格所散发出来的英雄气。他不惧威胁,不怕牺牲,挑战权威,痛陈黑暗;他渴望和平,祈求安康,争取民权,呼唤民主;他勇于面对,挺身而出,不留退路,坚强不屈。闻一多是楚人尚武精神的真正继承者,是一个路见不平便拔刀相助的力量型的人!

闻一多是诗人,是学者,是斗士,闻一多就是一团火。

朱自清先生在一次纪念闻一多的集会上朗诵着这样的诗句:

> 你是一团火,
> 照彻了深渊;
> 指示着青年,
> 失望中抓住自我。

> 你是一团火,
> 照明了古代;
> 歌舞和竞赛,

有力猛如虎。

你是一团火，
照见了魔鬼；
烧毁了自己！
遗烬里爆出了新中国！

（孟修祥　沈光明）

"风流儒雅亦吾师"：宋玉

作为历史人物的宋玉，古文献对他记载确实太少，不仅没有记载他的生卒年，而且对他的生平经历所记甚略，以致形成后人对他完全不同的评价。有人说他是一个"持宠固禄"、"阿依取容的帮闲"，一个没有骨气的文人（郭沫若《关于宋玉》，载于《新建设》1959 年第二期），也有人说他"不过是陪着君王说说笑笑，玩玩耍耍的一个面目姣好、服饰华丽的小伙子"（《闻一多全集·屈原问题》）。但与之相反，有人则称他为"风流儒雅亦吾师"（杜甫《咏怀古迹五首》其二），高度评价他为不朽的爱国诗人，是赋祖与赋圣。

那么，宋玉究竟是怎样的一位历史人物呢？要使这一问题得到比较客观一些的回答，就需要重新审视记载有关宋玉生平经历的古文献。

现存最早记载宋玉事迹的是西汉司马迁的《史记·屈原贾生列传》：

> 屈原既死之后，楚有宋玉、唐勒、景差之徒者，皆好辞而以赋见称。
>
> 然皆祖屈原之从容辞令，终莫敢直谏。

这段话明确告诉我们的是：

其一，宋玉是屈原去世后楚国的辞赋家，爱好楚辞创作而以赋见称，有以《九辩》为代表的系列赋作完全可以证实宋玉在辞赋创作上的巨大成就。

其二，虽然学习屈原的从容辞令，但不像屈原那样直言敢谏。大概司马迁本人对宋玉的生平事迹所知不多，或者考察过宋玉的生平事迹，但由于时间距离太长，对于他的资料记载又太少，出于史家对历史人物记叙的严肃性，存疑之处不敢妄语，只是将其附于《屈原列传》后一笔带过。郭沫若先生根据一句"终莫敢直谏"就认定他是"阿依取容的帮闲"、"一个没有骨气的文人",未免失之武断。不敢直谏,并不等于说他不谏,更不能说他阿依取容而成为帮闲。从古文献记载中,我们并没有发现任何材料能证明他有帮闲的劣迹。

除司马迁《史记》中的这段话之外,再就是刘向《新序》中的三段有关宋玉的记载。虽然刘向生活于西汉末年,但他在编辑《新序》、《说苑》,校正、编次、定名《战国策》的过程中,一定收集到一些有关宋玉的史料,其可信度是无须怀疑的。《新序·杂事》第五云:"宋玉因其友人以见楚襄王,襄王待之无以异。宋玉让其友……"

《韩诗外传》卷七亦有类似记载。韩婴为汉文、景帝时人,按理,刘向此段记载当是承《韩诗外传》而来,但据考证,《韩诗外传》已不是原书之旧,非但卷数不同,而且据《史记·儒林传》所云,这部《韩婴外传》应该是一部阐述经义的书,但实际情况并非如此。然而,无论两书的先后如何,都说明宋玉是由友人推荐而见到楚襄王的,既然这位友人能将宋玉推荐给襄王,并"待之无以异",可见这位友人在襄王身边有一定的地位。至于这位友人是谁,刘向并没有指明。晋人习凿齿《襄阳耆旧记》卷一明言此友人为景差,并说:"景差惧其胜己,言之于王,王以为小臣。"唐代余知古《渚宫旧事》所载与之相同,只是在语句上略有出入,习凿齿比他之前的司马迁和刘向都说得具体,反倒使人疑心他是根据两家记载所作的推理之辞,而缺少事实依据。不过,他根据司马迁言宋玉"从容辞令","好辞而以赋见称",从而推断说"(宋)玉识音而善文,襄王好乐爱赋,既美其才而憎之似屈原也",则大抵不错。襄王是典型的庸主,庸主大多自以为不庸,又往往以文学之士来装点门面,而宋玉的音乐才能与文学才华正好迎合了顷襄王的趣味,以识音而善文著名,恐怕是他能进入宫廷的唯一条件。

《新序·杂事》卷五中又云:

> 宋玉事楚襄王而不见察,意气不得,形于颜色。或谓曰:"先生何谈说之不扬,计画之不疑也?"宋玉曰:"不然。子独不见乎玄蝯乎?当其居桂林之中,峻叶之上,从容游戏,超腾往来,龙兴而鸟集,悲啸长吟。当此之时,虽羿、逢蒙,不得正目而视也。及其在枳棘之中也,恐

惧而悼慄,危视而迹行,众人皆得意焉。此皮筋非加急而体益短也,处势不便故也。夫处势不便,岂可以量功校能哉?《诗》不云乎:'驾彼四牡,四牡项领。'夫久驾而长不得行项领,不亦宜乎?《易》曰:'臀无肤,其行越趄。'此之谓也。"

可见宋玉由友人推荐给襄王之后并没有得到重用,并且将自己的不满情绪形之于色。这一点可以从宋玉的《九辩》中得到证实:"君弃远而不察兮,虽愿忠其焉得?"说明宋玉并没有被委以重任。那么,他在朝中究竟做的是什么官呢?古文献中没有记载,而他的《风赋》是这样说的:"楚襄王游于兰台之宫,宋玉、景差侍。"《高唐赋》也说:"昔者楚襄王与宋玉游云梦之台。"这显然是侍臣之类的角色,由于宋玉识音而善文,而襄王又好乐爱赋,因此,宋玉不过是宫廷中的一个文学侍臣而已。从《九辩》"贫士失职而志不平"之语来看,宋玉后来离开了郢都,究竟为何离开,晚年的生活如何等,古文献中都没有记载。今人的种种猜测,如张端彬《楚国大诗人宋玉》一书说,宋玉四十岁后离开郢都,在颠沛流离的生活中曾遇到过强盗的抢劫。不久,老婆又死去,同伴们也纷纷与之背离,说他忍着饥饿、忍着寒冷,在动荡不安的流浪生活中创作出无数光昭日月的鸿篇巨制等等,这种推断是不能当做事实看待的。

《新序·杂事》第一中说"楚威王问于宋玉"之威王,显然是笔误,或是刘向或是后人将襄王误写成了"威王"。事实很清楚,屈原尚且没仕于威王,屈原之后的宋玉就更没有这种可能了。

另外,王逸《楚辞章句·九辩序》说:"宋玉者,屈原弟子也。"似乎是根据司马迁说宋玉"祖屈原之从容辞令"而作的推论,如果对这一推论没有异议,那么,说屈原是宋玉的老师就是顺理成章的事。不过,这里的"祖"字相当含糊,并非直说为师承关系,但从《九辩》的有些句子可以看出,宋玉受屈原的影响甚大。《九辩》中不仅有些句意与《离骚》非常相似,甚至有的句子,如"何时俗之工巧兮,背绳墨而改错!"简直就是屈原《离骚》中的"固时俗之工巧兮,偭规矩而改错。背绳墨以追曲兮,竟周容以为度"的改写。因此,王逸的推论是有根据的。此外,王逸与宋玉同乡,都是南郡宜城人,在他做校书郎期间,参与校定五经、诸子、传记和百家艺术工作时，一定特别留意这位同乡的有关资料，我们相信王逸不会胡编乱造，如果说宋玉即使不登门向屈原行弟子礼，那么，说他是屈原的私淑弟子总不能否认吧？宋玉在创作上向屈原学习，其师承关系应是显明的。

除司马迁的《史记》、刘向的《新序》外，韩婴的《韩诗外传》、郦道元的《水经注》、虞世南的《北堂书钞》，以及余知古的《渚宫旧事》中有关宋玉事迹的片断记载，大抵不出《史记》与《新序》。至此，我们对古文献中的历史人物宋玉大体有这么一个印象：宋玉是屈原的弟子，也是继承屈原后楚国的辞赋家，爱好楚辞体创作而以赋见称于世。识音善文，富有才华，他曾由友人推荐给楚襄王，但并没有得到襄王的重用，只不过做一文学侍臣而已，并遭嫉妒，一直郁郁不得志，虽不满现实，苦闷抑郁，却不能直言谏诤，最后，不得已离开郢都，生卒年均不详。那么，说他是一个"持宠固禄"、"阿依取容的帮闲"，一个没有骨气的文人，显然是肆意贬低。

那么，说他是赋祖和赋圣是否是对他的拔高呢？

根据司马迁《史记·屈原贾生列传》"屈原既死之后，楚有宋玉、唐勒、景差之徒者，皆好辞而以赋见称"的记载来看，是宋玉在屈原去世之后，别开生面，创立了赋体文学。继司马迁之后，后人多认为赋的创作始于宋玉，如任昉《文章缘起》说："赋，楚大夫宋玉作。"程廷祚《骚赋论》亦云："或曰：骚作于屈原矣，赋何始乎？曰：宋玉。"陈第《屈宋古音义》也说：宋玉之《高唐赋》、《神女赋》"盖楚辞之变体，汉赋之权舆也。《子虚》、《上林》，实踵此而发挥畅大耳"。宋玉为"赋祖"当之无愧。

前人关于赋圣之称，有说是司马相如的，有说是宋玉的。

如明代的王世贞《艺苑卮言》卷二说："屈氏之骚，骚之圣也；长卿之赋，赋之圣也。"而清代的程廷祚在其《骚赋论·中》明确说，宋玉为"赋家之圣"。

那么，谁是赋圣呢？

如果从数量上来看，宋玉有《九辩》、《招魂》、《风赋》、《高唐赋》、《神女赋》、《登徒子好色赋》、《对楚王问》、《笛赋》、《大言赋》、《小言赋》、《讽赋》、《钓赋》、《微咏赋》、《御赋》(残篇)，共十四篇。司马相如有《子虚赋》、《上林赋》、《哀二世赋》、《大人赋》、《长门赋》、《美人赋》、《梨赋》(残句四字)、《鱼菹赋》(仅存篇目)、《梓桐山赋》(仅存篇目)，共九篇。显然司马相如的赋作数量远不及宋玉。

如果以原创而论，宋玉则是赋体文学的开创者。根据吴广平先生的研究结论："司马相如则是宋玉的因袭模拟者。例如，宋玉创作了赋体文学的姊妹篇《高唐赋》《神女赋》，司马相如模仿而创作《子虚赋》《上林赋》；宋玉创作了《讽赋》，司马相如因袭而创作了《美人赋》。"（吴广平《宋玉研究》，岳麓书社，2004年，第188页）

"悲哉，秋之为气也！萧瑟兮，草木摇落而变衰。憭慄兮，若在远行。登山临水兮，送将归。……怆恍懭悢兮，去故而就新。坎廪兮，贫士失职而志不平。廓落兮，羁旅而无友生。惆怅兮，而私自怜。"（《九辩》）

这是中国文学最早的悲秋主题。钱锺书先生说《九辩》充满了深深的感伤情绪，"凡与秋可联系着之物态人事，莫川：'蹙'而成'悲'，纷至沓来，汇合一'涂'，写秋而悲即同气一体。"（钱锺书《管锥编》第二册，第628页，中华书局）宋玉作为中国感伤文学的创造者，其代表作是《九辩》，它把秋景秋物，秋色秋声，与诗人的悲剧命运、时代的衰败景象结合起来写，既描绘出秋风萧瑟、草木摇落、霜寒月冷，与群雁辞归、秋蝉悲鸣、蟋蟀哀泣这种时序的变化和感觉的凄凉，也表现了登山临水的别情、贫士失职的悲愤，以及羁旅无友的寂寞、人世坎坷的哀怨。

"其始来也，耀乎若白日初出照屋梁；其少进也，皎若明月舒其光。须臾之间，美貌横生，晔兮如华，温乎如莹。五色并驰，不可殚形；详而视之，夺人目精。其盛饰也，则罗纨绮缋盛文章，极服妙采照万方。振绣衣，被袿裳。襛不短，纤不长，步裔裔兮曜殿堂。""貌丰盈以庄姝兮，苞温润之玉颜。眸子炯其精朗兮，瞭多美而可观。眉联娟以蛾扬兮，朱唇的其若丹。素质干之醲实兮，志解泰而体闲。既姽婳于幽静兮，又婆娑乎人间。"（《神女赋》）

这是中国文学中最早的艳情主题。作者在《神女赋》中用了近四十句的篇幅写神女令人眼花缭乱的服饰，光彩照人的容貌、婆娑多姿的体态等等。宋玉笔下的女性，以其美丽、温柔、多情，构成一种诱惑，一种与尔虞我诈、相互倾轧的现实社会生活形成鲜明对比的美的诱惑，就在这诱惑之中，禁不住涌出一股激情，几分灵感，从而创造一个个美艳绝伦、温柔多情的虚幻形象，以消解人生的孤寂与心灵的创痛，引向一个和美而温馨的境界。

作为生活在一个"礼崩乐坏"时代的宫廷文学侍臣的宋玉，目睹了现实的荒唐、政治的腐朽，经历了人生的多重坎坷，时运不济，命途多舛，一颗孤高而又脆弱的心灵使他无可奈何，只有凭一支笔来倾诉感伤忧怨的情怀。宋玉深知，没有人能拯救他的灵魂，唯有自救。于是，把来自神话、传说、宫廷、民间的美艳的神、人或事，精心加工，刻意创造，使那些女性美得超绝人寰，使那些荒诞故事艳得使人惊奇。似乎正是自我虚构的温馨世界才使宋玉那颗感伤心灵得到安宁与抚慰，而不至于走向屈原自我毁灭式的人生悲剧。因此，在文学上，宋玉没有选择屈原《离骚》、《天问》的创作方式，而是选择了感伤与艳情，其必然性显而易见。

如果以文学主题与对后世文学创作的影响而论，宋玉赋体文学中的感伤与艳情远胜于司马相如。后世的感伤文学大多可以追溯到宋玉，虽然宋玉只是在其《九辩》中列举了远行、送归、失职、羁旅等人事方面的事例，但实际上其中包含了作者对惨淡人生与衰败时代的愤懑，深刻揭示出"士不遇"、"生与死"等重大的悲剧主题。所以，刘勰《文心雕龙·辨骚》将宋玉与屈原并论："叙情怨，则郁伊而易感；述离居，则怆怏而难怀；论山水，则循声而得貌；言节候，则披文而见时……其衣被词人，非一代也。"

两汉、魏晋时代赋体文学中"悲士不遇"主题如董仲舒的《士不遇赋》、司马迁的《悲士不遇赋》、陶渊明的《感士不遇赋》等是直承宋玉"贫士失职"的感伤情调而来。宋玉又为"悲秋之祖"，举凡潘岳的《秋兴赋》、李白的《悲清秋赋》、欧阳修的《秋声赋》等等，无不受宋玉的影响。

此外，宋玉对女性世界的过分倾心赏悦，为女性美所作的大事铺陈的华美文字与故事，成了中国言情文学最早的艳品，并且给后世文人利用这类艳情文学提供了经典性的依据。曹植的《洛神赋》、陶渊明的《闲情赋》……直至曹雪芹《红楼梦》中的《警幻仙子赋》等等，就是对宋玉艳情文学最典型的承袭。

由此而论，称宋玉为"赋圣"亦当之无愧。

赋圣长逝矣，遗迹已无存。翻检历代咏赞宋玉之诗词，唯有杜甫《咏怀古迹》其二最能为读者动情：

摇落深知宋玉悲，风流儒雅亦吾师。

怅望千秋一洒泪，萧条异代不同时。

江山故宅空文藻，云雨荒台岂梦思！

最是楚宫俱泯灭，舟人指点到今疑。

（孟修祥）

"竹露滴清响"："清"美诗人孟浩然

唐代山水田园诗派的代表人物孟浩然以其"清"的品貌、"清"的人格、"清"的诗歌赢得了自古至今无数人的赞佩。因其为襄阳人，故称其为"孟襄阳"。

"清"本以形容水之澄澈的状貌，如许慎《说文解字》云："清，朗也，澄水之貌。"由此又产生了与"清"相搭配以形容各种自然现象的众多词汇，后来人们将其引申到对社会现象与人的形象、品格、文艺审美特征的品评，赋予了这一概念独特而丰富的内涵，而"清"美在孟浩然其人其诗中体现得特别突出，故而称之。如：

王士源《孟浩然集序》说："骨貌淑清，风神散朗。"这形容其容貌；

李白《赠孟浩然》说："吾爱孟夫子，风流天下闻。红颜弃轩冕，白首卧松云。醉月频中圣，迷花不事君。高山安可仰，徒此揖清芬。"这是赞赏其品格；

杜甫《解闷十二首》之六云："复忆襄阳孟浩然，清诗句句尽堪传。"这是赞美其诗歌。

孟浩然以其"骨貌淑清"的形象、耿介不俗的个性、清亮高尚的情操及其"清诗"的审美品格，深为同时和后世的人们所倾慕、赞赏。当然人们更多的是因其独特的诗歌风格与他享誉后世的诗歌成就，而在诗坛传为佳话。王士源《孟浩然集序》说："孟浩然……五言诗，天下称其尽美矣。间游秘省，秋月新霁，诸英华赋诗作会，浩然句曰：'微云淡河汉，疏雨滴梧桐。'举坐嗟其清绝，咸搁笔，不复为继。"

施补华《岘佣说诗》评杜甫诗时说："《奉先寺》诗，'阴壑生虚籁，月森散清影。'清幽何减孟公'松月生凉夜，风泉满清听'之句？"

竹露闲夜滴，松风清昼吹。(《齿坐呈山南诸隐》)

荷风送香气，竹露滴清响。(《夏日南京怀辛大》)

野旷天低树,江清月近人。(《宿建德江》)

诸如此类的诗句都是极好的例证。不过,也有人以"气蒸云梦泽,波撼岳阳城"、"中流见匡阜,势压九江雄"之类诗句说明他"冲澹中有壮逸之气",事实上,这类诗作毕竟甚少;也有人因为《新唐书》孟浩然本传有他"少好节义,喜振人患难"的记载,而认为他有"豪侠性格",但那也并非就是路见不平、拔刀相助的豪侠之举。就盛唐诗人而言,赠人之诗说几句赞赏游侠之士的话,以表达对朋友的一片豪情,本在情理之中,由此而视孟浩然有豪侠性格,与诗人"骨貌淑清,风神散朗"形象相去甚远。

孟浩然追求明净、雅洁、澄清、透亮人生之境与诗歌之境,故人们用"清"美形容之,"清"的形象、"清"的人品与"清"的诗歌在孟浩然身上得到了完美统一。自王士源、李白、杜甫等开其端,后来对孟浩然表示崇拜和敬仰之情者甚多。他们以一"清"字对孟浩然及其作品的整体评价颇为中肯。

孟浩然诗如其人,人如其诗。闻一多先生曾指出,"说是孟浩然的诗,倒不如说是诗的孟浩然,更为准确",得到了"诗的孟浩然"便可以忘掉"孟浩然的诗"了。孟浩然以一种极其乐观、诗意妙觉的态度应物、处事、待己,故其诗"清"而高妙。

诗品体现人品,人品之最高处莫过于持有一颗赤子之心以待人应物。袁枚在《随园诗话》卷三中强调:"诗人者,不失其赤子之心者也。"王国维《人间词话》亦云:"词人者,不失其赤子之心者也。"孟浩然坦诚待人,始终持有一颗赤子真心,深得人眷爱,因而拥有众多的朋友。在孟浩然的朋友圈中,既有众多的社会名流、诗坛才子,如张说、张九龄、韩朝宗、王维、李白、杜甫、王昌龄、郑倩之、独孤策、张子容、王迥、崔国辅、阎防、张愿等,皆与浩然为忘年之交,也有一些不知名姓的僧道、隐士、村夫等交情至深的朋友,且不论他与朋友赠别酬答的众多诗作中见出他对朋友的款款深情,只举《过故人庄》一首,即可见他与处于社会下层的村居朋友的深情交往:

故人具鸡黍,邀我至田家。
绿树村边合,青山郭外斜。

开轩面场圃,把酒话桑麻。

待到重阳日,还来就菊花。

清人黄生《唐诗摘抄》说:"全诗俱以信口道出,笔尖几不着点墨,浅之至而深,淡之至而浓,老之至而媚,火候至此,并烹炼之绩俱化矣。"如果没有与朋友交往中那种真诚与坦荡,就不可能有如此感动人意的清纯至极而品位至高的诗作。

孟浩然想做官,也本可以去做官。想做官的证据是他青年时代,一度隐居鹿门山,未尝不是为了走"终南捷径"的方式,证之于那篇著名的《临洞湖赠张丞相》,认为自己"欲济无舟楫,端居耻圣明",渴望这位张丞相能推荐他,但没有结果。

孟浩然本可以去做官的极好机会至少有三次。一次是在秘书省赋诗:"微云淡河汉,疏雨滴梧桐",因其"清绝",令举座惊叹而纷纷搁笔,在"以诗赋取士"的唐代,这位名动京师的诗人及第入仕应该不成问题,结果因浩然诗人气太重而没有找到门径;第二次是在王维处见到唐玄宗,却因一句"不才明主弃,多病故人疏"这种因拘谨而过分的自谦,加上唐玄宗的误读,而导致机会的再度失去;第三次是因为饮酒失约。王士源《孟浩然诗集序》说,当时名闻天下的韩朝宗曾与孟浩然约好日期,准备为他做举荐工作。可是到了约好的日期,孟浩然却因与朋友饮酒赋诗正欢,而不听朋友之劝,将韩朝宗这样的社会名流相约之事置之不顾。

王士源在《孟浩然集序》中对孟浩然有一个非常精准的描绘:

浩然文不为仕,伫兴而作,故或迟;行不为饰,动以求真,故似诞;游不为利,期以放性,故常贫。名不系于选部,聚不盈于担石,虽屡空不给而自若也。

浩然作诗作文,是为了求"真",而不因为求"仕",他不愿受"名"的束缚,也不愿为"利"所牵扯,哪怕是经常处于贫困的生活之中,仍然保持一种放诞不拘,泰然自若的心态,这也是孟浩然作为诗人之所以为"清品"诗人之处。

深知孟浩然个性的挚友王维曾在《送孟六归襄阳》一诗中有言:

杜门不复出,久与世情疏。

以此为良策,劝君归旧庐。

醉歌田舍酒,笑读古人书。

好是一生事,无劳献子虚。

老朋友的意思是说他归隐田园,饮酒赋诗,有时读点古人书就行了,不必如司马相如那样表现自己有创作《子虚赋》的艺术才华了,浩然为着一个诗意的浪漫的理想,为着对古人的一个神圣的默契,而不愿心为形役,有人不解孟浩然的这种心意,认为他晚年想"摆脱经济困窘,便入了了张九龄幕府",这实在是误解了诗人,他出于友情,晚年确从张九龄在荆州做过幕僚,但从他《从张丞相游纪南城猎戏赠裴迪张参军》诗说自己是"狂歌客"的情形来看,与李白以"楚狂"自许,乃同一个性表白。楚狂者,清高之士也,肆意直言,张扬个性,也就是《孟子·尽心下》所谓"夷考其行而不掩焉者也",这也是他们两人在个性品格上产生共鸣之处而相互欣赏的原因。

孟浩然的行为与诗说明,他追寻的是心灵上、精神上的自在、充实与愉悦,这在根本上将归结为一个人内心的心灵感受和精神状态,而与是否能做官,与财富、名望、地位无关。孟浩然有《韩大侯东斋会岳上人诸学士》诗说:"翰墨缘情制,高深以意裁。"诗缘真情而作,以真情感人,这也应该是孟浩然诗"清"的最根本的原因。

孟浩然对"清"诗的追求颇具宗教精神,因为宗教的精髓在于修炼到"明心见性"、"中道无为"的境地。这种境地妙观庄严、静穆、平和、安详。佛教认为"烦恼即菩提",禅宗也有"心斋"、"静悟"、"坐忘"之说,人生在不断经历体悟烦恼、超越烦恼的修炼中亲证菩提,通过"心斋"、"静悟"、"坐忘"而渐通玄妙之理,达到无我之境。孟浩然说:"渐通玄妙理,深得坐忘心。"诗人深知,人能否将一切烦恼与不幸转化为一种诗意的体悟,提升到用诗意的审美的心态去应对一切人生的遭遇和经历,这正是诗性精神所倡导的核心价值和意义所在。他好游寺观,寻幽访胜,又常与僧道交往,也是他向往诗性"清"境的一种体现。虽然孟浩然有时也有心底不平与矛盾的时候,但从他的整个人生历程来看,始终保持一种积极乐观、充实而和谐宁静的心态,这是他的诗明心见性、清空自在的重要原因。

当然,说到孟浩然之"清",也与他生活的自然环境不无关系。他的《登楚望山最高顶》诗说,"山水观形胜,襄阳美会稽",表明了他对襄阳深深的眷爱,张祜《题孟浩然宅》诗亦云:"孟简虽持节,襄阳属浩然。"认为襄阳是属于孟浩然的,可见襄阳优美的地理环境对孟浩然是多么重要。

《南齐书·州郡志》说:"襄阳左右,田土肥良,桑梓野泽,处处而有。"据《舆地广记》记载:"襄阳府……其民尚文,田土肥良,北据汉沔,西接梁盖,外带江汉,北接宛许,南包临沮,独雄江上,岘山亘其南,挟大江以为池。"不仅有"山不高而秀雅,水不深而澄清;地不广而平坦,林不大而茂盛;猿鹤相亲,松篁交翠"的隆中,更有濒临汉江,云遮雾绕,如仙女忽隐忽现,令人心驰神往的鹿门山,还有风景如画的岘山与万山等等,均说明襄阳有着优越的地理位置和优美的自然环境。由此不难理解襄阳优越的地理位置和优美的自然环境,对孟浩然之"清"的心性养成起着非常重要的作用。

襄阳地灵人杰,自汉魏以降,因其独特的地理环境,从而形成了独特的隐逸文化。襄阳不仅风景优美,水陆交通便利,而且距离洛阳、长安又不算远,由此引来许多隐士高人,将襄阳作为隐逸的最好去处。据《舆地广记》记载,东汉末的庞德公曾隐于鹿门山,《襄阳耆旧记》说他隐于岘山。至于诸葛亮曾隐于隆中,那是名闻天下之事。孟浩然青年时代,曾一度隐居鹿门山,除了想走"终南捷径"的用意外,未尝不与受庞德公、诸葛亮这些先辈的影响有关。闻一多先生说:"历史的庞德公给了他启示,地理的鹿门山给了他方便……实在,鹿门山的家园早已使隐居成为既成的事实,只要念头一转,承认自己是庞德公的继承人,此身俨然是《高士传》中人物了。总之,襄阳的历史地理环境促成孟浩然一生老于布衣。孟浩然毕竟是襄阳的孟浩然。"(闻一多《孟浩然》,《闻一多全集》第6册)他的许多诗歌便是隐逸文化影响下的"清"响之作,他反复表白"予意在山水"、"归赏故园间"的意思,虽与他仕途追求的人生挫折有关,亦与受襄阳的隐逸文化影响有关。

但孟浩然毕竟与李白、杜甫有着较大的差距。陈师道《后村诗话》载有苏轼的评价:"浩然之诗,韵高而才短,如造内法酒手,而无耳。"严羽《沧浪诗话》亦有云:"孟襄阳学力下韩退之远甚,至其诗独出退之上者,一味妙悟而已。"孟浩然一生的生活经历非常简单,也正因此对社会生活深入了解不够,与李白、杜甫相比较而言,其反映社会生活的广度与深度均不可同日而语。当然,孟浩然基本生活在盛唐繁荣上升时期,与经过了安史之乱的李、杜时代有着截然的不同是其客观原因,但未尝不与他的生活经历简单有着直接的关系。当开元元年王维已进士及第,孟浩然还在襄阳隐居,之后数年,才开始长江中下游流域的漫游活动;开元十二年入京求仕未果又转道蜀地、吴越漫游;开元十六年冬赴京应举落第,后回到襄阳,其间除了于张九龄被贬荆州时作了一年多的幕僚外,大部分时间隐居襄阳。孟浩然的人生经历大体就是或隐居,或漫游,或求官。由于大部分时间远离当时的政治文化中心,他的诗中几乎没有关于当时各种重大政治事件、边塞战争之类的思想内容。从王士源将其所存260多首诗分为游览、赠答、旅行、送别、宴乐、怀思等即可知其基本内容,不外乎漫游中的欢欣、隐居时的乐趣、交往赠答时的感怀、寻幽访胜的兴致,再就是求官途中遭遇挫折后的不平,只要看他应举落第后的诗作,大抵发发牢骚而已。思想内容的逼窄,实乃源于生活视野的不够开阔所致。

就艺术形式而言也比较单调,其创作形式主要是五言诗,而五言诗中其突出成就在五律、五绝。因此,就作品的思想内容和艺术形式而论,都证明苏东坡之语不虚。

指出孟浩然诗歌在思想内容和艺术形式上的不足,并非是否定其诗性意义与审美价值之所在,正好相反,孟浩然诗歌之“清”是人们走向时间与空间深处的一把钥匙,他“文不为仕,伫兴而作”,“行不为饰,动以求真”,“游不为利,期以放性”,“虽屡空不给而自若”的诗人品格,捍卫着人的生存中最可宝贵的诗性精神。人类不能缺少“清”的人品与诗品,不能缺少对心灵上、精神上的自在、充实与愉悦的追求,事实上,我们每一个人的心中都潜藏着诗情、诗意、诗心、诗性。因此,“诗人何为”并非是一种外在的社会规定,而是一种强烈的内在诉求,不同的时代都有为世俗者趋之若鹜的东西,但这些东西不能成为诗人恒久质量与“清”美诗性彰显的障碍物。作为一种人格精神与审美品格的存在,孟浩然貌“清”、品“清”、诗“清”,已超越于时代之外。

(孟修祥)

"功名皆一戏,未觉负平生":襄阳"米颠"

米芾(1051—1107),字元章,41 岁前名黻,号襄阳漫士、鬻熊后人、鹿门居士等。世称"米襄阳"、"米南宫"。工诗文,能词,书画精妙,既是宋代"书法四大家"(另三人是:蔡襄、苏轼、黄庭坚)之一,也是山水人物画的代表性画家,"米家山水"已是中国绘画史上的一座丰碑。著有《书史》、《画史》、《宝章待访录》、《宝晋英光集》等。在宋代乃至整个中国艺术史上,像米芾这样的怪异之才可谓绝无仅有。

米芾是中国古代少有的以"颠"著称的书法大家。

人们称其为"颠",多见诸史料记载,如叶梦得《石林燕语》卷十载:

> 米芾诙谲好奇,在真州,尝谒蔡太保攸于舟中,攸出所藏右军《王略帖》示之。芾惊叹,求以他画换易,攸意以为难。芾曰:"公若不见从,某不复生,即投此江死矣。"因大呼,据船舷欲坠,攸遽与之。知无为军,初入州廨,见立石颇奇,喜曰:"此足以当吾拜。"遂命左右取袍笏拜之,每呼曰:"石丈。"言事者闻而论之,朝廷亦传以为笑。

因为要得到《王略帖》,公然以投江相要挟;因为喜欢奇石,居然恭礼膜拜,似乎是有些"颠"。

米芾一生喜好砚。有一次,宋徽宗和蔡京讨论书法,召米芾进宫书写一张大屏,米芾看中了御案上的一方宝砚,于是,在完写大屏之后,捧着砚台跪在皇帝面前,说这方砚经他污染了,皇帝不能再使用,请求徽宗将砚赐给他,在得到应允之后,米芾情不自禁地手舞足蹈,抱着满是墨汁的砚台,跑出宫中,以至于弄得浑身是墨渍。徽宗对蔡京说:"颠名不虚传也。"

此外,米芾有洁癖,洗手不用巾拭,以两手相拍至干为止。《宋史》本传说他"好洁成癖,至不与人同巾器。所为谲异,时有可传笑者";他喜欢穿奇装异服,戴高檐帽,帽高妨碍轿顶,干脆撤轿顶而坐;他好收藏,让人欣赏却不让人用手触摸藏品,只能于一丈之外远观而已;他临死前一个月,给亲朋作死别之书,尽焚其所好书画奇物,做好一副楠木棺材后,饮食、坐卧、书判俱在其中。临终前七天,不食荤,更衣沐浴,焚香而坐,至合掌而逝。诸如此类怪异的言行举止,得到人们的评价是一个字——"颠"。

对于米芾的怪异举止,在同时代人中,似乎只有老朋友黄庭坚颇能理解,黄氏《书赠俞清老》中云:

> 米黻元章在扬州,游戏翰墨,声名籍甚。其冠带衣襦,多不用世法。起居语默,略以意行,人往往谓之狂生。然观其诗句,合处殊不狂。斯人盖既不偶于俗,遂故为此无町畦之行以惊俗尔。(《山谷集》卷二十五)

所谓"不偶与俗",即不为世俗所认可、接纳;所谓"以惊俗尔",即以怪异的言行举止显示自己的与众不同,从而引人注目。

黄庭坚理解米芾的"颠"行与"狂"态,但语焉不详。对米芾的生平略加考察,就不难发现其中重要原因之一与其出身低微不无关系。他是因为母亲阎氏曾经为宋英宗的高皇后接过生,得到"荫庇"而踏入仕途的,21 岁时的米芾被授以秘书省校书郎,旋补涵光县尉。但他既不是正宗贵族子弟,亦非正宗科班儒士,由此颇受人轻视。据《诚斋诗话》记载,公元 1100 年,润州(今镇江)一场大火,烧得只剩李卫公塔与米元章庵,米芾自然感到十分欣慰,于是题书道:"神护卫公塔,天留米老庵。"不料,竟有人在"塔"和"庵"字上添加"爷"、"娘"二字,米芾见之大骂,但大骂只能发泄愤怒,并不能阻止人们的恶作剧,后又有人在"塔"、"庵"下分别加注"飒"、"糟"二字,后一句即为"天留米老娘庵糟",显然是嘲笑米芾的"肮脏"出身。因为俗称产婆为"老娘","庵糟"即腌臜。直到米芾做了礼部员外郎,御史的"弹章"还在说他:"倾邪险怪,诡诈不情,敢为奇言异行以欺惑愚众,怪诞之事,天下传以为笑,人皆曰之以颠。仪曹,春官之属,士人观望则效之地。今芾出身冗浊,冒玷兹选,无以训示四方。有旨罢知淮阳军。其曰出身冗浊者,以其亲故也。"(吴曾《能改斋漫录》卷十二)米芾因出身"冗浊"的社会底层,又因"颠"行"狂"语而被下放淮阳军。由此可知,低微的出身,不仅严重地妨碍了他的仕途,同时也极大地伤害了他的自尊心,一代艺术天才,由此也形成了他反叛的心理。

米芾的颠行狂态既是一种身不由己的生存方式的选择,同时也是愤世嫉俗的一种抗争表现!

当然,也有如庄绰《鸡肋篇》等指出米芾有时也并非全然保持"洁癖",因此他又被认为有作伪之嫌,但米芾天性中确有一种痴情的自然流露,则是无可否认的事实,据宋代周煇《清波杂志》卷十一记载:

> 又一日,米回人书,亲旧有密于窗隙窥,其写至"芾再拜",即放笔于案,整襟下两拜。

在独自一人的场合,不会作伪,应视为天性的自然流露,由此可见米芾性格中具有真率和矫饰、狂傲和谦卑、坦诚和隐瞒之类的双重性格。米芾以"颠"著称于世,但据袁中道《珂雪斋集》记载,米芾又有《辨颠帖》,既为"辨颠",则说明其精神清醒,"颠"也不过是佯癫而已。

就其现象而论,"颠"是其现实生存方式的选择;就其本质而论,米芾张扬率真的个性到了近乎"颠狂"的程度,这在文人日趋学人化的宋代,彰显的是一种特立独行的品格,骨子里充满着一种反叛的精神。而这种特立独行的品格与强烈的反叛精神所形成的艺术创作的张力,是米芾作为书法大家不可或缺的基本要素。

从他的艺术理论与创作实践来看,的确体现出独特的艺术个性。他推崇萧散简远、无拘无束的"魏晋风流",书法上,奉二王为圭臬,将《兰亭集》誉为"天下行书第一",在《无题》诗中说:"翰墨风流冠古今,鹅池谁不赏山阴。此书虽向昭陵朽,刻石犹能易黄金。"在《题唐摹子敬范新妇帖三首》其二中亦云:

"云物龙蛇森动纸，父子王家真济美。"在《王谢真迹赞序》中说："家藏晋王、谢真迹五轴。……每开卷，使人目动神惊也。"由此可见他对以二王为代表的魏晋风流的推崇。

偏爱魏晋风流，造成了他对唐人的大肆贬低。在《论草书》中云："草书若不入晋人格，辄徒成下品。张颠俗子，变乱古法，惊诸凡夫，自有识者。怀素少加平淡，稍到天成，而时代压之，不能高古。"他还借助颠狂之口说出"欧柳为恶札之祖"、"颜真书入俗品"等偏激话语。米"颠"批评张"颠"，说张旭、怀素等"变乱古法"、"不能高古"，说欧、柳为"恶札之祖"，说颜真卿的字入为俗品，似乎完全没有道理，因为稍有书法常识的人都知道，以欧阳询、张旭、怀素、颜真卿、柳公权为代表的唐代新兴的书法艺术，是唐代书法艺术最有代表性的成果，历一千二百多年，为历代书法爱好者所推崇，历久不衰。但明了他对魏晋风流崇尚的偏颇，也就不难明了他对唐人批评的偏激了。

事实上，米芾最初对对唐人书法并非如此恶意贬斥。他在《自叙帖》中说："余初学颜，七八岁也，字至大一幅，写简不成。见柳而慕紧结，乃学柳《金刚经》。久之知出于欧，乃学欧。久之如印板排算，乃慕褚而学最久。又慕段季展转折肥美，八面皆全。"(《宝晋英光集》)米芾扬晋抑唐，不过是为了表现惊人耳目，独标"颠狂"的一种微妙心理而已。

然而，无论他推崇谁，批评谁，但有一点是无可怀疑的，米芾确实形成了自己独特的书法风格。宋代的董史《皇宋书录》卷中评价道：米芾"于真楷、篆、隶不甚工，惟于行草诚入能品。以芾收六朝翰墨副在笔端，故沈著痛快，如乘骏马，进退裕如，不烦鞭勒，无不当人意。然喜效其法者不过得外貌，高视阔步，气韵轩昂，殊不究其中本六朝妙处，酝酿风骨，自然超逸也。昔人谓支遁道人爱马不韵，支曰：'贫道特爱其神骏耳。'余于芾字亦然。"能达到"沈著痛快，如乘骏马，进退裕如，不烦鞭勒，无不当人意处"的境界，显然是米芾少有拘禁、任性而书的必然体现。米芾的"颠"，乃是一个真正懂得传统、尊重传统，而又张扬自我意识的艺术家的"颠"。对于米芾推崇魏晋风流，张扬个性的"颠"的表现，有时从批评者的话语中似可以得到更清楚的反证，如刘克庄就在《跋本朝名笔六家·米元章》中如是说：

米老字画极奇崛，诗文不陈腐，是书此诗于缓，不是得意之作。然为人矜诞，遂有颠名。余尝评其词翰，要是世俗诡异之观，非天地冲和之气也。学者当以欧公、蔡字为师。

所谓"世俗诡异之观，非天地冲和之气"，即不符合儒家所倡导的"中和"之美，这不正是魏晋风流的绝佳说明吗？米芾的"颠狂"言行，很容易使人联想到魏晋士人的种种任性、放诞之言行举止，那么，从艺术角度而论，他的书法作品成为了魏晋风流的艺术再现。

米芾崇尚魏晋风流而自成一格之处在于他的作品之中蕴含自我生命的感悟与体验。米芾的书法有着一种强烈的节奏韵律，繁复的牵引，凌厉的笔势，似乎要把淤塞在心头的一种不平之气尽吐为快。只要读他即兴寄情之作，他借助具有强烈生命特质的线条，张扬着自我刚健有为的精神与人生的理想。与二王书法相较，米芾显得更潇洒自如，更放浪不拘。以《多景楼诗卷》为例，大气包举、吞吐宇宙，将笔墨的轻重、曲直、疏密、避让、疾涩以及老辣与丰润、苍茫与浑穆等技法尽情挥洒，给予人以一种欹侧怒张、狂狷潇洒的艺术效果。前人言米芾书法"殆非侧、勒、弩、策、掠、啄、磔所能束缚也"（《佩文斋书画谱·米芾传》），是因为他的书法中蕴含着生命的律动，情感的冲突与精神的苦闷。

米芾出身于社会底层，一生官卑职微，在与宋徽宗、蔡京、章淳、杨次公以及欧阳修、王安石、苏东坡、黄庭坚之类的最高统治阶层的政治人物与社会精英的交往过程中，他深深感受到自己不过是政治游戏场外的旁观者，因为在当时新旧党争的宦海风波中，谁都不理会他的存在，米芾被排除在"政治游戏"圈外，成了"政治舞台"上一个多余的人。虽然他自我解嘲道："庖丁解牛刀，无厚入有间。以此交世故，了不见后患。"（《庖丁解牛刀》）却掩饰不了他心中遭遇冷落的苦闷。他唯有在言行举止上以"颠"引人注目，在书画艺术创作中，自标一格，以凸显自我生命存在的价值。他说，一幅好字犹如一"佳士"，是"筋、骨、皮、肉、脂泽、风神皆全"。以艺术创作的肆意畅神、鲜活生动、自由无碍的审美追求，来补偿现实人生的缺憾，书法就成为了他最好的精神寄托。无论是他自恃最高的小字和跋尾书，如《皇太后挽词》、《兰亭》跋，还是他的痛快峻逸的大字《吴江舟中诗卷》、《群玉堂帖》《蜀素诗卷》，甚至是最能代表他的率意放纵的手札，都是显现出来自心灵深处撼动人心的生命激情，以及由这种激情所创造出的奇情浪漫、神采四扬的"线外之象"。

米芾对自己的艺术成就颇为自赏，所谓"功名皆一戏，未觉负生平"(《题所得蒋氏帖》)，"好艺心灵自不凡，臭秽功名皆一戏"(《题苏中令家故物薛稷鹤》)，"晚薄功名归一戏，一奋尤胜三公贵"(《龙真行新添见英光堂帖》)之类的话语，无非是表白自己对功名利禄的鄙薄，对艺术成就的充分肯定。

苏轼在其《与米元章九首》中说："岭海八年，亲友旷绝，亦未尝关念，独念吾元章迈往凌云之气，清雄绝世之文，超妙入神之字。何时见之，以洗我积岁瘴毒耶？今真见之矣，余无足云者。"(《苏东坡全集》下册第235页，中国书店)"迈往凌云之气，清雄绝世之文，超妙入神之字"，三者紧密相联，构成米芾独特的个性与艺术气质，亦可视为苏东坡对米芾这位"颠狂"艺术家的最好诠释。

明代董其昌根据东坡先生最权威的诠释，在其《画禅室随笔》给了米芾在中国书法史上的定位："吾尝评米字，以为宋朝第一，毕竟出于东坡之上。即米颠书自率更得之，晚年一变，有冰寒于水之奇。"在董其昌看来，米芾书法"宋朝第一"的地位是不可动摇了，事实也证明米芾的书法不仅广收博取，融会贯通，自成有宋第一大书家，而且影响深远，宋以降，自明代有文徵明、祝允明、陈淳、徐渭、王觉斯、傅山这样的大家，莫不从米字中取一"心经"，这种影响一直延续到当代的沈尹默、麦华三、周慧珺、杨再春等书法大家，无不取法米芾。

"衣冠唐制度，人物晋风流"的米芾，有了"宋朝第一"大书家的历史定位，有了泽被后世的巨大艺术成就，无论人们如何品评其"书颠"言行举止，米芾先生亦可以含笑九泉矣！

(孟修祥)

"张扬楚风,独抒性灵":公安三袁与竟陵钟谭

晚明时期,诗文领域因公安派的兴起与竟陵派的同声唱和而别开生面,"独抒性灵,不拘格套"的创作理念与"信心而出,信口而谈,信手而作"的写作实践一扫明中期复古派末流粉饰蹈袭、模拟失真的病态与恶习,遂"变板重为轻巧,变粉饰为本色,致天下耳目于一新"(《四库全书总目提要》集部《袁中郎集》),一股久违了的清新脱俗、健雅飘逸之楚风炽张于文坛,自屈原之后,令人有幸再睹荆风楚韵的独特魅力。

何谓"楚风"? 袁宏道《叙小修诗》回答说:"且燥湿之地,刚柔异性,若夫劲质而多恕,峭急而多露,是之为楚风,又何疑焉!"意为楚地乃水乡泽国,孕育了楚人劲峭、倔傲、愤激而直露的个性,故楚风重独抒性灵,张扬个性,公安袁氏三兄弟(袁宗道、袁宏道、袁中道)与钟惺、谭元春就是其最具代表性的人物。

崛起于楚地的公安派以世居湖北公安的袁氏三兄弟为主要人物,其他成员也以长江中下游居多。作为公安派的主将和旗手,袁宏道(1568—1610年)在《叙小修诗》中首次提出了公安派的理论主张:

> 大都独抒性灵,不拘格套,非从自己胸臆中流出,不肯下笔。有时情与境会,顷刻千言,如水东注,令人夺魄。期间有佳处,亦有疵处,佳处自不必言,即疵处亦多本色独造语。然予则极喜其疵处,而所谓佳者,尚不能不以粉饰蹈袭为恨,以为未能尽脱近代文人气习故也。

"独抒性灵,不拘格套"是公安派成员自觉遵循和积极实践的创作理念。所谓"独抒性灵"是指在诗文创作中要抒发真情实感,反对无病呻吟;主张率性而

作,反对矫揉造作。所谓"不拘格套"是指作品的形式要突破程式化、定型化的束缚,不受陈规旧矩的限制,任何因循守旧、亦步亦趋的做法都是不合时宜的。"独抒性灵"是公安派的精神内核,是"不拘格套"的理论前提;而"不拘格套"则是公安派对艺术形式的追求,更是"独抒性灵"的自然呈现。"言从口出,意自心造"这一真实、独特的感受与体验必然产生与之相谐和的外在形式。

"独抒性灵,不拘格套"也是对僵硬的道理和陈腐的闻识的冲击与反叛,在袁宏道看来优秀的作品首先必须率真,缘于真声真心,其次它还得有"趣",所谓"率真则性灵现,性灵现则趣生"是也。而"趣"与儒家传统伦理道德相去甚远,要想获取这种自然之趣,唯有破执去缚,挥洒个性,任性而为。对此袁宏道在《叙陈正甫会心集》中有十分精彩的论述:

> 世人所难得者唯趣。趣如山上之色、水中之味、花中之光、女中之态,虽善说者不能下一语,唯会心者知之。……夫趣得之自然者深,得之学问者浅。当其为童子也,不知有趣,然无往而非趣也。……迨夫年渐长,官渐高,品渐大,有身如梏,有心如棘,毛孔骨节俱为闻见知识所缚,入理愈深,然去趣亦远矣。

林语堂曾对公安派"性灵"意蕴作过精辟切中肯綮的阐释:"三袁兄弟在十六世纪末叶,建立了所谓'性灵派'或'公安派',这学派就是一个自我表现的学派。'性',指一人之个性,'灵',指一人之灵魂或精神。……性灵派主张直抒胸臆,发挥己见,有真喜,有真恶,有奇嗜,有奇忌,悉数出之,即使瑕瑜并见,亦所不顾,即使为世俗所笑,亦所不顾,即使触犯先哲,亦所不顾。……古来文学有圣贤而无我,故死;性灵文学有我而无圣贤,故生。"重温语堂先生这一至今依然具有指导意义和权威价值的解读与剖析,我们深刻地领悟到了"发抒性灵"与"字真句切"之间的因果关系以及真人、真性和真文之间彼此制约相互抗衡的联系。

而公安派研究的前辈李建章先生对公安派反对的"格套"则有自己独到的认知,他认为"格套"有三个来源,即一种是从拟古而来的旧套,一种是旧货改装的新套,另一种则是来自世俗应酬的客套。无论是哪一种格套都为公安派所鄙夷并坚决摒弃。

由此我们进一步明确了"性灵说"的内涵，一是文学表现上的独特性和个我性；一是艺术形式上的自由性和独创性。而"性灵说"的大昌其道，不仅仅是一种诗歌主张乃至诗学原则的兴起，它还肯定了纵心适志、恣情任性的生活态度存在的可能性与合理性。

"独抒性灵，不拘格套"直接来源于公安三袁的精神导师李贽的"童心说"，这已经成为不争的事实。李贽的"童心说""一是要求真人真心；二是要求不拘时拘格。"（孟祥荣《真趣与性灵——三袁与公安派研究》），这显然直接开启了公安派的"性灵说"。主将袁宏道的诸多言论，类似"世道既变，文亦因之"，"见从己出，不曾依傍半个古人，所以他顶天立地"，"能为心师，不师于心；能转古人，不为古转。发为语言，一一从胸襟中流出，盖天盖地。"莫不直承童心，因袭李贽。

"性灵说"的提出同时也是晚明时代思潮濡染的必然产物。明代嘉靖、万历时期在阳明心学的感召下，文坛吹起一股崇自我、尚个性、重放纵的主情之风，公安派正是诞生在这样一个时代文化背景之中，三袁本为反传统、恣个性、任自然之人，自然深受影响。

公安派的崛起与勃兴还有一个因素我们必须注意到，那就是楚地缘文化的影响。三袁世居地处长江中下游的公安，这里富庶繁华，人杰地灵，水路交通便利，江汉平原一马平川，视野开阔，信息畅达。天资聪颖、心存高远的三袁生长于兹，耳濡目染，接受新思想新观念当较常人更快更易。正如马积高先生所言："三袁是公安人，其交友以湖南湖北为多。长江中下游实为明代经济最发达之区，人物荟萃之地，且又为王学最流行的区域，这些都是公安派产生和发展的土壤，它也在一定程度上影响到公安派的文学创作特色。"同时荆楚大地作为楚文化的中心，长期累积和沉淀的厚重的文化底蕴对于三袁的成长与熏陶也起到了不可忽视的潜移默化作用，"惟楚有材，于斯为盛"，所言甚是，公安派的出现即为有力的证明！

在晚明的诗文领域，以"公安派"的声势最为浩大，"万历中年，王、李之学盛行，黄茅白苇，弥望皆是。……中郎之论出，王、李之云雾一扫"（钱谦益《列朝诗集小传》丁集中《袁稽勋宏道》）。他们彻底改变了"嘉靖七子之派，徐文长欲以李长吉体变之,不能也。汤义仍欲以尤、杨、范、陆体变之,亦不能也。王伯谷、王承父、屠长卿虽迭有违言,然寡不敌众"的局面,形成了"自袁伯修出,服习香山、眉山之结撰,首以'白苏'名斋,既导其源,中郎、小修继之益扬其波,由是公安派盛行"的盛况。

非常重视并擅长从民间文学、通俗文学中汲取营养是公安派睥睨文坛,独领风骚的制胜秘诀。袁宏道曾自叙以《打枣竿》等民歌时调为诗,使他"诗眼大开,诗肠大阔,诗集大饶",认为"当代无文字,闾巷有真诗",在他看来当时闾里妇孺所唱的《擘破玉》《打枣竿》之类,是"无闻无识真人所作,故多真声",因为"不效颦于汉魏,不学步于盛唐,任性而发,尚能通于人之喜怒哀乐嗜好情欲,是可喜也",他又慨叹"少年工谐谑,颇溺《滑稽传》。后来读《水浒》,文字益奇变。《六经》非至文,马迁失组练。一雨快西风,听君酺舌战。"(《听朱生说水浒传》)。与"文必秦汉,诗必盛唐"的前后七子相反,袁宏道毫不掩饰他对元曲与明小说的器重与厚爱:"乐府则董解元、王实甫、马东篱、高则诚,传奇则《水浒传》《金瓶梅》等为逸典。"显示了他们开阔的学术视野以及通脱进步的文学观,而这对与提高那一时期民间文学和通俗文学的社会地位无疑多有裨益。

继公安派之后,以钟惺、谭元春为代表的"竟陵派"崛起于文坛,并产生较大的影响。钟、谭均为竟陵人,因名"竟陵派"。

竟陵派与公安派一脉相承,在前贤的影响下,钟、谭提出了重"真诗",重"性灵"的创作主张。钟惺(1574—1625年)强调诗家当"求古人真诗所在,真诗者,精神所为也"(《诗归序》)。谭元春(1586—1637年)也主张:"夫真有性灵之言,常浮出纸上,决不与众言伍。"(《诗归序》)可见同公安派一样,竟陵派也非常重视作家个人情性流露的体现,他们基本继承了公安派的文学主张,但又有所不同。钟、谭既接受了贾岛、姚合和宋代"晚唐体"的影响,又敏锐地察觉到了"公安派"末流俚俗、浮浅创作弊端,因而倡导一种"幽深孤峭"风格加以匡救,他们提出"势有穷而必变,物有孤而为奇"(钟惺《问山亭诗序》),即反对步趋人后,主张标异立新。钟惺《诗归序》谈如何求"古人真诗",有云:"真诗者,精神所为也。察其幽情单绪,孤行静寄于喧杂之中,而乃以其虚怀定力,独往冥游于寥廓之外。"他们也主张向古人学习以成其"厚"(谭元春《诗归序》说他和钟惺曾"约为古学,冥心放怀,期在必厚"),但这又不像七子派那样追求古人固有的"格调",而是以自己的精神为主体去求古人精神所在,即"引古人之精神,以接后人之心目,使其心目有所止焉",所以他们解说古诗,常有屈古人以就己的,也不能不说具有一定的胆识,客观上对纠正明中期复古派拟古流弊起了一定的积极作用。

在重视自我精神的表现上,竟陵派与公安派是一致的,但二者的审美趣味迥然不同,而在这背后,又有着人生态度的不同。公安派诗人虽然也有退缩的一面,但他们敢于怀疑和否定传统价值标准,敏锐地感受到社会压迫的痛苦,毕竟还是具有抗争意义的;他们喜好用浅露而富于色彩和动感的语言来表述对各种生活享受、生活情趣的追求,呈现内心的喜怒哀乐,显示着开放的、个性张扬的心态;而竟陵派所追求的"深幽孤峭"的诗境,则表现着内敛的心态。

公安派、竟陵派的文学理论在文学史上有很重要的意义,它实际是资本主义萌芽时期新的社会思潮在文学领域中的直接反映。李贽反对以儒家经典规范现实社会与人生,公安、竟陵反对以前代的文学典范约制当代的文学创作,而提倡一种具有时代性、个人性、真实性,能够表现内在生活情感与欲望的文学,在不同程度上都意味着对旧的精神传统的破坏以及对新的文化观念的重建。

在晚明文坛上,小品文趋向兴盛,既是当时文人审美趣味变化的产物,又和公安派、竟陵派提出的"性灵说"为小品文的理论建构之规范不无关联。三袁和钟、谭不是晚明出现得最早的小品文作者,但却是促使晚明小品勃兴和持续发展的重要人物,"往弇州公代兴,雷轰霆鞫,后生辈重跰而从者,几类西昆之宗义山,江右之宗黄鲁直。楚之袁氏思出而变之,欲以汉帜易赵帜,而尽服也。"(夏咸淳《六十家小品文精品》),以袁宏道为代表的公安派之所以被誉为晚明小品文创作高潮中的旗手,取决于他们的"性灵说对晚明小品文的勃兴,主要有两方面的积极作用,一是从理论上清算了拟古文风的错误,破除了文以载道的传统观念,确定了'我'在散文创作中的生存环境和自由发展的文化空间。二是直接为确立小品文的艺术功能、审美价值、文体特征提供了理论基础"(熊礼汇《略论公安派性灵说对晚明小品文发展之影响》)。

公安派和竟陵派对晚明小品文的贡献还在于在他们的影响之下一大批文人加入到小品文创作的队伍中,并涌现出像刘侗、祁彪佳、汤显祖、冯梦龙这样的名家,而集晚明小品文大成的张岱就毫不隐瞒地叙述了他师承公安、竟陵的事实:"余少喜文长,遂学文长诗。因中郎喜文长,而并学喜文长之中郎诗,文长、中郎以前无学也。后喜钟、谭诗,复欲学钟、谭诗,而鹿鹿无暇。"(张岱《琅嬛文集》卷之一《琅嬛诗集序》)。20世纪二三十年代,散文大家周作人、林语堂等人对袁宏道、张岱等人的小品文赞不绝口也足以证明公安派、竟陵派的性灵说对这些现代作家的影响之深远。

"由公安派掀起的文学革新思潮,三百余年间正像我国封建社会内部萌芽的资本主义因素一样,并未中断。明末冯梦龙的大量汇编、出版小说、民歌作品,和明末清初金圣叹的大力提倡白话小说、戏曲,并构建了一套先进的小说戏曲理论体系,还有清代袁枚的提倡诗歌要写'性灵'等等,都可以说是直接、间接受了公安派的理论观点的启发。我们甚至可以说:五四新文学革新运动的主张,在较大程度上也是接受了公安派的反复古主义与提倡语言的通俗化的影响的"(张国光《公安派——四百年前我国文学革新运动的一面旗帜》)。诚如斯言,被誉为新文化运动宣言的《文学改良刍议》极力主张"文学者,随时代而变迁者也。一时代有一时代之文学"。显然是对袁宏道在《叙小修诗集》中所倡导的"唯夫代有升降,而法不相沿,各极其变,各穷其趣,所以可贵,原不可以优劣论也"的继承与发扬。怀疑权威,否定陈规,破旧立新需要倡导者具备非常激进,极度张扬的个性与勇气,狂飙突进的文风的形成必须仰仗敢于不为俗流所困,不被成见所缚能尽抒其胸中之奇的狂人的出现。

"性灵说"既是一种文学理论主张,更是一种处世态度,如果说在诗文领域它的出现带来了一种新的创作理念,产生了公安、竟陵两个流派,那么在生活空间,它其实是承认或者说倡导了一种生存方式,那就是享受生活、寻求自适,快乐真我。

四百多年前公安派的最后掌门人袁中道曾有感于"楚人之文,发挥有余,蕴藉不足。然直摅胸臆处,奇奇怪怪,几与潇湘、九派同其吞吐。大丈夫意所欲言,尚患口门狭、手腕迟,而不能尽抒其胸中之奇。安能嗫嗫嚅嚅,如三月新妇为也?不为中行,则为狂狷。效颦学步,是为乡愿耳"(《淡成集叙》,《珂雪斋集》卷之十)的现状,而满怀期待"楚人之文,不能为文中之中行,而亦不必为文中之乡愿,以真人而为真文"。陈子龙《遇桐城方密之于湖上归复相访赠之以诗》二有云:"汉体昔年称北地,楚风今日满神州。"如今荆楚大地真才实学之人辈出,真知灼见之文屡现,三袁灵下有知,必当欣慰至极!

　　公安三袁和竟陵钟、谭无疑是荆楚文化史上最富有开创精神、真我性情和潇洒风度的重要人物。他们以纵情放达、风流自适的处世风貌和不落窠臼、自成一派的诗文创作彰显了楚人不为时拘、不囿格套的胸襟与气度;凸显了楚民灵活机变、与时俱进的胆识与才力,其独抒性灵、张扬楚风的功力,实出时人之上,其对楚之风尚的张目与弘扬堪为后世景仰与追慕!

(章　芳　孟修祥)

六、我以我血荐轩辕

Wo Yi Wo Xie Jian Xuan Yuan

"故人西辞黄鹤楼":
中共一大上的湖北人

公元 1921 年 7 月下旬,上海法租界望志路 106 号一幢普通的石库门房子里,发生了一件后来被认为是开天辟地的大事——中国共产党第一次全国代表大会在这里举行,中国共产党宣告正式成立。

人们很难想到,出席中共一大的 13 名代表中竟有 5 位湖北人,位居全国之首。他们是 35 岁的董必武、25 岁的陈潭秋、31 岁的李汉俊、27 岁的包惠僧和 19 岁的刘仁静,分别代表武汉、上海、广州、北京共产党早期组织出席大会。

更加鲜为人知的是,一大会址也是湖北人的住所。它的主人便是李汉俊的哥哥李书城。李书城是同盟会元老、孙中山总统府顾问、新中国第一任农业部部长。李汉俊就是在这位长他 8 岁的二哥影响下成长起来的。

李汉俊 12 岁就跟着二哥到了日本,先入晓星中学,后进第八高等学校,1915 年考入东京帝国大学土木工学科。李汉俊从小天资聪颖,但在帝国大学的学习成绩并不出众。这时,李汉俊正在苦苦求索救国之道。当他见到日本社会主义运动的先驱们翻译的马克思主义著作之后,就像在黑夜里见到了太阳。于是,他毅然放弃最喜欢的数学,把主要精力用到钻研马克思主义上。

1918 年底,李汉俊乘船回到上海,住在渔阳里一间房子里。不久,街对面的湖北善后公会住进了一位湖北黄安(今红安)人,他叫董必武。

董必武是黄安县城的一位年轻秀才。辛亥革命武昌起义的枪声刚刚响过,他就剪掉辫子,徒步来到武昌,开始了他职业革命家的生涯。

董必武不是首次到省城。从 1905 年初秋到 1910 年仲夏,他就在武昌文普通学堂度过了 5 年时光。他在文普通学堂读书的时候,住在校外的日知会宿舍。著名革命党人、日知会总干事刘静庵成了他的"启蒙师"。同当年许多进步青年一样,《警世钟》等小册子曾经令董必武热血沸腾。然而,真正引起他理性思考的还是《新民丛报》和《民报》这两份报纸。思考的结果是一次历史性抉择:抛弃康有为、梁启超君主立宪的改良主义思想,接受同盟会的革命民主主义主张,最终成为孙中山的忠实信徒。

武昌起义以后,董必武被安排在汉口军政分府军需部任职,加入同盟会。10月中下旬,他参加了革命军与清军在刘家庙进行的一场为时半个月的激烈战斗。然而不久,袁世凯篡国,辛亥革命失败。董必武积极参加策应孙中山发动的武装讨袁的"二次革命"。

"二次革命"失败后,董必武愤而东渡日本,考入东京神田日本大学法律科。这时,孙中山正在东京组建中华革命党,策划"三次革命"。董必武和他的同乡张国恩在这里第一次拜见孙中山以后,加入中华革命党。1915 年 6 月,董必武和张国恩奉孙中山之命,回到湖北谋划反袁军事活动,不料被叛徒出卖被捕,幸而很快被营救出狱。

1918 年春天,董必武经过半年辗转来到利川,担任鄂西靖国军总司令部秘书。总司令蔡济民是他辛亥革命时的老朋友,这时正按照孙中山的部署,率部进行护法军事斗争。然而不到一年,意外发生,蔡济民被同室暗害,鄂西护法斗争流产。董必武一腔悲愤,经武汉转赴上海,向孙中山报告。他万万没有想到,他第二次见到的孙中山竟已"孑然无助",正因找不到革命出路而陷于绝望之中,对审理蔡济民被害一案徒唤奈何。

失败!失败!从辛亥革命到二次革命,从秘密反袁到公开护法,为什么总是失败?出路在哪里?希望在哪里?董必武陷入深深的迷惘与困惑之中。正在这"山重水复疑无路"的时候,董必武在渔阳里遇上了比他小四岁的湖北同乡李汉俊。

他们几乎朝夕相处。李汉俊带回的一些马克思主义书籍和《黎明》、《改造》、《新潮》等进步刊物,李汉俊介绍的俄国十月革命的情况,一下子改变了董必武的人生之路。后来,他曾深情地称这位年轻的同乡是自己的"马克思主义老师"。

正当董必武从李汉俊那里如饥似渴地接受马克思主义的时候,五四运动爆发，举国震撼，历史跨进一个新的纪元。不久，董必武在渔阳里见到了一位更年轻的同乡。他叫陈潭秋，名陈澄，湖北黄冈人，是武汉地区五四运动的一名学生领袖。

同李汉俊一样，陈潭秋也有一位长他9岁的同盟会员哥哥，他叫陈树三。一次陈树三问年幼的弟弟："你知道你为什么又叫陈澄吗？"陈潭秋摇摇头。陈树三告诉弟弟："澄，就是澄清的意思。如今这世道太浑浊了，你长大成人之后，要努力去澄清这个浑浊的世道！"

陈潭秋记住了哥哥的话。当他1915年从湖北省立一中毕业的时候，他已经对如何救国有了自己的见解。他认为，教育和实业都不能根本解决救国问题，要用先进的思想去改造社会。为寻求先进的思想武器，首先要沟通世界文化，而"外语是沟通世界文化的门窗"，他决意去打开这扇门窗。1916年，他考入国立武昌高等师范学校英语部。武昌高师，就是后来的武汉大学。

读大学二年级的时候，陈潭秋从一些有关俄国十月革命的报道中看到了一线曙光。他盼望中国也能像俄国那样，建立一个"工人之国"。从此，他更加频繁地翻看《新青年》、《每周评论》等刊物，更加仔细地研读《庶民的胜利》、《布尔什维主义的胜利》等文章。他不止一次地为李大钊的名言所激动："试看将来的环球，必是赤旗的世界！"

五四运动爆发以后，武汉学生奋起响应。陈潭秋作为武昌高师英语部的学生代表，参加领导了这场运动。6月，全国学联在上海成立，陈潭秋随出席成立大会的武汉学联代表一起来到上海参观学习，在这里见到了比他长10岁的同乡董必武。

董必武和陈潭秋尽管是第一次相见，两人却一见如故。这两位刚刚经过五四运动洗礼的鄂东老乡，在一起研读李汉俊带回的那些马克思主义书刊的时候，开始了由民主主义者向共产主义者的历史性转变。董必武决心"从头来"。他和陈潭秋等人商定，先从办报纸和办学校入手，开展马克思主义的"启蒙运动"。

他们先后回到武汉。董必武从孙中山给他的100元路费中拿出40元印制创办报纸的宣言、章程和股票，然而终因筹款搁浅，办报计划成为泡影。办报不成，再办学校。经过好一番艰苦筹措，一所新型学校——私立武汉中学在武昌涵三宫诞生。为了筹集办学经费,董必武把自己唯一的一件皮袄也送进了当铺。

武汉中学的大门上,刻上了一副"金石长不朽,丹青本无双"的对联,横额是"朴诚勇毅"。"朴诚勇毅",是董必武为武汉中学制定的校训。时隔46年以后,董必武为重建的武汉中学书写了一幅题词:"朴诚勇毅干革命。"这加上的"干革命"三个字是点睛之笔,是当时不能够明说的,实际上是当年武汉中学的办学宗旨。正是秉承这一宗旨,武汉中学成为湖北地区最早的马克思主义启蒙阵地和革命干部培训基地。一批进步青年从这里走上革命道路,许多人成为中国革命的重要骨干。

陈潭秋担任武汉中学英语教员兼乙班班主任。因为他和武汉中学的其他教师一样,在这里任教全是尽义务,没有工资,所以还得兼任两家报纸的记者。他租住在蛇山脚下一家最低等的小旅馆。在这里,他遇上了一位黄冈同乡——包惠僧。

1912年,17岁的包惠僧第一次来到省城,考入湖北省立第一师范学校。五年后,包惠僧从省立一师毕业。那年头,毕业就是失业。穷困潦倒,走投无路,使他几次产生轻生的念头,来到长江岸边。但每次一见奔腾不息的江水,生的企求又战胜了死的欲念。他曾在蛇山顶上对人说:"我真想找一个终南捷径,来一个一拳打碎黄鹤楼,两足踢翻鹦鹉洲,像孙悟空大闹天宫那样来把世界改变一下。"

不久,他找到了自己认为的"终南捷径",这就是干新闻记者。不过,依然是到处碰壁。就在这时,陈潭秋来到了他租住的那家低等旅馆。他们朝夕相处,很快成了朋友。但据包惠僧自己说,他性格外向,易感情用事,陈潭秋常呼他为"暴徒"。或许因为这个原因,陈潭秋没有向包惠僧提起他同董必武一块儿干的事。

改变包惠僧人生道路的是两次不寻常的采访。1920年2月,陈独秀来武汉讲学,包惠僧在他下榻的文华大学对他进行了两次采访。从此,这位新文化运动、五四运动的总司令和中国共产党的创建人,便成了包惠僧心中的偶像。

就在董必武、陈潭秋致力于筹办武汉中学的时候,李汉俊正以更加饱满的热情从事翻译和撰著,向更多的人宣传马克思主义。同时,与陈独秀等人一道,在共产国际代表的帮助下,进行创建共产党组织的活动。作为第一步,上海马克思主义研究会于1920年5月成立。8月,上海共产党早期组织成立。成立的会议上，通过了李汉俊用两张八行信纸起草的中国共产党纲领草案。这两个组织中，李汉俊都是仅次于陈独秀的第二号人物。

8月的武汉似火炉，挥汗如雨的董必武收到了李汉俊的又一封来信。李汉俊说，他们已在上海创建共产党组织，约董必武在武汉创建同样的组织。信是写给董必武和张国恩的。董必武告诉了陈潭秋。后来，董必武回忆当时的情景时说："组党先与他（陈潭秋）谈，他同意。陈一参加党，拼命干，湖北党的建立，主要是他（陈潭秋）、我到处奔走。我有点火作用，潭秋把火搞大了。"

正当董必武、陈潭秋为创建湖北党组织日夜奔忙的时候，一位湖北鄂城籍律师从上海回到武汉。他叫刘伯垂，刚在上海由陈独秀介绍加入党组织，陈独秀就要他到武汉帮助组党。刘伯垂带来了李汉俊起草的党纲草案。紧接着，李汉俊也回到武汉，他同刘伯垂介绍董必武加入了党组织。

按照陈独秀的嘱咐，刘伯垂又找到包惠僧和郑凯卿。郑凯卿是文华大学校工，半年前陈独秀来汉讲学时认识了他。董必武也联系了武汉中学的教师赵子健。

1920年8月的一天，就在蛇山脚下抚院街97号"董必武张国恩律师事务所"里，董必武、陈潭秋、刘伯垂、张国恩、包惠僧、赵子健、郑凯卿7人聚集一堂，正式成立武汉共产党早期组织，揭开了湖北共产主义运动的崭新一页。

武汉共产党早期组织成立5个月后，包惠僧从武汉来到上海，在新渔阳里6号上海共产党早期组织机关部见到了李汉俊。这时，因陈独秀赴广州担任广东省教育委员会委员长，李汉俊代理上海共产党早期组织书记，正主持筹建中国共产党的工作。包惠僧本想去莫斯科留学，但未能成行。李汉俊让他继续留在上海工作。

1921年5月1日，上海共产党早期组织集会庆祝五一国际劳动节，惊动了反动当局，法国巡捕搜查了新渔阳里6号机关部。新渔阳里6号待不下去了。李汉俊要包惠僧到广州向陈独秀汇报，请陈独秀回上海主持工作。可包惠僧来广州见到陈独秀，陈独秀不但没有回上海的意思，还把包惠僧留在了广州。本来就对陈独秀一肚子意见的李汉俊愤而辞去代理书记，李达接替他的职务。

6月3日，一位长满络腮胡子的荷兰人来到上海。他就是列宁派来帮助建立中国共产党的共产国际执行委员马林。马林找到先期到达上海的俄国人尼科尔斯基,两人一起秘密会见了李达和李汉俊。听完他们的汇报,马林建议马上召开全国代表大会,正式成立中国共产党。此后,便由李达和李汉俊分头给各地共产党早期组织写信,要求每一个组织派两名代表来上海开会,并随信给每名代表寄去100元路费。

广州共产党早期组织接到通知,陈独秀亲自主持会议推选代表,由他提名,陈公博和包惠僧出席会议。武汉共产党早期组织接到通知后,一致推选了董必武和陈潭秋。上海共产党早期组织则自然推举了主持其事的李达和李汉俊。

7月中下旬,董必武、陈潭秋和包惠僧先后来到上海,住进博文女子中学。因为放了暑假,这里便成为接待一大代表的招待所。他们没有想到,博文女子中学的校长黄绍兰和她的丈夫黄侃都是湖北人。更没有想到,他们在这里又遇上了一位湖北老乡——北京共产党早期组织代表刘仁静。

刘仁静1902年生于湖北应城,是5位湖北籍代表中、也是13位一大代表中年纪最小的一位。12岁那年,刘仁静离开家乡,来到省城,先入博文书院,后插班进中华大学中学部。在这里,他遇上了当时湖北新文化运动的主将、后来湖北五四运动的领袖恽代英。刘仁静很快成为恽代英创办的互助社的成员。互助社是新文化运动中湖北地区的第一个进步社团。

1918年刘仁静考入北京大学物理系预科,转入本科时进了哲学系,后来又改成英语系。五四运动时,刘仁静刚好17岁。那天学生游行到赵家楼抓曹汝霖,却四门紧闭进不去,就是小个子刘仁静和几个同学从窗户爬进去打开了大门。刘仁静平时不大上课,爱上图书馆,直接阅读一些英文版马克思主义书籍。后来,他成了北京马克思学说研究会的发起人之一。图书馆主任李大钊教授曾夸奖刘仁静“小小年纪能奋斗”。正是在李大钊的指导和帮助下,刘仁静成为北京共产党早期组织最早的成员之一。

在北京共产党早期组织推选出席中共一大代表的时候,19岁的刘仁静有幸当选。刘仁静或许没有想到,就在他赴上海出席中共一大的时候,他当年的老师恽代英和互助社的同学们正在湖北黄冈浚新学校开会,成立一个具有共产党早期组织性质的组织——共存社。因为这个组织与共产国际代表和上海共产党早期组织没有联系,所以没有接到推选出席中共一大代表的通知。中共一大闭幕以后,恽代英得到了中国共产党正式成立的消息,便宣布解散这个组织,其成员分别自愿加入中国共产党。

7月23日晚,董必武、陈潭秋、包惠僧、刘仁静来到望志路106号,中国共产党第一次全国代表大会在这里开幕。他们见到李汉俊以后,才知道这幢房子是他哥哥的公馆,李汉俊也住在这里。正因为如此,一大会址才选择在这里。在这天举行的第一次会议上,共产国际代表马林用英语作了长达三小时的演说,刘仁静担当翻译任务,李汉俊也偶尔补充翻译几句。

7月24日,举行第二次会议。根据马林建议,会议选举成立一个党的纲领和工作计划的起草小组。李汉俊、董必武、刘仁静当选起草小组成员,参与起草后来大会通过的《中国共产党第一个纲领》和《中国共产党第一个决议》。

7月30日,举行第六次会议。会议刚刚开始,突然闯进一个陌生人。为防止意外,代表们迅速撤离。李汉俊作为户主留在这里,用法语哄走了前来搜查的巡捕。

几天后,代表们从上海赶到嘉兴,在一艘游艇上举行最后一次会议。五位湖北人除李汉俊以外,都到了这里。大会在讨论党对现有其他党派的态度时发生了争论。有的代表主张始终同其他党派进行斗争而不与之建立任何关系。董必武则认为,孙中山"与军阀不同",应该加以联合。陈潭秋赞同董必武的意见。他们认为我党应"在行动上与其他党派合作反对共同的敌人,同时又在我们的报纸上批评他们"。这些观点虽然没被大会决议采纳,但作为中国共产党统一战线思想的最早表述,其历史意义不可低估。大会通过纲领、决议和选举产生中央局以后,在"共产党万岁!第三国际万岁!共产主义——人类的解放者万岁!"的口号声中闭幕。

大会闭幕后,董必武和李汉俊受中央局委托,起草给共产国际的报告——《中国共产党第一次代表大会》。这是中国共产党给共产国际的第一份报告,也是迄今为止关于中共一大的最详细、最可靠的文件。

就这样,五位湖北人从繁华的大上海到美丽的杭嘉湖平原,共同度过了中国现代史上最具意义的一段时光,参与完成了一项开天辟地的伟大事业。就这样,湖北不但以在中国共产党成立之前即创建武汉共产党早期组织和具有共产党早期组织性质的共存社两个组织,而且以在中共一大上出席人数最多、其中一名年龄最小、为中共一大提供第一个会场和代表住处、参与中共第一个纲领和决议起草、第一个提出统一战线思想、起草中共给共产国际的第一个报告的几个"第一",为中国共产党的创建作出了重要贡献。

(方　城)

"二七工仇血史留":
京汉铁路工人大罢工

1923 年 2 月 4 日上午 9 时,随着京汉铁路总工会江岸分会委员长林祥谦一声令下,江岸机器厂工人黄正兴拉响罢工汽笛,至 12 时广水车站工人接到罢工命令,京汉铁路两万多名工人全部罢工,1200 多公里的京汉铁路全线瘫痪。这就是著名的京汉铁路工人大罢工。正是这次大罢工,把武汉罢工"狂潮",也把全国第一次工人运动高潮推到了顶点。

中国共产党成立以后,即以主要精力领导工人运动,从 1922 年 1 月香港海员大罢工到 1923 年 2 月京汉铁路工人大罢工,先后组织 30 万工人举行 100 多次罢工,掀起了全国第一次工人运动高潮。在这场运动中,武汉不仅以掀起一个"令人不可逼视的"罢工"狂潮"而"位于全国前列",而且在 1921 年冬就组织粤汉铁路工人和汉口租界人力车夫两次罢工"预报潮汛之将至",拉开了全国第一次工人运动高潮的序幕。

就在汉口租界人力车夫罢工胜利后不几天,汉口英美烟草公司和湘鄂印刷公司的工人相继罢工,湖北工人运动开始进入高潮。这一高潮的标志就是武汉 28 个工会组织在武汉工团联合会领导下统一行动,接连举行汉阳钢铁厂 3000 余名工人、汉阳兵工厂 2600 余名工人、粤汉铁路武长段 3000 余名工人、汉口谌家矶扬子机器厂全体工人的四次胜利大罢工。

1922 年 9 月 28 日,武汉各工团代表举行联席会议,决定将武汉工团联合会改组为湖北全省工团联合会。10 月 10 日,湖北全省工团联合会正式成立。在湖北全省工团联合会领导下,全省工人运动继续高涨,相继爆发了汉口英美香烟厂工人的两次大罢工和汉口英租界隆茂、平和棉花厂工人以及汉冶萍公司所属大冶铁矿工人罢工等几次具有重大影响的罢工斗争。与此同时,武汉轮驳工人、武汉模范大工厂工人、汉口租界人力车夫、汉阳钢铁厂工人、粤汉铁路徐家棚工人也相继进行罢工斗争,取得一定胜利。

以武汉为中心的湖北工人运动高潮,其矛头不仅指向封建阶级和资产阶级,而且指向帝国主义,其形式已从一个工厂、一个行业的单独行动,发展为许多工厂、许多行业以至全省工人、本省工人和外省工人的联合行动。它以其壮阔的规模和卓著的成效,走到了全国第一次工人运动高潮的前列。不久,以汉口江岸为中心的京汉铁路工人大罢工,便把湖北乃至全国的工人运动高潮推到了顶点。

京汉铁路工人大罢工是在中国劳动组合书记部领导下,高举"打倒帝国主义"、"打倒封建军阀"的旗帜,为争取成立京汉铁路总工会和工人阶级的政治权利而举行的一次震惊世界的政治大罢工。

京汉铁路总工会的筹备工作是从1922年开始的。1922年春,为统一京汉铁路的工会组织,增强工人的凝聚力,以利开展反帝反封建斗争,长辛店工人俱乐部根据中国劳动组合书记部北方分部的意见,向全路工会组织倡议成立京汉铁路总工会。这个倡议得到京汉铁路各工人俱乐部的赞同。

4月9日,全路各工会俱乐部派人到长辛店召开筹备会议。会上商定,第三季度再开一次筹备会,具体商量成立总工会筹备处人选等事宜。8月10日,京汉铁路各俱乐部在郑州召开第二次筹备会。中国劳动组合书记部武汉分部主任、湖北工团联合会秘书主任林育南以《劳动周刊》记者的名义出席这次会议,并参加指导筹备处的工作。这次会议决定杨德甫任筹备处主任委员,史文彬、凌楚藩为副主任委员,项英任总干事。经过数日努力,京汉铁路总工会筹备工作基本就绪。

1923年1月5日,京汉铁路总工会筹备处在郑州举行第三次会议。会议决定,2月1日在郑州市普乐戏园召开总工会成立大会,并邀请全国各地工会及各界代表赴会。

为防止军警破坏,筹备处将会议筹备情况告知了京汉铁路局局长赵继贤和军阀吴佩孚。当时,吴佩孚和铁路当局都表示同意召开这次大会。考虑到1月28日是星期天,京汉铁路总工会筹备处还向铁路当局和吴佩孚提出:28日,京汉铁路系统的职员都不休息,照常上班,2月1日参加全路总工会成立庆典活动。吴佩孚和铁路当局也同意了这一安排。所有这些都说明:京汉铁路总工会的筹备和成立,既周到又合理,更合法。

1月底,全国各地代表陆续来到郑州。北方各地数十名代表由北段长辛店车务处发免费车票就地乘车,南方各地代表数百人先集中到汉口,再由南段江岸车辆处挂专车两辆北上。各地代表带着赠送大会的匾额、对联乘车赴会,沿途各分会燃放鞭炮热烈欢迎,并请各地代表停车演讲。

1月30日夜,陈潭秋、林育南、李求实、施洋、李汉俊、许白昊等率领武汉地区30多个工团和武汉学生联合会、马克思学说研究会、武汉妇女的代表130余人及新闻记者30余人,还有由12人组成的乐队,在江岸乘车向郑州进发。31日下午到达郑州,一下车就受到郑州铁路工人代表的热烈欢迎。

京汉铁路总工会筹备处负责人和各地工人代表怎么也没有想到,曾经同意他们举行大会的京汉铁路局局长赵继贤和军阀吴佩孚,此时正对他们磨刀霍霍。

赵继贤见全国各地来了这么多工人代表,而且声势浩大,认为工人要借成立总工会的机会,图谋不轨或造铁路局的反。他更担心的是,京汉铁路总工会成立后,会危及他的地位。所以,他一面在总工会筹备处负责人面前表态,允许工人开会,并安排免票专车,一面又向吴佩孚打报告,说京汉铁路各工会这次到郑州成立总工会,荒谬绝伦,要求吴佩孚派兵阻止。

吴佩孚接到赵继贤的报告,当即决定派兵阻止。他还给驻郑州的师长靳云鹗发了一份急电,要求靳云鹗设法阻止京汉铁路总工会开成立大会。靳云鹗接到吴佩孚的电报,当即派军警对全城进行戒严。接着,他又派军警火速通知京汉铁路总工会筹备处,不准他们在郑州开成立大会,并迅速将已到郑州开会的人员疏散走。

林育南得到这一消息,马上找陈潭秋、李汉俊、施洋、李求实、杨德甫等人商量。大家都认为,各地代表已到,应力争将会议开下去。他们建议杨德甫马上带人到洛阳向吴佩孚解释,使他改变态度。随后,总工会筹备处根据陈潭秋、林育南等人的建议,召开紧急会议讨论应急措施。

根据紧急会议的决定,杨德甫、凌楚藩、李震瀛、史文彬等5人火速赶到洛阳,向吴佩孚解释这次大会的宗旨、意义,并一再向他说明,总工会成立大会没有任何不良企图,更不会影响郑州的社会治安。吴佩孚态度强硬,说京汉铁路总工会可以成立,但不能开成立大会。

5名工人代表见难以说服吴佩孚,很快回到郑州,向各地工会负责人汇报赴洛阳情况。大家一致认为总工会成立合理合法,吴佩孚这样做太无道理,决定成立大会照原计划如期进行。

2月1日早饭后,各地工会代表手执牌匾,到郑州第一旅馆集合,向总工会机关驻地进发。行进队伍由军乐队前导,各代表手持红旗,身佩徽章,甚为壮观。队伍走到大通路,突然被一队军警拦住去路。靳云鹗带着郑州市警察局局长黄殿辰走过来对工人代表们说:"奉吴巡阅使命令,不准你们送匾!"工人代表气愤地质问:"为什么不准去?难道路也不准我们走了?"靳云鹗、黄殿辰不答话,也不准工人代表前进一步。

工人代表们气愤至极,京汉铁路总工会法律顾问施洋带头向前猛冲,军警防线被冲垮。军警马上将冲出去的人包围起来,将工人代表手中的牌匾砸断,扔在路上。工人代表们怒不可遏,一齐拥向开会地点——普乐戏园,强行冲进被军警封禁的园门。

这时,赵继贤赶到会场,高声吼叫:"这里不准开会,不准演讲,不准鸣炮,限你们5分钟内自行解散离开。不然,武力解决。如有人反抗,一律军法从事!"

工人代表们针锋相对,高呼口号:"劳工万岁!""打倒军阀!""京汉铁路总工会万岁!""工人大团结万岁!"

军警越来越多,将普乐戏园围得水泄不通。工人们不愿离开,军警就用刺刀将工人往外赶。林育南见事态严重,走到杨德甫身边轻声说:"为减少不必要的牺牲,赶快宣布京汉铁路总工会成立,然后解散。"于是,杨德甫高声喊道:"现在我宣布,京汉铁路总工会正式成立!"顿时,会场欢声雷动。代表们举起拳头,一遍又一遍地高呼:"京汉铁路总工会万岁!"

下午,靳云鹗派兵占领京汉铁路总工会机关,并将总工会内新买的桌、椅等办公设施全部砸毁。出入总工会的工人代表,均遭拘捕。与此同时,郑州全城实行戒严,大街小巷站满荷枪实弹的军警。各旅馆、饭店、酒店门口也是军警林立。凡是入住工人代表的旅馆,都进驻军警,逼迫工人代表离开郑州,如不离开,第二天即行逮捕。

晚上,京汉铁路总工会筹备处召开各分会代表紧急会议。会议决定,为抗议军阀吴佩孚和铁路当局非法干预和破坏总工会成立大会,从4日上午起,京汉铁路全线总罢工,"为争自由作战,为争人权作战",反抗军阀的高压政策,并将总工会办公地点从郑州移至汉口江岸。会议还通过《京汉铁路总工会特别紧要启事》,要求交通部撤革京汉铁路局局长赵继贤等人,要求吴佩孚撤革查办黄殿辰,赔偿成立大会损失费6000元,退还扣留的牌匾及礼物。

散会后,湖北地区代表在陈潭秋、林育南、项英、施洋等率领下,乘上了南下的列车。在车上,陈潭秋、林育南、项英、施洋、许白昊等一起商量了回汉发动工人罢工的行动方案。

2日晚,京汉铁路总工会负责人及江岸分会代表抵达江岸,立即召开工人大会,报告郑州会议经过,揭露吴佩孚破坏工人运动的罪行,进行罢工动员。湖北18个工团决定联名致电京汉铁路总工会及其所属各分会,公开表明全力支援他们的正义斗争。

3日,京汉铁路总工会临时总办事处(旋称京汉铁路总工会江岸办事处)在江岸正式公办。总工会的罢工宣言、口号、传单贴满武汉三镇的工厂、码头、电线杆及各主要交通路口。湖北各工团代表同齐集江岸的京汉铁路总工会负责人一起,多次举行会议,进行大罢工的准备工作。

4日,京汉铁路总工会发表罢工宣言。上午9点,汉口江岸分会委员长林祥谦正式下达罢工命令,工人黄正兴使劲拉响汽笛。阵阵笛声,震动长江两岸,响彻武汉上空。工人们听到笛声,立即熄灭灯火,剪断电线,拆开水泵……京汉铁路全线瘫痪。罢工一开始,总工会即组织纠察团、调查队。纠察团为工人自己的武装组织,负责自卫工作;调查队负责搜集情报、探听消息。

同日,中国劳动组合书记部为京汉铁路大罢工通电全国。湖北全省工团联合会也于当日举行紧急会议,次日发表宣言,表明湖北全省各工团决心与京汉铁路工友一致行动,紧要时将以总同盟罢工向共同的敌人——军阀决斗。

为动员更多的群众支持、声援京汉路工人的罢工斗争,林育南等人连夜召集湖北全省工团联合会成员举行紧急会议,研究声援、支持京汉铁路工人罢工的四条具体措施:(一)以湖北全省工团联合会的名义发一宣言,敦促京汉路当局尽快解决问题;(二)联合各工团举行游行大示威;(三)联络全国劳动界总罢工;(四)2月6日在江岸召开武汉工人声援京汉铁路工人罢工斗争的群众大会。

京汉铁路大罢工一开始,帝国主义各国驻北京公使团即怂恿北京政府进行镇压。5日,吴佩孚急电湖北督军萧耀南,令其对罢工实行"武力制止"。此前,萧耀南已派汉黄镇守使署参谋长张厚生带兵驻扎江岸车站近旁,与警察勾结,密谋破坏罢工。接吴佩孚电令后,萧耀南又增派两营军队和大批警察,准备进行镇压。5日上午,张厚生派一名警官到江岸分会,要工会交出林祥谦等5名罢工领导人,遭到严词拒绝。中午,张厚生即令大批军警占领车站和机车厂,并抓走两名司机,强迫他们生火开车。同时,在大智门车站贴出告示,发售客票,妄图利用旅客急于回家过春节的心情,挑拨铁路工人和人民群众的关系,为镇压罢工制造借口。总工会立即组织宣传队赶到大智门车站,宣传工人罢工真相,揭露张厚生阴谋,同时派出2000多名纠察团员和工人冲破军警防线,将两名工友夺回。战斗中,3名纠察团员被捕,项英等45人深入虎穴,据理抗争,终使被捕团员获释归来。

6日上午,武汉各工团组成2000余人的慰问队伍,高举书写"支援京汉铁路工人兄弟"的大旗,奔赴江岸分会慰问罢工工人,举行有1万余人参加的慰问大会。林育南、施洋等各方数十名代表在会上发表演说,一致表示同京汉铁路全体工友团结奋斗,准备以总同盟罢工的直接行动与军阀决一死战。京汉铁路总工会秘书李震瀛致答谢词。他说:"我们此次大罢工,为我们全劳动阶级命运之一大关键,我们不是争工资争时间,我们是争自由争人权,我们是自由和中国人民利益的保卫者。工友们,要晓得我们京汉工人的责任如何重大,麻木不仁的社会,早就需要我们的赤血来渲染了!工友们,在打倒军阀的火线上,应该我们去作先锋!只有前进啊!勿退却!"会后,举行声势浩大的游行。游行队伍绕江岸车站一周后,进入租界示威,沿途数千群众自动加入。次日上午,武汉学生界、妇女界、新闻界的慰问队也到江岸慰问罢工工人。

就在 6 日上午罢工工人和前来慰问的工友举行盛大游行的时候,英国驻汉总领事劳灵费尔和美国领事正在英国领事馆与张厚生及买办资本家、商会会长周星堂等密谋,策划武力镇压罢工运动。7 日下午,一场惨绝人寰的血腥大屠杀开始了!

下午 2 时,一名警官到江岸分会,诡称萧耀南完全接受工人所提条件,请总工会派全权代表在会所等候,立即举行正式谈判,并要求开列谈判代表名单。5 时许,张厚生指挥两营兵力分三路包围分会会所,向工人发起突然袭击。

枪声首先在三道街头响起。一时间,三道街内,烟雾弥漫,血肉横飞。纠察团员王先瑞痛不欲生,站在弹雨中高声喊道:"工友们,他们打死我们这么多弟兄,我们都去死吧!"工人们听到喊声,奋不顾身去抢救倒在地上的伤员。就在这时,一军警举枪射击,王先瑞中弹倒地。

纠察团副团长曾玉良见这么多工友被枪杀,愤怒至极。他高举一面红旗,率领纠察团员用木棍、铁棒与军警搏斗。这时,一名军警正要开枪射击工人,曾玉良一箭步冲过去抱住这名军警,大声喊道:"你不要向手无寸铁的工人开枪,你不要打我们的工人兄弟……"旁边一名军官见状,拔出手枪向曾玉良射击,曾玉良当即牺牲,被抱的那名军警也被穿过身的子弹打死。

不到半小时,三路军警在总工会门前会合,总工会办公室被围得水泄不通。张厚生令号兵吹起冲锋号,指挥军警继续屠杀,又一批工人倒在血泊中。总工会门前尸横遍地,血流成河……

这一天,反动军警在这里枪杀工人 36 人,打伤工人 200 余人,逮捕林祥谦等数十人。江岸地区,血流漂杵;武汉三镇,笼罩在白色恐怖之中……

林祥谦被捕以后,被绑在车站电线杆上。张厚生威逼他下复工今,林祥谦严词拒绝。张厚生恼羞成怒,命刽子手举起屠刀。第一刀砍下,林祥谦厉声回答:"不上!"第二刀砍下,林样谦大声怒吼:"头可断,工不可上!"第三刀砍下,林祥谦切齿痛骂:"可怜一个好好的中国,就断送在你们这般混账王八蛋的军阀走狗手里!"一位铁骨铮铮的共产党员,就这样为革命献出了宝贵的生命!

当晚，萧耀南等又下令非法逮捕京汉铁路罢工领导人之一、被工人称为"劳工律师"的共产党员施洋。2月15日，施洋被杀害在武昌洪山脚下。面对敌人的枪口，施洋慷慨陈词："我不怕人，不怕事，不怕死，堂堂做人，反对强暴！你们杀了一个施洋，还有千万个施洋！我只希望中国的劳动者早点起来，把军阀官僚及其走狗一齐食肉寝皮！"施洋连中三弹，犹高呼"劳工万岁"，凛然正气，惊天地，泣鬼神！

就在江岸罢工工人惨遭屠杀的同一天，郑州、长辛店及其他各站罢工工人也遭到军警残酷镇压。据统计，这天京汉铁路工人共被惨杀40余人（加上后来被杀害的共52人），伤300余人，被捕60余人，被迫外逃或被开除者达1000余人。这就是震惊中外的"二七"惨案。这次京汉铁路大罢工也因此被称作二七大罢工。

"二七"惨案发生后，粤汉铁路徐家棚车站、汉阳钢铁厂、汉冶萍轮驳、汉口谌家矶扬子机器厂、汉口丹水池煤油栈等处工团工人，响应湖北全省工团联合会号召，相率罢工声援。中共中央发表《为吴佩孚惨杀京汉路工告工人阶级与国民》，号召全国人民和工人阶级团结起来，打倒压迫和残杀工人的军阀。全国各工团和其他群众团体掀起声势浩大的声讨军阀、援助罢工工人斗争浪潮，共产国际和赤色职工国际以及苏俄、日本、朝鲜的工人阶级也给予有力支持。各帝国主义国家则指使其在汉海军全数登陆，对武汉人民进行武力威吓。吴佩孚、萧耀南也进一步勾结帝国主义继续镇压工人，查封工会机关，取消工人学校，开除罢工工人，捕杀工运领袖。大罢工坚持到9日，为保存革命力量，京汉铁路总工会和湖北全省工团联合会劝告工人忍痛复工。中旬，林育南、项英等前往上海，组织京汉铁路总工会和湖北全省工团联合会驻沪办事处，揭露军阀镇压工人运动、残杀工人群众的真相。

二七大罢工将中国第一次工人运动高潮推向顶点，也随即转入低潮。血的教训告诉人们，单靠工人阶级赤手空拳、孤军奋战，不能战胜敌人，必须建立广泛的统一战线，用武装斗争才能完成中国革命的任务。因此，二七大罢工又成为工人运动向国民革命的转折点。作为二七大罢工中心的湖北，也因此成为中国新民主主义革命第一次重要转折的战略枢纽。

24年后，董必武来到武昌小洪山施洋烈士就义地祭奠当年的战友，题写了一首七绝：

二七工仇血史留，
吴萧遗臭万千秋。
律师应仗人间义，
身殉名存烈士俦。

（方　城）

"烟雨莽苍苍"：从中共五大到八七会议

茫茫九派流中国，

沉沉一线穿南北。

烟雨莽苍苍，

龟蛇锁大江。

黄鹤知何去？

剩有游人处。

把酒酹滔滔，

心潮逐浪高。

这首沉郁顿挫的《菩萨蛮·黄鹤楼》，是毛泽东 20 世纪 20 年代在武汉填写的。几十年后公开发表时，毛泽东曾如此追述这首词的写作背景："一九二七年，大革命失败的前夕，心情苍凉，一时不知如何是好。这是那年的春季。"

1926 年底，随着革命洪流从珠江流域推进到长江流域，国民政府从广州迁到武汉。1927 年春，中共中央机关从上海迁到武汉。武汉成为全国大革命的中心。正当汹涌澎湃的革命洪流日益高涨的时候，国民党新右派蒋介石在上海发动四一二反革命政变，大革命遭到局部失败。

在革命面临严重危机的紧急关头，中国共产党在共产国际指导下，在武汉举行第五次全国代表大会。这时，离四一二政变刚刚半个月。

中共五大是中共历史上的一次重要会议，是中国共产党探索中国革命道路艰难历程中的一个重要环节。中共五大通过的决议案，提出了指导中国革命的一些正确原则，为党的思想理论建设作出了积极贡献；大会初步提出了健全党的领导体制和组织系统的一系列措施，在党的组织建设上前进了一大步。大会上不少代表对总书记陈独秀的批评，拉开了纠正党内右倾错误、实现历史性转变的序幕。

但是，由于共产国际和陈独秀右倾错误的影响，大会没能提出挽救革命的具体措施。这时，党还没有独立自主地运用马克思列宁主义妥善解决中国革命一系列理论和实际问题的能力，只能对中国革命的基本问题初步提出一些正确思想。随着革命的发展，党不断总结历史经验，逐步认识中国革命规律，才领导中国人民经过艰苦卓绝的斗争，取得新民主主义革命的伟大胜利。

中共五大闭幕后，面对日益严重的革命形势，中共各级组织和广大党员继续进行艰难探索、积极应变。6月初，以张太雷为书记的中共湖北省委制定《关于对国民党及工运、农运之策略要点》，明确提出武装农民"上山"和争取地方武装等策略。7月4日，被紧急从湖南召回的毛泽东在中共中央政治局常委扩大会上，提出农民武装可以"上山"或加入同党有联系的军队中去，以保存革命力量的主张。此前，他就要来自湖南的基层干部，拿起武器，上山下湖，同反动派进行斗争。然而，这些奋斗也未能挽狂澜于既倒。7月15日，曾经在中共五大高叫"革命"的武汉国民政府主席汪精卫公开"分共"，叛变革命，大革命全面失败。这时，离中共五大闭幕才两个月零六天。

就在汪精卫公开"分共"的前三天，也就是7月12日，中共中央改组，由张国焘、李维汉、周恩来、李立三、张太雷组成中共中央政治局临时常务委员会，陈独秀离开中共中央最高领导岗位。从7月13日到26日，临时政治局常委会在汉口德林公寓连续召开会议，初步总结大革命失败的教训，讨论通过了挽救革命的三项重大决策：一、武装反抗国民党；二、独立领导农民进行土地革命；三、召开一次中央紧急会议。

8月3日，临时政治局常委会决定立即召开中央紧急会议，并确定紧急会议议题。这时，周恩来已经同贺龙、叶挺、朱德、刘伯承等率领党直接掌握和影响的军队2万余人，在南昌举行起义，打响了武装反抗国民党反动派的第一枪。这次起义标志着中国共产党独立领导革命战争、创建人民军队和武装夺取政权的开始,在全党和全国人民面前树立起一面革命武装斗争的旗帜。

8月7日,中共中央在汉口秘密召开紧急会议。这是一次在敌人眼皮底下召开的会议。这时,国民党反动派的大屠杀,已使原来生气蓬勃的中国南部陷入一片腥风血雨之中,年轻的中国共产党被迫转入地下,遭受到前所未有的严峻考验。

经过反复选择,会址定在汉口原俄租界三教街41号(现鄱阳街139号)二楼。这里是武汉国民政府农民问题顾问拉祖莫夫夫妇的住所。这幢楼房是英国人1920年修建的公寓,前后有楼梯,后门通小巷,屋顶凉台与邻居凉台相通,发生情况,便于撤离;一楼是印度人开的百货商店,周围居住的大多是富有的外国人,不大引人注意。因此,在这里开会比较安全。

会务工作交给了邓小平。邓小平原名邓希贤,此前在西北军政治部工作,1927年6月下旬来到武汉,担任中共中央秘书,改名邓小平。邓小平接受担任这次紧急会议会务工作的任务后,提前三天进入拉祖莫夫家,对会场和代表的食宿、安全、撤离等事宜作出周密安排。会议期间,他负责文件、机要、交通等工作。会后三天,邓小平才结束工作离开这里。这是邓小平第一次参与筹备和参加中央的重要会议。这一年,他23岁。

这次会议是一次特定历史条件下的特殊紧急会议,所以出席会议代表的身份呈现出明显的多样性。因为中共五大选出的中央委员、候补中央委员和中央监察委员、候补监察委员中,一部分人如周恩来、谭平山、张国焘、李立三、恽代英、彭湃、贺昌等已赴南昌发动起义,一部分人如彭述之、罗章龙、刘少奇、易礼容、夏曦等不在武汉无法参加会议。由于"时局紧张,交通异常不便","北方、上海、广东等地代表来不及召集",江西省委书记汪泽楷接到了通知,赶到武汉时会议已经结束。因此,地方代表只有湖北、湖南和上海3处。所以,八七会议的正式代表只有21名。其中中央委员10人,即李维汉、瞿秋白、张太雷、邓中夏、任弼时、苏兆征、顾顺章、罗亦农、陈乔年、蔡和森;候补中央委员3人,即李震瀛、陆沉、毛泽东;中央监察委员2人,即杨匏安、王荷波;青年团代表3人,即李子芬、杨善南、陆定一;湖南、湖北、军委代表各1人,即彭公达、郑超麟、王一飞。参加会议的还有共产国际代表罗米那兹及其助手牛曼和中共中央秘书邓小平。

　　会议参加者中青年团的三名代表都是团中央委员，却以正式代表身份参加党中央的重要会议。这在中国共产党的历次会议中极为少见。时任团中央宣传部长、建国后任中共中央宣传部长的陆定一1996年谈到这件事的时候曾感慨地说："那时能参加这样的会议，现在不行了！"

　　这次会议原定于7月28日举行，会期一再推迟，等到8月7日，"不得已只能尽在武汉的中央执监委员、青年团中央委员及湖北、湖南、上海的负责同志开会"。会后第四天，新的中央即发文，向全党说明这次会议不是正式的中央委员会全体会议。

　　8月7日，代表们分批到场，有的是按通知自己找来，有的由交通员带来；有的从前门进，有的从后门入。毛泽东来到会场的时候，看到会场是一间20多平方米的客厅，一张条桌算是主席台，罗米那兹、瞿秋白、李维汉坐在桌子旁边，代表们则围坐在一起。

　　会议在严肃紧张的气氛中开始。主持人李维汉在介绍召开这次会议的缘由和会议筹备情况以后，宣布会议有四项议程，只能开一天。

　　首先，由共产国际代表罗米那兹作主旨报告。这位30出头的共产国际代表，是7月23日才带着助手牛曼赶到武汉接替鲍罗廷的。虽然初来乍到，但他是共产国际的"钦差大臣"，是来指导中共召开紧急会议、决定新的革命方针的，因而是会议的中心人物。他的主旨报告总结了大革命失败的经验教训，不点名地批评了以陈独秀为首的中共中央的右倾错误，指出中国革命已进入土地革命时期，要求中国共产党独立领导中国革命，提出将土地革命和武装暴动结合起来。在报告中，罗米那兹肯定举行南昌起义是正确的。罗米纳兹作报告，瞿秋白当翻译，罗米那兹讲一段，瞿秋白翻译一段，用了整整一个上午。

　　罗米那兹作完报告，已到中午，李维汉宣布会议休息半小时。女主人拉祖莫娃为大家准备了俄式中餐——"大列巴"、罐头牛肉和茶水。接着，继续开会，讨论罗米那兹的报告。毛泽东第一个发言。他首先肯定罗米纳兹的报告"是很重要的"，接着以亲身经历严厉批评中央的右倾错误。

　　在说到国共合作的时候，毛泽东谈起了新姑娘上花轿。他说："当时大家的根本观念都以为国民党是人家的，不知他是一架空房子等人去住。其后像新姑娘上花轿一样勉强挪到此空房子去了，但始终无当此房子主人的决心。我认为这是一大错误。"

毛泽东在发言中特别强调农民土地问题的重要性。他说："农民要革命……我曾将我的意见在湖南作了一个报告，同时向中央也作了一个报告。此报告在湖南产生了影响，对中央则毫无影响，广大党内外的群众要革命，党的指导却不革命，实在有点反革命的嫌疑。"接着，他提出了一个解决农民土地问题的具体建议。这个建议符合湘、鄂、赣、粤一带的土地占有情况，可惜没有被共产国际代表采纳。在两个月前的中共五大上，毛泽东曾提交一份关于农民土地和农民斗争问题的议案，也没有被大会接受。

谈到军事问题，毛泽东说："从前我们骂孙中山做军事运动，我们则恰恰相反，不做军事运动专做民众运动。蒋、唐都是拿枪杆子起家的，我们独不管……秋收暴动非军事不可，此次会议应注意此问题。"新的中央要重视军事斗争，"以后要非常注意军事，须知政权是由枪杆子中取得的"。就是这段话，后来演化成一句经典名言——"枪杆子里面出政权"。

毛泽东的这个思想由来已久，早在马日事变以后，他就对从湖南来武汉向国民政府请愿的同志们说："回到原来的工作岗位，长沙站不住，城市站不住，就到农村去，下乡组织农民。要发动群众，恢复工作，山区的上山，滨湖的上船，拿起枪杆子进行斗争，武装保卫革命。"7月4日，他又在中央政治局扩大会议上明确提出：农民武装可以"上山"或加入同党有联系的军队中去，以保存革命力量；"上山可造成军事势力的基础"。

据会议记录记载，讨论罗米那兹的报告，先后有9人次发言，毛泽东在会上一共7次发言，是发言最多、思想最活跃的代表。

罗亦农在发言中公开批评共产国际，认为共产国际派来的代表不了解中国国情，不能正确指导中国革命，对中国大革命失败要负责任。蔡和森、邓中夏、任弼时等人在发言中，都表示接受共产国际代表的报告，都批评了中央的右倾错误，提出了纠正错误的建议，要求党内民主化，实行集体领导，并明确要求中央更换领导人。

讨论罗米那兹的报告以后，瞿秋白代表中央常委作报告。瞿秋白在严厉批评中央右倾错误、分析当前形势后说："要以我们的军队来发展土地革命"，领导各地农民举行暴动，在当前"我们的策略是独立的工农阶级斗争"，"在此时我们更要注意与资产阶级争夺领导权"，"我们目前最主要的敌人是汪精卫……打倒汪精卫……是我们的主要方针"，"我们要坚决地干！"

瞿秋白作完报告，代表们开始讨论《中国共产党告全党党员书》《最近农民斗争议决案》《最近工人斗争议决案》《最近组织问题议决案》。这四个文件包括了中国共产党实行革命总方针转变的具体内容，是全党工作实行战略性转移的纲领性文件，为中国革命指明了新的方向。经过讨论，代表们一致通过。

最后一项议程，是选举新的中央领导机构。会议经过讨论，选出瞿秋白、苏兆征、罗亦农、顾顺章、王荷波、李维汉、彭湃、任弼时、向忠发9人为政治局委员，邓中夏、周恩来、毛泽东、彭公达、张太雷、张国焘、李立三7人为候补委员。讨论中，李维汉、蔡和森、陆沉提议毛泽东为政治局委员，毛泽东推辞说，他要去基层工作。最后，他以12票当选为候补中央委员。8月9日，政治局召开第一次会议，瞿秋白、苏兆征、李维汉当选为政治局常委，瞿秋白成为继陈独秀之后的中共中央最高领导人。

这次紧急会议因为只开了一天，后来被称为八七会议。八七会议旗帜鲜明地清算了大革命后期以陈独秀为代表的右倾错误。会议认为以陈独秀为代表的右倾错误的主要表现：一是在同国民党的关系上，完全放弃共产党独立的政治立场，实行妥协退让政策；二是在革命武装问题上，不想武装工农，不想组织真正的革命军队；三是在民众运动问题上，不支持和领导农民革命运动，不能提出革命的行动政纲解决土地问题；四是在党的建设上，中央不受群众监督，党内缺乏民主生活。当然，大革命失败的责任不能只归于陈独秀个人，会上所作的批评也有不尽恰当的地方；但是，如果不像八七会议那样对过去有一个毫不含糊的批判，要使全党在精神上迅速振奋起来，在指导思想上实行根本转变，是不可能的。

八七会议确立了实行土地革命和武装起义的方针。关于土地革命，会议明确提出土地革命是中国资产阶级民主革命的中心问题，是中国革命新阶段的主要的社会经济内容，决定用"平民式"的革命手段来解决土地问题。这一决定，既反映了中国革命的根本要求，又适应了现实斗争的需要，回答了此时中国革命所面临的要害问题。关于武装起义,会议明确提出:党的现实最主要的任务是有系统、有计划地、尽可能地在广大区域内准备农民的总暴动。会议作出的武装反抗国民党反动派屠杀政策的决定,是党在付出惨重的牺牲之后得出的正确结论,是中国共产党人对中国革命认识的一个重大进步。

由于共产国际及其代表的"左"倾思想及党内"左"倾情绪的影响,八七会议在反对右倾错误时没有注意防止和纠正"左"的错误,对在革命处于低潮形势下党应当组织必要的退却缺乏认识,容许和助长了盲目发动工人罢工和组织城市暴动的倾向。同时,在组织上不适当地强调党的领导机关和党员的单纯工人成分的意义,在思想上认为反对封建制度的资产阶级民主革命必须实现于反对已成反革命的资产阶级的斗争之中,为后来"左"倾错误的发展提供了理论依据,给中国革命造成很大危害。八七会议没有通知陈独秀参加,只是指责犯错误的领导人,没有着重从思想上、理论上对所犯错误的教训进行认真总结,也是一个不容忽视的局限。

尽管如此,"在中国革命处于严重危机的情况下,八七会议的及时召开,并制定出继续进行革命斗争的正确方针,使全党没有为极其严重的白色恐怖而惊慌失措,重新鼓起同国民党反动派斗争的勇气,从而为挽救党和革命作出了巨大贡献。中国革命从此开始由大革命失败到土地革命战争兴起的历史性转变。"

八七会议以后,中国共产党人按照中共中央的部署和八七会议确定的方针,在黑暗中高举起革命的旗帜,以血与火的抗争回答国民党的屠杀政策。党派出许多干部分赴各地,恢复和整顿党的组织,组织武装起义。

会上,瞿秋白曾提议毛泽东随中央去上海工作。毛泽东说:"我要跟绿林交朋友。我定上山下湖,在山林之中跟绿林交朋友。"于是,他以中央特派员的身份回到湖南,领导湘赣边界秋收起义。9月9日,秋收起义爆发。随后,毛泽东率部走上井冈山,实行工农武装割据,开始井冈山革命根据地的创建。井冈山因此成为中国革命的摇篮。

湘赣边界秋收起义后两个月,黄麻特委领导的黄麻起义爆发。又过了一个月,张太雷、叶挺、叶剑英等领导的广州起义爆发。除这几次规模较大的起义外,党还先后领导了海陆丰、琼崖、鄂豫边、赣西南、赣东北、湘南、湘鄂西、闽西、陕西等地区的武装起义。

到 1928 年初,党先后发动近百次武装起义。这些起义,一部分很快失败了。它们的失败证明:在中国企图通过城市暴动或攻占大城市来夺取革命胜利,是行不通的。而一些坚持下来的起义军,大多活动在位于数省边界、距离国民党统治的中心城市较远的偏僻农村地区,这就为后来红军和革命根据地的发展,奠定了初步基础。

作为由大革命失败到土地革命战争兴起历史性转变的标志,八七会议以其在中共历史、中国革命史、中国现代史上的重要地位,以其对中共历史、中国革命史、中国现代史发展的深远影响,永载史册。作为八七会议会址所在地的湖北,也因此成为中国新民主主义革命第一次历史性转变的战略枢纽而名播中外。

(方 城)

"红旗卷起农奴戟":
跨越荆楚的革命根据地

1927 年 8 月 20 日，一名刚刚入党的大学生在通城发动农民暴动，拉开了鄂南秋收暴动、也是八七会议以后武装起义的序幕。也正是他，带领崇阳、通山的农民自卫军南下，参加了毛泽东领导的湘赣边界秋收起义。他便是共和国开国元帅罗荣桓。

罗荣桓率领的崇(阳)通(城)农民自卫军刚刚编入湘赣边界秋收起义队伍序列，中共鄂南特委委员黄赤光就率领 300 名农军在咸宁中伙铺车站打响了湘鄂赣秋收起义第一枪。不到三年，幕阜山上一片红，阳新龙港成为鄂东南革命根据地乃至湘鄂赣革命根据地的中心，大冶刘仁八成为以彭德怀为总指挥的红三军团的诞生地。

1929 年秋到 1930 年夏，李灿、何长工、彭德怀率领红五军各纵队先后进驻龙港，开辟鄂东南根据地。彭德怀率红五军进驻龙港以后，国民党军罗霖部龟缩进阳新城。红五军攻打阳新城，却终日未下。这时，郭汝栋从大冶赶来增援罗霖，彭德怀即令红五军主力撤围打援，转移到大冶、阳新边界，击溃郭汝栋部 5 个团并将其小部消灭，乘胜占领大冶，猛追至鄂城、黄石，威逼武昌，然后兵分三路，向长江以北和江西、鄂南挺进，相继占领阳新、鄂城、咸宁、崇阳等县十几个重要集镇和沿江口岸。

在红五军到鄂东南之前，这里已经爆发了大冶县刘仁八暴动，组建了红十二军。之后，又举行了后来受到中共中央和中央军委表扬的"模范的大冶兵暴"。1930 年 6 月中旬，红五军在刘仁八召开军委扩大会议，将红五军第一、二、三、四纵队合编为新的红五军,第五纵队扩编为红八军,两军组成红三军团,由彭德怀任总指挥和前委书记。此后,红三军团依托幕阜山游击转战,很快使鄂东南与湘鄂赣边、赣西北红色区域连成一体,湘鄂赣革命根据地实际形成。

1931年初,直属中共中央的鄂东特委迁到龙港。8月,鄂东特委改组为鄂东南特委,隶属湘鄂赣省委,先后管辖湖北、江西、湖南三省21县的600万人口。在此期间,鄂东南苏维埃政府、红军独立第三师、鄂东南工农兵银行、红军后方医院、彭杨学校等48大机关在龙港相继建立,龙港成为鄂东南革命根据地的政治、经济、军事、文化中心,被誉为"小莫斯科"。

今天的龙港,70多处革命旧址依然存在,彭德怀旧居、红五军司令部、鄂东南特委机关、鄂东南苏维埃政府、彭杨学校、红军后方医院等40多处革命旧址保存完好,其中36处1981年被湖北省人民政府列为全省重点文物保护单位,16处2001年被国务院列为全国重点文物保护单位。在这些革命旧址的墙壁上,保留着近百幅当年的标语和壁画。这些标语壁画多出自当年本地的知识分子和民间艺人之手,不少标语书法艺术造诣很高,许多壁画主题鲜明、形象生动、线条优美、色彩明快,具有浓郁的地方民间艺术特色,被专家誉为"苏区文化艺术宝库"。

在龙港成为鄂东南根据地中心前后,国民党军对湘鄂赣根据地发动五次大规模军事"围剿"。根据地红军和人民群众在第一、二、三次反"围剿"斗争中,奋力拼搏,取得胜利,根据地发展进入鼎盛时期,控制区域扩展到湘鄂赣三省边界29县。在鄂东南,阳新、大冶、通山、通城、崇阳、咸宁、蒲圻、鄂城等县建立了县级苏维埃政府,嘉鱼、武昌、黄梅、广济、蕲春、蕲水等县部分地区建立了区、乡革命政权,红色区域面积、人口均占全苏区的二分之一以上。第四次反"围剿"斗争虽然取得胜利,但红军付出了惨重代价。第五次反"围剿"斗争红军付出了更加惨重的代价,却没有取得胜利。从此,湘鄂赣根据地的斗争进入艰苦卓绝的三年游击战争时期。

就在大冶刘仁八暴动前20天,也就是1929年6月11日,28岁的徐向前从上海来到鄂东北。这位黄埔一期高才生参加广州起义以后,随部到达海陆丰,升任红四师师长。1929年3月,在秘密"交通"安排下,由九龙到达上海。这时,中共中央正对统一领导大别山区的革命斗争进行部署,准备选派一批干部到大别山担任党和红军的领导职务,徐向前便成为理想的人选之一。

1927年11月13日夜,黄麻地区近3万农民在起义指挥部领导下,手持大刀长矛,浩浩荡荡涌向黄安(今红安)县城。起义队伍经过激烈战斗,击溃守敌,占领县衙,建立工农革命军鄂东军,成立黄安县农民政府,将土地革命的旗帜第一次插上黄安城头。这是八七会议之后,中共湖北省委发动的最大一次农民起义。黄麻起义后,鄂东军转移黄陂木兰山,改编为工农革命军第七军,开展游击战争,随后又将部队改编为中国工农红军第十一军第三十一师,开辟了以柴山保为中心的鄂豫边革命根据地。1929年5月,在黄麻起义和鄂豫边根据地斗争影响下,中共商(城)罗(田)麻(城)特别区委发动商南起义,创建中国工农红军第十一军第三十二师,建立了豫东南革命根据地。

徐向前到达鄂豫边根据地以后,担任红三十一师副师长,先后参与指挥了粉碎国民党军发动的三次"会剿"。这就是7月国民党军对鄂豫边根据地的"罗(霖)李(克邦)会剿"、8月下旬国民党军对鄂豫边、豫东南根据地的"鄂豫会剿"和10月中旬的"徐(源泉)夏(斗寅)会剿"。

1929年11月,中共六安中心县委领导六霍起义,建立中国工农红军第十一军第三十三师。1930年1月,中共潜山县委领导请水寨起义,成立中国工农红军潜山师。此后,两支红军协同作战,创建了皖西革命根据地。

此后,鄂豫边、豫东南和皖西三块根据地逐步实行统一领导,形成鄂豫皖革命根据地。1930年3月,中共鄂豫皖边特委建立,随后部队改编为红一军,全军2100多人。徐向前任特委委员、红一军副军长兼一师师长。6月中旬,红一军军长许继慎率二、三师向皖西进攻,接连取胜,使皖西根据地进一步向南扩展。徐向前则率一师沿平汉路进攻,连战告捷。全军迅猛发展到5000余人。

1931年1月,就在国民党军出动10万兵力对鄂豫皖根据地发动第一次"围剿"的时候,红一军与红十五军合编为红四军,徐向前任军参谋长。徐向前参与指挥红一军、红十五军和地方武装及广大群众英勇反击,先后取得围攻磨角楼和新集的战斗胜利。新集战斗后,国民党军调集几个师的兵力从信阳、孝感南北两个方向推进,企图一举消灭鄂豫皖地区的红军。三十四师师长岳维峻立功心切,率部孤军深入,想要出奇制胜。但是他没有料到,红军早已在双桥镇设伏。三十四师被红军团团包围,毙俘5000余人,岳维峻被当场活捉。

这次战斗,是红军全歼国民党军一个师的空前大捷。战事过后,岳维峻接受红军审问。他万万没有想到,审讯自己的,竟然是他几年前的老部下徐向前。原来,徐向前从黄埔军校毕业后,在岳维峻的部队度过了一年时光。因痛恨军阀混战,不满旧军队腐败,他离开这个部队,在武汉参加了共产党领导的革命队伍。在审讯岳维峻时,徐向前道出自己这段经历,岳维峻面色羞愧,仰天长叹。

3月中旬,国民党军又调集10万兵力,对鄂豫皖根据地发动第二次"围剿"。根据地军民奋起反击,先后取得独山、浒湾、桃花等战斗胜利,歼敌5000余人,粉碎了这次"围剿"。5月,已被王明"左"倾教条主义占据统治地位的中共中央,派张国焘来鄂豫皖传达中央决定,撤销中共鄂豫皖边特委,成立中共中央鄂豫皖分局和鄂豫皖革命军事委员会。徐向前任十三师师长。7月中旬,任红四军军长。11月7日,中国工农红军第四方面军在黄安七里坪成立,总兵力近3万人,由徐向前任总指挥。

鄂豫皖红军的发展,引起国民党当局极大不安。蒋介石纠集15个师约20万兵力,准备发动第三次"围剿"。但是,由于"九一八"事变后民族矛盾和国民党内部各派矛盾加剧,"围剿"计划迟迟未能施行。鄂豫皖中央分局决定采取进攻策略,主动粉碎敌人的"围剿"部署。

就在红四方面军成立后的第三天,总指挥部以8个团的兵力,发起黄安战役。徐向前指挥红军首先肃清黄安外围敌人据点,然后紧缩包围圈,诱打援敌,最后发动总攻,全歼守敌,解放黄安。黄安战役历时43天,活捉敌师长蒋冠英,歼敌15000余人,其中生俘近万人。黄安战役结束后,徐向前又在1932年1月至6月先后指挥商(城)潢(川)战役、苏家埠战役、潢(川)光(山)战役,歼敌45000余人。至此,敌第三次"围剿"计划彻底破产。这时,红军总兵力达到45000余人,群众武装在20万以上,鄂豫皖根据地面积达到4万余平方公里,人口超过350万,成为仅次于中央革命根据地的全国第二大战略基地。

1932年5月,蒋介石亲任鄂豫皖三省"剿匪"总司令,调遣30余万兵力向鄂豫皖根据地发动第四次"围剿"。由于张国焘的错误领导,第四次反"围剿"失败。10月10日,鄂豫皖中央分局召开紧急会议,决定鄂豫皖省委率部分红军和地方武装坚持根据地斗争，中央分局和方面军总指挥部率红四方面军主力2万余人越过平汉路向西转移。

红四方面军主力撤离鄂豫皖根据地后，鄂豫皖省委毅然重建红二十五军，继续开展反"围剿"斗争。1932年10月，红二十五军打着"中国工农红军北上抗日第二先遣队"的旗帜长征，途中创建鄂豫陕革命根据地，随后到达陕北与红二十六军、二十七军会合，组建成红十五军团，继续创建陕甘根据地，为红军三大主力长征提供了落脚点。红二十五军长征后，重新建立的红二十八军又同人民群众一起进行艰苦卓绝的三年游击战争。全面抗战爆发后，红二十八军与战斗在鄂豫皖边区的游击队、便衣队改编为新四军第四支队，开赴皖中抗日前线。

2007年11月13日，黄麻起义80周年，新建的黄麻起义和鄂豫皖苏区革命历史纪念馆在红安县城正式开馆。纪念馆陈列以"大别雄风、将军摇篮"为主题，以黄麻起义和鄂豫皖苏区的革命斗争历史为主线，充分展示这段斗争"十年浴血苦斗，十年红旗不倒"的历史特点，着力体现这一地区共产党人和人民群众"朴诚勇毅、不胜不休"的革命精神，运用多种艺术表现形式，创造个性化陈展空间，突出重点亮点，以强烈的震撼力和感染力，给观众以崇高的审美感受，唤起了人们对这英雄的山、英雄的人、英雄的业绩、英雄的精神的历史认同。

1928年1月，就在工农革命军鄂东军从黄安城撤到木兰山改编为第七军的时候，由南昌起义总指挥贺龙和周逸群等组成的中共鄂西南特委来到洪湖，开始了湘鄂西革命根据地的创建。

贺龙一行从汉口乘小火轮溯江而上，在监利反咀与贺锦斋领导的游击队会合。不久，与洪湖地区的另两支革命武装合编为中国工农革命军第四十九路军，贺锦斋任师长，由贺龙统一指挥，在荆江两岸开展年关暴动。到2月中旬，工农革命军发展到1000余人，扩编为3个大队。

可就在这时，工农革命军攻打监利县城失利，鄂西南特委决定撤销鄂西南特委和四十九路军，贺龙、周逸群按中央原定计划，组建湘西北特委，带领贺锦斋等10余人前往湘鄂边组织起义，各路武装在洪湖和湘鄂边分片发展，日后在松滋、公安一带会师。

贺龙、周逸群一行离开洪湖后，经安乡、澧县、石门、慈利等县，于3月上旬到达贺龙、贺锦斋的家乡——桑植县洪家关。这时,正逢贺龙亲友旧部领导的各部武装发生冲突。贺龙在家乡有很高的威望,经他说服,这些武装大部分愿意改编,接受贺龙指挥。于是,一支3000人的工农革命军拉起来了,并在3月下旬发动起义,一举攻占县城,成立桑植县革命委员会。

然而不久,工农革命军遭国民党军重兵攻击,大部失败,周逸群也在战斗中与贺龙失掉联系。几个月后,部队向石门进击,又两战失利,折损参谋长黄鳌和师长贺锦斋两员大将。

正当部队几近弹尽粮绝之际,贺龙接到中共中央指示信。按照中央指示,部队转移到湖北省鹤峰县堰垭进行整编。整编后,工农革命军改称中国工农红军第四军,全军仅剩91人、72支枪。这时,贺龙的大姐贺英送来一批药品、弹药、棉花、布匹和银元,真可谓雪中送炭。

此后,红四军即在鄂西利川、建始、鹤峰一带游击。1929年1月中旬,攻占鹤峰县城,成立鹤峰县苏维埃政府,建立中共鹤峰县委,决定以鹤峰为中心,开辟湘鄂边根据地。

3月,红四军粉碎湘鄂两省7县团防4000余人的联合进攻,巩固了鹤峰红色区域。6月,攻克桑植县城,成立中共桑植县委、桑植县苏维埃政府。7月,取得南岔、赤溪河大捷,歼敌正规军3000余人,缴枪2000余支。至此,鹤峰、桑植两县红色区域基本连成一片,湘鄂边根据地初步形成。

周逸群与贺龙失掉联系以后,即返回洪湖担任鄂西特委书记,领导开展游击战争。3月,将洪湖地区的游击武装组编成鄂西游击大队。8月,鄂西游击大队扩编为鄂西游击总队。12月,鄂西游击总队扩编为中国工农红军独立军第一师。1930年2月,红独一师升编为中国工农红军第六军,下辖3个纵队7000余人。红六军通过一系列战斗,很快将江(陵)、石(首)、沔(阳)、监(利)、潜(江)边的割据区域大体连成一片。随后,又打破敌人包围,并跨江南下,向南扩大根据地。随着红六军连续的战斗胜利,荆江两岸各县苏维埃政权先后建立。4月中旬,以周逸群为主席的鄂西苏维埃联县政府成立,洪湖苏区建设进入新的阶段。

此前,中共中央和中央军委指示红四军东下与红六军会师,然后向长江下游发展。于是,从3月初开始,贺龙率红四军三次东下,历时三个多月,仍未得到红六军消息。直到 7 月 4 日,红四军才在公安县城南平与红六军胜利会师。7 日,两军前委召开联席会议,根据中央指示,将红四军更名红二军,红二、六军合编为红二军团,由贺龙任总指挥,周逸群任前委书记、政治委员。全军团共 10000 余人、枪 5000 余支。

红二军团成立以后,即北渡长江,充分利用统治阶级内部分裂、无暇他顾的有利时机,发展洪湖苏区的割据形势,将各分散的根据地连成一片。9 月 24 日,将鄂西特委和鄂西联县政府扩大为中共湘鄂西特委和湘鄂西苏维埃联县政府,由邓中夏任特委书记、红二军团前委书记和政治委员。周逸群回地方工作,代理湘鄂西特委书记,兼任湘鄂西联县政府主席。

红二军团的组建,湘鄂西特委和特区苏维埃政府的成立,标志着湘鄂西革命根据地正式形成。后来,这块根据地发展到东抵武汉市、南过洞庭湖、西越神农架、北至桐柏山,跨连湖北、湖南两省西部 60 余县近 10 万平方公里,以洪湖地区为中心,囊括洪湖、湘鄂边、巴兴归、襄枣宜、鄂西北、松枝宜、荆当远、洞庭特区等八块根据地的广大区域,与鄂豫皖、湘鄂赣革命根据地互为犄角,成为土地革命战争时期的重要根据地。

在这里,根据地军民创造了后来为毛泽东所称赞的河湖港汊游击战,也创造了当时为新西兰作家路易·艾黎所颂扬的洪湖精神。

1932 年夏,蒋介石在武汉组织"豫鄂皖三省剿匪司令部",部署对苏维埃区域的第四次"围剿"。由于"左"倾教条主义错误执行者、中共湘鄂西中央分局书记夏曦实行完全错误的政治路线和军事路线,导致湘鄂西苏区未能粉碎敌人"围剿",鄂西北、巴兴归和洪湖苏区丧失。10 月,由红二军团缩编的红三军被迫退出根据地,进行战略转移。之后,历时两个半月,历程七千余里,完成从鄂北向湘鄂边转移的艰巨任务,开展恢复湘鄂边苏区的斗争。

1933 年 12 月,鉴于湘鄂边苏区再次丧失,湘鄂西中央分局决定在湘鄂川黔边创建新苏区。随后,率红三军游击湘鄂川黔边,开辟黔东特区。1934 年 10 月,红三军与任弼时率领西征入黔的红六军团胜利会师,恢复红二军团称号,组成红二、六军团指挥部,开始创建湘鄂川黔革命根据地的斗争。在不到两个月的时间里,红二、六军团驰骋湘、鄂、川、黔 4 省,牵制大批国民党军队,打乱蒋介石的军事部署，有力配合中央红军长征，开创了以鄂川边、黔东为两翼，以永（顺）、大（庸）、龙（山）、桑（植）为中心的湘鄂川黔革命根据地，并使之成为土地革命战争后期南方苏维埃运动的重要区域。

1935 年 11 月，红二、六军团在策应中央红军长征的任务完成以后，开始长征。1936 年 3 月，按照红军总部指示，贺龙、任弼时率红二、六军团北渡金沙江，向陕北进军。1936 年 6 月，红二、六军团与红三十二军在四川甘孜合编为红二方面军。红二方面军历时近一年，行程 2 万余里，转战 8 个省，于 1936 年 10 月，在甘肃的将台堡与红一方面军会师，最终取得了长征的伟大胜利。

红二方面军与红一方面军会师不久，毛泽东在一间窑洞里会见二、四方面军部分领导人。谈到红二、六军团长征时，毛泽东望着贺龙、任弼时说："你们二、六军团在乌蒙山里打转转，不要说敌人，连我们也被你们转昏了头，硬是让你们转出来了嘛！出贵州，过乌江，我们是付出了大代价的喔！二、六军团却讨了巧，就没有吃亏。你们一万人，走过来还是一万人，没有蚀本，是个了不起的奇迹，是个大经验，要总结，要大家学习。"

就这样，在土地革命战争时期，先后有鄂豫皖、湘鄂西、湘鄂赣、鄂豫陕、湘鄂川黔五块根据地跨越湖北，红三军团、红二军团、红四方面军、红二十五军、红二十八军五支红军主力诞生在湖北。湖北即以在同一时期创建根据地和红军最多的实绩，成为土地革命战争的重点区域。那时的荆楚大地，可真是"红旗卷起农奴戟，黑手高悬霸主鞭"，"收拾金瓯一片，分田分地真忙"。

（方　城）

雄踞江汉　砥柱中流：从中共中央
长江局到鄂豫边抗日民主根据地

　　1937 年 12 月 21 日，武汉。在一间宽敞的会客室里，中国国民党总裁、国民政府军事委员会委员长蒋介石会见三天前从延安来到这里的中共代表周恩来、王明和博古。当周恩来就成立两党委员会、制定共同纲领、出版《新华日报》、成立国防军事工业部和征兵委员会、补充扩大和改造部队、协助政府将国防参议会扩大为民意机构等问题提出具体建议以后，蒋介石立即给予答复。当晚，周恩来、王明、博古联名致电张闻天、毛泽东，如此报告会谈情况："蒋当答复，所谈极好，照此做去，前途定见好转。彼所想的亦不过如此。对我们所谈完全同意。彼也认为外敌不足虑，他愈前进困难愈多，（我）军事虽失利，并不足虑，只有内部团结，胜利定有把握。"

　　全国抗日战争爆发以后，"中华民族到了最危险的时候"，历史又一次把武汉推上中国革命中心的地位。12 月 13 日，南京失守。在此前后，国民党政府机关大部分迁移武汉，中共中央在派出周恩来等人组成代表团进驻武汉的同时，在武汉设立中共中央长江局，武汉成为全国抗日运动的中心。

　　这时，中共已同国民党实行第二次合作。中共中央代表团的任务是负责同国民党最高当局联系和谈判。中共中央长江局的任务是领导南方各省党的工作。不久，两个机构合并。在这两个机构成立之前，中共领导的八路军武汉办事处已设在位于汉口长春街 67 号的一栋四层楼房。这栋楼房的第三层，就成了中共代表团和长江局的机关所在地。

　　在这里，他们缔造了第二次国共合作的"蜜月"。12 月 21 日周恩来等人同蒋介石的会谈,拉开了国共两党武汉谈判的帷幕。此后,两党就制定共同纲领、两党合作的具体组织形式、改革政府机构、两党在军事上的合作等重大问题进行谈判,巩固和加强了作为抗日民族统一战线主体的国共合作,推动国民党走向全面抗战。同时,开展对国民党地方实力派的工作,加强对港澳同胞、海外华侨的工作和国际统一战线的工作。正是这些工作所巩固和发展的抗日民族统一战线,把整个中华民族凝聚成一只铁拳。

在这里,他们恢复和发展了中国南部的共产党组织。由于土地革命战争时期国民党反动派的反复"围剿"和血腥屠杀,到抗日战争全面爆发时,中国南部各省的共产党组织只在几小块根据地、游击区的红军中存在,在广大国民党统治区已丧失殆尽。通过长江局及所属党组织的努力,到1938年9月,长江局所辖13省的党员人数,不包括新四军中的党员,已达67780人,占全国党员总数的27%以上。野火烧焦的荒原,又长出一片茁壮的春草。

在这里,他们组建起中国共产党直接领导的又一支劲旅——新四军。1937年12月,新四军军部在汉口太和街26号挂牌办公。此后,则以江南的红军游击队组成新四军第一、二、三支队在皖南集中,以江北的红军游击队组成新四军第四支队就地集中后开往安徽,东进抗日。这支在深山密林被困了三年的部队,一到敌后就拖住了日军三个师团的兵力。截至1938年10月20日,新四军各部队共取得134次战斗的胜利,主力部队发展到25000人。

在这里,他们掀起了抗日救亡运动的洪波大澜。长江局把救亡团体、救亡报刊、救亡活动三者统一起来,组织成一个救亡运动的整体。于是,中华民族解放先锋队、青年救国团、中国工人抗敌总筹备会等数以百计的全国性、地方性抗日团体聚集在中国共产党周围,以中共中央机关报刊《新华日报》、《群众》为先锋,包括《抗到底》、《救中国》、《全民抗战》等在内的30余种报刊投入抗日救亡的洪流,扩大抗战宣传周、纪念七七抗战一周年、献金运动等声势浩大的救亡活动席卷江城。居于抗战中心的武汉抗日救亡运动向八方辐射,把全国的抗日救亡运动推向高潮。

作为中共代表团首席代表和长江局副书记的周恩来,在这两个机构中起着实际上的核心作用。这位第一次国共合作时期的黄埔军校政治部主任,此时还担任国民党军事委员会政治部副主任,佩国民革命军中将军衔。

周恩来在这一时期工作中所表现出来的饱满的热情、顽强的意志和惊人的毅力,给他麾下的政治部第三厅厅长、大文豪郭沫若留下了这样的印象:他"思考事物的周密有如水银泻地,处理问题的敏捷有如电火行空,而他一切都以献身的精神应付,就如像永不疲劳。他可以几天日夜不眠不休,你看他似乎疲劳了,然而一与工作接触,他全部心神便扣上发条一样,有条有理发挥着规律性的紧张,发出和谐而有力的节奏"。

1838年10月24日,武汉沦陷的前一天。周恩来在口授汉口版《新华日报》最后一篇社论《告别武汉父老乡亲》和监制黄鹤楼上的日文标语"武汉是日本帝国主义的坟墓"之后,最后一个撤离武汉。

作为中国共产党从根据地走向全国的第一座里程碑,中共中央代表团和长江局在武汉建立了卓越的历史功勋。他们不但在这里缔造了第二次国共合作的"蜜月",恢复和发展了中国南部的共产党组织,组建起中国共产党直接领导的又一支劲旅——新四军,掀起了抗日救亡运动的洪波大澜,而且在这里建立起抗日游击战争的战略支点,为新四军第五师和鄂豫边抗日民主根据地的创建奠定了重要基础。

新四军第五师和鄂豫边抗日民主根据地孤悬敌后,其战略任务是从战役和战斗上协同正面战场的国民党军队作战。到1943年6月,新四军第五师和鄂豫边根据地就抗击了日军在华中地区14个半师团中的3个半师团,分别占侵华日军总兵力的10%,占全国解放区战场抗击日军总数的17%,占武汉地区日军总兵力的48%,真正成为中原抗战的中流砥柱。而新四军第五师和鄂豫边根据地起家的"本钱",只有1939年1月李先念从河南省确山县竹沟镇带回湖北的160人。

竹沟是桐柏山区数县交界处的一个小镇,是延安通向华中的交通枢纽,是中共豫鄂边区委员会所在地。李先念是区党委军事委员会副主任兼军事部长。他带的160人,对内称新四军鄂豫独立游击大队,对外称新四军豫鄂独立游击支队。他们的任务,是贯彻中共六届六中全会精神,挺进武汉外围,开辟中原敌后战场,创建和发展抗日武装,恢复当年红军创造的根据地。

1939 年 5 月,独立游击大队抵达小悟山,与湖北省抗日游击大队会合,转进平汉路西安陆县赵家棚,随后应山抗敌自卫团应命而来,三支部队合编为新四军挺进团。

6 月,豫鄂边区党委组织部长陈少敏率信阳挺进队两个中队和竹沟留守处干部共 200 余人从四望山来到鄂中,也编入挺进团。陈少敏是一位干练的中年女将,新四军指战员们都叫她"陈大姐"。因为她年轻时没有缠足,老百姓也叫她"陈大脚"。

不久,李先念和陈少敏率挺进团一部到达京山大山头,与鄂中区党委领导的应城抗日游击队会合。随后,鄂中区党委在京山养马畈召开扩大会议,调整区党委,陈少敏代理书记,李先念任军事部长。会后,将鄂中、豫南地区党领导的抗日武装整编为新四军豫鄂独立游击支队(后改称新四军豫鄂挺进支队),李先念任司令员,陈少敏兼政委。

11 月,豫鄂边区党委书记朱理治和李先念、陈少敏等在四望山召集鄂中、鄂东、豫南党组织负责人会议,根据中共中央中原局指示,决定撤销鄂豫皖、鄂中、鄂豫边三个区党委,组建新的豫鄂边区党委,三个地区党领导的抗日武装统一整编为新四军豫鄂挺进纵队。

12 月初,新的豫鄂边区党委在京山八字门成立。书记郑位三因故没有到职,由副书记陈少敏代理。李先念仍为军事部长。从此,豫鄂边区的党组织和人民抗日武装的领导中心由豫南转到鄂中敌后,在应城、云梦、汉川三县抗日民主政权的基础上,逐渐在安陆、京山、天门、孝感、汉阳、随县、钟祥、信阳、罗山、礼山、黄安、黄陂等县建立抗日民主政权,形成了以鄂中为中心的鄂豫边抗日民主根据地。

新四军豫鄂挺进纵队的组建是在 1940 年元旦以后。1 月 3 日,挺进纵队在京山八字门正式成立,李先念任司令员,朱理治任政委。

5 月,日军发动枣宜战役,占领襄樊、宜昌。枣宜战役期间,为牵制日军西进,配合正面战场作战,李先念指挥挺进纵队各部,在地方武装和抗日民众的配合下,于黄陂、随县、孝感、安陆、应山、应城、京山、礼山等县袭击敌伪据点 20 余处,破坏公路 100 余里,并主动驰援被日军包围的国民党军。随后,挺进纵队插入襄西敌后,实施战略展开,巩固鄂中基本区,扩大游击区。

6月,挺进纵队进入位于随县、安陆、京山、应山边界的白兆山地区,攻克京山北部重镇坪坝,开辟白兆山根据地。随后,连续三次粉碎日军优势兵力进攻,使白兆山与京山大山头等根据地联成一体,对环绕坪坝的日军第三师团各据点构成直接威胁。

1941年1月,国民党顽固派制造震惊中外的皖南事变,第二次反共高潮达到顶点。面对气势汹汹压向鄂豫边区的国民党顽军,挺进纵队仍以三个主力团队挺进豫南,反击向国民党军进攻的日军,配合友军保卫中原,并乘胜收复信(阳)罗(山)边抗日根据地。同时,以两个团队在荆门、当阳机动作战,粉碎了日伪军对襄西根据地的"扫荡"。此后,又被迫向侵驻大悟山的国民党顽军发起反击,恢复了作为鄂豫边区路东敌后抗日军事根据地的大、小悟山地区。

大、小悟山地区位于大别山脉西部,南瞰武汉,北控中原,东指吴越,西扼平汉铁路,雄视江汉平原,且与桐柏山、武当山相连,历来为兵家必争之地。恢复大悟山根据地以后,挺进纵队各团队又与地方武装一道,分别在鄂中、豫南、襄西、鄂南反击进犯的顽军。到3月底,基本粉碎第二次反共高潮,巩固和发展了抗日民主根据地。

皖南事变以后,蒋介石无理取消新四军番号,中共中央革命军事委员会发布重建新四军命令,以陈毅代理军长,刘少奇任政治委员。重建的新四军扩编为7个师、1个独立派,豫鄂挺进纵队整编为第五师,李先念任第五师师长暂兼政治委员。

4月初,新四军第五师组建完毕,师部下辖第十三、十四、十五旅,第一、二游击纵队,以及保安司令部、随营学校、特务团、区党委警卫团,还有鄂南独立团、鄂北支队、信应独立团。全师总兵力15600余人。

4月5日,李先念等全体将领在鄂中白兆山通电就职。同日,第十三、十四、十五旅分别在鄂中白兆山、鄂东陂安南和襄西当阳境内举行建军誓师大会。

设在现大悟县芳畈镇白果树湾的新四军第五师司令部旧址至今保存完好。旧址共5间,面积约300平方米,砖木结构。旧址内当年李先念等师首长的办公室和卧室已恢复原状,还布置了新四军第五师革命斗争史陈列展览。1996年,被国务院公布为第四批全国重点文物保护单位。

新四军第五师成立后的两年多时间里，是中国敌后人民抗日战争最困难的时期。五师建军伊始，就面临粉碎日伪军残酷"扫荡"、"蚕食"，击退顽军反复进攻，坚持和保卫抗日阵地的重大历史使命。

面对日伪军残酷的"扫荡"，五师指战员展开了英勇的反"扫荡"斗争。在边区，到处都可以听到慷慨激昂的《反"扫荡"》歌声：

> 反"扫荡"！反"扫荡"！
> 深入敌后百场血战！
> 英勇牺牲的革命战士，
> 壮烈殉国的指挥官长。
> 他们的鲜血，
> 喷洒敌人的胸膛；
> 他们的战绩，
> 发扬了民族的荣光！
> 粉碎了敌人的分进合围，
> 夺取敌人的精锐武装，
> 造成我们空前的胜利，
> 打击了敌军汉奸无耻的阴谋。
> 同志们，
> 我们要踏着先烈们的血迹前进！
> 反"扫荡"！反"扫荡"！

12月，太平洋战争爆发，中央军委指示新四军第五师调整部署，积极捕捉战机，展开以战略包围为目的的对日攻势作战。新四军第五师发起侏儒山战役。

侏儒山位于武汉西大门，由伪定国军第一师驻守。战役从12月7日开始，到次年2月4日结束，历时两个月，作战14次，五师部队歼灭伪一师5000人，击溃前来增援的伪二师 1000 人,打退日军数次增援,毙伤日军 200 余人,解放了位于长江、汉水之间的大片国土,建立了(汉)川汉(阳)沔(阳)抗日游击根据地。

侏儒山战役不仅有力地支援了国民党正在进行的保卫长沙的战斗,而且造成了从西线包围武汉日军的态势,为鄂豫边抗日根据地进一步向以洪湖老苏区为中心的襄南发展创造了前进基地。

随着新四军第五师在侏儒山等一系列战役战斗中发展壮大,随着鄂豫边抗日民主根据地的战略作用日益显著,中央军委根据华中局建议,决定将鄂豫边区和五师作为独立的战略区域和战略单位,由中央直辖。从此,鄂豫边区党委和新四军第五师就在中共中央和中央军委的直接指挥下,肩负起中原地区独立作战的战略任务,继续坚持武汉外围敌后的抗日游击战争。

此后,新四军第五师各部纷纷向敌后出击,十三旅控制鄂中,十五旅驰骋襄河两岸,江南挺进支队开辟洞庭湖根据地。到 1943 年 10 月,鄂豫边抗日民主根据地从整体上完成了对武汉之敌的战略包围。

由于鄂豫边区的不断发展和战略地位的日益提高,中央军委于 1944 年 10 月决定将新四军第五师活动地区划为鄂豫皖湘赣军区。鄂豫边区党委随之改为鄂豫皖湘赣边区党委,鄂豫边区行署也改称鄂豫皖湘赣边区行署。

至此,新四军第五师创立了以湖北为主体、地跨五省的鄂豫皖湘赣解放区,抗击着这一地区 65% 的日军和全部伪军,使这一地区成为中国共产党领导的中原敌后抗日的主要战场和向南实施战略进军的前进基地。

下面一组数据,就是孤悬敌后的鄂豫边抗日民主根据地人民和新四军第五师,从 1939 年 1 月豫鄂独立游击大队南下到 1945 年 8 月日本投降所创造的主要战绩:

——对日伪主要战斗 1260 次,抗击了 15 万日军和 8 万伪军,毙伤俘日伪军和争取日伪军反正 43770 余名;

——创建了东起皖西岳(西)潜(山)和赣北彭(泽)瑞(昌)、西到鄂西宜(昌)远(安)、北自豫中舞(阳)叶(县)、南达鄂南通城和湘北南(县)岳(阳),跨连五省的鄂豫皖湘赣解放区,解放了 9 万平方公里国土和 1300 万人口,建立了 7 个专区、38 个县的抗日民主政权;

——主力部队发展到 5 万余人,民兵 30 余万人。

为创造这些战绩,13274 名新四军五师指战员献出了年轻的生命!

鄂豫边抗日民主根据地人民和新四军第五师就是以如此辉煌的战绩、如此沉重的代价,从战略上配合了华北、华东解放区战场,支持了国民党抗日军队在中原的正面战场,为中华民族的解放大业作出了不可磨灭的历史贡献。

（方　城）

"天翻地覆慨而慷":
从中原突围到千里跃进大别山

1946 年 6 月下旬,当中原军区 6 万大军从宣化店地区突出国民党 30 万重兵重围的时候,很少有人知道他们拉开的是全国解放战争的序幕。

在 1945 年 8 月日本投降的时候,中国的军事版图呈现出这样的格局:被日军占领的华北、华东的大部分城市和交通要道处于共产党领导的抗日民主根据地即解放区的包围之中,国民党的 440 万精锐部队有一半以上驻在远离前线的西南、西北大后方。

这时,蒋介石一面下令不准八路军、新四军接受日军投降,一面请美国用飞机、军舰帮助他将后方的军队抢运前线,一面调兵遣将围困共产党领导的解放区。在地处中原前哨的鄂豫皖湘赣解放区周围,蒋介石就部署了 20 多个师、9 个游击纵队的兵力!

然而此时,鄂豫皖湘赣解放区的总兵力只有 6 万多人。这就是李先念率领的新四军第五师、王震率领的八路军三五九旅、王树声率领的八路军嵩岳军区部队及冀鲁豫军区第八团。11 月上旬,这些部队整编成中原军区,由李先念任司令员,郑位三任政治委员,王树声任副司令员,王震任副司令员兼参谋长,王首道任副政治委员兼政治部主任。

面对国民党军的疯狂进攻,中原军区部队展开了英勇的自卫反击。1946 年 1 月,国共双方经过再度谈判,达成停战协议。中原军区为顾全大局,争取国内和平,将正在行进中的数万主力部队集结于鄂豫两省的罗(山)、礼(山)、经(扶)光(山)地区驻防待命。中原局和中原军区机关就设在湖北省礼山县的宣化店。

礼山县后来改称大悟县。

中原军区部队恪守停战协定的部署,却被蒋介石看做他清除心腹大患的良机。他公然违反停战协定,密令郑州绥靖公署主任刘峙指挥五、六两绥靖区兵力,围困中原军区部队,伺机歼灭。刘峙迅速集中11个军26个师30余万兵力,对中原军区部队蚕食压迫,层层包围,并在宣化店地区周围构筑6000多座碉堡,封锁中原军区的粮食、医药供给,陷中原军民于严重的危机之中。

正是青黄不接的季节,被围困的中原军区部队吃尽了草根树皮,只能用清水煮野草充饥。就在这时,毛泽东接见了从中原到延安汇报的任质斌一行。毛泽东说:"你们在那里艰苦奋斗,牵制国民党军队30多万,掩护各解放区工作的展开,将来各解放区打胜仗,是有你们的功劳的。现在你们拖住国民党30万大军,将来在国民党军围歼你们突围时,部队被打得一个没有,只要各解放区打胜仗,对你们来讲,也是一个伟大的胜利。"

正当中原军民最困难的时候,中共中央代表董必武来到宣化店。董必武此行,一是代表中共中央慰问中原军区军民,二是传达中央指示,解释停止冲突问题,三是与有关机关商谈解决中原军民的粮食恐慌问题。此前,他已先后在重庆和武汉与有关方面协商解决中原军民的粮食供应问题,争取了一批救济物资。这次,他又带来了华北、华东解放区军民捐赠的3亿元法币和一批药品。

董必武从一个部队走到另一个部队,看了机关又看学校。他对中原军区的指战员们说:"你们在抗战和几个月的反内战中,为国家、为民族、为人民出了很大的力量。然而,今天不仅未能得到褒奖,反而被反动派封锁着、围困着,受苦挨饿,我怎能不来看一看呢?""我来,虽然不能完全解除你们的困难,但我相信经过八年艰苦磨炼的同志们是可以克服这些困难的。"

这位德高望重的建党元老的亲临慰问,使中原军区军民深受鼓舞。中原局机关报《七七日报》发表了一篇由社长夏农苔用长诗写成的社论:

祝福你,董老!
犹如一阵温暖的春风拂去了我们的愁容,
又好比冬天的太阳使我们忘却了寒冬。

……

是你啊，董老！

是你带来了亲切的慰问，

带来了革命的热爱，

是你的亲临使我们欢笑在危难中。

我们欢迎而又感谢，

感谢你不辞劳苦来解救我们的苦痛，

感谢你无时无刻不在关怀我们……

董必武离开中原军区两个月后，中共中央军委副主席周恩来又来到宣化店。周恩来这时是国共谈判军事三人小组的中共代表。几天前，他得到包围中原军区的国民党军队将采取行动的情报，建议国民党和美国的代表同他一起前往宣化店监督停战。

到了宣化店，安排好美蒋代表，周恩来就来到设在镇南街的中原军区司令部。听过李先念等人的汇报，他说，中原6万兵力，牵制了30万国民党军队，使其不能贸然北上，战略上于全军有利。

周恩来分析了当前的形势。他说："蒋介石对人民军队是能消灭则消灭之，不能消灭则创造条件消灭之。我们的方针是：避免挑衅，推延战争，积极准备反击。"

周恩来最后说道，内战没有什么了不起，30万军队包围你们也没什么了不起。中央相信你们，相信你们有能力粉碎敌人的进攻。

军事调处会议在竹竿河西岸的湖北会馆进行。这是一幢面积2000平方米的清代建筑，此时已改成接待三方代表、工作人员及新闻记者的国际招待所。

周恩来一面同国民党代表谈判，争取中原军区部队合法转移，一面指示中原军区作好突围准备。晚上，他又来到中原军区司令部，与李先念一起研究突围方案。

回到汉口，周恩来据理力争，军事三人小组签订了一份停止中原战争的《汉口协定》。这份协定虽未从根本上扭转局势，却使内战爆发的时间推迟了一个多月。

6月23日,蒋介石密令刘峙7月1日发起总攻,48小时内一举围歼李先念部。同日,李先念电告中共中央,建议月底开始实施突围计划。

中共中央当即回电,毛泽东亲拟电文:"同意立即突围,愈快愈好,不要有任何顾虑,生存第一,胜利第一。"

6月26日,中原军区主力被迫分途武装突围。这次武装行动后来被称为"中原突围"。

中原突围战役拉开了全国解放战争的序幕。作为中原突围的起点,宣化店从此载入史册。

时隔一年以后,当刘邓大军挺进大别山的时候,也很少有人知道全国解放战争乃至20年人民革命战争已经开始实现从战略防御向战略进攻的转变。

在中原突围后一年时间内,人民解放战争处于战略防御阶段。中原军区突出重围的部队分别进入鄂豫陕、鄂西北地区创建游击根据地,留在鄂豫边的部队则去鄂东、鄂中地区坚持游击战争,完成了从外线配合华北、华东解放区内线作战的战略任务。

1947年夏天,解放战争的局势发生了根本性的变化:国民党军在其全面进攻被粉碎后转入重点进攻,总兵力由430万减少到370万;人民解放军则在陕北、山东战场使敌之重点进攻接连受挫,并在晋冀鲁豫、晋察冀、东北等战场展开局部反攻,总兵力由127万增加到195万。

这时,正带着一支小部队在陕北大山中与敌周旋的毛泽东作出决策:不待敌之重点进攻被粉碎,不待我之总兵力超过敌人,立即组织人民解放军主力转入战略进攻。

于是,刘伯承、邓小平奉命率晋冀鲁豫野战军主力12万人于6月30日在鲁西南强渡黄河,发起鲁西南战役,揭开了人民解放军战略进攻的序幕。接着以28天的连续作战,歼灭敌军4个整编师师部、9个半旅6万余人,随后又以锐不可当之势粉碎敌数十万大军的前堵后追,于8月27日进入大别山区,完成了千里跃进的任务。

8月下旬,陈赓、谢富治奉命率晋冀鲁豫野战军一部8万人在晋西、豫北地区强渡黄河,挺进豫陕鄂边地区实施战略展开,创建根据地,协同刘邓大军作战。

9月下旬,陈毅、粟裕奉命率华东野战军主力11万人横跨陇海铁路,南下豫皖苏边地区,实施战略展开,协同刘邓、陈谢两军经略中原。

从此,刘邓、陈粟、陈谢三路大军以"品"字形阵势展开于江淮河汉之间,互为犄角,配合作战,把国民党军进攻解放区的重要后方变成了人民解放军逐鹿中原的主要战场。

刘邓大军进入大别山地区以后,即迅速实施战略展开,致力于重建大别山革命根据地的斗争。

刘邓大军在实施战略展开的过程中,于11月下旬在湖北省蕲春县高山铺地区组织了一次战役。这次战役一举歼敌1.26万人,成为刘邓大军进入大别山后的第一次重大胜利。

后来,刘伯承在他那篇著名的回忆录《千里跃进大别山》中,生动地记述了高山铺战役的情况。《千里跃进大别山》是一篇回顾人民解放军从战略防御转向战略进攻全过程的经典之作,全文1.4万字,记述高山铺战役就用了800字,可见这次战役在作者心中的分量:

> 与此同时,我出击鄂东的主力部队,以疾风扫落叶之势,扫荡沿途分散孤立之敌守备部队和地方反动武装,连克长江北岸的团风、浠水、广济、英山、武穴等城镇。三纵队于张家店战斗后,也进至长江以北的望江地区。至此,我军已控制长江北岸达三百余里,威震大江南北。蹲在庐山的蒋介石在江北隆隆的炮声的震动下,日夜恐慌不安,生怕我军渡江南进,慌忙调兵追截。但是,他所派到大别山的部队,已被我分别钳制在大别山北部和皖南,由黄安、麻城地区赶来跟在我军背后盯梢的,只有战斗力较弱的敌四十师和五十二师的八十二旅。蒋介石便急令这股敌军兼程前进追截我军。敌人孤军来追,正是我们求之不得的良机。我们觉察这股敌人将从浠水向东南前进,如果把她诱进地形险要便于设伏的高山铺,杀他一个"回马枪",是有可能在运动中全歼的。为此,便决心把分遣在长江北岸的部队立即作向心集结,准备打

歼灭战。以攻克武穴的第一纵队回师高山铺设伏；以攻克团风的第六纵队闪到敌人左侧，在团风东北、关口以西地区待命，俟敌人进入我伏击圈时，从后面杀他一刀；以第二纵队主力在黄梅地区作保障。同时，调第三纵队主力西进，准备扩大战果。部署既定，我们便派出一支小部队，化装成地方游击队，前去和敌先头部队接触，边走边打，诱骗敌人。敌人以为有便宜可占，便节节追逼。二十六日晨，终于钻进我预设于高山铺附近的口袋阵里，被分割包围。这是一个狭长的山谷，洪武脑山、马骑山、界岭山耸峙于狭谷的两侧。埋伏于山上的我军，像一把大钳似地，从南北两面死死地卡住了敌人的咽喉。敌人发现情势不妙，即拼命抢夺山头，企图突围。但是，闹腾了一天一夜，还是没有抓到一线可以逃命的缝隙。第二天上午九时，我军一发起总攻，敌人立刻溃不成军，纷纷举手投降。蒋介石的一万二千多人马就这样全部覆灭了。战斗解决得如此迅速、干脆，以致当我军带着俘虏离开战场的时候，从武汉起飞的一批敌机，还在高山铺上空投下热馒头、烧饼，来支援他们的部队呢！

刘邓大军完成了战略展开，在大别山站住了。

然而，蒋介石却决定以所谓"总力战"与共产党争夺中原，命令国防部长白崇禧以33个旅的兵力全面围攻大别山。

于是，刘邓发布命令：二、三、六纵队依托大别山复杂地形作宽大机动，一、十、十二纵队向外线展开，内外配合粉碎敌人围攻。

同时决定，野战军司令部分成前后两个指挥部，邓小平率"前指"在大别山内线指挥作战，刘伯承率"后指"转入外线指挥更大规模的战略展开。

邓小平给部队确定了这样的斗争策略：主力部队化整为零，采取敌向外，我向外，敌向内，我亦向内的方针，将敌人牵到外线，以小部牵敌大部，以大部寻机歼敌小部。"方针就是避战，站稳脚，一切为了站稳脚。"

结果是，在邓小平率部在大别山艰难支撑的时候，刘伯承及陈粟、陈谢等率部在桐柏、江汉、淮西及平汉线连续作战，迫敌从大别山调走了13个旅的兵力。

邓小平兴奋地向毛泽东报告:"我们业已站住,不管情况如何严重,敌人打不走我们了。"

刘邓、陈粟、陈谢三路大军内外配合,积极作战,4 个月歼敌 19.5 万人,解放县城近百座,创建了横跨长江、淮河、汉水的新的中原解放区,把南线敌军总兵力 160 多个旅中的 90 个旅调动和吸引到中原战场,取得了具有战略意义的重大胜利。

毛泽东的战略构想实现了! 他说:这是蒋介石的 20 年反革命统治由发展到消灭的转折点。这是 100 多年以来帝国主义在中国的统治由发展到消灭的转折点。这是一个伟大的事变。

如今,巍然屹立在大别山区的高山铺战役纪念碑正在向人们讲述一段传奇故事:20 世纪中叶,中国人民解放战争乃至 20 年人民革命战争,在这里实现了从战争防御向战略进攻的历史转变。正是这一转变造就的以湖北为主体的中原解放区,成为人民解放军夺取全国胜利的前进基地。

(方 城)

"砍头不要紧，只要主义真"：
血洒荆楚的 70 万革命烈士

在新民主主义革命的艰难历程中，湖北 30 年红旗不倒，70 万英雄儿女献出了宝贵生命，其中 31 位是省委书记或担任过省委书记职务。当年同李先念一起参加黄麻起义的 244 名乡亲，活下来的只有 4 人。与陈锡联一起参加红军的 77 人，只有他一人看到了新中国诞生。戴克敏一家 14 人参加革命，牺牲了 11 人。王树声一家为革命献出了 17 条生命。徐海东一家 67 人参加革命，到新中国成立只剩下伤病缠身的徐海东一人，牺牲了 66 人。

这些烈士，大部分牺牲在战场上。1927 年 11 月 13 日黄麻起义军攻克黄安县城后，整编为工农革命军鄂东军。12 月 5 日夜，驻宋埠国民党第十二军教导师奔袭黄安，鄂东军总指挥潘忠汝和副总指挥吴光浩、党代表戴克敏决定："冲出县城，转至七里坪！"突围战斗打得异常激烈。吴光浩率领鄂东军大部、农民义勇队和其他农民武装向城外冲击，潘忠汝带鄂东军一部掩护。当部队将要冲出城门时，敌疯狂堵击，子弹像雨点一样射来。潘忠汝一手握盒子枪，一手挥舞大刀，率领部队杀开一条血路。鄂东军冲出一部分，但大部仍被堵在城内。潘忠汝先后七出六进黄安城。当他第七次掩护战友向外冲杀的时候，敌人的子弹打中他的腹部，顿时血流如注，肠子冒了出来。他推开前来抢救的战士，用一只手托住冒出来的肠子，一边挥刀砍杀敌人，一边大声呼喊："同志们！为保卫我们的革命政权和革命军队，为革命的胜利，冲啊！"最后终因失血过多，一头栽倒在地。几名战士飞步上前，将他背起，冲出城门。行至七里潭畈河，戴克敏的八叔戴叔先闻讯赶来抢救。终因其伤势严重，医术高明的戴叔先也无力回天。潘忠汝使尽全身力气对吴光浩和身边的同志们说："我……我不行了,你们把队伍带到七里坪集合,一定……要……要保存、发展这支革命……队伍……"潘忠汝以自己对革命的坚定信念和献身精神,实践了他"不肯昏庸同草木,愿输血汗改山河"的誓言。

1932年10月9日,在鄂豫皖革命根据地第四次反"围剿"战斗中,红二十五军军长蔡申熙率部在黄安河口至冯寿二一带与敌激战昼夜,打退敌人多次冲击,守住了阵地。10日上午,天下大雨,部队三面被围,情况十分危急,蔡申熙赶到枪炮声最密集的仙人洞,指挥部队与敌人打了整整半天,一直相持到下午2时许。他饿了大半天,战士们趁枪声暂停把他拉进工事,请他吃饭。刚端起饭碗,敌人进攻的枪声又响了起来。他扔下饭碗就往外跑,一直奔到仙人洞下面的周家田,命令部队向新的阵地转移,自己则率领一支小分队阻击敌人。警卫员见敌人快扑到跟前,几次请求他退下火线。他却说:"队伍还没全部撤到安全地带,我不能走!"谁知,就在这时,一颗子弹射进他的下腹部,血流如注。经救护队简单包扎,他仍躺在担架上,捂住伤口,指挥战斗,直到昏迷不醒,救护队才把他送到距此五六里地的黄柴畈村。这时已是下午3点多钟。浑身是血的蔡申熙苏醒了,疼得直叫。徐向前从前线赶来看他,他要人补他一枪。徐向前安慰一番后,急忙去指挥部队作战。他的妻子曾广澜边给他擦洗边伤心地哭泣。蔡申熙吃力地对妻子说出了他最后的一席话:"广澜,不要难过了。革命哪有不流血牺牲的。女儿萍迹才3岁,她需要你照顾。你要坚强,要永远跟党走。最后的胜利,一定……属于我们!"

1935年8月21日,长征中的红二十五军来到王母宫塬,准备徒涉汭河。平时,汭河水流平缓,深不过膝。这时,却由于接连下了两天大雨,河水猛涨。军政委吴焕先首先指挥手枪团和二二五团抢渡,占领南岸高地警戒,防止敌人突袭。先头部队过河后,吴焕先继续指挥军直机关分队渡河。不料,山洪突然暴发,汹涌的巨浪劈头盖脸扑来,几名指战员被激流卷走。军直机关及军直属队和担任后卫的二二三团都被阻于北岸。就在这时,敌第三十五师一〇四旅二〇八团1000余人突然袭来,二二三团三营首先与敌接火,凭借房屋、土墙和窑洞与敌激战。已经过河的大部队听到枪声,非常着急,却只能隔河相望,难以回援。二二三团完全处于背水作战状态,如不迅速打退敌人进攻,后果不堪设想。吴焕先和副军长徐海东决定分头指挥部队,反击进攻之敌。徐海东赶到二二三团,指挥一、二营投入战斗,从正面反击;吴焕先带领交通队和学兵连150余人从右翼插入敌后,拦腰截击。战斗打响,吴焕先振臂高呼:"同志们,压住敌人就是胜利,决不能让敌人逼近河边!一定要坚决地打!"话音未落,人已经冲了上去。战士们勇猛冲锋,迅速抢占制高点,从侧翼向敌发起冲击。与此同时,三营在重机枪火力掩护下展开反击,对敌形成夹击之势。敌人顿时混乱,纷纷溃散。激战中,吴焕先身中7弹,还在坚持指挥,直到一颗子弹穿入前胸,他才倒下。这场恶战将敌二〇八团全部歼灭,但指战员们谁也没有胜利的喜悦,因为就在战斗即将结束的时候,他们的军政委停止了呼吸。

革命战争年代,战场牺牲可谓家常便饭。1930年12月,红二军团南征中在松滋杨林市的一次战斗,红军即伤亡2000余人,其中红六师减员达四分之一。红七师在湘鄂西苏区第四次反"围剿"作战中,仅1932年8月31日一天苦战,就损失一个多团的兵力,师政委鲁易和三个团长、一个团政委英勇牺牲。1934年1月,在湘鄂赣苏区第五次反"围剿"作战中,红三师在阳新王文驿中敌埋伏,仓促应战,伤亡2000余人,仅1000余人突出重围,转移到通山九宫山地区。红四方面军独立第二师4000余名指战员,全部在战斗中先后牺牲,没有一个人看到革命胜利。

史料表明,湖北的革命烈士中,大部分是在战场牺牲的,仅次于战场牺牲的,就是刑场就义。

1929年2月,中共监利县委副书记陈步云在剅口附近的黄桥召开群众大会,会场突然被敌人包围。在敌人要群众交出县委干部并用机枪对着群众准备射击的时候,陈步云挺身而出。群众和其他干部得救了,陈步云却落入敌手。敌人备了一桌酒席,想用荣华富贵、高官厚禄诱他投降,陈步云怒火中烧,厉声痛斥:"撼山易,撼共产党的信仰难!我陈步云生是共产党的人,死做共产党的鬼,你要杀就杀,要剐就剐,少来这一套鬼花招!"说完将一桌酒菜掀翻在地。敌人恼羞成怒,对陈步云施用各种酷刑。然而,一个多月的严刑拷打,根本不能动摇这位共产党人的钢铁意志。敌人无可奈何,又把他的母亲和妻子押来探监,妄图以亲情软化。陈步云对母亲说:"娘,您不要伤心,儿干的是光明正大的事业。儿死后,您一不要给儿烧纸,二不要给儿做斋,只要给儿做件列宁服穿上就行了。"陈步云对妻子说:"等到全国胜利的那一天,请你在我的坟头放一挂鞭炮,好让我和你们一起高兴高兴!"敌人的阴谋彻底破产,陈步云为革命流尽了最后一滴血!

1939年9月,共产党员、新四军独立游击第五大队医务主任戴醒群在国民党顽固派制造的"夏家山事件"中被俘。当顽固派知道戴醒群是五大队大队长张体学的妻子后,便逼她投降并发表与张体学脱离夫妻关系的声明。戴醒群严词拒绝,并厉声痛斥:"你们这些卖国贼,放下家门口的日本鬼子不打,还要残害坚决抗日的新四军,良心何在?你们根本不配当中国人!"顽固派见软的不行,就用尽各种刑罚,想使她屈服。此时已怀有八个月身孕的戴醒群,始终大义凛然,坚贞不屈。顽固派恼羞成怒,竟对戴醒群采取最野蛮、最无耻的分尸酷刑。刽子手把戴醒群绑在黄冈贾庙的一棵大树上,当着全体被俘人员的面,先用小刀割掉她的乳房,又用大刀剁掉她的四肢,然后割下她的头颅。年仅22岁的戴醒群,就这样为民族、为人民、为革命献出了自己的美丽青春和宝贵生命!

1941年7月,新四军鄂南独立第五团宿营地突然被日军包围,鄂南特委书记兼五团政委黄全德率少数干部战士掩护部队突围,大部分同志英勇牺牲。通讯员要保护黄全德跳湖突围,黄全德说:"我不能丢下群众不管。"日军占领村庄,将所有人赶到晒场上,逼群众交出新四军。当日军挥刀向群众砍来的时候,黄全德大吼一声:"住手!不关老百姓的事,我是新四军!"其余17名干部战士也挺身而出。在日军的牢房里,黄全德受尽酷刑,始终坚贞不屈,最后被投进警犬房,壮烈牺牲。

1941年1月,国民党顽固派制造皖南事变,第二次反共高潮达到顶峰。由于叛徒出卖,中共湘鄂西区党委书记何功伟在恩施被捕。何功伟听说湖北省政府主席陈诚要他的父亲来劝降,立即给父亲寄去一信:"……微闻当局已电召大人来施,意在挟大人以屈儿,当局以'仁至义尽'之态度千方百计促儿'转向',用心亦良苦矣。而奈儿献身真理早具决心,苟义之所在,纵刀锯斧钺加诸颈项,父母兄弟环泣于前,此心亦万不可动,此志亦万不可移……"父亲来到恩施,当面劝说无效,又给儿子写信。何功伟含泪回信:"……今日跪接慈谕,训戒谆谆,一字一泪,不忍卒读……而儿之所以始终忍心背弃大人养育之恩,断绝妻子之爱,每顾而不悔者,实不愿背弃大多数人之永久利益,以换取我一家之幸福也……"无奈之下,父亲和儿子在牢房睡了一夜,告诉儿子陈诚说不要他写自首书,只点一下头,就可以放他回去。何功伟说:"爷啊!您不要上他们的当了!我为天地存正气,为个人全人格,头可断,不可点!"在走向山顶刑场的路上,行刑官说只要他回一下头,就可以马上回去。何功伟却昂首挺胸,目不斜视,直到山顶,也不曾偏一下头。就这样,一位真正的共产党人,一个大写的"人",永远挺立在历史的峰巅!

红安"九月暴动"主要领导人之一、共产党员程昭续被捕后,敌人用刺刀顶着他的脖子问:"你是要脖子还是要共产党?"程昭续果断回答:"头是我爹娘给的,是我个人的,共产党是劳苦大众的,老子要的当然是共产党!"松滋九岭冈起义领导人之一、共产党员周维新面对敌人抓捕,坦然而自信地告诉敌人:"共产党是天上的太阳,今天从西边落下去,明天又会从东边升起来!"说完吞下预先准备的鸦片,从容就义。沔阳戴家场暴动主要领导人、沔阳临时县委书记刘绍南在刑场上高声朗诵自己在狱中写下的《壮烈歌》:"铡刀下不变节,要杀就杀,要砍就砍。要我脱党,我决不脱!杀死我一人,革命杀不绝。直到流尽了最后一滴血,眼睛哪肯把敌瞥!宁死不屈,烈!烈!烈!"著名妇女领袖、湖北省委机关刊物《大江》主编向警予被捕以后,对前来探监的好友说:"为主义牺牲,我视死如归。"在刑场上,高唱"热血浇开自由花",从容走向永生。

尤其令人震撼的是,这些在刑场上视死如归的烈士中,还有一些是少年英雄。鄂豫皖苏区14岁的林清芝就是他们中杰出的代表。1933年农历6月16日,林清芝和她的母亲冯振觉被捕。敌人把林清芝母女押到宝印山,准备杀害。冯振觉想请乡亲们保女儿一命,就对在场的群众说:"乡亲们,我革命不后悔,死了不可惜。只是女儿清芝还是一个孩子呀!求求你们想想办法救下她,她就是你们的女儿,让她一生为你们尽忠尽孝!"这时,人群中有人说:"留下清芝吧,她还没满15岁,还是个孩子。"敌人却用枪逼退了上前去拉林清芝的群众。林清芝却对敌人大声说:"要杀要剐就快来吧,让我死在我母亲前面!"冯振觉对女儿说:"我的好孩子,不要怕,革命总是有牺牲的,让母亲先走吧!"敌人故意先对林清芝行刑,要让冯振觉亲眼看到女儿的惨死。刽子手面对怒目横视的林清芝,握枪的双手直打哆嗦,扳机连扣8下,一直未响。敌人将子弹退出,放在鞋底下擦拭几下,又颤抖着扣动扳机。林清芝倒在血泊中,殷红的鲜血浸透了白色的衬衣。接着,母亲被敌人用锄头、梭镖和石头打昏,抛在半山腰,太阳暴晒至死。

湖北还有一些烈士是在长期艰苦的斗争中积劳成疾而病逝的。中共鄂豫皖省委书记沈泽民就是这样一位令人肃然起敬的烈士。沈泽民是1931年5月由中央派遣来到鄂豫皖苏区的,后来担任鄂豫皖省委书记。1932年10月第四次反"围剿"失败后,红四方面军主力撤离鄂豫皖,沈泽民留下坚持领导根据地斗争。由于王明"左"倾教条主义错误的影响,鄂豫皖根据地斗争受到严重损失。这时,沈泽民已是重病缠身。他感到自己将不久于人世,便抱病主持召开省委会议,总结工作,检讨错误,并主动承担责任。会议结束,他又亲自执笔给中央写了一份长达1.4万字的检讨报告。他在报告中主动承担红二十五军和鄂豫皖革命根据地受到严重损失的责任,并作出沉痛的检讨,表示今后要"洗心革面,从[重]新做起"。他写道:"在郭家河、潘家河之战轰轰烈烈的胜利后,到现在弄得如此局面,完全是过去错误所造成的。读到中央指示信后,更加痛自追悔,我们真成了工农的罪人。""这完全由于我们自己的路线差误与实际工作中的拙劣,逐渐削弱到如此情形,今后惟有万死的决心来转变。"他还在报告中明确请求中央撤销他省委书记职务。他写道:"我们的省委书记沈泽民同志实在还是一个书生,在政治知识上是一个杂货店,(不)但不(能)够好好地领导实际工作,并且身体太弱,也不能领导积极工作……请中央注意派军事和政治上的主持人来,并给我们的具体指示……"字里行间,充分体现出一个身居高位的共产党员光明磊落、襟怀坦白、严于律己的高尚品质。沈泽民这份报告的落款时间是1933年11月10日。十天后,也就是11月20日,沈泽民就与世长辞。他生前吃下的最后一餐饭是半个烂柿子和小半碗煮熟的葛根;留下的最后一句话是对房东讲的:"我很感谢你们对我的照顾,感谢根据地群众对省委的信任和支持。大家坚持下去,革命终将获胜!"

这些在战场上英勇牺牲、刑场上慷慨就义、工作中积劳成疾的烈士令人痛惜,那些遭"左"倾路线错误处理而含冤离世的烈士尤其令人痛心。红三师政委叶金波被"左"倾路线执行者诬陷为"国民党改组派"秘密拘押后,有人要放他逃走,他却说:"我自 1925 年参加中国共产党以来,随时准备把自己的一切献给党,早把生死置之度外。我要用自己的生命来证明一个共产党员对革命的赤胆忠心。"临刑前,叶金波要求给他送来一碗青菜汤。喝完后,脱下身上的棉背心递给身旁的人,说:"现在革命很困难,留给同志们挡挡风寒吧,不要让它沾上了血迹⋯⋯"湘鄂西革命根据地创始人之一、红九师师长段德昌临刑时提出一个要求:"如今三军子弹极缺,处决我时,不要用子弹,那子弹留给敌人吧,对我,刀砍、火烧都可以。"走上刑场时,昂首挺胸,面无惧色,高声喊道:"同志们,永别了!祝革命早日成功!中国共产党万岁!苏维埃万岁!"

为什么不管是在战场上英勇牺牲、刑场上慷慨就义,还是在工作中积劳成疾、遭"左"倾路线错误处理,湖北的革命烈士们全都心甘情愿,无怨无悔?中共湖北省委常委夏明翰临刑前写下的那首气壮山河、义薄云天的《就义诗》,道出了这些慷慨赴死的烈士们的心声:"砍头不要紧,只有主义真。杀了夏明翰,自有后来人。"正是他们这种在主义与生命之间的理性抉择,成就了一个大写的人、一个真正的共产党人!也正是他们这种惊天地、泣鬼神的英雄精神,激励一代又一代后来人继承他们的遗志,把他们为之奋斗的事业不断推向前进!

(方　城)

"两百个将军同一个故乡"：
共和国开国将领中的湖北人

　　20 世纪末，《解放军文艺》发表一篇反映红安籍将军事迹的报告文学《两百个将军同一个故乡》，徐向前元帅为其题名。其实，红安县在"文化大革命"前正式授衔的将军为 61 名，即使按这个数字也堪称"中国第一将军县"。说两百个将军，是算上了红安在红军时期牺牲的师以上指挥员和授衔时没有担任军职的相当于将军级别的高级干部。如果按照正式授衔的数字，湖北倒真正称得上"两百个将军同一个故乡"。在正式授衔的共和国开国将领中，如果按照现在的行政区划计算，湖北籍一共 236 名，位居全国第二。

　　一般来说，红军时期的师以上指挥员，在"文化大革命"前授衔时都会授少将以上军衔。湖北的开国将军之所以如此之多，就是因为土地革命战争时期鄂豫皖、湘鄂西、湘鄂赣、鄂豫陕、湘鄂川黔五块革命根据地先后跨越湖北，红三军团、红二军团、红四方面军、红二十五军、红二十八军五支红军主力先后诞生在湖北，从湖北走出的红军部队占红军总数的一半以上。从鄂豫皖根据地走出的红四方面军副总指挥王树声、红二十五军军长徐海东，就是这些将领的杰出代表。

　　王树声是麻城乘马岗人。1926 年参加革命，任乘马岗区农民协会组织部长。一天，有人告诉王树声，农民协会被他的舅公丁枕鱼捣毁了。王树声大怒："谁反对农会，就是亲娘老子，也要跟他斗！"随即率众活捉丁枕鱼，戴高帽游乡，公审枪毙。1927 年初，王树声任麻城县党部委员、麻城县委委员、县防务委员会委员、县农民协会组织部长。4 月，湖北麻城和河南光山一带土豪劣绅纠集红枪会土匪武装万余人暴乱，王树声只身赴武汉找董必武、毛泽东搬兵，带领省府警备团和农民运动讲习所学生军平息暴乱。6月中旬，他又指挥麻城农民和义勇队在破寨岗激战三昼夜，打垮地主武装万余人进攻，毙俘敌3000余人。后又相继指挥癞痢寨和扬泗寨战斗，粉碎地主武装进攻。8月20日，参与组织指挥北界河战斗，粉碎麻城流亡土豪劣绅武装杀回乡里的企图。9月下旬，参与组织领导麻城"九月暴动"。11月13日，率麻城农民自卫军参加黄麻起义。起义军改编为工农革命军鄂东军，王树声任第二路军分队长。之后，参加木兰山游击斗争。1931年2月，率红三十团围攻坚固设防的新集，采用坑道爆破法攻坚成功。3月，指挥红三十团在双桥镇战斗中担任主攻，是役歼国民党军第三十四师，活捉师长岳维峻。11月，任红四方面军第十一师师长。黄安战役中，指挥3个团击溃敌3个旅的增援，保证了兄弟部队攻克黄安。1932年10月，红四方面军主力向平汉铁路以西转移时，指挥所部迭挫追堵之敌，挺进大巴山，抢占两河口，为红四方面军打开入川门户。1933年7月，任第三十一军军长。1934年任红四方面军副总指挥，在参与指挥川陕苏区反"三路围攻"之后，执行"收紧阵地、诱敌深入"积极防御的战略方针，指挥12个团在西线有力抗击敌军进攻，随即协助总指挥徐向前指挥全军发起反击，前后鏖战10个月，歼战8万余人，彻底挫败国民党军发动的"六路围攻"。1935年3月，参与指挥嘉陵江战役后参加长征。1936年10月，中央军委令红四方面军一部组成西路军西渡黄河，王树声任副总指挥。1937年3月，西路军在河西走廊失败后，他率小部队转入祁连山苦战3个月，部队被冲散，孤身辗转到达陕北。

抗日战争全面爆发后，王树声任晋冀豫军区（后为晋冀豫边游击司令部）副司令员、代司令员。1940年6月，晋冀豫军区一分为二，分别组成太行、太岳军区，王树声改任太行军区专职副司令员兼人民武装力量动员部部长。他不仅愉快地服从组织分配，还说："职务大小，都是为人民服务，我只有为人民服务的义务，没有争名誉地位的权利。"在率领太行军民开展敌后游击战争、参加反"扫荡"和百团大战的同时，他下大力气抓地方武装和民兵建设，使地方武装同正规军的比例由1941年的77∶100上升到1942年的200∶100，从而为主力部队输送大量兵员。1942年秋入中共中央党校学习，参加整风运动。1944年10月任河南军区司令员,率部深入河南敌后,经过半年多努力,建立起拥有300多万人口的河南(豫西)抗日根据地,与新四军第五师一起在中原地区打通了华北与华中的联系。

解放战争时期,王树声历任中原军区副司令员兼第一纵队司令员、鄂西北军区司令员兼政治委员、鄂豫军区司令员等职,为中原解放区的创建与巩固作出重要贡献。中华人民共和国成立后,曾任湖北军区司令员,中南军区副司令员,国防部副部长,人民解放军总军械部部长,军事科学院副院长、第二政治委员等职,为加强军队现代化、正规化建设,特别是为武器装备建设和军事科研事业作出了贡献。1955年被授予大将军衔。

徐海东是黄陂徐家桥(今属大悟)人,出身7代窑工世家,当过11年窑工,历经百余仗,9次负伤,身上战创17处,时人称之为"中国的夏伯阳"。他1925年4月加入中国共产党。1926年夏入国民革命军,参加北伐战争。1927年大革命失败后返回家乡,任农民自卫队队长,11月率黄陂农民自卫军参加黄麻起义。在创建鄂豫皖苏区的斗争中,历任中共区委书记,县农民自卫军大队长,中国工农红军营长、团长、师长。1932年秋,红四方面军主力撤离鄂豫皖后,徐海东任重建的红二十五军副军长兼七十四师师长,后任红二十八军军长、红二十五军军长,在极端困难的处境中,坚持大别山区斗争。1934年11月,中央军委派程子华到大别山,红二十五军奉命撤出鄂豫皖,北上长征。徐海东主动建议程子华任军长,吴焕先任政委,自己改任副军长,自谓:"我这个人打仗有瘾,走路有瘾,喝酒也有瘾,就是没有官瘾。"吴焕先牺牲以后,程子华改任政委,徐海东任军长。长征途中,创建鄂豫陕根据地。

1935年9月,徐海东率部到达陕北,与陕北红军会合,后任红十五军团军团长,为把革命大本营奠基大西北建立了不朽的历史功绩。中央红军长征到达陕北以后,毛泽东派杨至诚向徐海东借2500块钱,以解决中央红军吃饭穿衣问题。徐海东问供给部部长查国桢:"家底有多少?"查国桢答:"7000块。"徐海东毫不犹豫命令:"留2000块,拿出5000块,送中央。"所以后来毛泽东经常说,"徐海东是工人阶级的一面旗帜","是对革命有大功的人"。

抗日战争全面爆发后,徐海东任八路军——五师三四四旅旅长,率部参加平型关战斗和晋察冀边区反"八路围攻"、晋东南反"九路围攻",指挥温塘、张店、町店等战斗。特别是町店一战,取得全歼日军一个联队、毙伤敌近千人的重大胜利。1938年6月,因病回延安,曾入马列学院学习。1939年9月,随刘少奇赴华中,任新四军江北指挥部副总指挥兼第四支队司令员。12月,指挥周家岗等战斗,取得反"扫荡"胜利,对巩固和发展皖东抗日根据地具有重要意义。徐海东骁勇善战,不怕牺牲,在战斗危急时刻,经常身先士卒,人称"徐老虎"。由于多次负伤,积劳成疾。1940年病情加重,仍随军参与指挥作战。1941年5月任中共中央华中局委员,后长期治疗、休养。1955年被授予大将军衔。

从鄂豫皖、鄂豫陕根据地和红四方面军、红二十五军、红二十八军走出的湖北籍开国将军,除王树声、徐海东两位大将外,还有韩先楚(红安)、郭天民(红安)、周纯全(红安)、陈再道(麻城)、王宏坤(麻城)、刘震(孝感)、陈锡联(红安)等上将,王必成(麻城)、王近山(红安)、刘昌毅(红安)、杜义德(黄陂)、李天焕(红安)、李成芳(麻城)、吴先恩(红安)、张才千(麻城)、张天云(红安)、张仁初(红安)、陈康(武穴)、陈庆先(黄陂)、周希汉(麻城)、周志坚(大悟)、胡奇才(红安)、秦基伟(红安)、聂凤智(大悟)、徐深吉(红安)、徐斌洲(红安)、韩伟(黄陂)、程世才(大悟)、鲍先志(麻城)、詹才芳(红安)等中将,丁先国(麻城)、马忠全(红安)、王诚汉(红安)、王政柱(麻城)、邓岳(麻城)、邓少东(大悟)、石志本(大悟)、甘思和(红安)、石忠汉(孝感)、帅荣(黄梅)、叶建民(大悟)、卢南樵(孝感)、田厚义(大悟)、朱火华(麻城)等少将。他们都在争取民族独立、人民解放的战斗中立下了卓越的功勋。

1950年人民解放军解放海南岛,历来被人们看作跨海登陆作战的典范。建议并且指挥这次作战的,就是从中国第一将军县——湖北红安走出去的开国上将韩先楚。关于这次作战的意义,一位老参谋有这样一个说法:"如果不是他力排众议,用自己的一切做抵押,利用最后可以利用的五天时间打下海南岛,中国就将有两个台湾,而失去最后一个出海口!"这位老参谋说的"他",就是韩先楚。这年4月,身为四野十二兵团副司令兼四十军军长的韩先楚执意要在谷雨前发起海南岛登陆作战。他认为,如果在谷雨前五天内(4月20日前)再不发动海南岛登陆作战,攻打海南岛就要往后再拖整整一年!因为我军渡海工具基本上是没有动力的风帆船，非得依靠谷雨前的季风过海不可。倔强的韩先楚直接打电报给中央："如果兄弟部队四十三军没有准备好，我愿亲率四十军主力单独渡海作战。"他的海南作战计划被批准了。4 月 16 日 19 时 30 分，韩先楚置个人生死和军事荣誉于度外，在没有海空军配合的情况下，冒着丧师琼州海峡的极大风险，亲率四十军、四十三军四个师 3 万关东子弟，乘坐 400 多艘风帆船从雷州半岛灯楼角起渡，跨海进击海南岛。4 月 17 日凌晨 3 时，四十军在用木制风帆船战胜国民党军炮舰拦截后，胜利抢滩海南临高角，开始冲击国民党军滩头阵地。韩先楚随先头部队一起在炮火中涉水抢滩，一个连的战士急得冒着敌人炮火冲过来把他死死按在一块巨石后不准他再往前冲，用身体给他堆了一个人体碉堡。国民党军名将薛岳率 12 万众苦心经营一年的"伯陵防线"顷刻间土崩瓦解。仅仅三天，薛岳就被韩先楚撵出了天涯海角。三个月后，朝鲜战争爆发的第二天，美国第七舰队进入台湾海峡，公开出面挽救奄奄一息的国民党政权。人们这才知道韩先楚的战略眼光。正如那位老参谋所说，如果不是他坚持利用谷雨前的五天时间打下海南岛，中国就将有两个台湾，而失去最后一个出海口！

凡是知道抗美援朝战争的人，都知道著名的上甘岭战役，但很少有人知道坚守上甘岭的主力部队就是中国人民志愿军第三兵团十五军，十五军军长就是从红安走出的开国中将秦基伟。面对美军 6.2 万余人、118 辆战车、350 门大炮、3000 多架次飞机以及投下的 200 多万发炮弹、万余枚炸弹，秦基伟率领十五军坚守上甘岭 40 余天，顶住了"世界战争史上最猛烈的一次火力攻击"，把美军牢牢钉在上甘岭前，打得骄横的侵略者只好再在谈判桌前低下头来，从而加速了抗美援朝战争胜利的进程。秦基伟 1929 年参加革命，1930 年参加中国工农红军，1930 年加入中国共产党。1931 年 11 月黄安战役，城东嶂山阵地失守，他率部护卫着总指挥徐向前直奔火线，指挥部队夺回阵地。1937 年 1 月，他率少数作战部队掩护西路军总后勤部，协助总后勤部部长郑义斋指挥坚守，苦战数日，终于突出重围。抗日战争爆发，他受命以"游击战教官"身份只身前往山西太谷一带组织抗日武装。不到一个月就组织 300 余名各界爱国青年攻下太谷县城，打出"太谷抗日游击队"旗号走上太行山，开始创建太行山敌后抗日根据地的艰苦斗争。1937 年 11 月，他率领八路军一二九师独立支队在 17 个县内建立拥有百余万人口的游击根据地,威震晋中。1945 年 8 月,时任太行军区第一分区司令员的秦基伟身穿便衣,腰插菜刀,夜闯太行山下小根村日军炮楼,老区人民说他像走亲戚一样就炸飞了炮楼,称他为"秦大胆"。1947 年 8 月,他率晋冀鲁豫野战军第九纵队配合野战军主力挺进大别山,强渡黄河挺进豫西,楔入八百里伏牛山,连克县城 15 座。尔后又攻洛阳,战南阳,克郑州,参加淮海战役。1949 年 2 月,九纵整编为第二野战军四兵团十五军,秦基伟任军长,随后率部参加渡江、两广、解放大西南战役。1951 年 3 月,经三次请缨,秦基伟率十五军参加抗美援朝战争。抗美援朝战争结束回国以后,毛泽东主席于 1953 年 6 月 16 日接见秦基伟。1955 年秦基伟被授予中将军衔。1981 年,受中央军委委托,秦基伟成功组织著名的华北实兵实弹战役大演习。1984 年国庆 35 周年,秦基伟担任大阅兵总指挥。1988 年任国务委员兼国防部长,授予上将军衔。

当年刘邓大军中有三员独当一面的骁将——陈赓、陈再道、陈锡联,并称"三陈"。陈再道是从麻城走出的开国上将,原名程再道,1926 年 4 月报名参加农民自卫军时,填表人将"程"写为"陈",便成了"陈再道"。他 1927 年 9 月参加"九月暴动",11 月参加黄麻起义,1928 年 8 月加入中国共产党。1932 年 8 月 8 日,红军向敌陡坡山阵地进攻。陈再道一马当先,率全营勇扑敌阵。两名国民党军士兵从左右两侧向他攻来,他怒吼一声,先用枪托砸向左,回身用枪刺捅向右,两士兵顷刻毙命。就在这时,一颗子弹从他右臂进,后背颈出,险中咽喉,伤口鲜血喷涌,他却全然不顾,继续率全营向前突击,其骁勇之名由此大震。陈再道作战有瘾,听到枪声就心发痒,尤其喜欢枪对枪、刀对刀、面对面拼杀。他担任师长、军长后,还经常亲赴前沿冲锋。所以每次战斗前,徐向前下作战命令时,都要补充一句:"不许陈再道打冲锋!"一天,陈再道又赴前沿单骑冲入敌阵。徐向前听说后,把他叫来,问:"骑兵团缺个排长,你看谁去合适?"陈再道未解其意,不觉一愣。徐向前说:"我看你——陈再道挺合适。"陈再道连连作揖认错:"报告总指挥,下次再也不敢了。"解放战争中,陈再道率中原野战军二纵驰骋中原,围歼高魁庄,喋血郑庄寨,大战羊家集,屡建战功,被陈毅称之为"再道之勇"。

同为刘邓大军"三陈"之一的陈锡联,是从红安走出的开国上将。他在抗战初期指挥了一次奇袭日军飞机场的出色战斗。抗日战争爆发后,14 岁参加红军的陈锡联当上了八路军一二九师三八五旅七六九团团长。该团作为师部前卫，挺进晋东南。1937 年 10 月，日军一部向太原发动进攻。第二战区部队在太原以北忻口一线抵抗，八路军部队在晋北广大地区展开配合其作战。陈锡联奉命率七六九团向山西东北山区挺进，执行侧击南犯日军后方的任务。部队到达指定地区后，发现代县、阳明堡、崞县等地驻有日军，并以阳明堡机场为前进机场，出动飞机轮番轰炸忻口、太原的中国第二战区部队。经过侦察，陈锡联决定袭击阳明堡机场。19 日夜，七六九团以第三营两个连秘密接近机场，其中一个连袭击日军警卫部队，另一个连猛烈袭击日军机群，机群顿时爆炸起火。经一小时激战，毁伤日机 20 余架，歼日军警卫部队 100 余人。这次战斗削弱了日军的空中突击力量，有力地策应了保卫太原的忻口会战，惊破敌胆，成为传遍中外的头条消息。七六九团因此被誉为抗战四大名团之一，陈锡联被称为敌人闻之丧胆的"陈钢炮"。

　　抗日战争初期八路军配合忻口战役的另一场著名战斗，就是一二〇师七一六团的雁门关伏击。而指挥这场战斗的就是从湘鄂西苏区走出的著名独臂将军——开国上将贺炳炎。1937 年 10 月 16 日，七一六团团长贺炳炎得到大同日军满载武器弹药的三百多辆汽车有经雁门关南开忻口模样的情报，便决定在黑石头沟伏击。18 日上午 10 时左右，就在敌汽车队临近伏击圈的时候，南面阳明堡又开来日军汽车一百多辆。贺炳炎果断决定：一起吃掉！待南路敌车队进入狭窄的黑石头沟时，贺炳炎一声令下："打！"霎时，两边山上步枪和轻重机枪一齐吼叫，八路军指战员似神兵天降，扑向山沟。这时，从大同向南运行的日军也赶到黑石头沟，战斗愈加激烈。贺炳炎带头冲杀，以独臂挥舞大刀与敌肉搏，砍死一日本兵。经三小时白刃格斗，七一六团毙伤敌五百余名，毁敌汽车数十辆，随后占领雁门关。这次战斗切断日军运输线，迟滞日军对太原进攻，有力地配合了忻口战役的正面防御。贺炳炎因此受到国民政府传令嘉奖。贺炳炎，松滋刘家场人，铁匠出身，16 岁与其父贺学文一道参加红军。南征北战二十余年，负伤 11 次，身上留有 16 处战伤。1935 年 11 月下旬，红二、六军团开始长征，贺炳炎调任新编红五师师长。12 月 22 日，红军在瓦屋塘突然与敌遭遇，贺炳炎手提冲锋枪与战士一起冲锋，右臂中弹，肱骨粉碎，血流不止，必须马上截肢抢救。可这时手术锯已分散各处,只得用修械所的钢锯截骨;麻醉药少,只得让贺炳炎口咬毛巾忍痛。手术后,他仍躺在担架上指挥作战。1941 年春,贺炳炎赴延安军事学院(后并入中央党校)学习。一次开会休息的时候,贺炳炎见到毛泽东,立即举起左手敬礼。毛泽东急忙用右手握住他的左手,说:"你是独臂将军嘛!不用这样敬礼,从今以后免掉你这份礼吧!"接着,又称赞他是"会指挥千军万马消灭敌人"的"独特人才"和"只有我们红军部队才能培育出"的"独臂将军"。1948 年 2 月下旬,西北野战军发起围点打援的宜(川)瓦(子街)战役。在二纵因距离较远、雪路难行未能按时到达指定位置而留下缺口时,一纵司令员贺炳炎当机立断,以全部预备队顶上二纵位置,堵住缺口,致使援敌无一漏网。是役歼敌 1 个整编军部、2 个整编师部、5 个旅共 29000 余人,其中一纵即歼敌 11000 余人,成为西北野战军转入外线作战后的第一次大捷。3 月 7 日,毛泽东亲自为新华社起草评论《评西北大捷兼论解放军的新式整军运动》,高度评价这次战役,并对贺炳炎等"前线领导同志"的功绩给予充分肯定。1960 年 7 月 1 日,时任成都军区司令员的贺炳炎因病逝世,年仅 47 岁。7 月 5 日,成都军区于蓉城举行公祭,20 万军民冒雨云集北校场为将军送行。

从湘鄂西、湘鄂川黔苏区和红二军团走出的湖北籍开国将军,除上将贺炳炎外,还有王尚荣(石首)、成钧(石首)、杨秀山(仙桃)、顿星云(石首)、黄新廷(洪湖)等中将,王全国(仙桃)、王绍南(天门)、邓家泰(荆门)、史可全(天门)、朱声达(江陵)、李人林(天门)、李文清(松滋)、李书茂(仙桃)、李国良(荆门)、何济林(仙桃)等少将。

就在贺炳炎指挥雁门关伏击一年以后,七一六团又在滑石片战斗首创我一个团全歼日军一个大队的战绩。指挥这次战斗的七一六团团长,也是一位从湘鄂西苏区走出的开国将军,他就是被人称为"打鱼郎"的沔阳(今洪湖)人黄新廷中将。1938 年 11 月,黄新廷率部设伏五台滑石片,果断指挥三营拦头,二营打腰,一营堵尾,与日军蚋野大队激战一夜,全歼该敌 700 余人,俘房 21 人,缴获战马 135 匹、山炮 2 门、小炮 4 门、轻重机枪 30 挺、步枪 340 支、子弹 11650 发。1945 年 10 月 24 日,已升任三五八旅旅长的黄新廷奉贺龙命令攻打卓资山,晚六点发起进攻,次日凌晨结束战斗,以一旅兵力歼灭敌何文鼎部一个师。聂荣臻闻报急赴卓资山视察,连称:"打得好,这个碉堡能打下不简单!"1946年12月5日,黄新廷率部抵达延安,担负起保卫党中央的重任。在机场,毛泽东和朱德一行检阅部队,首先来到三五八旅队伍前,黄新廷向前一步,给毛泽东和朱德行军礼。毛泽东说:"你们是三进河西,招之即来,来之能战。"黄新廷和他所率的三五八旅果然不负重望:诱敌主力北上,并在青化砭歼灭胡宗南整编三十一旅旅部及九十二团2900余人,被称为"模范战例之一"。紧接着,黄新廷又率部以一旅之力阻住敌五个旅兵力,保障兄弟部队在羊马河全歼胡宗南一三五旅。继而参加进攻蟠龙的战斗,毙、伤、俘敌6700余人。随后又在沙家店战斗中与兄弟部队一道,全歼胡宗南王牌三十六师师部及两个旅6000余人。荔北战役前,黄新廷对彭德怀的计划提出不同意见。彭德怀仔细听取汇报后说:"就照这个主意办。"结果,荔北一役,出其不意穿插迂回,使敌人方寸大乱,共歼胡宗南25000余人。1949年,已升任第一野战军第三军军长的黄新廷率部直下,西出兰州,并率快速纵队急进油矿,保护了嘉峪关、莫高窟。

从湘鄂赣苏区和红三军团走出的湖北籍开国将军,则有上将王平(阳新)、中将田维扬(枣阳)、余立金(大冶)、饶正锡(钟祥)和少将马龙(大冶)、王义勋(阳新)、乔信明(大冶)、阮贤榜(通山)、汪克明(阳新)等人。

王平参加红军时叫王惟允,后来两次改名。第一次是参军不久。他的连长余钧是广东人,每次连队点名都把"王惟允"念成"王翁翁",弄得大家哄堂大笑。于是,余连长和王平商量改个好念的名字。王平便改名"王明"。第二次是1936年12月下旬。王平在红军大学毕业,准备到新的岗位上任,毛泽东找他和贺晋年谈话。交代完任务,毛泽东见王平欲言又止,就问他:"有什么困难吗?"王平站起来说:"主席,我要改名字。"毛泽东听后,风趣而幽默地说:"叫王明这个名字很好嘛,国际代表啊!"王平见毛泽东这么开玩笑,有些不好意思地说:"正因为这样,别人老拿我开玩笑,所以我要求改名!""那好吧!"毛泽东顺手从笔架上拿起毛笔,在一张宣纸上笔走龙蛇:"命令贺晋年任二十七军军长,王平任二十七军政委。"从此,"王明"正式改名为"王平"。

王平读书时间不长,学历不高,但他勤奋刻苦,博览群书,文化知识与日俱增。在土地革命战争时期、抗日战争时期和解放战争时期,他大多数时间是在做思想政治工作。1934 年 4 月,王平任红四师十六团政治处主任。在反"围剿"保卫广昌的战役中,十六团指战员冒着敌机轮番轰炸,个个高喊口号,向敌人猛扑过去,展开肉搏战、白刃战,打得敌人血肉横飞,尸体遍野。彭德怀军团长在总结时称赞说:"这是红军政治思想觉悟的最高体现,是政治思想工作高度发挥作用的结果。"

1935 年 3 月,中央红军第三次渡过赤水河后,以红一军团一部向古蔺、叙永方向前进,佯装逼进长江,把敌军调到赤水河西。一天急行军,红三军团十一团想抄近路,但是走错了路,翻过山遇上了军委直属队的队伍。军委直属队被截断,走不动了。毛泽东拄着拐棍上来问:"这是哪个队伍?"十一团政委王平赶忙上前报告。毛泽东一见是王平,把拐棍一摔,惊喜地说:"王大个子,你们来得正好,先停住,不要走,我给你们一个任务。据侦察员报告,山沟那边有敌人一个师,马上要侧击中央纵队,我正愁无兵可用,你们立即过去警戒,掩护中央和军委机关通过,红五军团上来以后接替你们。""是!"王平正要离开,毛泽东又叫住王平,说:"你们先去执行任务,我负责通知老彭。"红十一团立即赶到指定地点,刚爬上山顶,敌人就上来了。这是事关党中央安全的艰巨任务,全团指战员拼命抗击。第二天,红五军团上来,红十一团移交阵地后,才去追赶红三军团大部队。

抗日战争时期,王平任晋察冀军区第三分区政委时,所属部队开赴华北,开辟敌后战场。王平把"敌进我退,敌驻我扰,敌疲我打,敌退我进"的游击战术运用得如同顺水飞舟、平川驰马。毛泽东因此称赞:"华北的游击战搞得好,如同麻雀满天飞。"

1947 年 10 月 17 日下午,晋察冀军区司令员聂荣臻命令冀晋军区政委王平立即赶赴前线,统一指挥冀晋参战部队和民兵打一场阻击战,拖住北进的敌第三军,为野战军主力赶到方顺桥一线阵地争取时间。王平从他居住的阜平到前线作战的地点有二百多里,接到任务后,空着肚子的他连饭也顾不上吃,策马扬鞭,星夜兼程。途中,他的战马活活累死,他一路奔跑,终于在次日清晨赶到作战地点。此时,敌第三军 1400 余人刚渡过沙河,他立即指挥冀中独立第八旅、冀晋一个团和当地民兵,在敌人必经之路破坏交通,设置障碍,打冷枪,埋地雷,千方百计拖延敌人前进。同时,动员群众坚壁清野,把粮食和炊具全部埋藏,连水井都要填平。待又饥又渴、疲惫不堪的敌人到达我军阻击阵地前面，王平发出进攻命令，一举歼敌 4000 余人，漂亮地完成这场阻击战，受到晋察冀军区的嘉奖。

湖北籍开国将领中，还有从中央根据地和红一军团走出的林彪、陈士榘等人。林彪是黄冈人，1925 年考入黄埔军校，1926 年 5 月毕业后参加北伐战争，1927 年 8 月参加南昌起义，1928 年 1 月参加湘南起义，同年 4 月随部上井冈山，1929 年 1 月随红军挺进赣南、闽西。解放战争时期，任东北民主联军总司令，东北军区、东北野战军、第四野战军司令员，中共中央东北局、华中局第一书记。由于战功卓著，1955 年授衔时成为最年轻的元帅。后来，又成为第八、九届中央政治局常委、副主席。然而晚节不保，1971 年 9 月 13 日，因组织反革命集团、妄图夺取最高权力、策动武装政变阴谋败露，携家人乘飞机外逃叛国，在蒙古温都尔汗附近坠机身亡。陈士榘是荆门人，1927 年在家乡参与组织农民协会，同年到武昌参加湖北学生军事训练班学习。学习结束后，被编入国民革命军第二方面军总指挥部警卫团当兵。1927 年 9 月随军参加由毛泽东领导的湘赣边界秋收起义后，随部上井冈山参加创建革命根据地的斗争。1929 年 1 月，随军挺进赣南、闽西。1955 年被授予上将军衔，荣获一级八一勋章、一级独立自由章、一级解放勋章。1988 年被授予中国人民解放军一级红星功勋荣誉章。

一方水土养一方人，以这些湖北籍开国将领为代表的杰出人才，是湖北这方水土哺育出来的骄子。所以，湖北堪称中国共产党培养治党治国治军杰出人才的重要基地。

（方　城）